中国环境司法发展报告

2022年

撰稿人（以撰写内容先后为序）

吕忠梅　张忠民　侯志强　张　琪
刘　超　陈梓铭　王雅琪　王生珍
袁　明　焦艳鹏　李瑞华　董璞玉
周芊妤　陈立毅　张　博　赵祖斌
刘长兴　柯　泉　冀鹏飞　欧　恒
曾雨婷　赵　珂　李文贺　彭　丽

法律出版社
LAW PRESS·CHINA
北京

图书在版编目(CIP)数据

中国环境司法发展报告. 2022年 / 吕忠梅等著. --
北京 : 法律出版社, 2023
ISBN 978-7-5197-7596-4

Ⅰ. ①中… Ⅱ. ①吕… Ⅲ. ①环境保护法-研究报告
-中国-2022 Ⅳ. ①D922.684

中国国家版本馆CIP数据核字(2023)第256768号

中国环境司法发展报告(2022年)
ZHONGGUO HUANJING SIFA FAZHAN BAOGAO(2022 NIAN)

吕忠梅 等 著

责任编辑 郑怡萍
装帧设计 李 瞻

出版发行 法律出版社
编辑统筹 法律教育出版分社
责任校对 陆帅文
责任印制 刘晓伟
经　　销 新华书店

开本 710毫米×1000毫米 1/16
印张 26.25 **字数** 438千
版本 2023年12月第1版
印次 2023年12月第1次印刷
印刷 唐山玺诚印务有限公司

地址:北京市丰台区莲花池西里7号(100073)
网址:www.lawpress.com.cn
投稿邮箱:info@lawpress.com.cn
举报盗版邮箱:jbwq@lawpress.com.cn

销售电话:010-83938349
客服电话:010-83938350
咨询电话:010-63939796

书号:ISBN 978-7-5197-7596-4
定价:86.00元
凡购买本社图书,如有印装错误,我社负责退换。电话:010-83938349

“中国环境司法发展研究”
课题组主要分工

课题组负责人　吕忠梅

执行负责人　张忠民

总稿人　吕忠梅　张忠民

撰写分工

《中国环境司法发展报告(2022年)》发布稿(代序)
吕忠梅

加快推进中国式环境司法现代化:2022年度中国环境司法观察与思考
吕忠梅　张忠民　侯志强　张　琪

2022年环境侵权案件的整体观察与机制检视
刘　超　陈梓铭

环境行政案件的裁判总览与特别观察
王雅琪　王生珍　袁　明

2022年中国环境资源刑事案件分析研究报告
焦艳鹏　李瑞华　董璞玉　周芊妤　陈立毅

环境公益诉讼的现状梳理及完善建议
张　博　赵祖斌

物权纠纷案件适用绿色原则的模式与效果分析
刘长兴　柯　泉

能源诉讼的实证检视与趋势研判:以能源诉讼绿色化转型为中心
冀鹏飞　欧　恒　曾雨婷

2022年度“中国十大环境司法案例”
赵　珂　李文贺　彭　丽

“中国环境司法发展研究”课题组人员简介

一、报告撰写人员简介(按撰写内容先后排序)

吕忠梅　法学博士,全国人大常委会委员、环境与资源保护委员会副主任委员,最高人民法院环境资源司法研究中心副主任、学术委员会主任,中国法学会副会长,中国法学会环境资源法学研究会会长,中国政法大学民商经济法学院教授、博士生导师

张忠民　法学博士,中南财经政法大学法学院教授、博士生导师,法律事务部部长,生态文明研究院常务副院长,清华大学环境资源能源法学研究中心研究员

侯志强　法学博士,中南财经政法大学法学院讲师

张　琪　中南财经政法大学法学院环境法博士研究生

刘　超　法学博士,华侨大学法学院教授、院长、教育立法研究基地主任,中南财经政法大学法学院博士研究生合作导师

陈梓铭　武汉大学环境法研究所博士研究生

王雅琪　法学博士,常州大学史良法学院讲师

王生珍　中南财经政法大学法学院环境法博士研究生,青海师范大学法学与社会学学院讲师

袁　明　中南财经政法大学法学院环境法博士研究生

焦艳鹏　法学博士,华东政法大学刑事法学院教授、博士生导师,中国环境犯罪治理研究中心主任

李瑞华　华东政法大学刑事法学院博士后研究人员

董璞玉　华东政法大学刑事法学院博士后研究人员

周芊妤　华东政法大学刑事法学院博士后研究人员

陈立毅　华东政法大学刑事法学院博士后研究人员

张　博　法学博士,中南财经政法大学法学院讲师

赵祖斌　法学博士,中南财经政法大学刑事司法学院讲师

刘长兴　法学博士,华南理工大学法学院教授、博士生导师,环境法研究中心主任

柯　泉　华南理工大学法学院博士研究生

冀鹏飞　法学博士，中南财经政法大学法学院讲师
欧　恒　法学博士，贵州中医药大学人文与管理学院讲师
曾雨婷　中南财经政法大学法学院环境法博士研究生
赵　珂　法学博士，郑州大学法学院讲师
李文贺　中南财经政法大学法学院环境法博士研究生
彭　丽　中南财经政法大学法学院环境法博士研究生

二、数据支持人员简介

李俊慧　法学硕士，中国司法大数据研究院创新研究部部长
卓　煜　工学博士，中国司法大数据研究院创新研究部副部长
赵雨彤　法学硕士，中国司法大数据研究院法律研究员
于　静　法学学士，中国司法大数据研究院法律研究员
李　晗　工学博士，中国司法大数据研究院法律研究员
景　坤　工学硕士，中国司法大数据研究院算法研究员

2022年“中国十大环境司法案例”点评专家

（按撰写内容先后排序）

胡　静　法学博士，中国政法大学民商经济法学院教授、博士生导师

王小钢　法学博士，天津大学法学院教授、博士生导师，中国绿色发展研究院副院长

于文轩　法学博士，中国政法大学钱端升讲座教授、博士生导师，民商经济法学院副院长、生态与资源法治研究中心主任

张　璐　法学博士，华东政法大学经济法学院教授、博士生导师

王社坤　法学博士，西北大学法学院教授

邓海峰　法学博士，清华大学法学院副教授、博士生导师

杜　辉　法学博士，重庆大学法学院教授、博士生导师，副院长

刘长兴　法学博士，华南理工大学法学院教授、博士生导师，环境法研究中心主任

郭　武　法学博士，甘肃政法大学环境法学院教授，研究生处处长

王秀卫　法学博士，海南大学法学院教授、博士生导师，生态文明法治研究中心主任

《中国环境司法发展报告(2022年)》发布稿(代序)

全国人大常委会委员、环境与资源保护委员会副主任委员,
最高人民法院环境资源司法研究中心副主任、学术委员会主任, 吕忠梅
中国法学会副会长,中国法学会环境资源法学研究会会长
2023年6月5日

各位媒体朋友:

大家好!今天在这里发布由最高人民法院环境资源司法研究中心、中国环境司法发展研究课题组共同完成的2022年度《中国环境司法发展报告》的主要内容。

2022年,党的二十大召开,擘画了强国建设、民族复兴的宏伟蓝图,中国特色社会主义建设迈向新征程。回顾党的十八大以来,以习近平同志为核心的党中央顺应时代发展和人民期盼,高度重视法治在治国理政中的重要地位,更加注重发挥司法在生态文明建设中的重要作用。习近平总书记亲自谋划和推动环境司法体制改革创新,形成了具有中国特色的环境资源司法体系,创造了许多"人无我有"的"绿色司法"经验,推动中国绿色司法取得了历史性成就、发生了历史性变革,在中国司法发展史、全球生态环境治理史上具有标志性意义。各级司法机关依法履行宪法和法律赋予的职责,围绕环境保护法及相关法律的实施,大力推进环境司法专门化专业化,充分发挥司法政策、司法解释的规范性作用,注重指导性案例和典型案例的约束引领功能,树立绿色司法理念,统一案件办理规范、统一司法程序、统一裁判标准、统一法律适用规则,极大提升了生态环境领域的司法保障水平,努力做到让人民群众在每一个环境案件中感受到公平正义,为在新征程上实现中国环境司法现代化奠定了坚实基础。

一、环境司法专门化体系基本成熟

2022年,司法机关继续以环境司法专门化为主要抓手,着力破解影响司法公正、制约司法效能的体制机制问题,组织机构建设由常态化向整体化延展、工作机制由精细化向集约化开拓、司法规则由法制化向具体化迸发、司法队伍建设

由专一化向一体化推进、司法理论研究由精深化向实质化跃进,遵循环境司法规律、体现集成和协同的环境司法共治格局基本形成。

一是环境司法组织建设实现整体化延展。2022 年,全国环境资源专门审判机构数量同比增长 12.89%,在系统性、专业性领域"扎根发芽"。河南省、吉林省分别设立郑州环境资源法庭和长春环境资源法庭,筑牢生态环境全方位保护屏障。重庆市、广西壮族自治区设立巡回(流动)法庭,推进环境资源司法保护阵地前移。江西省萍乡市安源区人民法院和安徽省金寨县人民法院探索专门化环境资源审判机构向涉红色资源地区拓展。持续推进公益诉讼检察专门机构建设。青海、陕西推动巡回(派出)检察机构设置,福建省人民检察院在省林长办公室设置检察联络室,强化对林业资源领域的检察监督。

二是多元共治的环境司法工作格局基本形成。2022 年,司法机关坚持探索多元化工作模式,提升环境司法工作的温度,创新以生态环境治理多元化为特征的环境司法工作格局。最高人民检察院建立"益心为公"检察云平台,深化"能动"检察,增强环境检察的工作深度与制度效能。江苏省、安徽省高级人民法院建立跨省生态环境修复资金移交机制,推动《长三角环境资源司法协作框架协议》落地落实落细,通过多元协同治理,拓展生态环境保护的广度。郑州铁路运输中级法院、云南省普洱市思茅区人民法院等探索易于当事人参加的审判模式,提升治理水平。

三是以绿色司法理念为核心的规则体系更加完善。2022 年,最高人民法院、最高人民检察院等共计发布司法文件 8 件,统一环境案件裁判尺度和法律适用标准、细化环境民事诉讼的实体规则;共计发布指导性案例 3 批 15 个、典型案例 15 批 144 个,涉及公益诉讼、自然资源利用、流域司法保护、生物多样性以及湿地保护等领域,持续深化环境司法案例制度,不断完善以环境正义、风险预防、生态恢复等绿色司法理念为核心的司法规则体系。

四是环境司法队伍建设和司法理论研究的动力增强。最高人民检察院、公安部、生态环境部联合举办 2022 年全国生态环境保护行政执法与刑事司法衔接工作培训班,深化环境司法理论运用,锻造环境司法队伍,提高环境司法服务能力。湖北省高级人民法院、长江海商法学会、武汉大学法学院、华中科技大学法学院、中南财经政法大学法学院、人民法院环境资源审判理论研究(武汉大学)基地共同举办首届长江大保护司法论坛,回应环境司法实践需求,推动环境司法理论成果转化。

五是环境司法传播的国际国内渠道进一步通畅。2022年,最高人民法院、亚洲开发银行、欧洲环保协会共同主办气候变化司法应对国际研讨会,为共建地球命运共同体建言献策。联合国环境规划署司法门户网站刊载第三批10件中国环境资源司法案例,充分向世界展示了中国环境司法的有益探索和成功经验。最高人民法院发布《中国生物多样性司法保护》报告,为包括生物多样性保护在内的全球环境治理提供切实可行的司法方案。

二、环境司法专业化发展形成鲜明中国特色

2022年,环境资源审判专业化发展特色鲜明。专门环境诉讼制度发展态势良好,专业化能力再上新台阶;环境司法重点领域得到突破,专业化基础日益牢固。环境司法专业化功能稳定发挥,环境资源案件受理审判执行有序推进。

环境侵权案件类型分布呈现一定规律性,企业是环境污染的主要实施者,被侵害方权益救济难度大,案件改判空间较为狭窄,环境共同侵权案件具有高度复杂性与模糊性,责任承担以单一责任形式为主、复合责任形式为辅。环境行政诉讼争议类型数量呈梯次排列,补偿类案件占据首位,环境非诉行政执行以给付请求为主,“事实认定不清”和“违反法定程序”是行政机关败诉的主要原因。环境犯罪具有明显的属地性,资源要素类型犯罪相对集中,动植物资源犯罪主要发生在初始阶段,与生态要素富集度密切相关。环境公益诉讼规则体系稳健发展,诉讼案件民多行少,涉案领域广泛,生态破坏责任纠纷案件居多。

我们特别关注了民法典“绿色原则”在物权案件中的适用和能源诉讼两大热点问题。“绿色原则”在物权案件中的适用高度集中于物权保护纠纷和相邻关系纠纷等领域,“绿色原则”主要发挥理念宣示和规范补强功能,成为裁判物权纠纷的指引性依据。能源诉讼的效能逐步凸显,民事纠纷集中发生于供应消费领域,行政纠纷中复议救济情况多发,刑事纠纷涉及法律关系复杂、保护价值多元,生态修复、赔礼道歉等责任形式在能源诉讼中得到广泛运用。

三、为人与自然和谐共生的现代化赋能助力

习近平总书记强调:“推进中国式现代化是一个系统工程。”[1]以促进人与自然和谐共生的现代化为时代使命的环境司法,还需在认真总结已经取得的成绩和经验的基础上,进一步树立绿色司法理念,完善环境司法专门化体系,增强

---

〔1〕《习近平在学习贯彻党的二十大精神研讨班开班式上发表重要讲话强调 正确理解和大力推进中国式现代化》,载中央人民政府网2023年2月7日,https://www.gov.cn/xinwen/2023-02/07/content_5740520.htm。

环境司法专业化能力,为护航人与自然和谐共生的现代化赋能助力。

推动环境司法专门化体系不断完善。深化层级多元、优势互补的环境资源审判组织体系建设,推进环境资源专门审判模式新实践。促进公益诉讼检察组织体系成熟定型,推动流域公益诉讼检察专门机关建设。建设以"跨行政区域集中管辖"为依托的常态化保障机制。继续拓宽公众参与环境资源审判模式,不断提升审判效能。健全环境资源立、审、执各环节协作机制,明确事前、事中、事后各阶段协作重点内容,提升协作能力。

进一步提升环境司法专业化效能与合力。坚持用最严格制度最严密法治保护生态环境,全面准确适用民法典"绿色条款",妥善处理安全与发展、保护与发展的关系,促进经济社会高质量发展。坚持系统整体治理观,充分发挥行政诉讼监督与维护功能,促进司法审查标准实质化。坚持恢复性司法理念,积极运用刑法法益保护机能,增强对环境法益的辨识度。进一步优化诉讼结构,完善公益诉讼检察一体化办案机制。更好发挥中国环境司法在全球环境治理中的引领作用,为共谋全球生态文明建设贡献司法智慧和力量。

我们相信,在习近平生态文明思想和习近平法治思想指引下,中国司法机关必将更好履行宪法法律赋予的职责,积极回应人民群众对美好生活的新期待,为实现人与自然和谐共生的现代化提供坚强有力的司法保障!

目　录

总体观察篇

重点分析篇

特别关注篇

附 录

总体观察篇

加快推进中国式环境司法现代化：2022年度中国环境司法观察与思考

吕忠梅　张忠民　侯志强　张　琪

2022年，党的二十大召开，擘画了强国建设、民族复兴的宏伟蓝图，中国特色社会主义建设迈向新征程。党的十八大以来，以习近平同志为核心的党中央顺应时代发展和人民期盼，高度重视法治在治国理政中的重要地位，更加注重发挥司法在生态文明建设中的重要作用。习近平总书记亲自谋划和推动环境司法体制改革创新，形成了具有中国特色的环境资源司法体系，创造了许多“人无我有”的“绿色司法”经验，推动中国绿色司法取得历史性成就、发生历史性变革。2022年是中国司法发展史、全球生态环境治理史上都具有标志性意义的一年。各级司法机关依法履行宪法和法律赋予的职责，围绕《环境保护法》及相关法律的实施，大力推进环境司法专门化专业化，充分发挥司法政策、司法解释的规范性作用，注重指导性案例和典型案例的约束引领功能，树立绿色司法理念，统一案件办理规范、司法程序、裁判标准、法律适用规则，极大提升了生态环境领域的司法保障水平，努力做到让人民群众在每一个环境案件中感受到公平正义，为在新征程实现中国式环境司法现代化奠定了坚实基础。〔1〕

2022年，“中国环境司法发展”课题组完成了跟踪观察的第七份报告。本报告在《环境司法专门化：现状调查与制度重构》〔2〕《中国环境司法发展报告(2015—2017)》〔3〕《中国环境司法发展报告(2017—2018)》〔4〕《中国环境司法

〔1〕 参见吕忠梅：《环境法治建设十年回顾与环境法典编纂前瞻》，载《北京航空航天大学学报(社会科学版)》2023年第1期。

〔2〕 吕忠梅等：《环境司法专门化：现状调查与制度重构》，法律出版社2017年版。

〔3〕 吕忠梅等：《中国环境司法发展报告(2015—2017)》，人民法院出版社2017年版。

〔4〕 吕忠梅等：《中国环境司法发展报告(2017—2018)》，人民法院出版社2019年版。

发展报告(2019 年)》[5]《中国环境司法发展报告(2020 年)》[6]《中国环境司法发展报告(2021 年)》[7]等基础上,始终坚持定点追踪与重点聚焦并重,持续观察 2022 年度中国环境司法的发展状况,全面透视中国环境司法发展进程,深入分析年度焦点热点难点问题,形成《中国环境司法发展报告(2022 年)》,本部分是对 2022 年度中国环境司法的总体观察。

一、中国特色的环境司法专门化体系基本成熟

2022 年,司法机关继续以环境司法专门化为主要抓手,着力破解影响司法公正、制约司法效能的体制机制问题,组织机构建设由常态化向整体化延展、工作机制由精细化向集约化迈进、司法规则由原则化向具体化深入、司法队伍建设由专一化向一体化汇聚、司法理论研究由精深化向实质化创新。体现环境司法规律的整体性、协调性、系统性的环境司法共治格局基本形成。

(一)环境司法组织建设实现整体化延展

2022 年度,环境司法组织数量继续增长。各级司法机关根据发展需要,稳步推进环境司法组织系统性建设,更加注重环境司法组织的专业性延展。全面覆盖各级人民法院、人民检察院,涵摄生态环境保护各领域的环境司法审判体系基本建成。

1. 系统优化环境司法审判专门机构

截至 2022 年 12 月,我国 31 个省、自治区、直辖市共有环境资源审判专门机构(组织)2426 个,[8]同比增长 12.89%。[9] (见图 1 - 1)

---

[5] 吕忠梅等:《中国环境司法发展报告(2019 年)》,法律出版社 2020 年版。

[6] 吕忠梅等:《中国环境司法发展报告(2020 年)》,法律出版社 2021 年版。

[7] 吕忠梅等:《中国环境司法发展报告(2021 年)》,法律出版社 2022 年版。

[8] 数据来源:最高人民法院环境资源审判庭统计。

[9] 截至 2021 年 12 月,我国 31 个省、自治区、直辖市共有环境资源审判专门机构 2149 个。参见吕忠梅等:《中国环境司法发展报告(2021 年)》,法律出版社 2022 年版,第 4 页。本书的所有数据均只统计了 31 个省、自治区、直辖市、不包括我国港澳台地区。——编者注

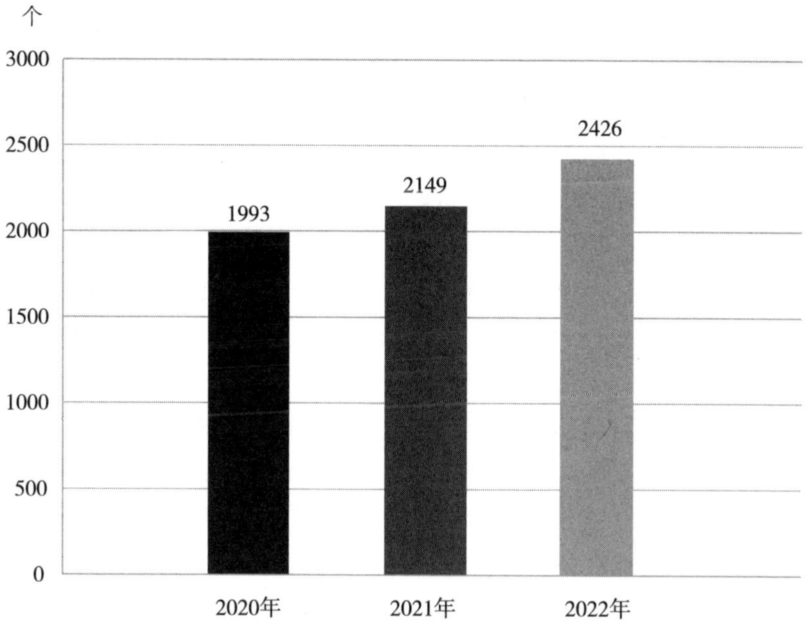

图 1-1　2020~2022 年全国环境资源审判专门机构(组织)的设置情况图

(1)环境资源审判机构重点区域和流域全覆盖,长江流域环境资源审判机构建设成效显著。长春铁路运输中级法院设立长春环境资源法庭,管辖全省应当由中级人民法院管辖的一审、二审、再审环境资源刑事、民事、行政案件及其他公益诉讼案件。[10] 长江流域各级人民法院设立环境资源专门审判机构或组织1203 个,实现专门化审判机构流域全覆盖。[11]

(2)环境资源审判机构向非集中管辖地区延伸,充分发挥巡回法庭的作用。重庆市第三中级人民法院联合重庆市涪陵区人民法院设立"环境资源仙女山巡回审判站",推进了环境资源司法保护阵地前移。[12] 广西壮族自治区东兰县人民法院设立"'拔哥'流动法庭驻红水河流域(东兰段)工作站",将审判服务窗口

〔10〕 参见《环境资源案件指定管辖法院名片推介 | 吉林省长春铁路运输中级法院:以法治筑牢生态安全屏障为建设生态强省保驾护航》,载吉林省高级人民法院司法公开网 2022 年 10 月 27 日,http://www.jlsfy.gov.cn/hjzysp/454653.jhtml。

〔11〕 参见荆龙、王俏:《长江流域实现环境资源专门化审判机构全覆盖》,载《人民法院报》2022 年 12 月 29 日,第 1 版。

〔12〕 参见刘洋:《重庆三中院、涪陵区法院设立环境资源仙女山巡回审判站》,载《人民法院报》2022 年 3 月 31 日,第 4 版。

延伸至基层。[13]

(3)环境资源审判机构向红色资源地区拓展,传承红色文化功能逐步彰显。江西省萍乡市安源区人民法院设立红色资源审判庭,专门办理红色资源案件;[14]安徽省金寨县人民法院成立天堂寨环境资源巡回法庭,保护大别山生态环境,[15]在环境司法中保护革命老区红色文化根脉。

2. 重点布局公益诉讼检察机构

2022 年,全国各级检察机关继续推进公益诉讼检察专门机构全覆盖,充分发挥法律监督在生态环境保护中的重要作用,推动公益诉讼检察组织建设健康发展。

(1)公益诉讼检察机构的设置面向重点区域流域,为跨行政区域生态保护奠定了组织基础。青海省人民检察院在三江源地区、环青海湖区域、祁连山南麓青海片区试点开展生态环境公益诉讼巡回检察,在全国率先探索构建重点生态功能区跨区域公益检察保护机制。[16] 陕西省设立秦岭北麓地区、秦岭南麓地区、关中平原地区、陕北高原地区 4 个派出检察院,负责黄河秦岭的生态环境公益诉讼检察工作。[17]

(2)公益诉讼检察机构延伸至专业领域,公益诉讼检察职能与基层社会治理相融合。福建省人民检察院在省林长办公室设置检察联络室,[18]探索建立"林长 + 检察长"工作机制。陕西省西安市高陵区人民检察院联合区委社会治理办,在区综治中心成立"网格 + 公益诉讼检察"融合治理办公室,[19]创新基层社会治理。

---

[13] 参见费文彬:《河池:保障群众环境权益　服务生态文明建设》,载《人民法院报》2022 年 12 月 5 日,第 7 版。

[14] 参见徐隆林:《江西首家红色资源审判庭在安源法院五陂法庭挂牌成立》,载民主与法制网,http://www.mzyfz.com/html/2334/2022 - 12 - 13/content - 1578949.html。

[15] 参见周瑞平:《【安徽金寨县法院】成立环资巡回法庭保障大别山生态环境》,载《人民法院报》2022 年 7 月 5 日,第 4 版。

[16] 参见韩萍、徐鹏:《青海探索开展生态环境公益诉讼巡回检察　破解"三跨"重点生态功能区保护难题》,载《法治日报》2023 年 4 月 6 日,第 1 版。

[17] 参见高斌、闫昭、倪建军:《跨越山河,做公益诉讼的"大国工匠"——陕西跨行政区划检察改革推动秦岭地区黄河流域生态保护和高质量发展》,载中华人民共和国最高人民检察院网,https://www.spp.gov.cn//zdgz/202304/t20230403_610123.shtml。

[18] 参见福建省林业局:《福建省人民检察院驻省林长办公室检察联络室正式揭牌》,载福建省林业局网,https://lyt.fj.gov.cn/zxzx/tpxw/202210/t20221027_6026077.htm。

[19] 参见潘艳丽、刘楠:《陕西西安高陵区:"网格 + "助力公益诉讼检察工作》,载中华人民共和国最高人民检察院网,https://www.spp.gov.cn/spp/dfjcdt/202212/t20221222_596365.shtml。

(二)多元共治的环境司法工作格局基本形成

2022 年,各级司法机关认真践行习近平生态文明思想和习近平法治思想,着力推进"绿色司法""便民司法",积极探索环境司法规律,结合中国诉讼制度和司法体制改革创造出绿色职权主义审判模式,积极构建多主体参与、多部门协作、多区域联动的司法机制,创新以生态环境治理多元化为特征的环境司法工作格局,不断增强司法回应社会需求的能力和重塑社会关系的能力。

1. 环境资源审判更好呈现"绿色""便民"特征

各级人民法院为了"让人民群众在每一个司法案件中感受到公平正义",结合环境资源审判促进"人与自然和谐共生"的特征,积极探索便民司法、民主司法、高效司法的工作模式。

(1)探索易于当事人参加的审判模式,积极回应人民群众的需求。郑州铁路运输中级法院探索"生态环境司法保护基地 + 巡回法庭"模式,〔20〕重庆市南岸区人民法院建立"车载便民法庭",〔21〕江西省鄱阳县人民法院饶河流域进行水上流动巡回审判,〔22〕既方便诉讼,也把普法宣传送到人民群众身边。四川省雅安市中级人民法院设立大熊猫国家公园雅安片区法庭,并成功敲响全国大熊猫国家公园法庭专业司法保护的"第一槌"。〔23〕

(2)积极推进诉源治理,促进环境资源纠纷实质、高效解决。四川省成都市中级人民法院探索构建"环境要素 + 环境行为"的专门化案件识别机制,指导全市法院开展环境资源审判专业化、恢复性、协同性、预防性"一化三性"改革;河南省襄城县人民法院成立"环境资源审判诉调对接办公室",与自然资源局、生态环境局等部门建立诉调对接机制;〔24〕云南省普洱市思茅区人民法院成立全国

〔20〕 参见《专业化审判守护碧水蓝天净土——河南法院构建全省跨区划环资审判体系工作纪实》,载中华人民共和国最高人民法院网 2023 年 2 月 13 日,https://www.court.gov.cn/zixun-xiangqing-388721.html。

〔21〕 参见陈丽英:《长江边架起"生态巡回法庭",南岸法院敲响环境资源审判"第一槌"》,载重庆市南岸区人民法院网 2022 年 10 月 31 日,http://cqnafy.cqfygzfw.gov.cn/article/detail/2022/10/id/6985159.shtml。

〔22〕 参见饶河流域环资法庭:《为了守护那片绿水青山——鄱阳法院饶河流域环境资源法庭创新发展守生态》,载江西省鄱阳县人民法院网 2022 年 12 月 1 日,http://pyxfy.jxfy.gov.cn/article/detail/2022/12/id/7051978.shtml。

〔23〕 参见《四川省雅安市中院发布 2016-2021 环境资源审判白皮书》,载民主与法制网,http://www.mzyfz.com/html/2334/2022-06-07/content-1563965.html。

〔24〕 参见《"打造枫桥式人民法庭 积极服务全面推进乡村振兴"典型案例——守护农村生态环境篇》,载最高人民法院官方百家号 2022 年 6 月 5 日,https://baijiahao.baidu.com/s?id=1734723690508637560&wfr=spider&for=pc。

首家“人象和谐法律服务点”,搭建起一站式调解工作平台;[25]河北省邯郸市丛台区人民法院设立三大环境资源审判庭法官工作站,加强对矛盾纠纷源头的预防和前端化解。[26]

2. 环境检察更加凸显“赋能”“联动”重点

各级检察机关坚持“保护优先,自然恢复为主”理念,发挥环境公益检察职能,创新环境检察模式,促进多元化参与,不断完善环境检察工作机制。

(1)数字化赋能检察公益诉讼,加快法律监督机制信息化步伐。最高人民检察院创建“益心为公”云平台,建立公益诉讼观察员制度,[27]提升多主体参与效能。河南省林州市人民检察院建立环境污染行政处罚非诉执行监督类案模型和环境污染跟进监督类案模型,探索“个案办理—类案监督—系统治理”的数字检察模式,着力提升办案效能。[28]

(2)建立检察公益诉讼联动机制,加强多部门协作协同。宁夏回族自治区检察院、自治区水利厅联合印发《关于建立健全水行政执法与检察公益诉讼协作机制的实施细则》,完善“水行政执法+检察公益诉讼”协作机制。[29] 湖北省五峰土家族自治县检察院与林业局等9部门会签《破坏环境资源类刑事案件生态修复、补植复绿工作联席会议备忘录》,建立刑事案件认罪认罚从宽制度与公益诉讼惩罚性赔偿制度衔接办案机制。[30]

3. 环境司法工作机制形成多元共治格局

各级司法机关为促进实现“山水林田湖草沙统筹治理”,高度重视多元利益的综合平衡和整体调整,不断创新多部门合作、多平台衔接、多区域联动的共治性工作机制。

---

〔25〕 参见茶莹、赵赢:《绘就人与自然和谐共生新画卷——云南普洱法院以司法之力守护生物多样性纪实》,载中华人民共和国最高人民法院网2022年8月2日,https://www.court.gov.cn/zixun-xiangqing-368171.html。

〔26〕 参见张铭贤:《为建设美丽城市提供法治支撑 邯郸丛台区建立“1310”机制》,载《中国环境报》2022年8月3日,第6版。

〔27〕 参见管莹:《江苏:“益心为公”检察云平台工作成效初显》,载中华人民共和国最高人民检察院网,https://www.spp.gov.cn/spp/dfjcdt/202212/t20221225_596785.shtml。

〔28〕 参见宋建军:《河北省雄安新区保护白洋淀生态环境:让“违法者”变“修复者”》,载民主与法制网,http://www.mzyfz.com/html/2333/2022-11-29/content-1577880.html。

〔29〕 参见单曦玺、叶子:《深入学习贯彻党的二十大精神|宁夏:健全水行政执法与检察公益诉讼协作机制》,载中华人民共和国最高人民检察院网,https://www.spp.gov.cn/spp/zdgz/202212/t20221219_595951.shtml。

〔30〕 参见史德华:《湖北五峰:擦亮生态五峰的“金字招牌”》,载中华人民共和国最高人民检察院网,https://www.spp.gov.cn//zdgz/202212/t20221228_597080.shtml。

(1)采取多种形式,完善环境司法跨区域协作机制。江苏省、安徽省高级人民法院根据《长三角环境资源司法协作框架协议》,建立跨省生态环境修复资金移交机制;〔31〕湖南、湖北、江西三省高级人民法院共同签署《关于建立长江中游生态环境保护区域司法协作的长沙·橘子洲头绿色宣言》,构建长江中游城市群审判工作协作机制;〔32〕吉林省松原市中级人民法院与长春、吉林、白山、白城、长春铁路运输5家中级法院共同签署《关于构建吉林省内松花江流域跨区域司法保护协作机制的意见》;〔33〕四川省江安县人民法院与宜宾市纳溪区人民法院以"纽扣"结对的形式,建立跨区域环资审判司法协助和联调联动模式。〔34〕

(2)支持多部门参与,促进环境司法与行政执法有机衔接。重庆市高级人民法院与重庆市林业局联合签署《加强生态环境司法与林业监管执法协作纪要》,建立定期会商研讨、信息共享共用等监管执法协作机制。〔35〕宁夏回族自治区检察院和自治区林长办公室联合印发《关于建立"林长+检察长"工作机制的意见》。〔36〕浙江省开化县人民法院探索建立"河长+法官"机制,〔37〕切实加强司法与行政执法的衔接与配合。

(3)以生态修复为着力点,凝聚环境司法执法治理合力。广东省韶关市中级人民法院与市生态环境、林业等行政主管部门建立常态化协商机制,以"补植复绿"为切入点,逐步将生态修复机制从山林拓展到水流、土地、矿产、大气等领域。〔38〕海南省第一中级人民法院、省人民检察院第一分院、文昌市人民政府等

---

〔31〕参见周瑞平:《跨省协作推动长江生态修复一体化 苏皖法院移交生态环境修复资金》,载中华人民共和国最高人民法院网2022年11月25日,https://www.court.gov.cn/zixun-xiangqing-380931.html。

〔32〕参见《湘鄂赣三省高院签署〈长沙·橘子洲头绿色宣言〉深化区域司法协作共护长江中游生态》,载中华人民共和国最高人民法院网2022年7月22日,https://www.court.gov.cn/zixun-xiangqing-366771.html。

〔33〕参见《吉林强化司法协作守护松花江》,载中华人民共和国最高人民检察院网2022年9月5日,https://www.court.gov.cn/zixun-xiangqing-370981.html。

〔34〕参见《宜宾市中级人民法院工作报告》,载《宜宾日报》2023年2月2日,第A3版。

〔35〕参见刘洋:《重庆高院与重庆市林业局签署纪要 共建生态环境执法司法协作体系》,载中华人民共和国最高人民法院网2022年5月23日,https://www.court.gov.cn/zixun-xiangqing-359861.html。

〔36〕参见单曦玺、张倩倩:《宁夏:"林长+检察长"合力推进森林草原资源保护》,载中华人民共和国最高人民检察院网,https://www.spp.gov.cn/spp/dfjcdt/202212/t20221215_595672.shtml。

〔37〕参见余建华:《一江清水出源头——浙江开化县法院强化水资源司法保护工作纪实》,载《人民法院报》2022年6月13日,第4版。

〔38〕参见《全力守护粤北青山绿水——韶关法院环境资源审判工作纪实》,载中华人民共和国最高人民法院网2022年8月16日,https://www.court.gov.cn/zixun-xiangqing-369051.html。

举办刑事附带民事公益诉讼案件增殖放流活动。[39] 天津市滨海新区人民法院创新恢复性司法理念,与相关政府部门共同开展增殖放流活动。[40]

(4)建设生态环境司法保护基地,构筑生态环境立体化保护体系。江西省九江市两级人民法院与江西核电有限公司、彭泽县政府共同建立"万里长江第一零碳岛生态环境司法保护基地";[41] 福建省宁德市中级人民法院与蕉城区人民法院联合在福口国有林场成立生态环境司法保护实践基地;[42] 西安铁路运输法院、陕西省林业科学院、西安铁路运输检察院、陕西省公安厅森林公安局第一分局、秦岭大熊猫繁育研究中心(珍稀野生动物救护基地)5 家单位共同建立秦岭珍稀野生动物司法保护基地;[43] 江苏省盐城市盐都区人民检察院、盐都区农业农村局联合设立"检察公益水上生态修复基地";[44] 苏州市统筹各基层检察院生态环境损害赔偿资源,建立"江河湖海"公益修复基地体系;[45] 安徽省马鞍山市建立"检察公益诉讼长江渔业资源生态修复基地",[46] 为构建常态化生态修复机制提供示范。

(三)以绿色司法理念为核心的规则体系更加完善

2022 年,各级司法机关牢固树立尊重自然、顺应自然、保护自然理念,更加强调以"图之于未萌,虑之于未有"的预防性思维妥善处理发展与保护的关系。最高人民法院、最高人民检察院通过制定司法解释和司法文件、公布指导性案例和典型性案例等方式,规范案件办理尺度、统一案件办理标准、完善法律适用规则、提高案件办理质效,不断完善以环境正义、风险预防、生态恢复等绿色司法理

---

〔39〕 参见黄国亮:《海南省一中院举办增殖放流活动》,载民主与法制网,http://www.mzyfz.com/html/2334/2022-06-21/content-1565061.html。

〔40〕 参见《天津法院用"法徽红"守护"生态绿"》,载民主与法制网,http://www.mzyfz.com/html/2334/2022-10-21/content-1575047.html。

〔41〕 参见沈双武:《政府法院企业携手守护一江清水东流 万里长江第一零碳岛生态环境司法保护基地今日揭牌》,载中国法院网 2022 年 7 月 26 日,https://www.chinacourt.org/article/detail/2022/07/id/6810624.shtml。

〔42〕 参见陈镇国:《福建宁德市中院成立司法保护实践基地》,载民主与法制网,http://www.mzyfz.com/html/2334/2022-03-15/content-1557594.html。

〔43〕 参见刘辉:《陕西首个秦岭珍稀野生动物司法保护基地揭牌》,载《人民法院报》2022 年 6 月 12 日,第 4 版。

〔44〕 参见陈龙、张净:《江苏盐城市盐都区:"检察公益水上生态修复基地"落户大纵湖》,载民主与法制网,http://www.mzyfz.com/html/2333/2022-05-30/content-1563439.html。

〔45〕 参见李苑、李跃:《坚持三位一体 做实四大功能 苏州构建"江河湖海"公益修复基地体系》,载《中国环境报》2023 年 3 月 21 日,第 6 版。

〔46〕 参见张发平:《马鞍山市检察公益诉讼长江渔业资源生态修复基地揭牌》,载安徽财经网,https://www.ahcaijing.com/html/2022/24h_0428/306828.html。

念为核心的司法规则体系。

1. 环境司法政策体系不断完善

2022年,最高人民法院、最高人民检察院发布8件相关环境司法文件(见表1-1),充分发挥环境司法政策的积极功能,通过制定环境司法文件、环境司法解释等方式指引、规范法律适用,完善裁判规则法源体系,诠释环境法价值。

表1-1 2022年最高人民法院、最高人民检察院等发布的环境司法文件情况

类别	序号	名称	发布单位	发布时间
规范性文件	1	《关于印发〈生态环境损害赔偿管理规定〉的通知》	生态环境部、最高人民法院等	2022年4月
	2	《关于建立健全水行政执法与检察公益诉讼协作机制的意见》	最高人民检察院、水利部	2022年5月
	3	《关于充分发挥环境资源审判职能作用 依法惩处盗采矿产资源犯罪的意见》	最高人民法院	2022年7月
	4	《关于办理妨害文物管理等刑事案件若干问题的意见》	最高人民法院、最高人民检察院、公安部、国家文物局	2022年8月
司法解释	1	《关于审理生态环境侵权纠纷案件适用惩罚性赔偿的解释》	最高人民法院	2022年1月
	2	《关于办理破坏野生动物资源刑事案件适用法律若干问题的解释》	最高人民法院、最高人民检察院	2022年4月
	3	《关于办理海洋自然资源与生态环境公益诉讼案件若干问题的规定》	最高人民法院、最高人民检察院	2022年5月
	4	《关于审理森林资源民事纠纷案件适用法律若干问题的解释》	最高人民法院	2022年6月

(1)完善环境法律适用规则,充分体现环境司法综合性、生态性特征。最高人民法院发布《关于充分发挥环境资源审判职能作用依法惩处盗采矿产资源犯罪的意见》,统筹考虑矿产资源保护及其管理秩序维护,完善盗采矿产资源罪的法律适用。最高人民法院、最高人民检察院联合发布《关于办理破坏野生动物资源刑事案件适用法律若干问题的解释》,明确建立破坏野生动物资源犯罪的价值判断标准,促进法律效果和社会效果统一;联合发布《关于办理海洋自然资源与生态环境公益诉讼案件若干问题的规定》,统一海洋环境公益诉讼案件的

裁判尺度和法律适用标准,规范海洋自然资源与生态环境公益诉讼案件办理程序。

(2)细化环境民事诉讼实体规则,保障《民法典》绿色条款的准确理解与适用。最高人民法院发布《关于审理森林资源民事纠纷案件适用法律若干问题的解释》,首次明确"绿色原则"的具体运用,规范森林资源民事案件受理、林业碳汇等新类型担保、森林生态环境损害修复和赔偿等问题;发布《关于审理生态环境侵权纠纷案件适用惩罚性赔偿的解释》,明确生态环境侵权纠纷适用惩罚性赔偿的相关规则。

(3)健全环境司法执法协作机制,促进司法机关与行政部门的衔接制度化、规范化。生态环境部、最高人民法院、最高人民检察院等联合印发《生态环境损害赔偿管理规定》,统一案件线索筛查、损害调查、赔偿磋商、修复效果评估等赔偿工作程序。[47] 最高人民法院、最高人民检察院、公安部、国家文物局联合制定《关于办理妨害文物管理等刑事案件若干问题的意见》,建立人民法院、人民检察院、公安机关与文物保护部门沟通协调机制,强化文物保护领域的行刑衔接。最高人民检察院、水利部联合发布《关于建立健全水行政执法与检察公益诉讼协作机制的意见》,推广"河(湖)长 + 检察长"协作机制。[48]

2. 环境司法案例指导体系持续强化

2022 年,最高人民法院、最高人民检察院共发布与环境司法有关的 3 批 15 个指导性案例(见表 1 - 2),15 批 144 个典型案例(见表 1 - 3)。充分发挥指导性案例的统一法律适用功能,典型案例的指引、示范、教育功能,为审理环境资源案件统一裁判标准和尺度;高度重视司法案例的经济社会发展"晴雨表"、社情民意"风向标"作用,[49] 让人民群众在环境司法案件中感受到公平正义,以优质的司法服务保障"美丽中国"建设;积极配合国家环境外交、参与全球环境治理,提升中国环境司法的国际影响力。

---

〔47〕 参见《生态环境部有关负责同志就〈生态环境损害赔偿管理规定〉答记者问》,载中华人民共和国中央人民政府网,http://www.gov.cn/zhengce/2022 - 05/20/content_5691414.htm。

〔48〕 参见刘家墉:《最高检水利部发布意见　建立健全水行政执法与检察公益诉讼协作》,载中华人民共和国最高人民检察院网,https://www.spp.gov.cn/zdgz/202206/t20220609_559461.shtml。

〔49〕 参见罗书臻:《周强在最高人民法院司法案例工作推进会上强调　加强案例研究　提升司法能力和水平》,载中华人民共和国最高人民法院网 2017 年 7 月 29 日,https://www.court.gov.cn/zixun/xiangqing/54702.html。

表1－2　2022年最高人民法院、最高人民检察院发布的环境资源指导性案例

批次	诉讼类型	案例名称	发布时间
最高人民法院第37批指导性案例	环境刑事附带民事公益诉讼	指导性案例202号：武汉卓航江海贸易有限公司、向阳等12人污染环境刑事附带民事公益诉讼案	2022年12月
		指导性案例203号：左勇、徐鹤污染环境刑事附带民事公益诉讼案	2022年12月
	环境民事公益诉讼（环境污染）	指导性案例204号：重庆市人民检察院第五分院诉重庆瑜煌电力设备制造有限公司等环境污染民事公益诉讼案	2022年12月
		指导性案例205号：上海市人民检察院第三分院诉郎溪华远固体废物处置有限公司、宁波高新区米泰贸易有限公司、黄德庭、薛强环境污染民事公益诉讼案	2022年12月
		指导性案例206号：北京市人民检察院第四分院诉朱清良、朱清涛环境污染民事公益诉讼案	2022年12月
	环境民事公益诉讼（生态破坏）	指导性案例207号：江苏省南京市人民检察院诉王玉林生态破坏民事公益诉讼案	2022年12月
		指导性案例208号：江西省上饶市人民检察院诉张永明、张鹭、毛伟明生态破坏民事公益诉讼案	
		指导性案例209号：浙江省遂昌县人民检察院诉叶继成生态破坏民事公益诉讼案	
	生态环境损害赔偿诉讼	指导性案例210号：九江市人民政府诉江西正鹏环保科技有限公司、杭州连新建材有限公司、李德等生态环境损害赔偿诉讼案	2022年12月
	环境行政公益诉讼	指导性案例211号：铜仁市万山区人民检察院诉铜仁市万山区林业局不履行林业行政管理职责行政公益诉讼案	2022年12月
最高人民检察院第四十批指导性案例	环境行政公益诉讼	检例第162号：吉林省检察机关督促履行环境保护监管职责行政公益诉讼案	2022年9月
		检例第163号：山西省检察机关督促整治浑源矿企非法开采行政公益诉讼案	2022年9月

续表

批次	诉讼类型	案例名称	发布时间
	环境民事公益诉讼	检例第 164 号:江西省浮梁县人民检察院诉 A 化工集团有限公司污染环境民事公益诉讼案	2022 年 9 月
		检例第 165 号:山东省淄博市人民检察院对 A 发展基金会诉 B 石油化工有限公司、C 化工有限公司民事公益诉讼检察监督案	2022 年 9 月
最高人民检察院第四十一批指导性案例	环境公益诉讼	检例第 166 号:最高人民检察院督促整治万峰湖流域生态环境受损公益诉讼案	2022 年 9 月

表 1-3　2022 年最高人民法院、最高人民检察院等发布的环境资源典型案例

发布单位	序号	文件名(件数)	发布时间
最高人民法院	1	人民法院依法审理固体废物污染环境典型案例(10)	2022 年 3 月
	2	“打造枫桥式人民法庭积极服务全面推进乡村振兴”典型案例——守护农村生态环境篇(7)	2022 年 6 月
	3	2021 年度人民法院环境资源审判典型案例(15)	2022 年 6 月
	4	森林资源民事纠纷典型案例(10)	2022 年 6 月
	5	人民法院依法惩处盗采矿产资源犯罪典型案例(10)	2022 年 7 月
	6	生物多样性司法保护典型案例(15)	2022 年 12 月
最高人民检察院	1	检察机关服务保障黄河流域生态保护和高质量发展典型案例(12)	2022 年 1 月
	2	检察公益诉讼“回头看”跟进监督典型案例(8)	2022 年 3 月
	3	检察机关依法保护黑土地典型案例(4)	2022 年 5 月
	4	检察机关服务保障长江经济带发展典型案例(第四批)(12)	2022 年 7 月
	5	检察机关督促整治非法采矿公益诉讼典型案例(8)	2022 年 9 月
	6	检察机关依法惩治盗采矿产资源犯罪典型案例(4)	2022 年 11 月
	7	湿地保护公益诉讼典型案例(12)	2022 年 11 月
	8	“检察为民办实事”——行政检察与民同行系列典型案例(第九批)(7)	2022 年 11 月

续表

发布单位	序号	文件名(件数)	发布时间
最高人民检察院、水利部	1	涉水领域检察公益诉讼典型案例(10)	2022 年 6 月

(1)集中发布公益诉讼指导性案例,统一环境公益诉讼法律适用。最高人民法院发布的第 37 批指导性案例,涉及走私洋垃圾、毁损自然遗迹、偷排船舶污水、非法采矿、破坏公益林地等犯罪类型,以案例形式进一步细化、完善环境公益诉讼的法律适用规则。[50] 最高人民检察院发布两批指导性案例,围绕生态环境保护的重点领域如土壤污染治理、固体废物污染治理、危险废物污染治理、耕地及林草资源保护等构建类型化规则,[51] 建立省级以上人民检察院直接办理环境公益诉讼案件基础性规则。[52]

(2)发布生态环境保护典型案例,指导、引领环境司法实践探索创新。在矿产资源保护领域,最高人民法院发布《人民法院依法惩处盗采矿产资源犯罪典型案例》,[53] 最高人民检察院发布《检察机关督促整治非法采矿公益诉讼典型案例》《检察机关依法惩治盗采矿产资源犯罪典型案例》。[54] 在森林和湿地保护领域,最高人民法院发布《森林资源民事纠纷典型案例》,[55] 最高人民检察院发布《检察机关依法保护黑土地典型案例》。[56] 在流域保护领域,最高人民检

[50] 参见《全面加强生态环境公共利益司法保护——最高人民法院发布环境公益诉讼专题指导性案例》,载中华人民共和国最高人民法院网 2023 年 1 月 11 日,https://www.court.gov.cn/zixun-xiangqing-386231.html。

[51] 参见《聚焦生态环境公益诉讼检察　最高检发布第四十批指导性案例》,载中华人民共和国最高人民检察院网,https://www.spp.gov.cn/xwfbh/wsfbt/202209/t20220926_579039.shtml#1。

[52] 参见沙雪良:《最高检第四十一批指导性案例缘何仅有一件? 主办大检察官解读内涵》,载新京报网 2022 年 9 月 22 日,https://www.bjnews.com.cn/detail/166381696714426.html。

[53] 参见《人民法院依法惩处盗采矿产资源犯罪典型案例》,载中华人民共和国最高人民法院网 2022 年 7 月 8 日,https://www.court.gov.cn/zixun-xiangqing-364901.html。

[54] 参见《最高检发布督促整治非法采矿公益诉讼典型案例　能动履职,破解矿产资源保护难题》,载中华人民共和国最高人民检察院网,https://www.spp.gov.cn/spp/xwfbh/wsfbt/202209/t20220914_577177.shtml#1。

[55] 参见孙航:《完善生态环境法律适用规则体系　推动森林资源科学保护合理利用　最高法发布〈关于审理森林资源民事纠纷案件适用法律若干问题的解释〉及配套典型案例》,载中华人民共和国最高人民法院网 2022 年 6 月 14 日,https://www.court.gov.cn/zixun-xiangqing-362391.html。

[56] 参见《最高检发布检察机关依法保护黑土地典型案例》,载中华人民共和国最高人民检察院网,https://www.spp.gov.cn/spp/xwfbh/wsfbt/202205/t20220524_557698.shtml#1。

察院发布《检察机关服务保障黄河流域生态保护和高质量发展典型案例》[57]《检察机关服务保障长江经济带发展典型案例(第四批)》[58]《"检察为民办实事"——行政检察与民同行系列典型案例(第九批)》;最高人民检察院还与水利部联合发布《涉水领域检察公益诉讼典型案例》,依托"河长 + 检察长"协作机制,深化落实涉水领域的公益诉讼检察工作。[59]

(3)发布生物多样性、湿地保护典型案例,提供环境司法保护的中国方案。最高人民法院发布《生物多样性司法保护典型案例》,配合联合国发布的《生物多样性公约》,进一步优化生物多样性司法保护审判工作机制。[60] 最高人民检察院发布首批《湿地保护公益诉讼典型案例》,配合《湿地公约》第十四届缔约方大会的开展,进一步加大湿地保护的司法力度,推动贯彻落实《中华人民共和国湿地保护法》的实施,促进我国全面履行国际条约义务。[61]

(四)环境司法队伍建设和司法理论研究更具连续性

2022 年,全国各级司法机关围绕迎接党的二十大、贯彻党的二十大精神主题主线,大力加强环境司法队伍思想政治建设和作风建设,结合环境司法实际,加强环境司法培训与实践机能培养;以环境司法研究基地、实践基地为依托,推进环境司法实践发展与理论研究相结合、互促进,形成更加稳定的可持续机制。

1. 环境司法队伍建设适应多元共治需求

与环境司法多元共治格局相适应,加强环境司法队伍的教育培训,建立常态化人员交流机制,延伸环境司法案件办理链条,组建环境司法队伍"共同体"。

(1)强化"两法衔接"人员培训,建立司法与行政常态化衔接机制。最高人民检察院、公安部、生态环境部联合举办 2022 年全国生态环境保护行政执法与

---

[57] 参见《检察机关服务保障黄河流域生态保护和高质量发展典型案例主要特点》,载中华人民共和国最高人民检察院网,https://www.spp.gov.cn/xwfbh/wsfbt/202201/t20220125_542613.shtml#2。

[58] 参见《检察机关服务保障长江经济带发展典型案例(第四批)发布说明》,载中华人民共和国最高人民检察院网,https://www.spp.gov.cn/spp/xwfbh/wsfbt/202207/t20220719_565280.shtml#1。

[59] 参见《最高检、水利部联合发布涉水领域检察公益诉讼典型案例》,载中华人民共和国最高人民检察院网,https://www.spp.gov.cn/spp/xwfbh/wsfbh/202206/t20220609_559428.shtml。

[60] 参见《最高人民法院发布生物多样性司法保护典型案例》,载中华人民共和国最高人民法院网 2022 年 12 月 5 日,https://www.court.gov.cn/zixun/xiangqing/381901.html。

[61] 参见《最高检指导发布首批湿地保护公益诉讼典型案例》,载中华人民共和国最高人民检察院网,https://www.spp.gov.cn/xwfbh/wsfbt/202211/t20221105_591833.shtml#1。

刑事司法衔接工作培训班,[62]为构建一体化联动执法司法模式培养复合型人才。福建省厦门市人民检察院落实最高人民检察院《行政机关专业人员兼任检察官助理工作办法(试行)》,推进检察机关与行政机关互派干部挂职交流,聘任10名行政执法人员为检察官助理。[63] 武汉市汉阳区人民检察院聘任行政机关专业人员兼任检察官助理,推动行政执法和环境司法衔接。[64]

(2)充实专业人员,形成互补性强的环境司法团队。吉林省长春铁路运输法院与长春市司法局、长春市宽城区司法局遴选具有环境资源专门知识的人民陪审员参加的环境资源案件审理。[65] 河南省唐河县人民检察院探索建立"检察官+司法警察+技术人员"一体化公益诉讼协作办案机制。[66] 浙江省安吉县人民检察院聘请林业碳汇工程技术专家组成"森林检察官",为保护森林提供技术支持。[67]

2. 环境司法理论研究更加贴近中国实践

环境法理论研究机构与环境司法实务部门有效合作,建立可持续的成果发布平台,推动以中国环境司法实践为对象的环境司法理论研究,把论文写在美丽中国的大地上。

(1)创建长期稳定的环境司法论坛,持续研讨环境司法实践中的理论问题。在中国法学会环境资源法学研究会指导下,湖北省高级人民法院、长江海商法学会、人民法院环境资源审判理论研究(武汉大学)基地与武汉大学法学院等多家环境法学理论研究机构创设长江大保护司法论坛并举办首届大会,积极推进长

[62] 参见史兆琨:《最高检、公安部、生态环境部联合举办 2022 年全国生态环境保护行政执法与刑事司法衔接工作培训班 三部门连续第七年开展生态环境保护行刑衔接同堂培训》,载《检察日报》2022 年 12 月 15 日,第 1 版。

[63] 参见张仁平、陈松树:《福建厦门:"编外检察官"为检察公益诉讼贡献专业力量》,载中华人民共和国最高人民检察院网,https://www.spp.gov.cn/spp/zdgz/202205/t20220526_557963.shtml。

[64] 参见王中正:《武汉市汉阳区首批"特邀检察官助理"上岗》,载民主与法制网,http://www.mzyfz.com/html/2333/2022-03-30/content-1559201.html。

[65] 参见《纳专业人才 筑强绿色人民陪审队伍——探索推行专家人民陪审员参加环境资源案件审理制度》,载长春铁路运输法院网 2022 年 8 月 19 日,http://cctlfy.e-court.gov.cn/article/detail/2022/08/id/6881565.shtml。

[66] 参见赵红旗:《河南唐河:建立公益诉讼协作机制》,载中华人民共和国最高人民检察院网,https://www.spp.gov.cn/spp/dfjcdt/202212/t20221214_595626.shtml。

[67] 参见王春等:《浙江安吉:"森林检察官"守青山护绿水》,载中华人民共和国最高人民检察院网,https://www.spp.gov.cn/spp/dfjcdt/202209/t20220901_575456.shtml。

江大保护的法律共识。〔68〕 中国法学会环境资源法学研究会支持上海市高级人民法院与上海市崇明区人民政府、上海财经大学设立崇明岛生态岛司法研讨会，举行“2022年上海司法前沿论坛第六届崇明世界级生态岛司法研讨会”，探讨“双碳”目标下生态司法热点问题。〔69〕 浙江省人民检察院与《中国检察官》杂志社联合主办“生态环境公益诉讼理论创新与实践发展全国论坛”，促进诉讼法理论与环境检察公益诉讼实务同频共振。〔70〕

(2)共建环境司法实务研究平台，推动环境司法理论与实践互促互进。广东省法学会诉讼法学研究会与广东省广州市从化区人民检察院共建生态检察与公益诉讼研究基地，〔71〕云南省丽江市人民检察院、丽江师范高等专科学校共建“丽江市生物多样性保护公益诉讼理论实践基地”，〔72〕山东省青岛市人民检察院与青岛地质工程勘察院共同构建实务交流和技术支撑协作平台，〔73〕补强环境司法技术短板。

(五)环境司法国际国内传播力进一步增强

2022年，各级司法机关积极回应人民群众对美好生活环境的新期盼，充分发挥宪法和法律赋予的司法职能，利用国际国内两个传播渠道，向世界讲好中国的环境司法故事，向人民群众传播生态环境保护法治理念。

1. 中国环境司法经验的国际示范作用明显提升

贯彻落实习近平主席提出的“中国愿同世界各国、国际组织携手合作，共同推进全球生态环境治理”〔74〕新要求，向世界宣传扎根于中华传统文化、具有鲜明

---

〔68〕 参见蔡蕾：《首届长江大保护司法论坛达成“武汉共识” 探索构建长江流域一体化司法保护机制》，载中国法院网2022年11月30日，https://www.chinacourt.org/article/detail/2022/11/id/7041975.shtml。

〔69〕 参见郭燕、陈雨丝：《2022年上海司法前沿论坛 第六届崇明世界级生态岛司法研讨会召开 杨临萍出席并致辞》，载中国法院网2022年11月16日，https://www.chinacourt.org/article/detail/2022/11/id/7021168.shtml。

〔70〕 参见陈日建：《生态环境公益诉讼理论创新与实践发展全国论坛——以理论研究助推生态环境公益诉讼高质量发展》，载《检察日报》2022年7月12日，第3版。

〔71〕 参见唐馨：《全国首个生态检察与公益诉讼研究基地在广州成立》，载民主与法制网2022年8月2日，http://www.mzyfz.com/index.php/cms/item-view-id-1568705。

〔72〕 参见刘呈军、李鹭妮：《云南丽江：生物多样性公益诉讼实践基地揭牌》，载中华人民共和国最高人民检察院网，https://www.spp.gov.cn/spp/dfjcdt/202207/t20220706_562155.shtml。

〔73〕 参见曹天健、白树文：《山东青岛：构建实务交流和技术支撑协作平台共护生态》，载中华人民共和国最高人民检察院网，https://www.spp.gov.cn/spp/dfjcdt/202208/t20220825_574193.shtml。

〔74〕 参见《习近平向世界环境司法大会致贺信》，载世界环境司法大会网2021年5月26日，http://wej.court.gov.cn/。

中国特色的绿色司法理念、司法模式、司法规则,为全球环境治理体系提供中国方案、中国智慧。[75]

(1)充分利用国际平台,展示中国特色司法实践。联合国环境规划署司法门户网站刊载 2020 年、2021 年《中国环境资源审判》年度报告和第三批中国环境资源司法案例,[76]向世界推广中国环境司法的有益探索和成功经验。最高人民法院发布《中国生物多样性司法保护》报告,[77]向世界展示中国履行联合国《生物多样性公约》的司法贡献。在《生物多样性公约》第十五次缔约方大会(COP15)第二阶段会议的“中国角”展示了安徽生物多样性保护检察公益诉讼典型案例。[78]

(2)主动设置议题,积极发挥国际司法交流平台功能作用。最高人民法院与亚洲开发银行、欧洲环保协会共同主办气候变化司法应对国际研讨会,[79]主动邀请各方专家研讨司法方案与对策。中国法学会环境资源法学研究会等主办第二届碳中和国际法治论坛,进一步深化环境服务法治领域国际交流合作。[80]

2. 环境司法工作向社会公开影响与年俱增

全国多地人民法院、新闻媒体发布环境资源审判白皮书、发布环境司法工作纪实,向社会公开环境司法工作情况,既保障人民群众的知情权,也向人民群众宣传普及环境法治理念,提升了全社会环境法治素养。

(1)公开环境资源审判工作情况,彰显环境司法实践成果和质效。2022 年,全国各级法院发布环境资源审判白皮书 29 件(见表 1 - 4)、《人民法院报》发布环境司法工作纪实 10 件(见表 1 - 5),数量较 2021 年有较大攀升,多家法院已建立常态化发布机制。湖北省武汉市中级人民法院、广东省阳江市中级人民法

---

[75] 参见吕忠梅:《绿色司法护航“美丽中国”——党的十八大以来中国环境司法发展的辉煌成就回顾》,载《中国审判》2022 年第 7 期。

[76] 参见《联合国环境规划署网站刊登第三批中国环境资源司法案例和年度报告》,载中华人民共和国最高人民法院网 2023 年 1 月 10 日,https://www.court.gov.cn/zixun-xiangqing-385961.html。

[77] 参见《探索具有中国特色的生物多样性司法保护道路最高人民法院发布〈中国生物多样性司法保护〉》,载中华人民共和国最高人民法院网 2022 年 12 月 5 日,https://www.court.gov.cn/zixun-xiangqing-381891.html。

[78] 参见吴贻伙:《安徽生物多样性保护检察公益诉讼典型案例宣传册亮相国际会场》,载中华人民共和国最高人民检察院网,https://www.spp.gov.cn/spp/dfjcdt/202212/t20221225_596788.shtml。

[79] 参见刘婧、刘牧晗:《气候变化司法应对国际研讨会在京召开　杨临萍致辞并作专题发言》,载中国法院网 2022 年 7 月 7 日,https://www.chinacourt.org/article/detail/2022/07/id/6781928.shtml。

[80] 参见刘丽靓:《第二届碳中和国际法治论坛成功举办》,载中证网,https://www.cs.com.cn/xwzx/hg/202209/t20220906_6296405.html。

院、浙江省慈溪市人民法院等首次向社会发布环境审判白皮书。湖北省高级人民法院以首届长江大保护司法论坛为契机发布《湖北法院开展长江大保护环境资源审判白皮书(2018—2022 年度)》;最高人民法院报发布《守千年古城 护文化根脉——广东潮州法院加强历史文化遗产保护工作纪实》,着重展现人民法院在历史文化遗产保护中的使命担当。环境资源审判白皮书与环境司法工作纪实的主题更加聚焦于具体领域环境司法建设实践,推广“地方样板”、打造“地方品牌”,促进生态环境司法保护的“中国经验”更加丰富多彩。

表 1-4 2022 年全国各级人民法院发布环境资源审判白皮书情况

法院层级	序号	名称	发布单位	时间
最高人民法院	1	《中国环境资源审判(2021)》	最高人民法院	2022 年 6 月
高级人民法院	1	《天津环境资源审判白皮书(2021)》	天津市高级人民法院	2022 年 6 月
	2	《安徽法院环境资源司法保护状况白皮书》	安徽省高级人民法院	2022 年 6 月
	3	《2019 至 2021 年河南法院环境资源审判白皮书》	河南省高级人民法院	2022 年 6 月
	4	《陕西环境资源审判》	陕西省高级人民法院	2022 年 6 月
	5	《广西法院环境资源审判白皮书(2021)》	广西壮族自治区高级人民法院	2022 年 6 月
	6	《辽宁环境资源审判白皮书(2020—2021)》	辽宁省高级人民法院	2022 年 6 月
	7	《山西环境资源审判白皮书(2021)》	山西省高级人民法院	2022 年 6 月
	8	《江苏环境资源审判白皮书(2019—2022)》	江苏省高级人民法院	2022 年 7 月
	9	《四川环境资源审判白皮书(2019—2022)》	四川省高级人民法院	2022 年 10 月
	10	《湖北法院开展长江大保护环境资源审判白皮书(2018—2022 年度)》	湖北省高级人民法院	2022 年 11 月

续表

法院层级	序号	名称	发布单位	时间
中级人民法院	1	《阳江法院环境资源审判白皮书(2017—2021 年)》	广东省阳江市中级人民法院	2022 年 5 月
	2	《2021 年度成都法院环境资源审判白皮书》	四川省成都市中级人民法院	2022 年 5 月
	3	《2016—2021 环境资源审判白皮书》	四川省雅安市中级人民法院	2022 年 6 月
	4	《2017—2021 年度环境资源司法保护状况白皮书》	内蒙古自治区呼和浩特市中级人民法院	2022 年 6 月
	5	《2019—2021 年环境资源审判白皮书》	内蒙古自治区乌海市中级人民法院	2022 年 6 月
	6	《环境资源审判白皮书(2020—2021)》	江西省抚州市中级人民法院	2022 年 6 月
	7	《郑州市环境资源审判白皮书(2016 年—2021 年)》	河南省郑州市中级人民法院	2022 年 6 月
	8	《平顶山市环境资源司法保护工作白皮书(2019—2021)》	河南省平顶山市中级人民法院	2022 年 6 月
	9	《环境资源审判白皮书》	湖北省武汉市中级人民法院	2022 年 6 月
	10	《环境资源审判白皮书(2021—2022 年)》	河北省邢台市中级人民法院	2022 年 6 月
	11	《玉林法院环境资源审判白皮书(2017—2021)》	广西壮族自治区玉林市中级人民法院	2022 年 6 月
	12	《2020—2021 年环境资源审判工作白皮书》	山东省菏泽市中级人民法院	2022 年 6 月

续表

法院层级	序号	名称	发布单位	时间
基层人民法院	1	《环境资源审判白皮书(2019 年 1 月—2022 年 4 月)》	山东省青岛市城阳区人民法院	2022 年 6 月
	2	《环境资源审判白皮书(2011—2021)》	重庆市渝北区人民法院	2022 年 6 月
	3	《环境资源审判白皮书》	浙江省慈溪市人民法院	2022 年 6 月
	4	《环境资源跨区域审判白皮书》	江苏省如皋市人民法院	2022 年 6 月
	5	《环境资源审判白皮书(2018—2022)》	湖北省武汉市江夏区人民法院	2022 年 8 月
	6	《吉林市昌邑区人民法院 2022 年度环境资源审判工作白皮书》	吉林省吉林市昌邑区人民法院	2022 年 12 月

注:本表通过网络途径等收集整理,由于搜索条件限制,可能存在疏漏。

表 1-5　2022 年《人民法院报》发布的环境司法工作纪实情况

序号	名　　称	时间
1	《筑司法屏障护大河之洲——山东省东营市两级法院推进环境资源审判纪实》	2022 年 1 月 11 日
2	《守千年古城　护文化根脉——广东潮州法院加强历史文化遗产保护工作纪实》	2022 年 5 月 20 日
3	《躬身耕耘,守护大美八闽——福建法院推进生态司法保护创新发展工作纪实》	2022 年 5 月 24 日
4	《筑牢法治之盾点靓粤海蓝天——广东法院环境资源审判工作纪实》	2022 年 5 月 30 日
5	《碧海蓝天皆风景　山海相依绿意浓——海南法院服务保障国家生态文明试验区建设工作纪实》	2022 年 6 月 6 日
6	《守护三江潮涌　托举绿色发展——汕头法院环境资源审判工作纪实》	2022 年 6 月 10 日

续表

序号	名　　称	时间
7	《为了建设美丽中国——以习近平同志为核心的党中央关心推动中央生态环境保护督察纪实》	2022 年 7 月 6 日
8	《绘就人与自然和谐共生新画卷——云南普洱法院以司法之力守护生物多样性纪实》	2022 年 8 月 2 日
9	《全力守护粤北青山绿水——韶关法院环境资源审判工作纪实》	2022 年 8 月 16 日
10	《从"点上开花"到"串珠成链"——重庆法院探索生态环境司法修复新路子纪实》	2022 年 10 月 12 日

(2)丰富环境司法展示窗口,强化生态环境保护法治宣传。人民法院新闻传媒总社与江苏省高级人民法院等联合推出"非凡十年看法院"系列直播第六场,详细展示南京环境资源法庭工作情况。〔81〕重庆市建立重庆法院环境司法展示馆,以"巴山渝水·司法护航"为主题,全面展示生态环境司法保护成果。〔82〕南京建成全国首个以法院为主导建设的生物多样性司法保护馆,南京环境资源审判庭出版了《以案释法·漫画生物多样性保护》的普及性读物。〔83〕福建省厦门市湖里区人民检察院联合市"林长"办公室、市自然资源和规划局等部门,举办以"落实湿地保护法保护生物多样性"为主题的普法宣教活动。〔84〕

二、中国环境资源案件审判方式基本定型

2022 年,全国法院系统开始按照最高人民法院发布的《环境资源案件类型与统计规范(试行)》,对环境资源案件进行专门统计,不再将环境资源案件纳入刑事、民事和行政案件中,迈出了环境资源案件类型化的实质性步伐,标志着环境资源案件审判类型基本成熟。为此,本报告不再简单沿用原有的环境民事案件、

〔81〕参见袁小英、卜一欣:《"非凡十年看法院"系列直播第六场　法护绿水青山　共建生态文明》,载《人民法院报》2022 年 10 月 11 日,第 1 版。

〔82〕参见刘洋:《重庆法院环境司法展示馆落成揭牌》,载中华人民共和国最高人民法院网 2022 年 11 月 30 日,https://www.court.gov.cn/zixun-xiangqing-381261.html。

〔83〕参见《南京环境资源法庭筑牢生态文明绿色屏障》,载江苏长安网,http://www.jszf.org/zyyg/szdw/sfy/202302/t20230208_83315.html。

〔84〕参见陈镇国、陈厚萱:《福建厦门湖里区检察院联合多部门举办"生物多样性"普法宣教活动》,载民主与法制网,http://www.mzyfz.com/html/2333/2022-08-15/content-1569861.html。

环境行政案件、环境刑事案件、环境公益诉讼(生态环境损害赔偿诉讼)案件的分类方法,但为了保持报告的连续性,本报告继续从不同诉讼程序角度进行环境资源案件审判情况分析,[85]以发现环境司法的内在机理,呈现环境资源案件审判规律。

2022 年全国法院共受理环境资源一审案件数量为 273177 件,其中审结 246104 件(见图 1 - 2)。环境资源一审收案量和结案量分别同比增长 - 1.64%、 - 7.25%。

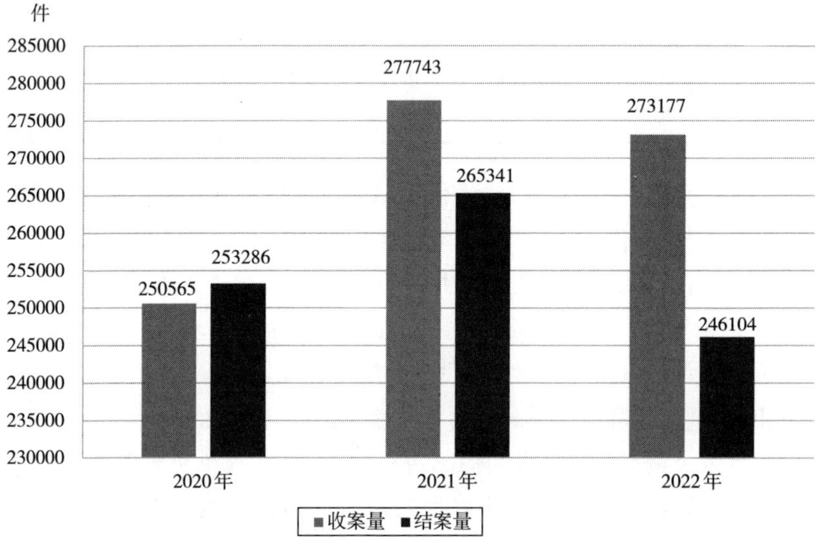

图 1 - 2　2020 ~ 2022 年全国法院受理一审环境资源案件情况[86]

(一)环境侵权案件审判机制运行顺畅[87]

课题组经对 117 份环境污染侵权案件判决书的观察以及对环境共同侵权案件的重点分析后认为:2022 年,环境侵权案件数量虽明显下降,但案件的地域分布、类型分布、当事人分布、责任承担方式等呈现相同规律性,表明普通环境侵权案件审判稳定健康,但应高度重视共同侵权案件的事实认定与法律适用问题。

1. 环境侵权案件数量呈局部上升整体下降趋势。课题组搜索发现,相较于

[85] 本部分的环境侵权案件、环境行政案件、环境刑事案件、环境公益诉讼案件数据源于课题组对中国裁判文书网、北大法宝等网站的检索。

[86] 数据来源于最高人民法院环境资源审判庭统计。

[87] 参见《中国环境司法发展报告(2022 年)》分报告,刘超、陈梓铭:《环境侵权案件的整体观察与机制检视》。

2021 年,判决书样本总量整体下降。上海、山东、陕西、甘肃案件数量上升;内蒙古自治区、黑龙江、山西等 7 省级行政区案件数量下降至 0。(见图 1 - 3)

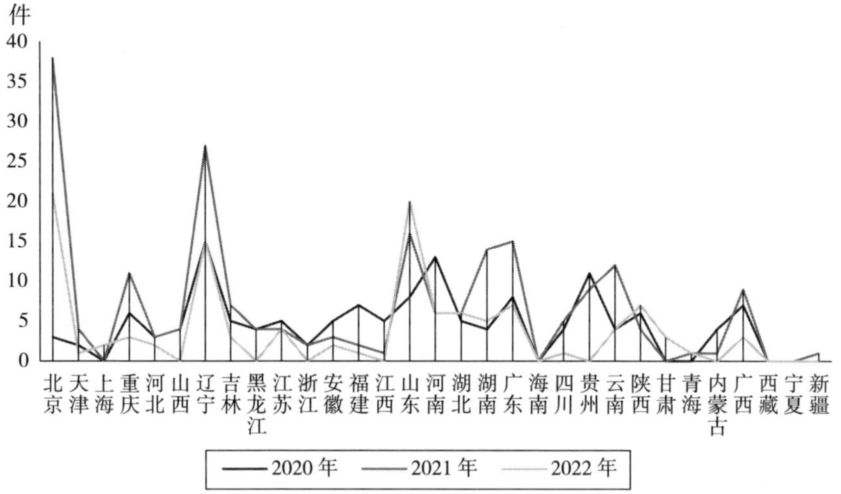

图 1 - 3 2020 ~ 2022 年省域分布动态折线图

2. 诉讼主体主要仍为自然人与企业。与往年相比,诉讼主体分布没有大的变化。依然以自然人和企业为主,政府及相关部门、农村集体组织、社会组织的占比较低(见表 1 - 6)。一审案件中,自然人通常作为环境污染的主要受害者而起诉,企业为被告;二审案件中,自然人和企业是两大主要诉讼主体。相对于普通侵权案件,环境侵权案件中权利被侵害方的胜诉率显著低于败诉率。在 2022 年度一审、二审环境侵权案件中,权利被侵害方胜诉 9 件,败诉 41 件,胜诉率 7.69%,败诉率 35.04%(见图 1 - 4)。结合历年情况,环境污染纠纷主要产生于自然人与企业之间,因此应更加注重两类主体间环境利益的协调与平衡,准确把握环境损害与风险预防责任的分配问题,完善环境侵权裁判规则与审判机制。

表 1 - 6 2022 年环境侵权案件一审诉讼主体类型情况

单位:件

主体类型	原告	被告
自然人	60	13
企业	6	45
政府及相关部门	3	2
农村集体组织	2	1

续表

主体类型	原告	被告
自然人、企业	—	3
企业、政府及相关部门	—	6
社会组织、企业	—	1

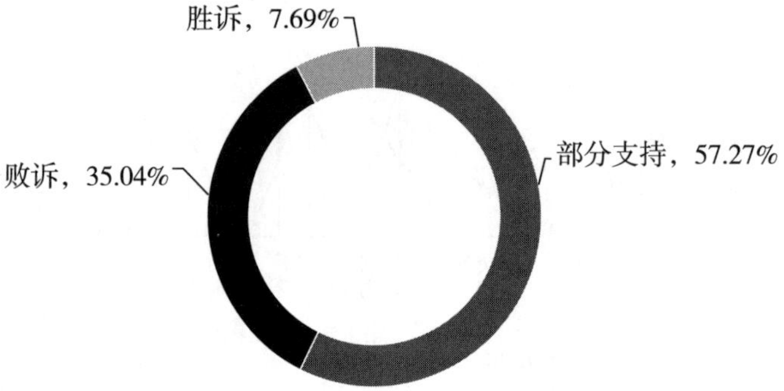

图 1－4　2022 年度一审、二审环境侵权案件权利被侵害方胜败诉情况

3. 环境侵权案件主要类型分布基本平稳。环境侵权案件以污染侵权为主的大格局未变,水污染案件与噪声污染案件仍然占污染侵权纠纷的“大头”,分别占 34.19%、38.46%,但混合污染型案件显著下降,由 2021 年的 29.55% 下降至 7.69%。(见图 1－5)

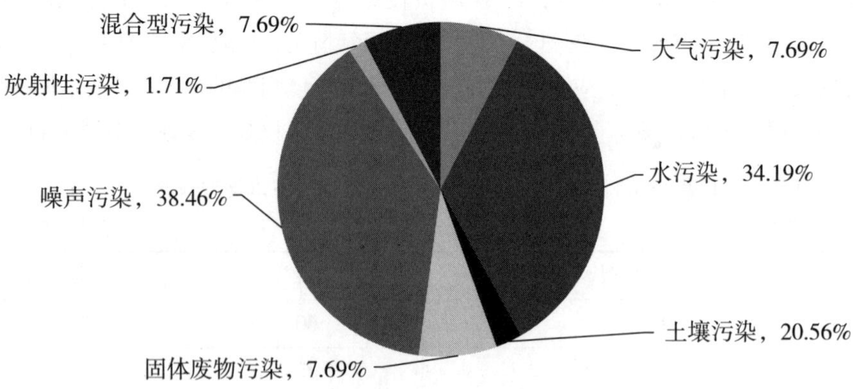

图 1－5　2022 年环境侵权案件污染类型分布情况

4. 环境侵权案件中的责任承担方式仍以赔偿损失为主。2022 年度裁判文书样本显示,环境侵权案件中判决适用赔偿损失仍为首选,一审、二审案件判决侵权方赔偿损失的合计 56 件,占比达到 73.68%。判决适用多种责任承担方式主要为停止侵害、赔偿损失或恢复原状、消除危险、赔偿损失,案件数量分别为 11 件、1 件,占比分别为 14.47%、1.32%。(见表 1－7)

表 1－7　2022 年度环境侵权案件权利侵害方承担民事责任的形式

单位:件

责任形式	一审	二审	合计
停止侵害	4	4	8
赔偿损失	30	26	56
停止侵害、赔偿损失	8	3	11
恢复原状、消除危险、赔偿损失	1	—	1

值得关注的是,2022 年环境侵权裁判文书样本中有 36 件案件涉及多人环境侵权。虽然《民法典》第 1168 条对共同侵权行为进行了规定,但在司法实践中,由于环境侵害人内部关系复杂多样,导致数人环境侵权行为的性质与构成要件认定、如何判断意思联络等十分困难,裁判文书对事实的认定与法律适用理由的阐述都比较模糊,需要有更明确、清晰的裁判规则,统一审判实践。

(二)环境行政审判专门化发展良好[88]

我国环境行政诉讼以《行政诉讼法》和《环境保护法》为基本依据,受案范围、审判组织以及审理程序等制度框架已经基本成型,既遵循了一般行政诉讼的制度框架,又不断发展出环境司法专门化的特别内容,环境行政审判的专业性、规范性程度在不断增强。实质审查已经初步被法院认可,形成了一定的实质审查经验,但未形成统一的实质审查模式,审查尺度尚有待进一步把握。

课题组通过“中国裁判文书网”共获得 2022 年 47 份环境行政诉讼的有效裁判文书与 169 份环境非诉行政执行案件裁判文书。与 2021 年相比,2022 年环境行政诉讼的案件数量呈现为断崖式下降,主要原因可能在于:(1)受新冠疫情影响,我国人民的生产生活活动、行政机关的行政活动以及法官的审判活动都受到了较大的影响,客观上降低了环境行政诉讼的发生率与结案率;

[88] 参见《中国环境司法发展报告(2022 年)》分报告,王雅琪、王生珍、袁明:《环境行政案件的裁判总览与特别观察》。

(2)2022年正是发挥行政复议化解行政争议主渠道作用的关键之年,行政复议范围的扩大、救济程序的优化,客观上也降低了环境行政诉讼的发生率。但通过对 2022 年环境行政诉讼案件的裁判文书进行观察,仍可以发现一定的司法规律。

1. 环境行政诉讼案件二审比重最大,体现出环境行政案件相对复杂、审理周期相对较长的特点。2022 年境行政诉讼案件中一审案件占比 47%;二审案件占比 51%;再审案件占比 2%。从数据上看,二审案件的数量最多。2022 年与 2021 年[89]连续两年,环境行政诉讼案件二审数量都超过了一审数量,可以合理推断,环境行政案件相对复杂,审理周期相对较长。(见图 1-6)

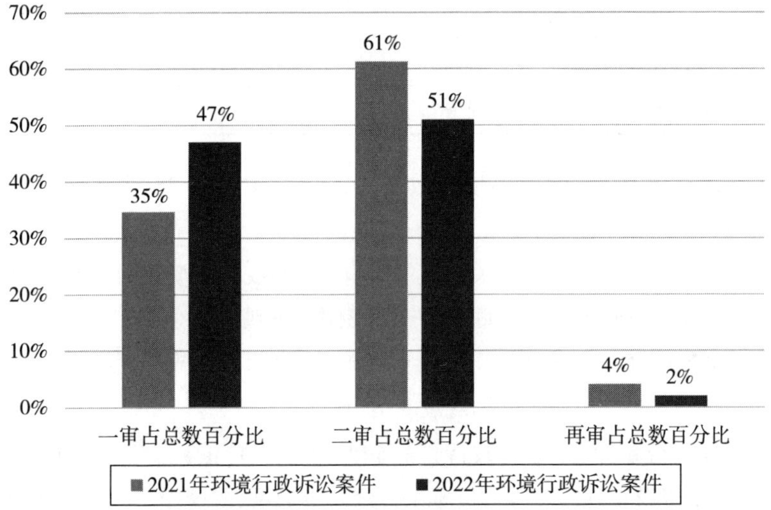

图 1-6　2021~2022 年环境行政诉讼案件不同审级案件数量占比分布

2. 2022 年环境行政诉讼案件中行政补偿案件占比 23.40%,行政确认案件占比 21.28%;行政许可案件占比 14.89%。与 2021 年度的数据相比[90],2022 年行政处罚类案件和行政强制类案件量相对变少,行政补偿类案件和行政许可类案件的发生量连续两年一直处于高位,行政登记和行政合同环境行政诉讼案件量持续保持低位。(见图 1-7)

[89] 具体数据参见吕忠梅等:《中国环境司法发展报告(2021 年)》,法律出版社 2022 年版,第 130 页。
[90] 吕忠梅等:《中国环境司法发展报告(2021 年)》,法律出版社 2022 年版,第 138 页。

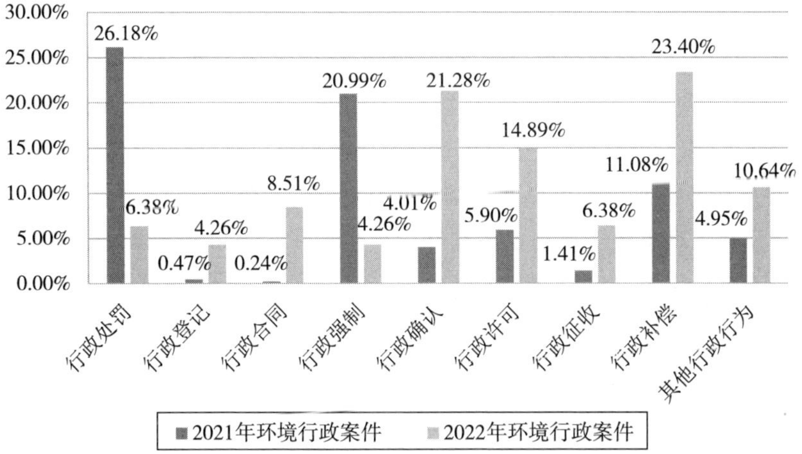

图 1 –7　2021 ~2022 年按行政行为划分的环境行政案件类型百分比分布

3. 环境行政案件形式审查的精耕细作。从环境行政诉讼的二审改判案件与被告败诉案件情况来看,我国环境行政司法审查的形式审查模式较为成熟,合法性审查的思路清晰地呈现在裁判文书之中,主要是对行政行为事实、法律依据、执法程序以及主体资格与职权范围进行常规审查,既表现出当前行政司法审查已有的成熟经验,在最低限度上保障了环境行政行为的合法性审查;也基于环境纠纷的特殊性,呈现出形式审查要点未来的发展空间。形式审查需要更进一步因应于环境案件的实体特征,形成符合环境法本质属性和实践规律的形式审查标准。

4. 环境行政案件实质审查的建构不足与有待提升方面。从 2022 年环境行政诉讼的裁判文书可以看出,实质审查已经初步被人民法院认可,形成了一定的实质审查经验,目的审查是当前较为常见的表现形式。但目前裁判文书中的实质审查表达各有不同,既无法明确实质审查的思路与尺度,也未形成统一的实质审查标准。环境行政案件司法审查规则的未来建构,需要围绕合理性标准进行实质审查的司法理念确立与司法规则完善。

(三)环境刑事司法政策供给持续充分〔91〕

实证分析发现,2022 年度一审审结的生态环境刑事案件数量为 1712 件,而二审案件为 67 件。自 2020 年以来,生态环境刑事一审、二审案件数量持续下

〔91〕 详见《中国环境司法发展报告(2022 年)》分报告,焦艳鹏、李瑞华、董璞玉、周芊妤、陈立毅:《2022 年中国环境资源刑事案件分析研究报告》。

降,特别是 2022 年度的案件数量呈现"断崖式"下跌。这仅仅是 2020 年以来新冠疫情的影响所致吗?是否还存在别的因素?对此,在实证分析 2022 年度一审审结案件的基础上,分析近十年的生态环境刑事二审案件、司法解释、指导性案例与典型案例,以整体性、长效性的角度分析服判息诉率、司法解释适用情况、指导性案例参照情况等对 2022 年度案件数量下降的影响。

1. 整体上刑事案件审判发展良好。观察上述数据可知,2013 ~ 2019 年,二审案件整体处于上升趋势,而 2020 ~ 2022 年则处于下降趋势,特别是 2022 年度的服判息诉率(89.7%)基本与 2022 年度的全国一审案件的服判息诉率(89%)持平,这表明司法实践对生态环境类犯罪的成立条件、定罪量刑标准等逐步廓清,一审案件的审判质量不断提升。(见图 1 - 8)

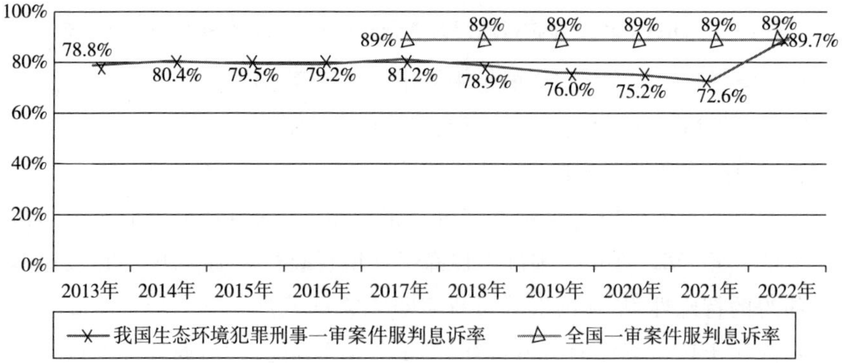

图 1 - 8　2013 ~ 2022 年全国生态环境犯罪一审服判息诉率

2. 司法解释优化了生态环境刑事治理效能,是该类案件持续降低的重要因素。在规范上,得益于司法解释不断精细化,环境污染类、危害动植物资源类、破坏其他生态资源类司法解释因应生态环境保护需求,不断优化。例如,对破坏环境的种类、情节严重情形的细化等,使司法解释的适用率总体相对稳定,且呈现一定上升趋势(见图 1 - 9)。抽样分析 2022 年度的数据可以发现,环境污染类案件、危害动植物类案件、破坏其他生态资源类案件引用司法解释的数量分别为 37 件、78 件、57 件。经分析,生态环境类案件中司法解释在案件中的行为定性上适用率更高,成为确定量刑幅度的重要指南,并有效发挥着区分行政违法性与刑事违法性的功能。在指导性案例、典型案例的参照方面,近十年来,两高发布的指导性案例共计 5 件、典型案例共计 171 件,成为生态环境类刑事案件审判的重要参考,其对生态环境类刑事案件的事实认定、量刑幅度以及办案思路等具有指导价值。

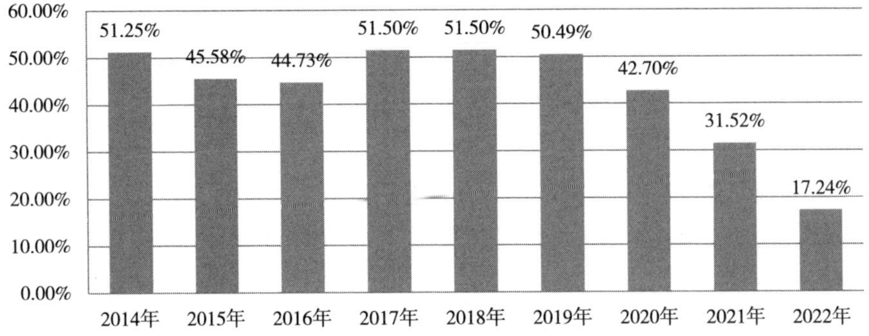

图 1－9　2014～2022 年“污染环境罪”案件司法解释的适用比

3. 环境刑事犯罪呈现多点式、散发式的案发情状。从 2022 年审结的生态环境犯罪一审案件情况来看,绝大多数省级行政区案件数量较少(海南省、宁夏回族自治区与重庆市),而主要集中在湖南省、广西壮族自治区等省级行政区(见图 1－10),生态环境犯罪与资源分布之间的正向关系正在被削弱,而呈现多点式、散发式的案发情状,未来还需持续监测、识别生态环境类犯罪。对于案件数量较少的省级行政区、案发数量较少的罪名不应放松监管,需要结合具体地区、罪名等,深入贯彻落实生态文明理念,持续推动美丽中国建设,促进人与自然和谐共生;通过数字化手段监测生态环境违法犯罪行为,积极应对该类犯罪的多点式、散发式案发现状;继续根据生态环境犯罪变化制定、修正相关罪名、司法解释等,逐步建立健全指导性案例、典型案例的引导机制,拓展其多元功能,以此形成针对性的生态环境治理举措。

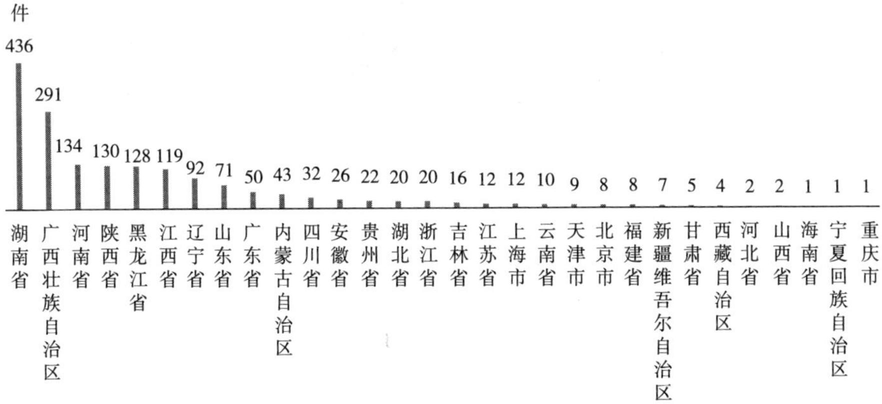

图 1－10　2022 年度生态环境犯罪一审案件数量及分省域分布情况

注:由于实践中尚未检索到青海省的数据,原图及本书相应图均未添加青海省数据。——笔者注

总之,2022 年度一审审结的生态环境刑事案件数量之降低,虽然说疫情影响着国民的生产经营活动,降低了对环境的破坏,但这不是唯一原因。更为重要的是,党的十八大以来,习近平生态文明思想不断深入实践,在刑事司法解释等规范上、指导性案例与典型案例上不断被贯彻执行,成为国民保护生态环境的重要指南、刑事司法实践的重要依据。在习近平生态文明思想指引下,生态环境保护与经济发展相得益彰,相关破坏生态环境的行为也逐渐被遏制,由此综合促进了 2022 年度案件数量的下降。

(四)环境公益诉讼发展态势良好

据最高人民法院环境资源审判庭的统计,全国法院 2022 年环境资源公益诉讼案件收案 5885 件,结案 4582 件,收案量与结案量同比分别增长 11.73%、-7.30%。(见图 1-11)

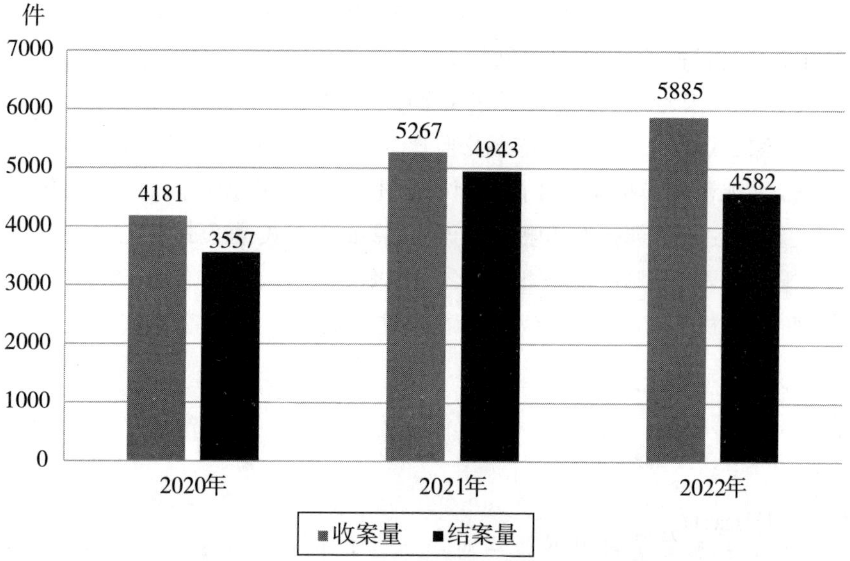

图 1-11 2020~2022 年全国环境资源公益诉讼案件数量情况[92]

发展至今,"具有鲜明中国特色的环境公益诉讼制度体系已基本形成"[93],环境公益诉讼政策驱动性逐渐减弱,逐步实现常态化、稳定化发展。当然,公益诉讼本身也存在运行规则规定不明等不足。环境公益诉讼规则的实践适应性有待进一步提升,未来将以更加专业性的能力建设专门化道路。

---

〔92〕 资料来源:最高人民法院环境资源审判庭统计。

〔93〕 吕忠梅:《促进环境公益诉讼制度不断成熟定型》,载《人民法院报》2023 年 3 月 4 日,第 4 版。

课题组通过检索裁判文书,对 2022 年度我国环境公益诉讼基本情况进行分析,得出以下结论。[94]

1. 环境公益诉讼案件类型分布依旧呈现出“民重行轻”的特征。从提起诉讼案件类型来看,环境行政公益诉讼案件 3 件,占比 0.65%;环境民事公益诉讼案件 80 件,占比 17.32%;环境刑事附带民事公益诉讼案件 332 件,占比71.86%;环境执行案件 30 件,占比 6.49%;生态环境损害赔偿诉讼案件 17 件,占比 3.68%。从整体上看,环境刑事附带民事公益诉讼案件依旧维持了 2021 年“一枝独大”的状况。(见图 1-12)

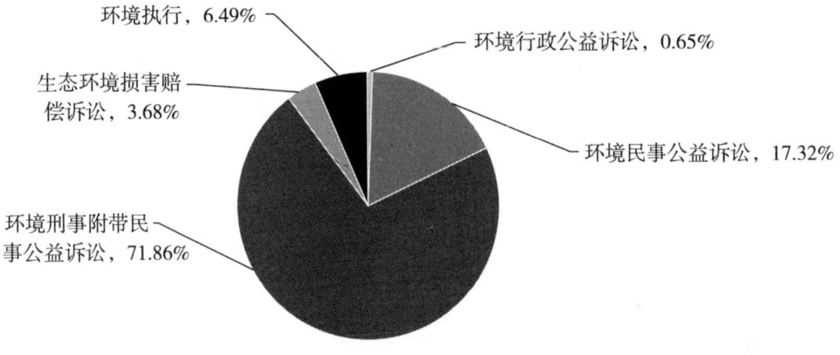

图 1-12　2022 年度各类环境公益诉讼数量占比

2. 环境民事公益诉讼的类型较为广泛,涵盖多个领域。2022 年环境民事公益诉讼的案件类型占比出现了重大变化。首先,占比最大的案件类型为生态破坏责任纠纷案件,有 28 件,占整个环境民事公益诉讼案由的 35%;其次,比重较大的案件类型为生态环境保护类公益诉讼,有 24 件,占比 30%;再次,比重较大的案件类型为环境污染责任纠纷案件,共有 14 件,占比 17.5%,其中,大气污染责任纠纷案件 2 件,水污染责任纠纷案件 2 件,海洋环境污染责任纠纷案件 1 件,多种污染责任纠纷案件 9 件;最后,还存在海事海商纠纷案件 7 件,合同纠纷案件 2 件,追偿权纠纷案件 2 件,所有权确认纠纷案件 1 件,物权保护纠纷案件 1 件。(见图 1-13)

[94] 参见《中国环境司法发展报告(2022 年)》分报告,张博、赵祖斌:《环境公益诉讼的现况梳理与完善建议》。

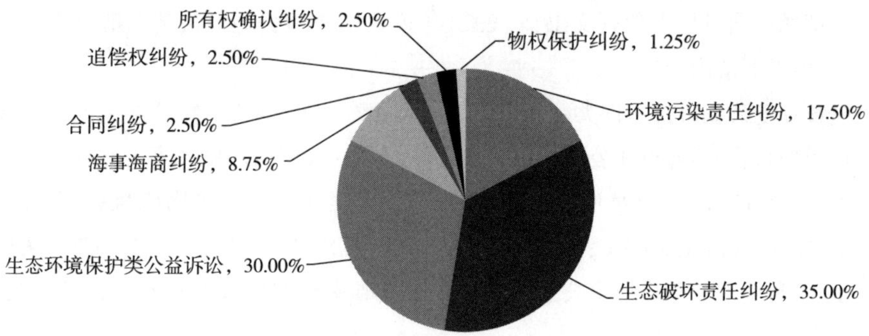

图 1 – 13　2022 年度环境民事公益诉讼涉及案由的数量

3. 环境民事公益诉讼起诉主体存在扩张趋势。一直以来,环境民事公益诉讼的提起主体都呈现出检察机关绝对主导、社会组织为辅的格局,行政机关地位模糊不清,但是与 2021 年相比,2022 年环境民事公益诉讼样本案件中,行政机关的原告资格大幅度得到承认,政府部门提起环境民事公益诉讼案件的数量及占比均显著提高。(见图 1 – 14)

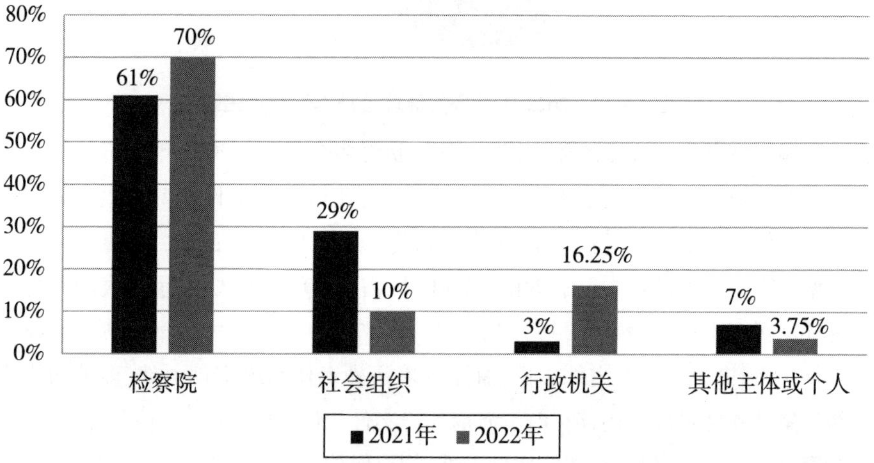

图 1 – 14　2021 ~ 2022 年环境民事公益诉讼起诉主体占比情况

4. 生态环境损害赔偿诉讼中,替代性修复责任履行方式不断扩展。实践中,替代性修复出现了"主体替代""方式替代""对象替代"等全方位扩展的态势。社会行为与金钱赔偿是方式替代的两种基本样态,"原地同质"的对象替代最为普遍,责任的具体履行方式与构成损害的污染物、生物或生态系统的特征相关,呈现多样化态势。

三、环境司法覆盖领域日益拓展

2022 年,环境司法在重点领域取得新突破,规范化程度日渐加深,这些领域成为观测环境司法发展的重要“窗口”和预测其未来走向的可视“靶向”。其一,《民法典》“绿色原则”持续发力,在物权领域发挥着重要作用,成为环境司法中的重点领域。其二,能源诉讼的效用功能逐步凸显,在应对气候变化和促进绿色低碳发展方面功不可没,成为环境司法中的新兴力量。

(一)民法典“绿色原则”适用物权纠纷案件类型高度集中

近年来《民法典》第 9 条以及物权编新增的绿色条款在司法裁判中都有运用,“绿色原则”已经深刻影响了我国的司法实践,除了合同领域已经出现数量可观的适用“绿色原则”的案例,物权纠纷是“绿色原则”发挥作用的另一个重要领域,已有一定数量涉绿色原则的物权纠纷生效裁判。2017 年《民法总则》颁布后,司法实践中逐渐出现了引用“绿色原则”进行说理或者裁判的物权纠纷。对物权纠纷中适用“绿色原则”司法实践的观察有助于检验“绿色原则”是否仅具有宣示或者倡导功能,更好地促进“绿色原则”的规范性适用。

课题组通过对 207 个样本案例进行分析,重点观察判决中特别是裁判说理或者判决依据中引用的绿色原则等内容,得出以下结论:〔95〕

1. 纠纷类型主要集中于物权保护纠纷和相邻关系纠纷。从样本案例的类型来看,“绿色原则”适用的物权纠纷类型高度集中于物权保护纠纷,207 个样本案例中物权保护纠纷案例有 151 个,占比达 72.95%;其次为所有权纠纷中的相邻关系纠纷,有 30 件,占比达 14.49%;二者合计占比接近九成,其他类型的案件相对比较零散,主要有集体经济组织成员权益纠纷 7 件,土地承包经营权纠纷 7 件,业主知情权、撤销权纠纷 3 件等。(见图 1 – 15)

2. 物权保护纠纷较集中于排除妨害纠纷。按照《民事案件案由规定》划分,在 151 件物权保护纠纷案件中,有物权确认纠纷案件 5 件、返还原物纠纷案件 15 件、排除妨害纠纷案件 75 件、恢复原状纠纷案件 30 件、财产损害赔偿纠纷案件 26 件(见图 1 – 16)。这直接反映了“绿色原则”在物权保护之边界确定中的重大意义。

---

〔95〕 详见《中国环境司法发展报告(2022 年)》分报告,刘长兴、柯泉:《物权纠纷案件适用绿色原则的模式与效果分析》。

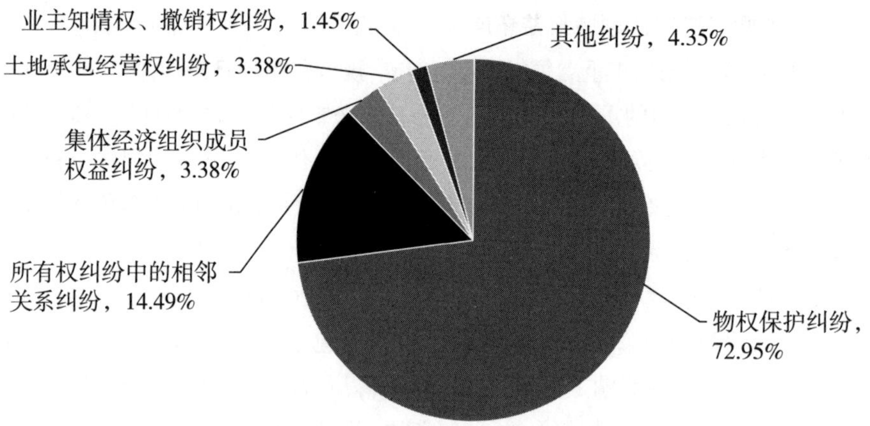

图 1－15　“绿色原则”适用的物权纠纷类型占比

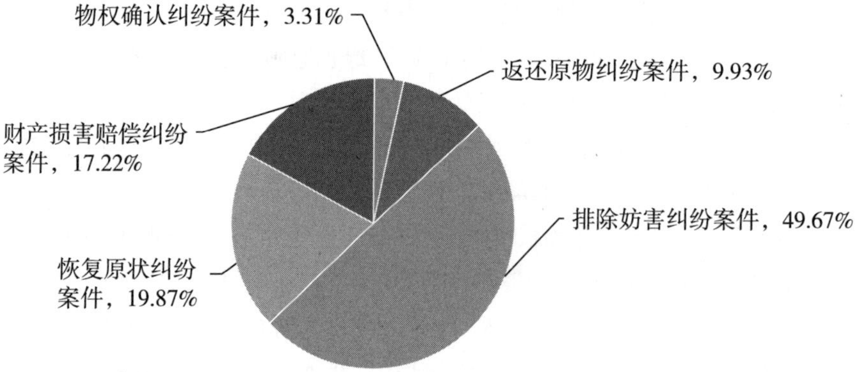

图 1－16　“绿色原则”适用的物权保护纠纷案件类型占比

3. 对“绿色原则”的泛化解释和不必要引用较多。相对于合同纠纷案件中法院更多在裁判说理部分援用“绿色原则”,而在判决的法条依据中较少引用原《民法总则》或者《民法典》第 9 条,物权纠纷案件判决的一个明显特征是在法院裁判说理部分援用“绿色原则”的比例并不是非常高,但样本案例中多数案件都在判决依据部分直接引用了原《民法总则》或者《民法典》第 9 条,这就呈现出不少判决未用“绿色原则”进行说理但依据“绿色原则”进行判决的特殊现象,裁判说理与判决依据之间有一定程度的背离。

4. “绿色原则”在物权纠纷案件中发挥着价值宣示、裁判准则和补强说理的功能。从样本案例来看,“绿色原则”对于当事人权利义务的影响比较间接,相当多的样本案例中仅将“绿色原则”作为宣示性原则引用,并未将其作为裁判准则,其裁判准则功能尚未充分体现出来。

(二)能源诉讼绿色化转型特征初显,案件类型集中[96]

2022 年是我国推进经济社会绿色低碳发展取得显著成效的关键一年。《新时代的中国绿色发展》白皮书介绍了中国坚定不移走绿色发展道路的理念遵循,分享了推进绿色发展实践中形成和积累的宝贵经验。能源治理是推进绿色低碳发展的重要抓手和关键领域。客观地看,部分能源案件的绿色化转型不仅是能源结构改革中的法治需求,更是环境司法专门化改革深入推进的重要成果。

1. 能源诉讼案件主要以供用热力合同纠纷为主,部分案件对生态环境需求有所关注但数量有限。我国涉能源要素的民事诉讼主要以供用热力合同纠纷为主,次之是供用电合同与供用气合同,其保护的法益主要指向能源产品本身的商品属性和经济价值,并未过多关注能源生产利用过程中产生的资源利益或生态利益问题。但值得关注的是,2022 年能源民事诉讼中有 17 个案例涉及环境污染责任纠纷,在一定程度上体现出能源民事诉讼不仅关注私权保障,也开始观照公共利益。(见图 1 – 17)

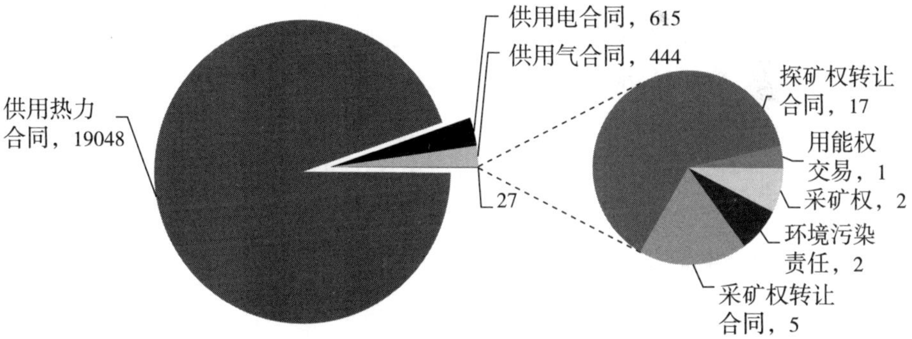

图 1 – 17　2022 年能源民事诉讼案由分布情况(单位:件)

2. 能源刑事诉讼案由分散于《刑法》分则各章节,难以周延能源的产供储销体系。绿色低碳的时代转向对传统刑事诉讼与具有“绿色化”趋势的能源诉讼之有序衔接提出了挑战。当前能源刑事诉讼案由分散于《刑法》分则各章节,涉及法律关系复杂、保护价值多元,传统法益保护范畴的周延性与合理性有待进一步检讨。能源刑事司法囿于现有刑事立法中刑事罪名的设置空间,难以与能源

---

[96] 详见《中国环境司法发展报告(2022 年)》分报告,冀鹏飞、欧恒、曾雨婷:《能源诉讼的实证检视与发展透视:以能源诉讼专门化为中心》。

产供储销体系相互呼应。此外,就前瞻视角考虑,应当思考能源衍生废物的定位与处理问题,着重观察能源刑事诉讼的功能演变与保护法益范畴的动态变化。(见表 1 – 8)

表 1 – 8　能源“产供储销”体系下刑事案由在刑法分则中的分布

刑法分则章节	能源刑事诉讼案由
危害公共安全罪	非法制造、买卖、运输、储存危险物质罪
破坏环境资源保护罪	破坏性采矿罪
	非法采矿罪
	非法处置进口的固体废物罪
	擅自进口固体废物罪
	污染环境罪
破坏社会主义市场经济秩序罪	走私废物罪
侵犯财产罪	盗窃罪

3. 能源行政诉讼借司法裁判助引能源绿色低碳转型。能源行政诉讼案件案由分布于行政复议、行政处罚、行政处理和行政赔偿四种行为类型中,其中行政复议案由占比最高,达到 41.67%,且均是原告败诉,可见能源行政机关在能源纠纷解决中具有关键作用(见图 1 – 18)。在具体司法案件中,法院也展现出对“能源费”“能源管道铺设”“能源污染处罚”等事项的特别关注,并积极通过司法裁判助引能源绿色转型。

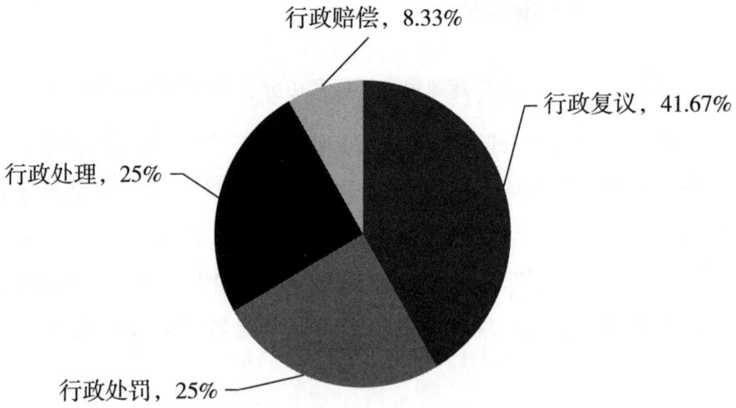

图 1 – 18　能源行政诉讼案件案由分布

4. 能源公益诉讼案件的类型逐渐丰富,但整体案件量不多。本课题组检索到的能源公益诉讼案件,只涉及环境污染、生态环境损害赔偿、污染环境罪、非法采矿罪、行政确认等案由(见表 1－9)。目前能源公益诉讼的司法实践仍处在初级阶段,但在一定程度上反映了能源诉讼绿色化转型的发展趋势——能源诉讼整体上呈现出由一般诉讼类型向与环境诉讼、公益诉讼相交叉的趋势。此外,生态修复、赔礼道歉等多元责任形式已在能源公益诉讼中得以运用,这进一步证明环境公益诉讼机制在能源诉讼中的契合性、可行性和有效性。

表 1－9　近三年能源公益诉讼案件案由分布

案由类型		案件数量
能源民事公益诉讼案件案由	环境污染	2
	生态环境损害赔偿	1
能源刑事附带民事公益诉讼案件案由	污染环境罪	2
	非法采矿罪	3
能源行政公益诉讼案件案由	行政确认	1

四、为助力环境治理现代化纵深推进司法改革

在环境司法专门化建设上,党不断推动全面深化司法改革向广度和深度进军,中国特色环境司法专门化体系更加成熟更加定型,环境治理体系和治理能力现代化水平不断提高。在推进环境治理体系和治理能力现代化建设中的定位更加明确,有力推动构建人与自然和谐共生的现代化法治格局,成为全球环境治理体系的重要示范。[97] 当前正值党团结带领全国各族人民为实现全面建设社会主义现代化国家、向第二个百年奋斗目标前进的关键时刻,对此,全国司法系统要坚持以习近平新时代中国特色社会主义思想为指导,深入贯彻落实习近平生态文明思想、习近平法治思想和党的二十大精神,认真落实恢复性司法理念,充分发挥环境司法引导功能,深化司法体制综合配套改革,激发实践创新司法举措,织密环境司法保护网络。持续稳步推进改革创新,全方位构建生态环境保护诉讼体系,整合发挥环境资源刑事审判惩治和教育功能,民事审判救济和修复功能,行政审判监督和预防功能,完善环境公益诉讼、生态环境损害赔偿诉讼,形成

〔97〕 参见吕忠梅:《绿色司法护航“美丽中国”——党的十八大以来中国环境司法发展的辉煌成就回顾》,载《中国审判》2022 年第 7 期。

生态环境保护的"中国之治"。[98]

(一)推动环境司法专门化体系纵深延拓

在专门化体系建设的新轨道上,司法机关须进一步推动环境司法向纵深延拓,推动环境司法的结构范式和功能技术定格定型,筑牢环境司法创新之基。

1. 坚持环境司法组织体系不动摇,全面强化司法治理基础

持续推动环境资源审判专门机构高效建设。深化层级多元、优势互补的环境资源审判组织体系建设,探索环境资源专门审判新模式。充分回应人民需求,明确定位环境资源专门法庭和环境资源审判庭功能,切实推动环境资源法庭优化布局、内设机构提档升级。推进特色环境资源审判法庭建设,夯实基层基础。推动公益诉讼检察机构高效化运作,优化配置公益诉讼检察内设机构职能,保证公益诉讼检察机构独立性,强化公益诉讼检察机构法律地位,增强公益诉讼检察职责。促进公益诉讼检察组织体系成熟定型,推动流域公益诉讼检察专门机关建设,适当开展环境巡回检察机构建设,发挥职能优势。优化公益诉讼检察机构职能设置,强化检察监督职责建设,助力高效公益诉讼。

提高环境司法队伍综合水平。加大环境司法研究和培训力度,重视环境司法人员"综合能力"培养,助力环境司法人员理论水平和政治站位提升,加强司法人员以司法保障人与自然和谐共生的环境治理现代化建设的责任感和大局观,增强司法人员审判动力。坚持不懈用习近平新时代中国特色社会主义思想凝心铸魂,深入开展"两个坚持"专题教育,不断提高干警政治素质和履职能力,筑牢政治忠诚。[99] 强化环境资源审判专业化团队建设,精心培育一批以专业人员为核心、以综合人员为支撑的环境司法专门队伍,提升环境司法队伍战斗力。科学配置公益诉讼检察机构人员组成,加强基层公益诉讼检察机构人员占比,大力强化专业力量。坚持优化精选,推动环境司法业务专家、审判辅助人员分类分梯次培养机制建设,打牢环境司法治理根基,增强环境司法治理合力。

2. 探索构建环境司法新机制,切实发挥司法治理功能

夯实跨行政区域集中管辖机制基础。规范案件受案范围,全面推开并细化《关于规范管理环境资源类案件的实施办法(试行)》的基本规定,加强环境资源

---

〔98〕 参见周强:《充分发挥环境资源审判职能　为建设人与自然和谐共生的现代化提供有力司法服务》,载《法律适用》2022 年第 12 期。

〔99〕 参见周强:《充分发挥环境资源审判职能　为建设人与自然和谐共生的现代化提供有力司法服务》,载《法律适用》2022 年第 12 期。

案源线索、案件性质以及管辖范围的甄别筛选,做好诉讼引导,提高立案效率。进一步加大生态功能区集中管辖力度,提高集中管辖的规范化程度,建设形成以“跨行政区域集中管辖实施方案”为依托的常态化制度保障机制。积极探索环境资源案件提级管辖、移送管辖新模式,健全立案管辖常态化沟通机制。推进环境资源审判机构管辖网络呈放射状延展,精准锚定人民需求。

加强环境资源审判机制创新优化。积极运用采取网络视频庭审、巡回审判等多样化表达形式,加大环境资源审判公开力度,助力社会良好风尚建设。拓宽裁判思路,推广固化“4 + 3”审判模式,探索尝试拓宽公众参与环境资源审判模式,不断提升审判效能。完善环境资源交叉领域的审判规则和裁判方式,持续探索环境资源审判与其他专业性审判的融合互通,提升环境资源整体治理水平。优化环境资源审判程序,科学确定环境资源机构职责范围,构建符合环境资源特性的证据开示制度、庭前会议制度,提高审判效率。在科学调研和充分研讨的基础上,明确环境资源审判的统一裁判标准,制定审判指南,提高服务质量。

推动环境司法协作机制发展健全。建立健全环境资源立案、审判、执行各环节协作机制,明确事前、事中、事后各阶段协作重点内容方向,提升协作能力。构建环境司法内外协作体系,以联席会议、信息共享为依托,形成适应于执法司法、司法之间、司法内部等特点各异的协作配套制度,共筑环境司法高效联动机制。推动完善生态环境司法鉴定制度、快速鉴定评估机制,推动建立与生态环境保护行政执法机关和司法鉴定主管部门的联席会议机制,加快推进评估意见应用。[100] 强化调查取证、资源共享等工作的协助配合,推动环境司法协作实质化运行。完善环境执法司法长效合作机制,认真落实框架协议,统一执法司法尺度,形成环境行政执法与刑事司法促进生态保护的强大合力。以生态修复示范基地建设为依托,强化生态修复责任落实程度,促进生态环境及时有效恢复。

3. 准确把握环境司法规则尺度,科学提升司法治理效能

促进环境司法规则向规范化、数字化方向跃进。建立健全环境资源案件证据及事实专门认定规则,提高环境资源案件相关证据的证明效力和证明度,进一步规范环境司法行为。加快环境损害价值评估制度体系建设,加强环境司法损害鉴定规范性程度,加大环境司法鉴定评估技术和方法统一标准的建设力度,加

---

〔100〕 参见胡红军:《强化环资审判职能　护航生态文明建设》,载《人民法院报》2022 年 11 月 29 日,第 2 版。

深鉴定评估技术指南细化水准建构。密切跟踪环境资源审判实践需要,持续抓好中国环境资源审判信息平台推广应用、优化升级,加强平台安全管理,切实提升环境资源案件办理质效和审判管理水平,[101] 增强环境司法裁判规则的智能化进程。积极为数字化审判深度赋能,强化司法大数据的应用推广,延伸环境司法服务广角,助力优化环境司法决策,提升环境司法能动性。

推动环境司法结构朝多样化、多元化程度迈进。推动法治司法化程度纵深建设,积极探索流域司法系统保护新机制,实地丈量裁判尺度。强化指导性案例、典型案例的示范和预防功能,织密法治系统,助力环境资源溯源治理工程。建设环境资源典型案例培育机制,丰富环境司法裁量规则依据,积极转化有益司法经验。充分回应人民群众的环境司法需求,共筑多元共治新格局,筑牢环境司法系统保护屏障。精准对接“接诉即办”,健全完善“生态司法 + ”共治模式,加强诉讼与非诉讼纠纷解决机制的衔接,加强司法确认工作。[102] 积极延拓“生态修复令”“碳汇认购”“技改抵扣”等生态修复新手段适用领域,形成传统与新兴修复手段良性互动,正向与反向修复方式密切配合的体系化修复工具网络,发挥生态修复合力,筑牢生态安全底线。

(二)强化环境司法专业化能力合力提升

以深化落实绿色发展理念为指引,稳健发力,强化环境司法专业化能力缔建,完善环境司法专业化手段使用,着力提升专门化水平,助力中国式现代化。

1. 全面准确适用《民法典》“绿色规范”,保障绿色理念落实

在绿色发展理念指导下,全面细致解构《民法典》“绿色规范”。强化绿色发展理念的规范含义,发挥“绿色原则”规范的体系化效应,挖掘《民法典》“绿色规范”的适用空间。查清“绿色原则”的适用规范,树立人文主义绿色民法观,进一步明确民法中监护制度、婚姻家庭制度、继承制度中绿色原则的适用范畴以及具体路径。[103] 探索扩大“绿色原则”的具体适用领域,发挥“绿色原则”对反食品浪费、限制过度包装、降碳减碳等行为规制的理念指引,促进经济社会可持续发展。积极实现“绿色原则”规范功能的社会化,增进社会效果,保障“绿色原则”

---

[101] 参见周强:《深化环境资源审判信息化建设　加快推进环境资源审判体系和审判能》,载中华人民共和国最高人民法院网 2023 年 1 月 12 日,https://www.court.gov.cn/zixun-xiangqing-386541.html。

[102] 参见刘玉民:《扎实推进环境资源审判　以司法之力守护美丽中国》,载《人民法院报》2023 年 3 月 28 日,第 2 版。

[103] 参见徐国栋:《民法典整体贯彻绿色理念模式研究》,载《中国法学》2023 年第 2 期。

所维持的社会秩序的实质性生成。以"绿色原则"为"基础规范"支撑，促进"绿色原则"与其他法律规范的良性互动。借助民法体系的外部开放性，赋予一般物权行为以新的法价值，区分合同附随义务与给付义务等，实现与环境法律规范紧密衔接。[104]

2. 积极发挥行政审判监督预防功能，优化实质性审查标准

坚持生态系统整体治理观，充分发挥行政诉讼监督行政的功能。进一步理顺行政权与司法权的关系，增强行政权的环境风险预防能力。充分发挥行政权的效率优势和司法权的衡平功能，着力解决行政权与司法权的行使边界。建设环境风险界定的类型化网格系统，增强环境行政行为判断的客观性，从多个角度做好"不履行法定职责"的行为认定，形成规范认定程式，便于裁判进行。形成以环境公共利益为判断履行职责的主要标准，同时辅以救济手段穷尽标准的体系，促进审查标准的实质性生成。严守起诉要件与诉讼要件的程序分流机制，放宽诉讼程序启动要件，进一步扩大受案范围。明确政府责任识别标准，强化责任认定程序，增强生态环境损害源头治理水平。

3. 创新生态环境犯罪刑事治理策略，增强司法审判效能

积极运用刑法法益保护机能，增强对环境法益的辨识度。积极贯彻落实人与自然和谐共生的生态价值观，提升刑法保护环境资源的内在价值指引。大力践行恢复性司法理念，采用恢复性司法手段，助力发挥刑法的修复性功能。稳步探索运用恢复性司法规则，进一步强化对野生动物资源刑事司法保护力度，切实维护生物多样性。以协作配合、信息互通、证据移送、联合快速反应等长效机制为基础，创新手段、强化支撑，用好数字赋能，建立健全行刑衔接机制，增强环境犯罪治理合力。全面充分衡量环境犯罪的生态环境影响和社会辐射效应，做到精准施策和定罪量刑，加大惩罚力度。适当扩大污染环境罪的共同犯罪类型，同时对于共犯的确定范围予以一定的限制。[105] 增强社会参与环境犯罪治理的力量，形成自下而上与自上而下相互耦合的治理机制，形成系统治理。

4. 推动环境公益诉讼规则专门建设，提升司法专业水平

推动公益诉讼专门规则制度规范化，充分发挥环境司法的积极作用。完成环境公益诉讼特别规范的体系化，为环境公益诉讼司法提供明确的裁判规则，实

---

〔104〕 参见张忠民、冀鹏飞：《〈民法典〉中环境保护规范的内部逻辑与外部衔接》，载《内蒙古社会科学》2022年第3期。

〔105〕 参见陈冉：《论污染环境罪共同犯罪的"规范"性归责》，载《法学杂志》2022年第5期。

现生态规律、社会治理规律和司法规律的充分协同,促进公益诉讼制度成熟定型。[106] 逐步探索建立预防性环境行政公益诉讼制度的基本原则、运作程序,准确把握受案范围。优化诉讼结构,强化制度支撑,进一步完善公益诉讼检察一体化办案机制。积极回应环境治理需求,加强行政公益诉讼制度建设,强化诉前程序运用,明确检察建议的功能定位。重视庭前程序作用,充分进行环境资源案件证据交换与质证,提升证据的准确性。设立公益诉讼专项基金,降低社会公众参与环境公益诉讼的门槛,畅通公众参与环保治理的渠道,[107] 以专项基金支撑公诉行为。专门收集生态环境修复意见,明确执行内容及程序,统一修复基准,助力修复的执行。认真厘清环境公益诉讼与生态环境损害赔偿诉讼的关系,细化相关规则和程序,强化二者衔接配合程度。

5. 推动"双碳"目标融入司法工作,助力绿色低碳发展

全新贯彻绿色发展理念,推动环境司法迈上高台阶,助推绿色低碳发展。充分挖掘司法能动价值,促进"双碳"目标融入绿色理念之中,实现绿色理念的扩容与强化。提高森林、草原、黑土地等碳汇资源案件的审判质量,提升"多色"碳汇司法保护制度设计,巩固生态碳汇能力。完善双碳审理的法律依据,提高审理的规范化程度,强化双碳案件规则引导。以双碳领域典型案例发布为平台,以气候变化应对类案件案由为依托,明确司法导向,深化环境司法革新。建好健全碳汇功能示范区,积极践行"司法 + 碳汇"运作模式,运用好碳汇交易等替代性修复手段,推动碳汇能力有效提升和生态及时修复。以促进能源绿色低碳发展为关键,推动形成节约资源和保护环境的产业结构、生产方式、生活方式、空间格局,走符合中国国情和实际的司法服务道路。[108] 确保涉碳案件法律的准确适用,推进归口审理模式的优化升级,积极应对气候变化的巨大挑战。

统筹推动环境司法保护地球生态系统的大环境治理格局,努力实现"地球生命共同体"的良好愿景。加强流域环境治理的司法服务水平,形成自成体系的全方位的流域司法工作机制。强化《长江保护法》《黄河保护法》司法解释工作进展力度,保障司法规则供给,推动法律有效落实。积极实践《青藏高原生态

---

〔106〕 参见吕忠梅:《促进环境公益诉讼制度不断成熟定型》,载《人民法院报》2023 年 3 月 4 日,第 4 版。

〔107〕 参见张家豪、范文雨、高原:《环境司法制度改革与地方绿色创新——来自公益诉讼试点的证据》,载《财经研究》2022 年第 10 期。

〔108〕 参见《为积极稳妥推进碳达峰碳中和提供司法服务的意见——最高人民法院出台首部涉"双碳"规范性文件并发布配套典型案例》,载最高人民法院网 2023 年 2 月 17 日,https://www.court.gov.cn/zixun-xiangqing-389371.html。

保护法》,出台针对性的司法政策和意见,形成凝聚保护“亚洲水塔”的最大共识,提高对冰川、雪山等流域生态资源的司法保护程度。充分发挥组织机构“压舱石”的作用,建立长江专门法院、黄河专门法院,推动流域协作管辖升级,提升流域治理综合水平。坚持系统治理理念,积极探索建立流域公益型公益诉讼机制,探索多元化生态修复方式,保障流域的可持续发展。[109] 用好环境司法之利剑,贯彻执行最严格耕地保护制度,加大司法保护耕地力度。发挥环境资源审判职能优势,辅以多元化纠纷解决手段,助力耕地可持续性利用。完善耕地司法修复机制,建立健全“田长制+环境司法”工作机制,持续探索“环境司法+修复保险”保护机制,护牢耕地红线。认真落实《黑土地保护法》,能动发挥环境司法职能作用,构筑长效保护机制,端牢人民饭碗。持续推动生态环境司法保护基地建设,增强执法与司法联动保护的硬度。推广诉源治理与环境资源审判新模式,全面提高审判效能。全面贯彻归口审理模式,严厉惩处野生动物资源犯罪。强化野生动物案件行刑衔接机制,灵活运用生态修复金,以司法之力量呵护自然生物多样性,助力生态系统平衡。

---

〔109〕 参见吕忠梅等:《中国环境司法发展报告(2021年)》,法律出版社2022年版,第55页。

重点分析篇

2022 年环境侵权案件的整体观察与机制检视

刘　超　陈梓铭

一、2022 年环境侵权案件研究样本概述

为了深入分析环境侵权诉讼的运行现状、发展规律及其存在的问题，并在此基础上明确进一步的完善方向，本部分依据从北大法宝数据库中检索到的环境侵权案件样本，筛选并确定本部分报告的研究对象范围，明确本部分报告的研究重点与思路。

（一）环境侵权案件研究样本的筛选与确定

对 2022 年环境侵权领域司法发展的动态进展与发展趋势进行追踪，有利于把握 2022 年环境侵权案件演进的进展与规律。本研究报告选定“北大法宝网”作为样本来源的数据库，明确以下三大检索事项，筛选确定研究样本：（1）在检索的案由方面，本部分报告依据最高人民法院 2020 年修改的《民事案件案由规定》所确定的案由分类标准，聚焦于该规定中“第九部分”“三十一、侵权责任纠纷”之“377. 环境污染责任纠纷”类案件的检索、下载、整理与分析。[1]（2）对于检索的裁判文书类型的选取，经检索后比较取舍，综合考虑不同类型裁判文书的研究价值、总体数量、论证充分度等因素，最终选定判决书类型作为本研究的分析对象。（3）就检索的时间范围而言，在检索条件中选定审结日期为 2022 年 1 月 1 日至 2022 年 12 月 31 日的案件。

本报告的研究样本主要通过前述方法收集，共收集到 129 份民事判决书。经过进一步分析、筛选和甄别，发现其中的 9 件环境民事公益诉讼案件、1 件相

---

〔1〕《民事案件案由规定》中规定了环境污染与生态破坏两大类环境侵权案件。然而，环境侵权司法实践中，环境污染类案件频发，而生态破坏类案件更多的则是涉及对环境公益的保护与救济，故在案由体系安排与案件审理上，不将生态破坏类案件纳入环境侵权司法领域。由此，在实际的数据库检索中：一方面，中国裁判文书网所提供的据以检索的案由体系的“环境侵权纠纷”子体系中，未设置生态破坏类案件；另一方面，北大法宝数据库案由体系中的“生态破坏责任纠纷”仅有 2021 年 2 份判决书。基于此，本报告仅针对环境侵权案件中的环境污染类案件进行分析与归纳。

邻污染侵害纠纷案件、1 件承揽合同纠纷、1 件财产损害赔偿纠纷均不属于环境侵权纠纷。同时,为研究便利,将山东省青岛市中级人民法院(2022)鲁 02 民再 261 号民事判决书纳入一审判决书中统计梳理。由此,最终纳入本报告研究样本的案件数量确定为 117 份环境侵权案件民事判决书。经过筛选与归类,得到 117 份环境侵权案件民事判决书中一、二审的案件数量分布及其与 2020 年、2021 年的情况对比。(见表 2-1、图 2-1)

表 2-1　2022 年与 2021 年、2020 年判决书数量比较

单位:份

年份	一审判决书数量	二审判决书数量	判决书总量
2022	70	47	117
2021	123	97	220
2020	68	73	141

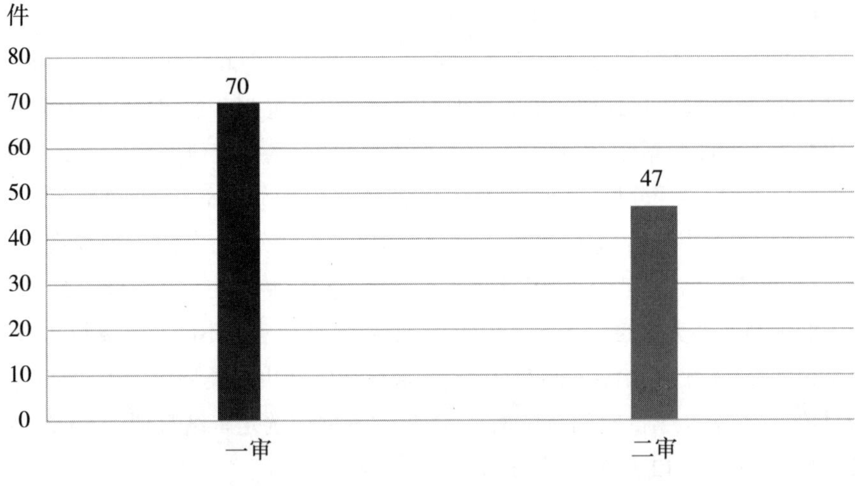

图 2-1　2022 年环境侵权案件研究样本的审级数量分布

(二)环境侵权案件研究的对象与思路

本部分报告以环境污染类案件为研究对象,对 2022 年环境侵权司法领域进行观测与分析,主要基于以下两点因素的考量:一是生态破坏类案件更多分布于环境公益诉讼救济领域;二是在实际检索中发现,2022 年生态破坏案件研究样本数量过于稀缺,以致难以积累相当规模的样本数量可供分析。

据此,本部分报告在论证重点上,拟围绕不同污染类型的环境侵权案件展开。在报告的论证目的上，较之过往，拟通过对实际研究样本更为深入与实质化的多维分析，反映环境侵权司法领域的最新动态与审判规律；在完善对策与建议上，尝试就环境侵权案件审判机制、适用责任形式的性质认定以及数人环境侵权案件裁判规则提出完善建议。

二、环境侵权案件的系统观察

本部分将从省域分布、诉讼主体类型、裁判适用实体法依据、污染种类、胜败诉及改判情况、责任形式等方面观察剖析2022年环境侵权案件。在此基础上，结合往年司法报告中关于环境侵权案件之分析，归纳环境侵权案件审理的难点问题，以及通过环境侵权案件的年度对比动态，揭示环境侵权纠纷司法解决的规则演进与司法绩效。

（一）案件的地域分布

本部分从案件地域分布的角度观察2022年度环境侵权司法的整体情况。案件地域分布的分析是历年来环境侵权司法分析的重要维度，旨在直观把握环境侵权司法在各省级行政区的分布情况。

1.环境侵权案件的省域分布呈小部分省级行政区增长，大部分省级行政区持平或减少的发展态势。本研究统计了近三年的环境侵权案件在各省级行政区的分布情况（见图2-2），以及2022年度一、二审案件分布情况（见表2-2）。具体分析可知：（1）“从无到有”的省级行政区有：上海、甘肃，共2个省级行政区。上海、甘肃在2020年、2021年从未统计到发生环境侵权案件，2022年上海2件一审，甘肃3件（一审1件，二审2件）。（2）“从有到无”的省级行政区有：贵州、新疆、内蒙古、黑龙江、山西、江西、浙江，共7个省级行政区。2020年贵州11件、新疆1件、内蒙古4件、黑龙江4件、山西4件、江西5件、浙江2件；2021年贵州9件、新疆1件、内蒙古1件、黑龙江4件、山西4件、江西1件、浙江2件；2022年这7个省级行政区均无环境侵权案件。（3）检索本研究所囊括的31个省级行政区，对于西藏、宁夏、海南这三个省级行政区在三年间均未检索到环境侵权案件。

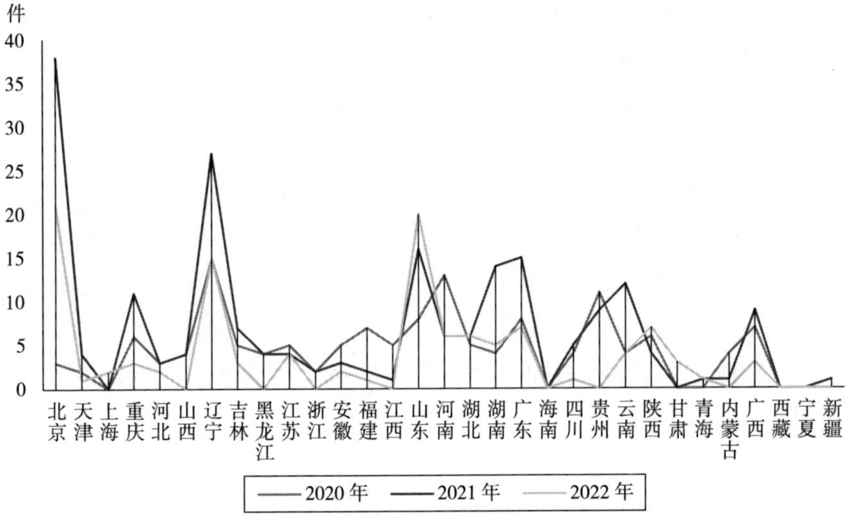

图2-2　2020~2022年环境侵权案件省域分布动态演变折线图

表2-2　2022年一、二审环境侵权案件省域分布

单位:件

省份	一审	二审	总数	省份	一审	二审	总数
北京	14	7	21	湖北	5	1	6
天津	0	1	1	湖南	5	0	5
上海	2	0	2	广东	1	6	7
重庆	3	0	3	海南	0	0	0
河北	0	2	2	四川	0	1	1
山西	0	0	0	贵州	0	0	0
辽宁	7	8	15	云南	2	2	4
吉林	1	2	3	陕西	5	2	7
黑龙江	0	0	0	甘肃	1	2	3
江苏	3	1	4	青海	1	0	1
浙江	0	0	0	内蒙古	0	0	0
安徽	1	1	2	广西	2	1	3
福建	1	0	1	西藏	0	0	0
江西	0	0	0	宁夏	0	0	0
山东	11	9	20	新疆	0	0	0
河南	5	1	6	总计	70	47	117

2. 环境侵权案件的省域分布呈三档分布特征。两年间环境侵权案件在各省级行政区间的分布情况可按照三个数量区间划分:(1)两年间发生环境侵权案件数量小于等于 6 件的省级行政区有 17 个,其中西藏、宁夏、海南两年间的环境侵权案件发生量均为 0 件。2022 年,天津、上海、河北、山西、黑龙江、浙江、安徽、福建、江西、四川、甘肃、青海、内蒙古、新疆的案件数量分别为 1 件、2 件、2 件、0 件、0 件、0 件、2 件、1 件、0 件、1 件、3 件、1 件、0 件、0 件;2021 年,天津、上海、河北、山西、黑龙江、浙江、安徽、福建、江西、四川、甘肃、青海、内蒙古、新疆的案件数量分别为 4 件、0 件、2 件、4 件、4 件、2 件、3 件、2 件、1 件、5 件、0 件、1 件、1 件、1 件。(2)两年间发生环境侵权案件数量大于 6 件小于等于 15 件的省级行政区有 8 个,其中,贵州、重庆、吉林、广西 2022 年的案件量较 2021 年显著下降,陕西 2022 年较 2021 年案件数量增加 3 件,其余省级行政区案件数量与 2021 年持平。具体体现如下:2022 年,重庆、吉林、江苏、河南、湖北、贵州、陕西、广西的案件数量分别为 3 件、3 件、4 件、6 件、6 件、0 件、7 件、3 件;2021 年重庆、吉林、江苏、河南、湖北、贵州、陕西、广西的案件数量分别为 11 件、7 件、4 件、6 件、6 件、9 件、4 件、9 件。(3)两年合计发生环境侵权案件数量大于 15 件的省份有 6 个,其中山东 2022 年的案件均较 2021 年显著增长。2022 年北京、辽宁、湖南、广东、云南、山东的案件数量分别为 21 件、15 件、5 件、7 件、4 件、20 件;2021 年北京、辽宁、湖南、广东、云南、山东的案件数量分别为 38 件、27 件、14 件、15 件、12 件、16 件。其中系列案仍是导致山东环境侵权案件骤增的一大原因:山东 2022 年 9 个二审案件中有 4 个为系列案,均为各原告对山东省机场管理集团烟台国际机场有限公司提起的系列案。

(二)原被告、上诉人与被上诉人主体类型

环境侵权纠纷解决的关键在于实现对双方甚至多方主体利益的平衡协调。为此,本部分从诉讼主体维度对 2022 年度环境侵权司法案件进行梳理呈现,以清晰地呈现环境侵权诉讼中各主体类型的历年演进情况、该类诉讼中各不同主体类型的占比分布以及环境侵权司法的目标定位。

根据检索提取的环境侵权判决书样本,本研究对一审案件不同主体类型的具体分布情况进行了梳理(见表 2 - 3),并对二审案件不同主体类型的具体分布情况进行了梳理(见图 2 - 3、图 2 - 4)。整体而言,2022 年环境侵权案件中自然人与企业是两大最主要的诉讼主体类型,此观察结果与 2021 年保持一致;而其变化在于,二审主要被上诉人从企业变为自然人。前述观察结果决定了,有必要

继续聚焦于自然人与企业,分别对其在2022年环境侵权一、二审案件中的具体分布情况进行观察分析。

表2-3　2022年一审诉讼主体类型分布

单位:个

主体类型	原告	被告
自然人	60	13
企业	6	45
政府及相关部门	3	2
农村集体组织	2	1
自然人和企业	—	3
企业和政府及相关部门	—	6
社会组织和企业	—	1

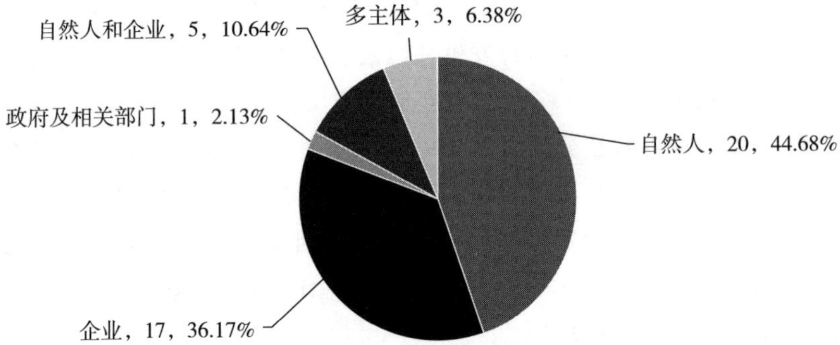

图2-3　2022年二审上诉人主体类型分布

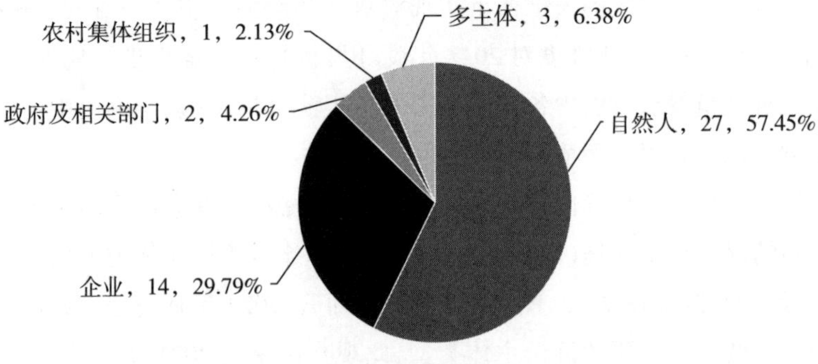

图2-4　2022年二审被上诉人主体类型分布

1. 对近三年一审案件中主要的诉讼主体类型分布情况进行对比分析可知，原告主体类型分布中自然人是最主要的主体类型，被告主体类型分布中企业是最主要的主体类型。由此决定了，环境侵权案件审理的核心任务在于平衡环境私益与经济利益之间的紧张关系，本研究统计了2020～2022年一审最主要的主体类型占比的具体演进情况（见图2－5）。

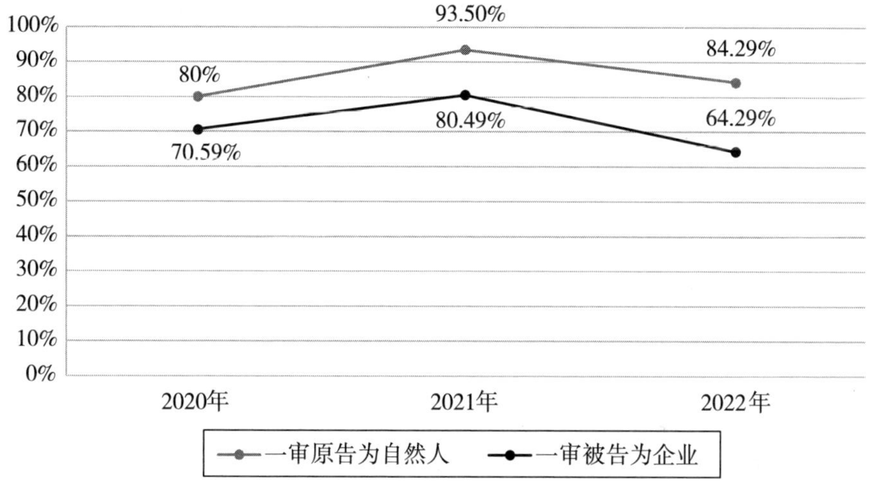

图2－5　2020～2022年一审最主要的主体类型占比逐年演进情况

2. 环境污染纠纷主要产生于自然人与企业之间，更好地实现此两类主体间环境利益的协调与平衡，以及环境损害与风险预防责任的适当分配，仍然是环境侵权案件审理机制完善的重点任务。首先，自然人是环境侵权案件中环境污染的主要受害者，是环境侵权二审案件中的最主要上诉人与最主要被上诉人。就一审案件而言，2022年原告主体为自然人类型的案件数量为60件，占一审案件的84.51%。该数据反映出自然人因环境污染受到权益损害进而提起环境侵权诉讼仍然是环境侵权案件最明显的发案情形。就二审案件而言，2022年上诉人主体类型为自然人的案件数量为20件，占上诉案件的比重达到44.68%。值得注意的是，样本判决文书有3份判决互为上诉人。其中，2件双方为自然人与公司或者企业，1件双方为农民专业合作社与企业，3件均被纳入多种主体类别统计。此外，自然人和企业作为共同上诉人的案件有5件。若将上述7份案件也列入统计，那么上诉人为自然人类型的案件占比将进一步提高。其次，企业是环境侵权案件中环境污染的主要实施者，在环境侵权二审案件主要上诉人与主要被上诉人中占较高比重。就一审案件而言，2022年被告主体为企业类型的案件数量达到45 件,占一审案件的63.38%,可见企业生产作业仍是造成环境污染的主要因素。就二审案件而言,2022 年被上诉人为企业类型的案件数量为14 件,占二审案件的29.79%;自然人作为被上诉人的二审案件为26 件,占二审案件的57.45%。样本判决文书有3 份判决互为上诉人,也即互为被上诉人。其中,2 件双方为自然人与公司或者企业,1 件双方为农民专业合作社与企业,3 件均被纳入多种主体类别统计。若将这3 份案件列入统计,相关案件数量及比重还将升高。

3.环境侵权案件审理需要以定分止争为核心目标,更加聚焦于如何平衡企业与自然人的利益冲突。一方面,从内部视角观察,2022 年环境侵权案件中自然人提起上诉的比例最大,环境侵权案件因果关系证明、环境利益损害认定等问题是环境侵权案件的审理难点。2022 年环境侵权二审案件中,虽然企业是仅次于自然人占比最高的被上诉主体类型,但被告类型为企业的一审案件审理仍有必要通过更准确的法律适用,更正确的事实认定,更充分的说理,提高判决的可接受度,以定分止争,降低上诉率。另一方面,从外部视角探究,经过多年环境司法专门化与专业化的制度构建与机制建设,在现有围绕环境利益之保护救济展开的诉讼类型体系中,环境侵权司法的环境私益救济属性越发清晰。环境公益诉讼、生态环境损害赔偿诉讼日趋成熟与定型化,环境公共利益救济保护的任务更适合由此类诉讼机制完成。“绿色原则”在《民法典》侵权责任编的制度化,需要遵循侵权责任法的私益救济价值目标,不违背其结果责任性质并不否定其以内在逻辑自洽性为边界。[2] 如何基于《民法典》侵权责任编关于环境侵权责任的体系化规定展开环境私益救济的同时,平衡与兼顾其他主体的多元利益诉求,是新时期环境侵权司法发展的核心目标。

(三)污染种类

环境侵权司法需要以科学的案由分类管理机制与差异化的案件审理规则回应不同污染类型案件的审理需要。故本部分以《民事案件案由规定》《环境资源案件类型与统计规范(试行)》为标准,对环境侵权案件进行分类与观察,为本部分报告后续部分持续完善不同污染类型案件的分类管理与案件审理工作提供支撑。

本研究梳理了2022 年各污染类型案件的数量分布情况(见图2-8),噪声

〔2〕 参见刘超:《论“绿色原则”在民法典侵权责任编的制度展开》,载《法律科学(西北政法大学学报)》2018 年第6 期。

污染案件成为最常见的单一污染类型案件,水污染案件数量仅次于噪声污染案件数量,混合型污染案件的发生频次急剧下降,环境介质污染与能量污染出现频次占据高位,并且是混合型污染的主要组合类型。

1. 近三年来,噪声污染和水污染是最主要的两大类环境侵权案件,噪声污染案件占比呈逐年递增态势,水污染案件占比在30%上下波动(见图2-6)。考虑到噪声污染案件在近三年呈现出的显著递增态势及其在案件审理中暴露出的诸多难点,本部分后续内容将就其案件审理中的疑难点,也就是"采取降噪措施的责任形式类型认定",展开专门分析。

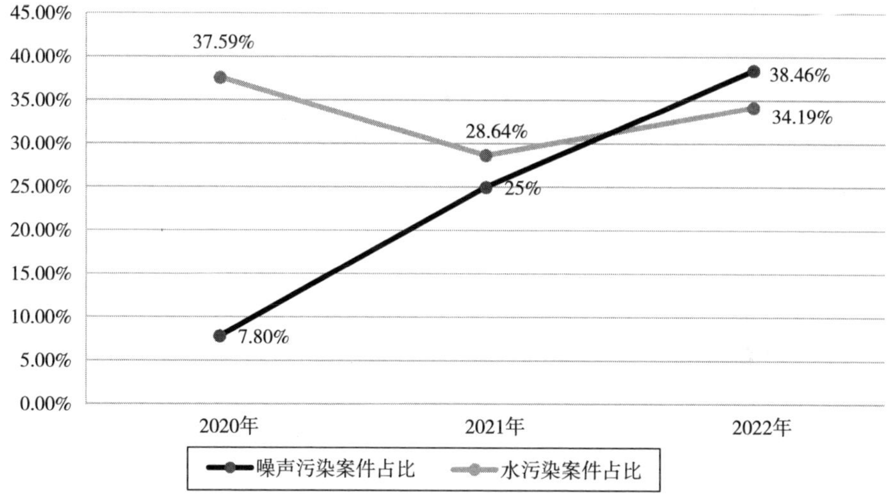

图2-6 2020~2022年噪声污染与水污染案件占比演进

2. 在单一污染类型案件中,噪声污染和水污染依然是最主要的污染类型(见图2-7、图2-8)。2022年,噪声污染案件一、二审合计45件,占比38.46%,呈现逐年上升的趋势;水污染案件一、二审合计40件,占比34.19%,仅次于噪声污染。噪声污染和水污染都与人们的日常生产生活息息相关。尤其是,噪声污染极易被感知,并且噪声污染侵权行为会直接降低生活环境质量、破坏生活安宁以及损害人的身体健康和精神状态。水污染主要是污染物排放、泄漏导致的水体质量变化所造成的,并且其易于与其他类型污染发生混合。如在2022年度的9起混合型污染案件中,水污染与其他污染类型相结合的案件有4起,占混合型污染案件的44.44%。

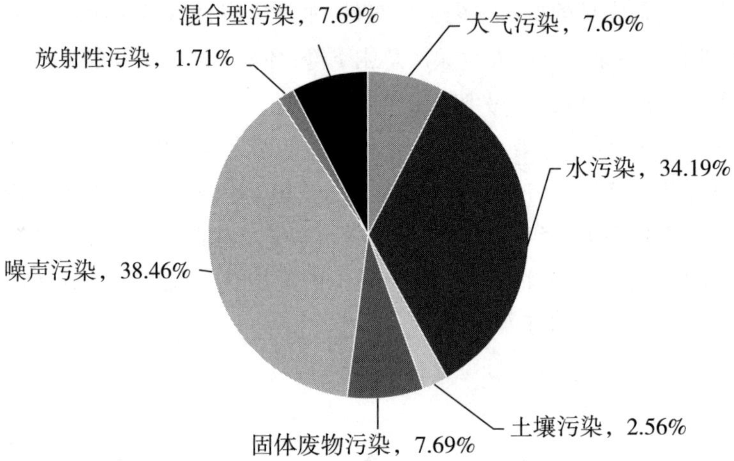

图 2－7　2022 年环境侵权案件各污染类型占比

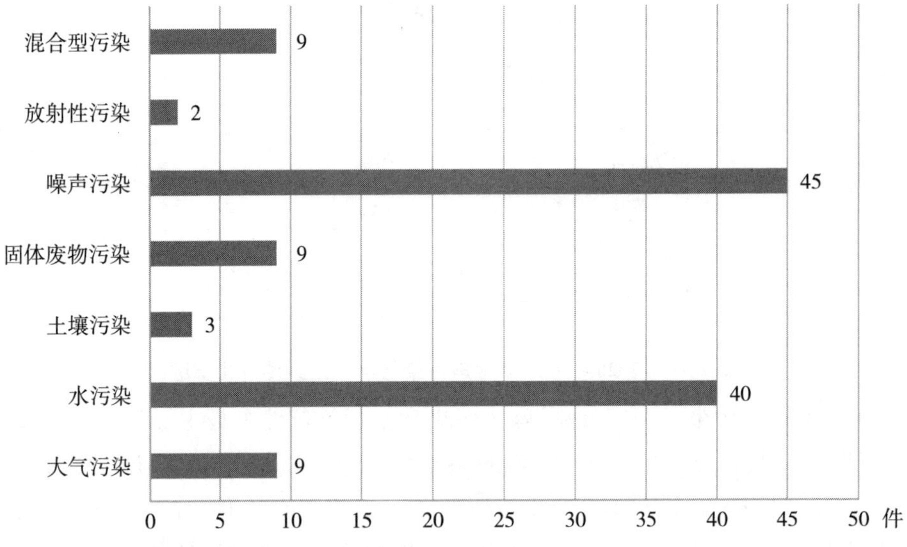

图 2－8　2022 年环境侵权案件各污染类型数量分布

3. 混合型污染案件相较于往年,2022 年的发生频次大幅下降。2022 年,混合型污染案件一、二审合计仅 9 件,占比 7.69%(见图 2－7、图 2－8)。在混合型污染中,最常见的污染混合是水污染、大气污染和土壤污染的组合,也即环境介质污染。由此可见,环境污染具有多介质传输与空间转移的特性,单一的污染类型有时难以准确概括具体的环境污染。因此,混合型污染案件在环境侵权案件总数中虽然占比不高,但仍不容忽视。

4.《环境资源案件类型与统计规范(试行)》对环境污染案件三分式的类型化处理是对《民事案件案由规定》八大环境污染类案件划分思路的遵循与进一步明晰。[3] 以《环境资源案件类型与统计规范(试行)》为标准对 2022 年度环境侵权案件进行统计。(见表 2-4、图 2-9)

表 2-4 2022 年环境介质污染案件、有毒有害物质污染案件、能量污染案件分布频次

单位:次

审级	环境介质污染案件	有毒有害物质污染案件	能量污染案件	混合型污染案件
一审	25	7	31	7
二审	27	2	16	2
合计	52	9	47	9

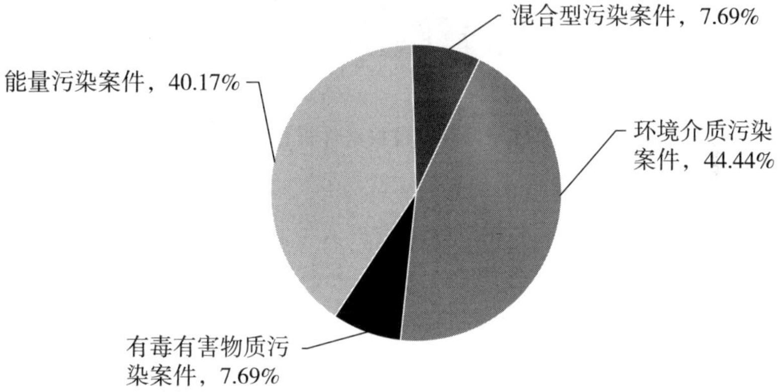

图 2-9 2022 年环境介质污染案件、有毒有害物质污染案件、能量污染案件占比

(四)环境侵权案件一审判决情况与诉辩争点

环境侵权司法对各方利益平衡协调的最终结果,体现在判决对诉讼请求的支持程度上。本部分选取一审案件胜败诉情况及诉辩争点的角度进行观察,能够直观地呈现 2022 年环境侵权司法对权利被侵害方的利益保护情况及其核心考量要素。

[3] 参见吕忠梅等:《中国环境司法发展报告(2021 年)》,法律出版社 2022 年版,第 60-61 页。

1. 环境侵权一审案件中权利被侵害方胜败诉情况

2022 年环境侵权一审案件总数为 70 件。对权利被侵害方是否胜诉的判断标准与 2021 年保持一致,详述如下:(1)一审原告的诉讼请求被一审法院全部支持的,视为环境案件被侵权方胜诉。(2)一审法院判决结果中含有“驳回其他诉讼请求”的,视为被侵权方部分胜诉。基于此,2022 年度一审环境侵权案件权利被侵害方胜诉 5 件,败诉 27 件,部分支持 38 件,胜诉率 7.14%,败诉率 38.57%(见图 2-10)。可以发现,2022 年仍然延续了权利被侵害方败诉率显著高于胜诉率的案件审判态势。

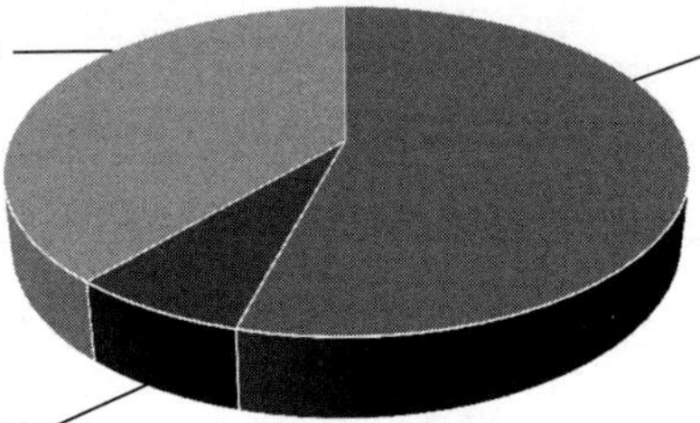

图 2-10　2022 年度一审环境侵权案件权利被侵害方胜败诉情况

2. 环境侵权案件一审诉讼焦点类型化分析

对诉讼争议焦点的归纳、认定与裁量构成了原被告主张能否得到法院支持的核心与关键,对于环境司法案件的观察与分析具有至关重要的价值。故此,本部分提取环境侵权一审案件中法院就诉讼争议焦点已作出明确归纳的判决样本,合计 20 份,加以针对性的分析(见表 2-5)。通过进一步的类型化分析,可得环境侵权案件审理的争议焦点多聚焦于损失数额认定、是否存在侵害事实、是否存在因果关系、赔偿责任主体认定上,其数量依次为 10 件、9 件、7 件、7 件(见图 2-11)。其一,在损失认定上,环境侵权案件所救济保护的损失为传统人身、财产损害损失,在范某某、上林县象山工业园区管理委员会等环境污染责任纠纷案〔4〕中,双方的争议焦点在于原告鱼塘死鱼的经济损失认定。在周某 1 等与北京市平谷区夏各庄镇稻地村民委员会等环境污染责任纠纷案〔5〕中,双方的争议焦点在于原告树木损失的金额认定。可见,环境侵权案件所救济的利益类型往往体现为环境私益,此与《民法典》第 1235 条的生态环境损害存在本质区

〔4〕 广西壮族自治区上林县人民法院民事判决书,(2022)桂 0125 民初 426 号。
〔5〕 参见北京市平谷区人民法院民事判决书,(2022)京 0117 民初 865 号。

别。其二,在侵权事实认定争议事项上,现行环境侵权法体系下的举证责任由原告承担,原告为此需要证明被告实施了污染行为以及产生了利益损失,对该事项进行证明直接关系原告的诉请能否得到支持。在常某某与普兰店区海昱绿源畜牧养殖场环境污染责任纠纷案中,就空气污染责任而言,法院认为,原告未提供证据证明其主张的鸡粪堆放地点与被告有关,亦未提供证据证明被告实施了堆放鸡粪的行为,该项主张因原告未能举证证明被告实施了空气污染损害行为而未得到支持;就噪声污染责任而言,被告的养殖行为产生的噪声已超过标准阈值,对原告造成了损害,因此法院支持了原告主张。〔6〕 其三,在因果关系认定上,案件审理中法院一般认为,只要原告举证证明了受害人存在损失及侵权人实施了污染环境的行为,即完成举证责任,行为与损害之间因果关系不存在的举证责任需由被告承担,被告若对此无法证明,则应承担举证不能的后果。〔7〕 其四,环境侵权案件中的责任主体认定问题往往是数人环境侵权情境下对权利被侵害方的保护与救济问题。对此类案件的审判是环境侵权案件审判中的难点所在,对此,本报告第三部分将进行专门分析。

表 2-5　环境侵权一审案件争议焦点内容梳理

标题	案号	争议焦点
常某某与普兰店区海昱绿源畜牧养殖场环境污染责任纠纷案	(2022)辽 0214 民初 2215 号	被告生产经营时是否产生了空气污染和噪声污染,对原告造成侵害
陈某 1、隆回建鸿达置业有限公司噪声污染责任纠纷案	(2021)湘 0524 民初 3443 号	1. 原告的起诉是否符合法律规定或者合同约定; 2. 涉案房屋是否存在噪声污染及产生原因; 3. 是否应当支持原告的诉讼请求
范某某、上林县象山工业园区管理委员会等环境污染责任纠纷案	(2022)桂 0125 民初 426 号	1. 原告鱼塘出现死鱼是否与被告有因果关系,被告是否应当承担赔偿责任; 2. 原告鱼塘死鱼的经济损失是多少
灌云县伊山镇人民政府、东平县恒泰运输有限公司等环境污染责任纠纷案	(2022)苏 0724 民初 665 号	1. 原告主张的费用是否合理; 2. 被告保险公司主张的免责事由是否成立

〔6〕 参见大连市普兰店区人民法院民事判决书,(2022)辽 0214 民初 2215 号。

〔7〕 参见河南省南乐县人民法院民事判决书,(2021)豫 0923 民初 3078 号。

续表

标题	案号	争议焦点
黄某某、庄浪县鑫喜淀粉加工有限责任公司环境污染责任纠纷案	(2022)甘 0825 民初 2016 号	侵权人与被侵权人的举证责任分配问题
姜某某与北京市平谷区夏各庄镇稻地村民委员会等环境污染责任纠纷案	(2022)京 0117 民初 863 号	1. 姜某某遭受损失的赔偿主体问题; 2. 赔偿数额的计算问题
刘某 1、陆良金瑞达瓷业有限公司水污染责任纠纷案	(2022)云 0324 民初 234 号	1. 被告公司是否存在污染侵权行为; 2. 被告主张没有因果关系能否成立; 3. 原告是否证明其因污染受到损失; 4. 被告应否承担水污染责任
龙某某、杨某 1 与重庆市铜梁区祥达建材有限公司环境污染责任纠纷案	(2021)渝 0112 民初 31790 号	环境污染补偿协议是否已解除,被告是否违约及违约责任的承担
卢某某、中交路桥建设有限公司环境污染责任纠纷案	(2021)粤 0785 民初 1500 号	1. 被告是否存在实施粉尘污染的行为,其行为与损害结果之间是否存在因果关系; 2. 原告损失数额的认定
南乐县盛盛淡水鱼养殖场、濮阳禾丰牧业有限公司环境污染责任纠纷案	(2021)豫 0923 民初 3078 号	1. 被告是否排放了污染物; 2. 原告在本次事件中的经济损失是多少; 3. 被告和原告的经济损失之间是否存在因果关系,被告是否承担赔偿责任
彭某、郴州平海房地产开发有限公司等噪声污染责任纠纷案	(2022)湘 1002 民初 1609 号	本案应适用何种标准判断涉案配电房设备运行声音是否超标、是否存在噪声污染
倪家沟村民小组、神木能源集团石窑店矿业有限公司环境污染责任纠纷案	(2021)陕 0881 民初 7317 号	举证责任如何分配
宋某某与北京市昌平房地产开发有限责任公司噪声污染责任纠纷案	(2021)京 0114 民初 26413 号	1. 被告四家公司是否应当对宋某某承担侵权责任; 2. 宋某某主张的精神损失有无依据
王某 1 与北京城建房地产开发有限公司等噪声污染责任纠纷案	(2020)京 0105 民初 32607 号	原告所居住涉案房屋是否存在噪声超标及责任主体的认定

续表

标题	案号	争议焦点
王某 2 与北京市平谷区夏各庄镇稻地村民委员会等环境污染责任纠纷案	(2022)京 0117 民初 864 号	1. 王某 2 遭受损失的赔偿主体问题； 2. 赔偿数额的计算问题
吴某 1 与北京仁和燕都房地产开发有限公司侵权责任纠纷案	(2021)京 0113 民初 1304 号	涉诉房屋是否存在噪声污染、本案噪声污染损害赔偿的责任主体和责任承担方式
易门县易鑫养殖发展有限公司、中铁七局集团第四工程有限公司噪声污染责任纠纷案	(2021)云 0425 民初 230 号	1. 被告的施工行为与原告的经济损失是否存在因果关系； 2. 原告的经济损失认定
张某 1 与北京市平谷区夏各庄镇稻地村民委员会等环境污染责任纠纷案	(2022)京 0117 民初 866 号	1. 张某 1 遭受损失的赔偿主体问题； 2. 赔偿数额的计算问题
张某 2、万某某等环境污染责任纠纷案	(2021)鲁 0591 民初 4097 号	1. 本案是否构成环境污染侵权责任纠纷； 2. 原告损失如何认定； 3. 三被告如何承担赔偿责任
周某 1 等与北京市平谷区夏各庄镇稻地村民委员会等环境污染责任纠纷案	(2022)京 0117 民初 865 号	1. 周某 1、王某 3 遭受损失的赔偿主体问题； 2. 赔偿数额的计算问题

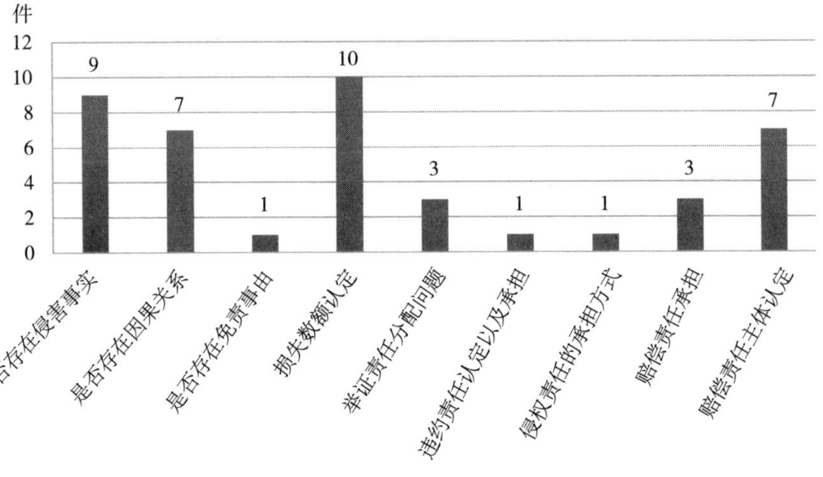

图 2-11　2022 年环境侵权一审案件争议焦点数量分布

(五)环境侵权案件二审判决情况与上诉理由

环境侵权二审案件的提起源于案件当事人对一审案件审理中特定事实认定或法律适用问题的不接受,能在多大程度上回应案件当事人的上诉请求,则代表了法院系统的态度倾向。本部分对环境侵权二审案件从判决情况与上诉理由两个角度进行观察,以期揭示环境侵权司法对上诉请求的支持程度以及原被告上诉的主要理由。

1. 环境侵权案件二审判决情况

2022 年环境侵权案件二审总数为 47 件。从上诉人的情况分布看,一审原告上诉提起二审、一审被告上诉提起二审与原被告共同上诉提起二审的案件数分别为 18 件、22 件、7 件。从判决结果看,驳回上诉、维持原判,部分驳回与全部改判的案件数分别为 42 件、4 件、1 件。(见图 2 - 12)

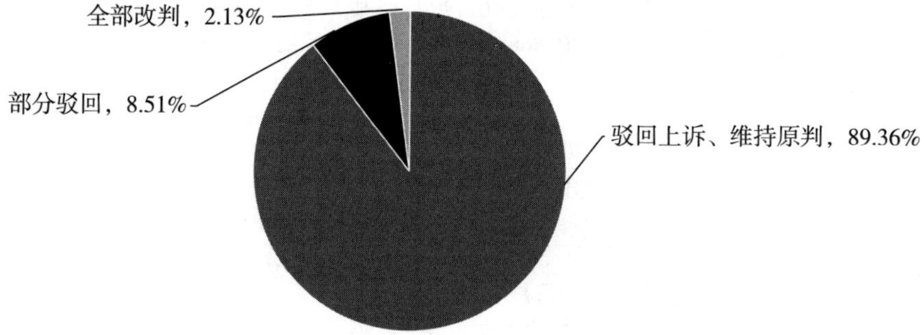

图 2 - 12　2022 年度环境侵权案件二审维持与改判情况

环境侵权案件二审改判率极低,而损失数额与损失项目、责任承担主体等是改判的主要事项。(见表 2 - 6)

表 2-6　2022 年度环境侵权案件改判情况

案件名称	一审	二审(再审)	改判内容
邵某 1、杨某 2 等环境污染责任纠纷案[(2022)鲁 02 民终 12297 号]	1. 被告赔偿原告邵某 1 医疗费 210316.53 元,住院伙食补助费 24400 元、误工费 84282 元; 2. 被赔偿原告杨某 2 医疗费 148660.40 元、住院伙食补助费 16800 元、误工费 12308 元; 3. 被告赔偿原告邵某 2 医疗费 124709.35 元,住院伙食补助费 16300 元、误工费 58051 元; 4. 被告赔偿原告邵某 1、原告杨某 2、原告邵某 2 交通费 2000 元; 5. 驳回原告邵某 1、原告杨某 2、原告邵某 2 要求被告支付护理费、住宿费的诉讼请求	1. 维持一审判决第 4、5 项; 2. 变更一审判决第 1 项为上诉人天津市南洋胡氏家具制造有限公司于本判决生效后 10 日内赔偿上诉人邵某 1 医疗费 66098.85 元,住院伙食补助费 24400 元、误工费 84282 元; 3. 变更一审判决第 2 项为上诉人天津市南洋胡氏家具制造有限公司于本判决生效后 10 日内赔偿上诉人杨某 2 医疗费 55251.35 元、住院伙食补助费 16800 元、误工费 18336 元; 4. 变更一审判决第 3 项上诉人天津市南洋胡氏家具制造有限公司于本判决生效后 10 日内赔偿上诉人邵某 2 医疗费 33376.18 元,住院伙食补助费 16300 元、误工费 58051 元; 5. 驳回上诉人天津市南洋胡氏家具制造有限公司的其他上诉请求; 6. 驳回上诉人邵某 1、邵某 2、杨某 2 的其他诉讼请求	变更向杨某 2 支付的医疗费、住院伙食补助费、误工费赔偿数额;变更向邵某 2 支付的医疗费、住院伙食补助费、误工费赔偿数额;驳回关于赔偿交通费的诉讼请求
张某 3、张某 4 等环境污染责任纠纷案[(2022)鲁 02 民再261 号]	1. 胥某 1 赔偿张某 3 经济损失 106107.3 元,于判决生效后 10 日内付清; 2. 胥某 1 赔偿张某 4 经济损失 43875 元,于判决生效后 10 日内付清; 3. 胥某 1 赔偿胥某 2 经济损失 40365 元,于判决生效后 10 日内付清; 4. 胥某 1 赔偿胥某 3 经济损失 43857 元,于判决生效后 10 日内付清; 5. 胥某 1 赔偿盛某某经济损失 78975 元,于判决生效后 10 日内付清; 6. 胥某 1 赔偿李某 1 经济损失 78975 元,于判决生效后 10 日内付清; 7. 胥某 1 赔偿李某 2 经济损失 35100 元,于判决生效后 10 日内付清; 8. 胥某 1 赔偿李某 3 经济损失 91260 元,于判决生效后 10 日内付清	二审判决撤销原判,驳回一审原告诉讼请求,再审法院改判作出如下判决: 1. 撤销山东省青岛市中级人民法院(2021)鲁 02 民终 14057 号民事判决; 2. 变更一审判决第 1 项为:“胥某 1 赔偿张某 3 经济损失 42835.91 元,于本判决生效后 10 日内付清”; 3. 变更一审判决第 2 项为:“胥某 1 赔偿张某 4 经济损失 17712.5 元,于本判决生效后 10 日内付清”; 4. 变更一审判决第 3 项为:“胥某 1 赔偿胥某 2 经济损失 16295.5 元,于本判决生效后 10 日内付清”; 5. 变更一审判决第 4 项为:“胥某 1 赔偿胥某 3 经济损失 17712.5 元,于本判决生效后 10 日内付清”; 6. 变更一审判决第 5 项为:“胥某 1 赔偿盛某某经济损失 31882.5 元,于本判决生效后 10 日内付清”; 7. 变更一审判决第 6 项为:“胥某 1 赔偿李某 1 经济损失 31882.5 元,于本判决生效后 10 日内付清”; 8. 变更一审判决第 7 项为:“胥某 1 赔偿李某 2 经济损失 14170 元,于本判决生效后 10 日内付清”; 9. 变更一审判决第 8 项为:“胥某 1 赔偿李某 3 经济损失 36842 元,于本判决生效后 10 日内付清”; 10. 驳回张某 3、张某 4、胥某 2、胥某 3、盛某某、李某 1、李某 2、李某 3 的其他诉讼请求	改判降低被告向原告赔偿的经济损失数额

续表

案件名称	一审	二审(再审)	改判内容
段某某、王某 4 等噪声污染责任纠纷案[(2021)粤 02 民终 3000 号]	1. 韶关市南枫集团有限公司在判决生效之日起 60 日内完成对南枫雅居御江阁 201 房地下负一楼水泵房的隔声降噪减振整改,使南枫雅居御江阁 201 房在水泵房运作时的噪声不超过相应标准; 2. 韶关市南枫集团有限公司在判决生效之日起 10 日内向段某某、王某 4 赔偿精神损害抚慰金 3000 元; 3. 韶关市南枫集团有限公司在判决生效之日起 10 日内向段某某、王某 4 赔偿检测费 1000 元; 4. 驳回段某某、王某 4 的其他诉讼请求	1. 撤销一审判决第 4 项; 2. 变更一审判决第 1 项:南枫雅居小区业主委员会在本判决生效之日起 60 日内完成对南枫雅居御江阁 201 房地下负一楼水泵房的隔声降噪减振整改,使南枫雅居御江阁 201 房在水泵房运作时的噪声不超过相应标准; 3. 变更一审判决第 2 项:南枫雅居小区业主委员会在本判决生效之日起 10 日内向段某某、王某 4 赔偿精神损害抚慰金 3000 元; 4. 变更一审判决第 3 项:南枫雅居小区业主委员会在本判决生效之日起 10 日内向段某某、王某 4 赔偿检测费 1000 元; 5. 驳回段某某、王某 4 的其他诉讼请求	改判责任承担主体
林某某、枝江市彤勋生态养殖家庭农场水污染责任纠纷案[(2022)鄂 05 民终 337 号]	1. 枝江市彤勋生态养殖家庭农场于判决生效之日起 15 日内一次性赔偿林某某管护的水库的鱼死亡的经济损失 58611 元; 2. 驳回林某某的其他诉讼请求	1. 撤销湖北省枝江市人民法院(2021)鄂 0583 民初 60 号民事判决; 2. 枝江市彤勋生态养殖家庭农场于本判决生效之日起 15 日内赔偿林某某损失 104853.5 元; 3. 驳回林某某的其他诉讼请求	改判增加经济损失赔偿金
吴某 2 与北京仁和燕都房地产开发有限公司噪声污染责任纠纷案[(2022)京 03 民终 7678 号]	驳回吴某 2 的全部诉讼请求	1. 撤销北京市顺义区人民法院(2021)京 0113 民初 1304 号民事判决; 2. 北京仁和燕都房地产开发有限公司于本判决生效之日起 7 日内赔偿吴某 2 损失 2 万元; 3. 驳回吴某 2 的其他诉讼请求	改判赔偿损失

2. 环境侵权二审案件上诉理由类型化分析

就原告上诉而言,其上诉理由可类型化为以下三种情形:(1)对一审关键事实认定结果的不接受。首先是损失数额的认定与处理问题,损失数额的认定与处理问题成为原告上诉的主要情形之一,在李某 4、茌平县春晓畜牧养殖专业合作社水污染责任纠纷案中,原告上诉认为,一审认定上诉人对具体赔偿数额负有举证责任并以此驳回上诉人诉求于法无据。[8] 在陈某 2、天津市滨海新区中塘镇人民政府水污染责任纠纷案中,一审原告提起上诉的原因之一在于认为原审法院未采纳原告的损失证明证据。[9] 其次是关于环境污染行为的认定问题。环境侵权行为的存在是构成环境侵权事实的基础,加之此一举证责任由被侵权人承担,故此一事项亦成为原告上诉的主要理由之一。实践层面一般以是否超过环境标准文件所规定的限值为认定是否存在环境污染行为的依据。例如,在赵某某、冯某某等噪声污染责任纠纷案中,原告上诉认为:根据《社会生活环境噪声排放标准》,居民居住区的噪声污染标准为 55 分贝,一审判决按照 60 分贝标准赔偿不当。[10] 又如,在袁某、连州市惠仟家生活超市噪声污染责任纠纷案中,原告上诉认为:一审适用标准错误,应当适用《声环境质量标准(GB 3096—2008)》而非《社会生活环境噪声排放标准(GB 22337—2008)》进行认定。[11] (2)对一审程序性事项处理结果的不接受。对鉴定程序与结论的不满成为原告上诉的常见理由,在崔某 1 与李某 5 侵权责任纠纷上诉案中,原告上诉认为:原审上诉人要求就损失程度进行评估,而原审没有安排评估,最后将责任推给上诉人,上诉人不能认同。[12] 在本溪市土地资源储备中心、本溪市盛某牧业有限公司水污染责任纠纷案中,原告上诉认为:一审法院未准许上诉人关于鉴定养殖场污染物是否污染鱼塘的申请,属于程序违法。[13] 在陈某 2、天津市滨海新区中塘镇人民政府水污染责任纠纷案中,一审原告提起上诉的原因之一在于认为鉴定结论不准确。[14] (3)对一审事实认定与法律适用结果的整体性不接受。实践中一审原告上诉并不必然基于某一具体特定的理由,而是基于对一审判决事实认定与法律适用的整体性不接受。在安徽省淮南市凤台县三孩养殖场、凤台县飞翔牧业有限公司水污染责任纠纷案中,一审原告在上诉中认为原审因采纳不当证据而作出了错误的事实认定以及未进行举证责任倒置认定。[15]

就被告上诉而言,其上诉理由可类型化为以下四种情形:(1)对一审关键事

[8] 参见山东省聊城市中级人民法院民事判决书,(2022)鲁 15 民终 5326 号。
[9] 参见天津市第三中级人民法院民事判决书,(2022)津 03 民终 2771 号。
[10] 参见河南省鹤壁市中级人民法院民事判决书,(2022)豫 06 民终 934 号。
[11] 参见广东省清远市中级人民法院民事判决书,(2022)粤 18 民终 900 号。
[12] 参见辽宁省营口市中级人民法院民事判决书,(2022)辽 08 民终 2578 号。
[13] 参见辽宁省丹东市中级人民法院民事判决书,(2022)辽 06 民终 316 号。
[14] 参见天津市第三中级人民法院民事判决书,(2022)津 03 民终 2771 号。
[15] 参见安徽省淮南市中级人民法院民事判决书,(2022)皖 04 民终 148 号。

实认定结果的不接受。与原告上诉的相同之处在于,损失认定问题与侵权行为认定问题也构成了被告上诉的主要理由。此外,关于污染行为与损害结果之间是否存在因果关系的认定问题,亦成为被告上诉的常见理由。在山东尽美食品有限公司、山东凤祥食品有限公司等环境污染责任纠纷案中,被上诉人并未提供证明侵权行为与损害结果存在因果关系的证据,应承担举证不能的后果。[16] (2)对一审举证责任分配结果的不接受。以无过错责任原则、因果关系举证责任倒置为代表的环境侵权责任体系体现了对被侵害人的倾斜保护,对环境侵害人设置了更严苛的责任要求。因此,实践层面被告提起上诉的主要原因之一在于对举证分配结果的不接受。在昭通市昆华化工有限公司、马某某案中,被告上诉认为:被上诉人作为原告应负有举证责任,即证明存在污染环境的行为、损害结果,以及污染环境的行为与损害结果之间具有因果关系。[17] 在中国石油天然气股份有限公司辽阳石化分公司、李某 6 水污染责任纠纷案中,被告上诉认为:该案是一般侵权案件,应将因果关系证明责任分配给被上诉人。[18] (3)对一审程序性事项处理结果的不接受。其一,体现在鉴定程序方面,如在广西路桥工程集团有限公司、吴某 3 水污染责任纠纷案中,被告上诉认为一审鉴定中存在鉴定方法错误,驳回水质鉴定请求违反法定程序。[19] 其二,体现在释明程序方面,如在金昌金石源建材有限公司、聂某某环境污染责任纠纷案中,被告上诉认为一审对将相邻污染侵害纠纷变更为环境污染责任纠纷以及因果关系鉴定方面均未进行释明,违反了程序要求。[20] (4)对前置性问题处理结果的不接受。这主要体现在适格主体认定、受案范围认定方面。在正平路桥建设股份有限公司甘肃分公司、罗某某环境污染责任纠纷案中,被告上诉认为其并非侵权主体,被上诉人并非本案适格主体。[21] 在山东省机场管理集团烟台国际机场有限公司、崔某 2 噪声污染责任纠纷案中,上诉人即原审被告认为该案不属于法院受案范围且上诉人并非本案适格主体。[22]

(六)侵权人民事责任承担方式及其认定

考察侵权人民事责任承担方式的整体分布能够让我们更具体地感知环境侵

---

〔16〕 参见山东省潍坊市中级人民法院民事判决书,(2021)鲁 07 民终 6944 号。
〔17〕 参见昆明铁路运输中级法院民事判决书,(2022)云 71 民终 109 号。
〔18〕 参见辽宁省辽阳市中级人民法院民事判决书,(2022)辽 10 民终 121 号。
〔19〕 参见广西壮族自治区梧州市中级人民法院民事判决书,(2022)桂 04 民终 160 号。
〔20〕 参见甘肃矿区人民法院民事判决书,(2021)甘 95 民终 17 号。
〔21〕 参见甘肃省兰州市中级人民法院民事判决书,(2022)甘 01 民终 1909 号。
〔22〕 参见山东省烟台市中级人民法院民事判决书,(2022)鲁 06 民终 4047 号。

权司法对权利被侵害人利益的救济情况。为此,本部分从这一角度出发,对2022 年度环境侵权司法进行专门考察,并对其中的采取降噪措施这一特殊责任承担方式的类型归属进行认定。

1. 环境侵权案件侵权人民事责任承担方式的整体分布

《民法典》第 179 条规定了停止侵害,排除妨碍,消除危险,返还财产,恢复原状,修理、重作、更换,继续履行,赔偿损失,支付违约金,消除影响、恢复名誉,赔礼道歉等多种承担民事责任的方式。《环境保护法》(1989 年)曾具体规定了侵权人承担民事责任的形式为排除危害与赔偿损失〔23〕,但是 2014 年修改的《环境保护法》与民事法律规范进行了衔接,设置了转致条款,规定侵权人按照民事法律规范的规定承担民事责任。尽管现行《环境保护法》中没有设置排除危害这一责任形式,但是现行有效的环境保护单行法中仍然有设置这种责任形式。〔24〕 环境法学界通说认为,环境保护法中的排除危害实际上包括了停止侵害、排除妨碍、消除危险三种民事责任形式。〔25〕 但就目前而言,环境侵权司法实践主要是基于《民法典》第 179 条关于民事责任承担方式之规定进行审理裁判。基于上述讨论,本报告按照《民法典》第 179 条规定的责任形式,对 2022 年度 117 份环境侵权案件中胜诉案件和部分支持案件的责任形式进行了梳理。概括而言,环境侵权案件侵权人民事责任承担方式主要存在以下特征:

第一,赔偿损失。赔偿损失仍然是环境侵权案件中最主要的责任承担方式。赔偿损失的范围既有原告的直接经济损失,也有精神损失,还有原告采取必要措施所支付的合理费用。2022 年环境侵权案件中,判决侵权人承担赔偿损失责任的案件一共 56 件,在胜诉与部分支持案件中占比 73.68%,其中一审 30 件,二审 26 件。(见表 2-7)

第二,停止侵害。环境侵权案件中停止侵害这一责任形式在适用频次上处于第二位。2022 年环境侵权案件中,判决侵权人承担停止侵害责任的案件一共有 8 件,如果将停止侵害与赔偿损失合并适用的情况列入统计范围,则案件数量达到 19 件。(见表 2-7)

第三,恢复原状、消除危险、赔偿损失。合并适用前述三种责任形式的案件

〔23〕 《环境保护法》(1989 年)第 41 条第 1 款规定:"造成环境污染危害的,有责任排除危害,并对直接受到损害的单位或者个人赔偿损失。"

〔24〕 如《水污染防治法》第 96 条、《海洋环境保护法》第 89 条等。

〔25〕 参见韩德培主编:《环境保护法教程》(第 8 版),法律出版社 2018 年版,第 316 页。

有 1 件,在原告山东大山路桥工程有限公司(以下简称大山路桥公司)、山东重交路桥工程有限公司(以下简称重交路桥公司)与被告长春金宝特生物化工有限公司(以下简称金宝特生物公司)、长春大成生物科技开发有限公司(以下简称大成生物公司)环境污染责任纠纷一案中,法院既判决被告将涉案树脂醇 C 产品清运完毕,腾退涉案土地并恢复原状,消除环境污染危险。也判决被告向原告支付土地占有使用费、原告已交罚款、鉴定费、财产保全保险费等。〔26〕

表 2-7　2022 年度环境侵权案件责任承担形式

单位:件

责任形式	一审	二审
停止侵害	4	4
停止侵害、赔偿损失	8	3
恢复原状、消除危险、赔偿损失	1	—
赔偿损失	30	26

2. 采取降噪措施的责任形式类型认定

在噪声污染责任纠纷案件中,法院除判决侵权人承担赔偿损失的责任外,还会判决侵权人采取一定的降噪措施,使其排放的噪声符合一定的环境标准,目前实践层面存在相当数量的判决采取了此种判定模式。〔27〕但判决采取降噪措施,就其责任形式类型而言,属于排除妨碍、停止侵害还是消除影响仍未统一。经下述分析可知,侵权人采取降噪措施在责任形式类型上应当被认定为停止侵害。

首先,判决采取降噪措施不宜被认定为消除影响。民事责任承担方式中的消除影响,是指侵权人在因其侵权行为给被侵权人造成不良影响所及范围内,消除对被侵权人不利后果的民事责任。在司法实践中,消除影响多适用于侵害人格权的情形。〔28〕尽管在一些环境污染责任纠纷的判决书中,侵权人的诉讼请求

〔26〕 山东省济南高新技术产业开发区人民法院民事判决书,(2021)鲁 0191 民初 5995 号。

〔27〕 参见江苏省灌南县人民法院民事判决书,(2022)苏 0724 民初 2158 号;西安市碑林区人民法院民事判决书,(2021)陕 0103 民初 15357 号;大连市普兰店区人民法院民事判决书,(2022)辽 0214 民初 2215 号;安康铁路运输法院民事判决书,(2022)陕 7101 民初 27 号;北京市西城区人民法院民事判决书,(2021)京 0102 民初 37998 号;湖北省武汉市汉阳区人民法院民事判决书,(2021)鄂 0105 民初 5952 号。

〔28〕 参见程啸:《侵权责任法》(第 3 版),法律出版社 2021 年版,第 778-779 页。

中包含了“消除影响”,且人民法院最终的判决也载明了“消除……的影响”[29],但是这里的“消除影响”并不是民事责任承担方式中的消除影响,而是权利被侵害方请求侵权人停止侵权的表达方式。其实质在于使侵权人采取措施避免对权利被侵害方的持续损害,因此不宜将其认定为消除影响。

其次,环境侵权案件审理中判决采取降噪措施更宜被认定为停止侵害而非排除妨碍。尽管排除妨碍与停止侵害在功能上具有相似性,均具有预防功能,但是停止侵害适用于正在进行或者仍在延续中的侵权行为,而排除妨碍适用于物权受到妨碍或者被侵害的情形。[30] 对于污染环境产生的纠纷,在民事案由中主要包括第三部分物权纠纷之“相邻污染侵害纠纷”和第九部分侵权责任纠纷之“环境污染责任纠纷”。“相邻污染侵害纠纷”是一种基于物权受到妨碍或者被侵害的纠纷类型,是围绕不动产物权行使产生的纠纷;而“环境污染责任纠纷”主要是生产或其他活动对生态环境造成污染所导致的纠纷。因此,对于噪声污染产生纠纷后需要采取的降噪措施,在“相邻污染侵害纠纷”中的责任形式应被认定为排除妨碍,而在“环境污染责任纠纷”中的责任形式应当被认定为停止侵害。《民事案件案由规定》已明确将环境侵权案件归在侵权责任纠纷项下,可见“环境污染责任纠纷”更契合此类案件性质,将环境侵权案件审理中判决采取的降噪措施认定为停止侵害更为适宜。

(七)环境侵权案件审理的难点问题

整体而言,我国环境资源司法的发展沿着两大路径展开:环境资源审判专门化与环境资源审判普通化。一方面,通过建立专门审判机构、运行专门审判机制,实行环境资源审判专门化;另一方面,按照三大诉讼分离的传统审判模式,分别由民事、刑事、行政、海事审判机构审理环境资源案件,继续推行环境资源审判的普通化。[31] 在此背景下,我国环境侵权案件审理机制也随之不断完善优化。肯定过往环境资源司法取得成就的同时,不可否认的是,环境司法实践层面仍存在一系列的问题。因此,需要基于普通环境案件与环境公益诉讼案件二分式管理的思路,从审理机构职能划分、针对性的规则适用、差异化的案件管理等方面进一步加以完善。就环境侵权司法领域而言,如果要真正发现其中的审理难题

---

〔29〕 参见安徽省宣城市中级人民法院民事判决书,(2020)皖 18 民终 838 号;贵州省黔南布依族苗族自治州中级人民法院民事判决书,(2021)黔 27 民终 2269 号。

〔30〕 参见程啸:《侵权责任法》(第 3 版),法律出版社 2021 年版,第 751 页。

〔31〕 参见吕忠梅:《新时代中国环境资源司法面临的新机遇新挑战》,载《环境保护》2018 年第 1 期。

进而提出完善建议,则必须在比较分析该领域历年司法实践情况的基础上进行。为此,本部分对于环境侵权案件审理难题的分析,一方面是结合近三年环境侵权司法实践的情况进行考察,另一方面是立足于 2022 年度环境侵权司法实践,剖析环境侵权案件审理中需要着重解决的难点问题。

其一,2022 年环境侵权司法的制度建设与机制实施以有效回应与改进此前环境侵权司法实践中呈现的不足为重要方向,在案件管理、规则优化、制度设计等方面均有实质性进展。就 2020 年环境侵权司法而言,其所反映出的问题:一方面在于制度层面,也就是环境侵权责任制度供给的不足,具体包括环境侵权责任构成要件专门规则的不足与环境损害鉴定制度的不成熟;另一方面在于实践层面,也就是环境侵权司法实践中的不足,具体包括环境侵权司法机制在多方面依然有待提升,环境司法依然有待突破"法条主义"的桎梏,环境司法专门化改革有待深入推进和制度定型,法官对环境司法专业性的认识有待进一步深化。〔32〕 就 2021 年环境侵权司法而言,其所反映的问题:一方面在于制度层面,具体包括环境侵权制度中的行为要件判定存在不足与环境侵权惩罚性赔偿制度的适用范围与边界仍未厘清;另一方面在于规则层面,具体包括对不同性质环境法律规范、法律规范与技术性规范、环境侵权惩罚性赔偿裁判规则的理解与适用仍有不足。〔33〕 对此,在环境司法专门化与普通化并行推进的背景下,随着一系列实体规则与程序规定的制定施行,以及审理机制与审判机构的改革试点,前述系列问题在一定程度上得到了解决。通过对 2022 年环境侵权案件审理的考察可知,在审判制度层面,2022 年环境侵权司法一方面以《民事案件案由规定》《环境资源案件类型与统计规范(试行)》的规定为方向持续优化其案件分类与管理制度;另一方面通过发布《最高人民法院关于审理生态环境侵权纠纷案件适用惩罚性赔偿的解释》,从规则理解适用的角度完善环境侵权领域惩罚性赔偿制度,为更充分地保护被侵害人利益创造了条件。在审判实践层面,2022 年环境侵权司法的规则适用表明,环境侵权司法领域初步形成了以《民法典》侵权责任编规则体系为基础依据,以其他相关联规范为辅助支撑的裁判适用规则体系,回应了环境司法治理的实践需要。

其二,相应地,2022 年环境侵权案件审理中出现的难点问题具体包括:(1)《环境资源案件类型与统计规范(试行)》与《民事案件案由规定》的衔接适

---

〔32〕 参见吕忠梅等:《中国环境司法发展报告(2020 年)》,法律出版社 2021 年版,第 96－97 页。

〔33〕 参见吕忠梅等:《中国环境司法发展报告(2021 年)》,法律出版社 2022 年版,第 116－117 页。

配度差导致环境侵权案件审理与管理未能契合司法实践的需要。依照目前环境资源司法领域的案件管理改革要求,《环境资源案件类型与统计规范(试行)》需要基于环境资源审判机制构建的要求,对《民事案件案由规定》的部分规定有所突破。例如,《环境资源案件类型与统计规范(试行)》中规定了环境污染防治、生态保护、资源开发利用、气候变化应对、生态环境治理与服务五大类案件,是对环境资源保护的现实需要进行充分考量后作出的类型化概括,然而《民事案件案由规定》中仅规定了环境污染类案件与生态破坏类案件。受限于《民法典》第1229 条关于环境侵权行为类型的表述,《民事案件案由规定》对环境侵权案由管理所作的此一规定有其正当性。但即使充分尊重《民事案件案由规定》所采取的对环境侵权案件进行环境污染与生态破坏类案件二分式管理的思路,由于其与《环境资源案件类型与统计规范(试行)》的衔接度不足,在实际的环境侵权案件审理中,仍然会导致以下两大不足:一是无法有效对环境污染类案件进行进一步的类型化处理。在 2021 年度环境侵权司法实践中已有一定程度的体现,也就是《民事案件案由规定》关于环境污染纠纷的规定立足于回应实践层面环境侵权案件分类管理的需要,但不能直接导向环境污染行为的类型化。[34] 二是难以实现对生态破坏类案件进行精细化的分类与管理。此由《民事案件案由规定》仅粗疏地规定了生态破坏责任纠纷这一案件类型,未能结合《环境资源案件类型与统计规范(试行)》对环境侵权案件进行进一步分类管理所造成。(2)规则供给难题导致环境侵权案件审理未能充分回应司法实践需要。近三年来的环境侵权司法实践对此一难题之回应,取得了一定的进展,但也在特定方面存在不足。就其进展而言,2020 年修改的《民事案件案由规定》中增设了光污染责任纠纷类型,从司法政策层面强化了法院对新型污染案件的审理,《最高人民法院关于审理生态环境侵权纠纷案件适用惩罚性赔偿的解释》从规则层面为完善环境侵权惩罚性赔偿制度实施进行了较为全面的规定,对 2020 年与 2021 年环境侵权司法实践中的不足进行了回应。就其不足而言,体现为环境侵权案件审理的规则供给在更为能动地回应环境侵权司法实践需要方面仍有欠缺。在法院确定环境侵权案件受理范围问题上,《民法典》侵权责任编关于环境侵权责任的体系性规定构成其法律规范判断依据,《最高人民法院关于审理生态环境侵权纠纷案件适用惩罚性赔偿的解释》第 1 条与《民事案件案由规定》共同构成其规范性

---

〔34〕 参见吕忠梅等:《中国环境司法发展报告(2021 年)》,法律出版社 2022 年版,第 115 - 116 页。

依据,上述三大文件均将案件审理的环境侵权行为类型限定为环境污染与生态破坏。在此制约下,环境侵权司法领域的案件审理范围受到限缩,对于《环境资源案件类型与统计规范(试行)》所规定的资源开发利用、气候变化应对、生态环境治理与服务类案件的审理,也只能借由现有的,非针对性的法律规定与司法规范性文件进行。以上种种环境侵权案件审理的规则供给难题导致环境侵权司法审理难以充分回应实践需要。

三、数人环境侵权案件的审理情况及其不足检析

通过前述内容对 2022 年度环境侵权案件的多维检视,本部分报告得以对环境侵权领域的司法实践情况进行整体性的把握。在近三年的司法报告分析中,需要注意到的一个重要现象是,多人实施环境侵权行为中的赔偿主体确定、因果关系认定、赔偿责任具体承担问题,已成为环境侵权司法实践的重点难点领域。对此,虽然此前报告中已有涉及,但未系统深入地予以针对性分析。因此,2022 年度的环境侵权司法报告以数人环境侵权案件分析为其重点,观察并分析该领域的司法实践情况与不足之处。

(一)数人环境侵权案件的范围界定与意义分析

对数人环境侵权案件进行分析,其关键前提在于对数人环境侵权案件类型范围的准确界定。根据不同界定标准,数人环境侵权的外延范围也相应地有所不同。从最为宽泛的意义上考虑,可以将数人环境侵权的探讨延展至无意思联络的数人环境侵权,同时其成立不以存在同一损害结果为要件。但若根据此一界定加以分析,则无法体现出数人环境侵权案件的特殊性,进而导致数人环境侵权案件审理中面临的深层次难题无法得到揭示。据此,有必要对数人环境侵权案件类型范围进行适度限缩。为此,首先,从规范层面分析可知,关于共同侵权行为及其责任承担的关键法条来源于《民法典》侵权责任编的相关规定,其中第 1168、1169、1170、1171、1172 条分别就共同侵权行为及其责任、教唆人/帮助人责任、共同危险行为及其责任、叠加的分别侵权行为及其责任、典型分别侵权行为及其责任进行了规定,构成数人环境侵权案件审理的基础规范体系。审视《民法典》侵权责任编中的前述规定可知,共同环境侵权行为与无意思联络但造成同一损害后果的多人环境侵权行为是其规制的两大类型。其次,从案件审判实践中的法律适用进行分析,可发现《民法典》第 1168、1170、1171、1172 条与案件审理中的法条适用均存在密不可分的联系,能找到具体的对应情形。综上,本部分所分析的数人环境侵权案件类型范围,包括共同环境侵权行为与无意思联络

但造成同一损害后果两大类型，前者在规范层面对应《民法典》第 1168 条，后者在规范层面对应《民法典》第 1170、1171、1172 条。可见，对数人环境侵权案件类型范围的适度限缩不仅具有规范分析价值，对数人环境侵权案件审理也具有重要指导意义。

从法理层面分析，对数人环境侵权案件审理而言，不论是共同环境侵权，还是无意思联络但造成同一损害后果的分别侵权，相关裁判规则的确定均有着深层次的法理考量。一方面，就共同环境侵权而言，其中的“共同”该如何认定是学界研究的焦点，加之《民法典》侵权责任编第 1168 条并未对共同侵权行为的本质特征予以界定，如何解释共同环境侵权中的“共同”便成为法理层面需要着重探讨以为实践提供理论指导的重要问题。此关系到共同环境侵权行为与无意思联络的数人环境侵权行为之区分，以及由此指向的不同侵权主体的责任承担问题。另一方面，对于无意思联络但造成同一损害后果的分别侵权而言，当前侵权法规范体系的规定仍较为粗疏，因此从法理层面就其规则细化展开专门探讨就显得十分必要。具体而言，需要在责任认定和划分时，结合各污染行为与受污染地区的距离及方位、污染行为对损害后果的作用力、自然科学知识等进行综合判断，合理确定污染行为的原因力大小，认定责任份额。〔35〕

此外，就数人环境侵权案件进行专门分析还具有重要的实践意义。一方面，考察近三年的环境侵权司法实践可知，多主体导致的环境损害在历年的环境司法实践中均占有相当份额的比例。以 2021 年环境侵权司法为例，共同环境侵权案件中侵权人责任承担问题常成为案件审理的争议焦点，法院对强制性规定、相关侵权法条规定及其司法解释的适用往往为二审案件审理提供了改判理由。〔36〕另一方面，在 2022 年度所梳理的判决文书样本中，当事人各方亦就环境侵权事实成立与否、损害赔偿主体确定、侵权责任承担、因果关系认定等数人环境侵权审理中的特殊性问题进行互相驳斥。综上，对数人环境侵权案件审理展开针对性分析，完善数人环境侵权案件审理机制，是回应多年来环境侵权司法领域实践需要的内在要求。

（二）数人环境侵权案件的样本观察

1. 数人环境侵权案件的样本筛选与确定

本部分报告所分析的数人环境侵权案件样本来源于 2022 年环境侵权司法

---

〔35〕 参见吕忠梅等：《中国环境司法发展报告（2021 年）》，法律出版社 2022 年版，第 83 – 84 页。

〔36〕 参见吕忠梅等：《中国环境司法发展报告（2021 年）》，法律出版社 2022 年版，第 84 页。

研究样本,在对判决原文逐份阅读的基础上进行两轮筛选,最终确定契合的研究样本数量共计 11 份。

在第一轮筛选中,本部分以被告主体数量作为筛选标准,共计筛选出一审案件 27 件,二审案件 9 件。其中,并非全部研究样本均反映出数人环境侵权案件之特殊性,相当数量的案件虽存在多被告主体,但其并未体现出数人环境侵权案件审理的特殊需要。例如,在彭某、郴州平海房地产开发有限公司等噪声污染责任纠纷案[(2022)湘 1002 民初 1609 号]中,虽涉及两个被告主体,但诉讼请求指向配电房设备运行所产生的噪声,可能对两被告追究责任的依据在于两被告分别作为开发商与物业服务公司所需要承担的相应责任,而非两被告分别实施了环境影响行为。又如,在灌云县伊山镇人民政府、东平县恒泰运输有限公司等环境污染责任纠纷案[(2022)苏 0724 民初 665 号]中,虽涉及两个被告主体,但针对的同样是单一环境影响行为,即车辆碰撞导致道路附属设施受损,附近水体及土壤受污染,保险公司与该案的连结点在于其与运输公司已建立的保险服务法律关系。

因此,在第二轮筛选中,为真正提取出具备分析价值的研究样本,本部分报告将多主体均实施了对应的环境影响行为作为筛选标准,经过对 36 件待筛选样本的进一步逐份分析,提取出共计 11 份(一审 9 份、二审 2 份)判决书,作为数人环境侵权案件之研究样本。

2. 数人环境侵权案件样本的整体梳理

为深入地从机制层面分析数人环境侵权案件的审理,本部分整理提取出 11 份判决书样本,选取案号、案件名称、诉讼请求、争议问题与判决理由(节选关联内容)、法条援引、裁判结果六大要素,梳理出数人环境侵权案件审理的具体情况。(见表 2 - 8)

表 2－8　2022 年数人环境侵权案件样本梳理

序号	案号	案件名称	诉讼请求	争议问题与判决理由（节选关联内容）	法条援引	裁判结果
1	（2022）京0117 民初865 号	周某 1 等与北京市平谷区夏各庄镇稻地村民委员会等环境污染责任纠纷案	（1）请求判令三被告赔偿原告财产损失 15 万元； （2）本案相关诉讼费、鉴定费由被告承担。	损失赔偿主体问题：本案中，原告已提交证据证明其系涉案受损树木的所有权人，洳河公司认可其自 2016 年至 2021 年 6 月间通过涉案排水渠排放再生水，可以认定洳河公司排水的行为与原告的损害之间存在关联性，从而进一步认定，洳河公司抗辩不成立，需承担赔偿责任。根据查明的情况及现有的证据，夏各庄镇人民政府、杨庄户村委会、杨各庄村委会、稻地村委会并非此次损害的侵权行为人，故不应承担赔偿责任。 赔偿数额计算问题：以司法鉴定后的评估报告认定原告的树木损失。	《民法典》第 1229 条、第 1230 条，《最高人民法院关于审理环境侵权责任纠纷案件适用法律若干问题的解释》第 1、6 条，《最高人民法院关于适用〈中华人民共和国民事诉讼法〉的解释》第 90 条。	被告洳河公司承担损失赔偿责任，驳回原告其他诉讼请求。
2	（2021）渝01 民初51 号	重庆市北碚区土地整治储备中心与戴某某，重庆康飞建筑工程有限公司等环境污染责任纠纷案	（1）请求判令四被告立即停止倾倒建筑垃圾的侵权行为； （2）请求判令四被告共同赔偿原告因清除其倾倒的建筑垃圾而产生的费用； （3）本案全部诉讼费用由被告承担。	赔偿责任主体问题：坤飞建司将办理的《重庆市建筑垃圾处置核准证》交由戴某某使用，行为不当，但坤飞建司未参加建筑垃圾的倾倒，其对戴某某擅自在行政主管部门审批核准的建筑垃圾回填场之外区域设置弃场并倾倒建筑垃圾的行为并不知晓，也无证据证明戴某某的行为系坤飞建司授意以及坤飞建司参与了弃渣场的利益分配。故本案中，坤飞建司不构成侵权，不应承担侵权民事责任。 责任承担方式问题：本案中的侵权行为时间跨度为 2011 年至 2018 年 6 月，其间既存在周某 2、康飞建司在不同时间段分别实施的侵权行为，也存在 2018 年康飞建司和戴某某共同实施的侵权行为，损害后果系多个侵权行为所致，故实施不同侵权行为的侵权人承担按份责任，同时康飞建司和戴某某承担连带责任。	《民法总则》第 188 条、第 179 条第 1 款第 8 项，《侵权责任法》第 8 条、第 12 条。	（1）被告周某 2 赔偿原告清运费； （2）被告康飞建司赔偿原告清运费； （3）被告戴某某、康飞建司连带赔偿原告清运费； （4）驳回原告其他诉讼请求。

续表

序号	案号	案件名称	诉讼请求	争议问题与判决理由（节选关联内容）	法条援引	裁判结果
3	（2022）京0117民初866号	张某1与北京市平谷区夏各庄镇稻地村民委员会等环境污染责任纠纷案	请求判令三被告赔偿原告财产损害。	损失赔偿主体问题：本案中，原告已提交证据证明其系涉案受损树木的所有权人，洳河公司认可其自2016年至2021年6月间通过涉案排水渠排放再生水，可以认定洳河公司排水的行为与原告的损害之间存在关联性，从而进一步认定，洳河公司抗辩不成立，需承担赔偿责任。根据查明的情况及现有的证据，夏各庄镇人民政府、杨庄户村委会、杨各庄村委会、稻地村委会并非此次损害的侵权行为人，故不应承担赔偿责任。 赔偿数额计算问题：以司法鉴定后的评估报告认定原告的树木损失。	《民法典》第1229条、第1230条，《最高人民法院关于审理环境侵权责任纠纷案件适用法律若干问题的解释》第1、6条，《最高人民法院关于适用〈中华人民共和国民事诉讼法〉的解释》第90条。	被告洳河公司承担损失赔偿责任，驳回原告其他诉讼请求。
4	（2021）沪7101民初802号	叶某某与上海市宛平艺苑等噪声污染责任纠纷案	请求判令三被告共同赔偿原告医药费、残疾赔偿金、住院伙食补助、营养费、护理费、精神抚慰金、交通费、律师费。	噪声污染侵权事实是否存在：涉案工程开始于2017年，原告丘脑出血病发于2018年2月。原告主张涉案工程全过程中各种重型机械设备为噪声源，产生了噪声污染，对其造成了损害。其所提供的噪声监测数据，非由专业技术人员运用合法合规噪声检测设备按照相关检测规范测得的结果，不具有证明效力，法院难以采信。原告自行拍摄的照片、视频无法完整、准确反映其主张的噪声源和涉案工程工地实际噪声排放情况。至于原告提交的病历材料，仅能证明其病情，无法证明致病原因。因此，无进行伤残及三期鉴定的必要。综上，因原告未能充分举证，故法院对原告的噪声污染侵权的事实主张不予采纳，对其诉讼请求不予支持。	《环境噪声污染防治法》第2条、第27条、第28条，2015年《最高人民法院关于审理环境侵权责任纠纷案件适用法律若干问题的解释》第6条，《民事诉讼法》第67条第1款，《最高人民法院关于适用〈中华人民共和国民事诉讼法〉的解释》第90条。	驳回原告叶某某全部诉讼请求； 被告上海建工四建集团有限公司自愿给付原告补偿金。

续表

序号	案号	案件名称	诉讼请求	争议问题与判决理由(节选关联内容)	法条援引	裁判结果
5	(2022)桂0405民初10号	吴某4、潘某某等噪声污染责任纠纷案	所有被告同意维修电梯并平均分摊费用,否则暂停电梯运行或从判决书生效起每天支付2元给原告;所有被告分摊噪声检测费;所有被告支付原告精神损害赔偿金。	诉讼请求是否得到支持:原告吴某4主张各被告作为第一责任人没有在电梯出现不良状况时承担检修责任,形成噪声污染,构成侵权。对此法院认为,原告遭受噪声影响,各被告对此是否应承担侵权赔偿责任,应从其是否实施侵权行为,是否存在过错方面进行认定。各被告作为房屋的所有权人,只是电梯的使用人,并非噪声污染的侵权行为人,在日常生活中合理使用电梯的行为亦不存在过错。现原告吴某4亦无法提供证据证明各被告制造了噪声污染,故原告的诉讼请求法院不予支持。	《民法典》第3条,《民事诉讼法》第67条、第147条,《最高人民法院关于适用〈中华人民共和国民事诉讼法〉的解释》第90条。	驳回原告诉讼请求。
6	(2022)京0117民初864号	王某2与北京市平谷区夏各庄镇稻地村民委员会等环境污染责任纠纷案	请求判令被告赔偿原告财产损失;相关诉讼费、鉴定费由被告承担。	损失赔偿主体问题:本案中,原告已提交证据证明其系涉案受损树木的所有权人,泇河公司认可其通过涉案排水渠排放再生水,可以认定泇河公司排水的行为与原告的损害之间存在关联性,从而进一步认定,泇河公司抗辩不成立,需承担赔偿责任。根据查明的情况及现有的证据,夏各庄镇人民政府、杨庄户村委会、杨各庄村委会、稻地村委会并非此次损害的侵权行为人,故不应承担赔偿责任。 赔偿数额计算问题:以司法鉴定后的评估报告认定原告的树木损失。	《民法典》第1229条、第1230条,《最高人民法院关于审理环境侵权责任纠纷案件适用法律若干问题的解释》第1、6条,《最高人民法院关于适用〈中华人民共和国民事诉讼法〉的解释》第90条。	被告泇河公司承担损失赔偿责任,驳回原告其他诉讼请求。

续表

序号	案号	案件名称	诉讼请求	争议问题与判决理由（节选关联内容）	法条援引	裁判结果
7	（2021）京0114民初26413号	宋某某与北京市昌平房地产开发有限责任公司噪声污染责任纠纷案	请求判令四被告赔偿原告精神损失；诉讼费用由被告承担。	四被告是否应承担侵权责任：只有超过国家法律规定的环境噪声排放标准的噪声才能被认定为环境噪声污染，才有可能构成侵权，如果符合国家规定的法定标准，则受影响人应当予以容忍。在原告没有提供充分证据的情况下，法院认定涉案区间的噪声排放符合国家标准。同时，地铁昌平线的运营有明显的社会公益性质，其建设、投入运行的时间在先，宋某某居住的房地产项目建设在后，故昌投公司、交建公司、铁运公司对建设在后的宋某某所在小区所受噪声干扰不具有过错，亦不存在侵权行为。故宋某某主张昌投公司、交建公司、铁运公司承担侵权责任的请求于法无据，法院不予支持。	《民法典》第1229条、第1230条，《民事诉讼法》第67条。	驳回原告全部诉讼请求。
8	（2022）豫1725民初166号	李某7、刘某某等水污染责任纠纷案	请求判令二被告向原告赔偿经济损失。	两被告是否承担侵权责任：两个以上侵权人污染环境、破坏生态的，承担责任的大小，根据污染物的种类、浓度、排放量，破坏生态的方式、范围、程度，以及行为对损害后果所起的作用等因素确定。本案中，二被告经营加工红薯粉，庭审中二被告承认向沟里排放水了，县环保局在调解双方纠纷时要求二被告每家赔偿原告1000元，二被告称每家愿意赔偿600元，据此可以认定二被告的经营行为造成了环境污染。因原告李某7没有提交其损失范围及数额的证据，法院根据县环保局的调解意见，酌定由被告代某某、刘某某每人赔偿原告李某7损失1000元。	《民法典》第1229条、第1231条和《民事诉讼法》第165条。	二被告各自赔偿原告损失1000元；驳回原告其他诉讼请求。

续表

序号	案号	案件名称	诉讼请求	争议问题与判决理由（节选关联内容）	法条援引	裁判结果
9	（2022）桂0125民初426号	范某某、上林县象山工业园区管理委员会等环境污染责任纠纷案	请求判令被告赔偿原告投资损失；诉讼费、评估费由被告承担。	三被告是否承担赔偿责任：原告提交的证据能够证明其鱼塘死鱼与工业园区内的被告林发公司、中兴公司排污有关联性，但被告林发公司、中兴公司提交的证据不能证明其不用承担责任以及原告鱼塘死鱼与其排污没有因果关系，故原告诉请被告林发公司、中兴公司赔偿其经济损失，有事实和法律依据，法院予以支持。被告上林县象山工业园区管理委员会系工业园区的管理单位，不是生产企业，其与原告签订了《鱼塘污染赔偿协议书》，向原告赔偿了25560元，协议约定原告不再以鱼塘污染为由向被告上林县象山工业园区管理委员会提出赔偿要求，故原告诉请被告上林县象山工业园区管理委员会再赔偿其经济损失，法院不予支持。	《侵权责任法》第12条、第65条、第66条，《最高人民法院关于审理环境侵权责任纠纷案件适用法律若干问题的解释》第6条，《最高人民法院关于适用〈中华人民共和国民法典〉时间效力的若干规定》第1条第2款，《最高人民法院关于适用〈中华人民共和国民事诉讼法〉的解释》第90条。	被告林发公司、中兴公司连带赔偿原告经济损失8080元；被告林发公司、中兴公司赔偿原告评估费8000元；驳回原告其他诉讼请求。

续表

序号	案号	案件名称	诉讼请求	争议问题与判决理由（节选关联内容）	法条援引	裁判结果
10	（2022）陕05民终1750号	大荔县游氏汽车机械疑难服务站，大荔县玉平汽贸有限公司，董某某与游某某环境污染责任纠纷案	原审原告上诉：请求依法撤销一审判决，支持上诉人一审诉讼请求；一、二审案件受理费由三被告负担。原审被告上诉：请求撤销一审判决主文第1项，依法改判或发回重审；一、二审案件受理费均由被上诉人负担。	因果关系认定与责任承担问题：一审对于董某某反复咳嗽咳痰气喘、发作性胸闷、气短等症状与玉平公司、游氏服务站行为之间的关联性予以认可，因玉平公司、游氏服务站不能证明其行为与董某某的损害不存在因果关系，一审对因果关系予以认定，维护了董某某的相关权益。但董某某的上述症状为常见病症，与自身体质、大气环境、生活习惯等均有关系，并非单一受油污气味污染而造成。一审综合考虑董某某的病情、发病原因、周围环境等因素，认定玉平公司、游氏服务站对董某某的损失承担40%赔偿责任并无不当。关于董某某各项花费的问题，其提供的诊所、卫生室、药店购买药品的票据，因无相对应的正式发票、医院诊断病历证明、医嘱及相关药品清单，无法认定该部分用药及治疗与本案存在关联，故法院对该部分费用不予支持。从董某某提供的渭北中心医院提供的《陕西省城乡居民医保（新农合）住院报销结算表》来看，合计报销额显示为“2729.10元”，法院对此予以确认。	《民事诉讼法》第177条第1款第1项。	驳回上诉，维持原判。

续表

序号	案号	案件名称	诉讼请求	争议问题与判决理由(节选关联内容)	法条援引	裁判结果
11	(2021)鲁07民终6944号	山东尽美食品有限公司、山东凤祥食品有限公司等环境污染责任纠纷案	请求二审法院查明事实,撤销原审判决,并将本案依法改判或发回重审。	原审被告是否存在排污行为:潍坊市生态环境局诸城分局于2019年11月19日作出的现场监察记录载明,涉案苗木地面有污水沉积痕迹。在涉案苗木地块附近无其他污水排放管道和其他污染源的情况下,上诉人的上述主张,与事实不符,一审法院认定并无不妥,二审法院予以支持。 因果关系认定问题:沧州市科技检验鉴定研究所于2021年4月30日出具的鉴定意见书载明,涉案苗木的死亡原因是水淹。该鉴定意见并没有否定污水淹渍导致的苗木死亡。上诉人山东尽美食品有限公司和山东凤祥食品有限公司存在向涉案苗木地块排污的行为,且附近无其他污染源,其排污行为是造成涉案苗木死亡的直接原因。一审法院认定上诉人给被上诉人造成损害,并判决由污水排放侵权人共同承担被上诉人损失,亦无不当,二审法院亦予以支持。	《民事诉讼法》第177条第1款第1项。	驳回上诉,维持原判。

3. 数人环境侵权案件样本的多维考察

第一,就数人环境侵权案件的主体分布而言,原告主体基本上是自然人主体,仅在重庆市北碚区土地整治储备中心与戴某某,重庆康飞建筑工程有限公司等环境污染责任纠纷案[(2021)渝 01 民初 51 号]中,是土地整治储备中心向各被告主张环境侵权责任的;被告的主体类型分布呈现多样化特征,涉及自然人、企业、村民委员会、镇政府等不同主体类型。具体而言,数人环境侵权案件中的被告既可能因实施不同环境侵权行为而被列入,也可能因其与其他被告存在法律上的身份关系而被列入被告。[37] 因此,数人环境侵权案件保护与救济的利益核心是自然人主体的环境私益,而在被告方面,不仅需要关注被告实施的环境侵权行为及其与损害结果间的关联,还需要准确定性把握不同主体间的法律关系。

第二,就数人环境侵权案件的裁判结果而言,损失赔偿主体范围、侵权责任承担方式、损失金额确定、环境侵权事实是否存在均是数人环境侵权案件审理的焦点问题。以数人环境侵权案件审理的特殊性进行观察,其中损失赔偿主体范围、侵权责任承担方式、各被告是否实施环境侵权行为的裁判结果是值得重点观察的焦点问题。在损失赔偿主体范围的裁判结果上,除去 3 份认定不存在环境侵权事实的判决,其余 8 份判决书中,有 3 份判决认定仅存在单一环境侵权行为,不构成共同环境侵权[38],有 5 份判决认定构成数人环境侵权。需要注意的是,前述 3 份认定仅存在单一环境侵权行为的判决是系列案件。

第三,就数人环境侵权案件中裁判结果对原告诉请的支持程度而言,原告提起针对多被告的环境侵权诉讼,主要的考量在于要求多被告共同向其承担环境侵权责任,故有必要进一步考察裁判结果对原告诉请的支持程度。首先,部分判决认定原告无法证明环境侵权事实的存在,在根本上否定了原告的诉讼请求。其次,部分判决认定不构成数人环境侵权,仅成立单一环境侵权行为,虽在一定程度上支持了原告的诉讼请求,但在保护原告利益的充分度上有所欠缺。最后,认定成立数人环境侵权的判决更加充分地保护了原告利益,但原告能在多大程度上就其损失予以证明成为又一影响原告主张能否被支持的关键因素。这反映出数人环境侵权案件审理中,法官为平衡原告环境私益与被告经济利益的紧张

---

〔37〕 例如,在重庆市第一中级人民法院(2021)渝 01 民初 51 号民事判决书中,坤飞建司并未实施环境侵权行为,其被列入被告的原因在于将办理的《重庆市建筑垃圾处置核准证》交由戴某某使用。

〔38〕 参见北京市平谷区人民法院民事判决书,(2022)京 0117 民初 864 号;北京市平谷区人民法院民事判决书,(2022)京 0117 民初 865 号;北京市平谷区人民法院民事判决书,(2022)京 0117 民初 866 号。

关系所作的法律考量。

(三)数人环境侵权案件审理的不足之处

通过对 2022 年数人环境侵权样本进行提取与相应的内容分析,数人环境侵权司法实践整体情况已经得到较为全面的梳理。在此基础上,本部分基于前述梳理工作,进一步归纳数人环境侵权案件审理存在的不足。

首先,数人环境侵权案件审理的不足在于未考量数人环境侵权案件审理的特殊性,简单沿用一般环境侵权的规范条文进行裁判。如前所述,数人环境侵权案件审理的关键法条为《民法典》第 1168、1170、1171、1172 条。同时,2022 年度部分数人环境侵权案件所涉侵权行为发生于《民法典》施行前,故应基于溯及力要求沿用《侵权责任法》的相关规定,对应的法条是《侵权责任法》第 8、10、11、12 条。然而,考察 2022 年度数人环境侵权案件审理中的法条适用,在李某 7、刘某某等水污染责任纠纷案[(2022)豫 1725 民初 166 号]、大荔县游氏汽车机械疑难服务站,大荔县玉平汽贸有限公司,董某某与游某某环境污染责任纠纷案[(2022)陕 05 民终 1750 号]、山东尽美食品有限公司、山东凤祥食品有限公司等环境污染责任纠纷案[(2021)鲁 07 民终 6944 号]中,法院虽认定构成数人环境侵权并要求侵权人共同向权利被侵害人承担责任,但均选择援引适用一般环境侵权的法条规定,未结合前述法条作出裁判。

其次,数人环境侵权案件审理的不足还在于对侵权行为类型区分的重视不够。如前所述,可以将数人环境侵权案件审理类型二分为共同环境侵权行为与无意思联络的分别环境侵权行为。由实施环境侵害人就环境损害承担连带赔偿责任能够实现对原告利益最充分的救济保护,但环境侵权纠纷所保护的不同利益类型间并无高低位序之分,因此,需要对被告的利益诉求亦有所关照。故此,现行环境侵权法律规范在条文设计上并不“一刀切”式地要求各被告共同向原告承担连带责任,在法律规范层面提出了区分不同环境侵权情形适用不同责任承担形式的要求。在此意义上讲,数人环境侵权案件审理中区分不同侵权行为类型对数人环境侵权案件裁判的科学性至关重要。相应地,其对法院案件审理提出的法条援引方面的要求在于,要能够清晰定位《民法典》第 1168 条与第 1170、1171、1172 条之间的功能差异,并在判决文书说理中清晰地解释适用对应法条,排除其余法条适用的理由与依据。以此要求考察,2022 年度数人环境侵权案件审理反映出法官对区分环境侵权行为类型的必要性认识不足。在重庆市北碚区土地整治储备中心与戴某某,重庆康飞建筑工程有限公司等环境污染责任纠纷案[(2021)渝 01 民初 51 号],范某某、上林县象山工业园区管理委员会等环境污染责任纠纷案[(2022)桂 0125 民初 426 号]中,法院适用共同环境侵权及其责任承担的规定,要求被告承担连带责任,但并未对此一法条适用的理由与依据进行充分说明。

最后,数人环境侵权案件审理的难点还在于对环境侵权人内部责任承担的规范要求贯彻不够。在 2022 年度的数人环境侵权案件审理中,整体而言,在有关支持原告环境侵权请求的判决中,大部分判决并未贯彻差异化判定责任承担的规范要求。例如,在范某某、上林县象山工业园区管理委员会等环境污染责任纠纷案[(2022)桂 0125 民初 426 号]中,法院认为:被告林发公司、中兴公司提交的证据不能证明其不用承担责任以及原告鱼塘死鱼与其排污没有因果关系,故原告诉请被告林发公司、中兴公司赔偿其经济损失,有事实和法律依据,法院予以支持。在该判决中,法院并未基于数人环境侵权案件审理的特殊性,详细地探讨两环境侵权主体所实施的行为与所造成的损害后果之间的因果关系,未体现环境侵权法上关于数人环境侵权责任承担的规范要求。又如大荔县游氏汽车机械疑难服务站,大荔县玉平汽贸有限公司,董某某与游某某环境污染责任纠纷案[(2022)陕 05 民终 1750 号],该案属于典型的多主体分别实施环境侵权行为造成同一损害后果,一审法院并未基于此一特殊性进行相应的法律适用,二审法院亦认为:董某某的症状,与自身体质、大气环境、生活习惯均有关系,并非单一受油污气味污染而造成,一审综合考虑董某某的病情、发病原因等因素,认定玉平公司、游氏服务站对董某某的损失承担 40% 的赔偿责任并无不当。综上,区分数人环境侵权案件中的数人环境侵权情形,并在侵权责任人间进行适当的责任承担判定,是侵权规范的内在要求,但数人环境侵权案件审理中对此要求的贯彻显然存在不足。

四、结论与建议

经过多年的环境侵权规则完善与实践发展,环境侵权司法的审理机制已然定型并不断发展完善,提升了环境司法现代化治理的能力与水平。通过对 2022 年环境侵权司法实践的观察可知,环境资源司法专门化与专业化工作在环境侵权司法领域得到了进一步推进,环境侵权司法审判呈现出与传统领域环境诉讼截然不同的演进规律。同时,考虑到 2022 年环境侵权司法实践反映出其在案由归类与案件管理、数人环境侵权案件审理等机制层面的不足,仍需要对环境侵权司法进行有针对性的完善工作。

(一)环境侵权司法的实践进展

基于前文对2022年环境侵权司法的检视与解析可知,与前两年度相比,虽然可能限于案件检索渠道的约束,2022年检索收集的环境侵权案件在数量方面比前两年显著减少,但在诸多方面仍显现出共性特征,具体包括案件省域分布的不均衡、企业与自然人是最主要的两大诉讼主体类型、噪声污染和水污染是最主要的两大类环境侵权案件等。与此同时,随着环境资源司法专门化与专业化工作的推进,环境侵权司法领域也开始呈现新的发展态势。

首先,环境资源司法专门化与专业化工作在环境侵权司法领域得到进一步推进。在环境资源审判体系建设方面,继最高人民法院专门设立环境资源审判庭,南京、兰州、昆明、郑州、长春环境资源法庭获批设立后,全国各地法院结合生态环境保护实际需要,已设立环境资源审判专门机构或组织2426个,涵盖四级法院的专门化审判组织架构基本建成。[39] 在环境资源审判规则适用方面,《民法典》侵权责任编的关键条文与《侵权责任法》中环境侵权相关条文均有适用,匹配了不同时期环境侵权案件的审判需要。《最高人民法院关于适用〈中华人民共和国民法典〉时间效力的若干规定》第1条第3款规定了《民法典》施行前的法律事实持续至《民法典》施行后,该法律事实引起的民事纠纷案件,适用民法典的规定,但是法律、司法解释另有规定的除外。据此,2022年环境侵权司法实践中,对环境侵权行为发生于《民法典》施行前的案件,往往适用《侵权责任法》第65、66条的规定予以判定,对环境侵权行为发生于或持续至《民法典》施行后的案件,则适用《民法典》第1229、1230条的规定予以判定。综上,环境资源审判体系建设与审判规则优化均实质性地影响了2022年环境侵权司法领域的案件审理,使之不断朝着专门化与专业化的方向演进。

其次,环境侵权司法审判工作为贯彻《环境资源案件类型与统计规范(试行)》的规范要求积累了实践经验。《环境资源案件类型与统计规范(试行)》将环境资源案件划分为环境污染防治、生态保护、资源开发利用、气候变化应对、生态环境治理与服务五大类。2022年的环境侵权司法实践,为如何将《环境资源案件类型与统计规范(试行)》规范层面的要求在环境污染防治领域予以贯彻提供了经验素材。对不同种类的环境污染案件审理而言,其在法律适用上存在差

---

〔39〕 参见李广宇、刘竹梅等:《环境资源审判护航美丽中国建设新闻发布会》,载中国法院网2022年9月20日,https://www.chinacourt.org/chat/fulltext/listId/53033/template/courtfbhnewcommon/subjectid/MzAwNCg0NIABAA.shtml。

异化的要求。观察 2022 年环境侵权司法实践可知,环境介质污染案件、能量污染案件是最主要的两大案件类型,其占比合计达 84.62%(见表 2 - 4)。根据《环境资源案件类型与统计规范(试行)》的要求,环境介质污染案件需要基于不同环境介质的属性差异开展审理工作,大致可分为大气、土壤、水、海洋等污染案件,能量污染案件则需要根据造成损害的不同能量类型的内在差异开展审理工作。因此,环境介质类案件与能量污染案件的审理各有其规范要求。环境侵权案件并非一律适用无过错责任原则,环境噪声污染等案件要求侵权行为具有超过国家规定的噪声排放标准的违法性,适用过错推定责任原则。〔40〕 对此,2022 年环境侵权司法实践中,环境介质类案件的审理适用无过错责任原则,而噪声污染类案件审理将超过噪声标准作为行为违法性认定标准,据此认定环境侵害人的过错。由此,2022 年环境侵权司法实践为贯彻《环境资源案件类型与统计规范(试行)》差异化审理的规范要求积累了实践经验。

(二)环境侵权司法的演进规律

1. 环境侵权司法将继续以保护救济环境私益为核心目标,完善事实认定与法律适用。经过 40 年的实践发展,环境侵权制度在行为认定上从单一的环境污染认定转向环境污染与生态破坏的双重认定,在救济对象上从单一的私益保护转向私益与公益的双重保护,在救济方式上从传统的民事救济到以生态修复为主的综合救济。〔41〕 环境侵权制度转型是推进环境司法专门化与专业化工作的内在要求,此一转型对环境侵权诉讼体系的影响是整体性的,其不仅体现在逐渐成熟定型的环境公益诉讼领域,而且传统环境私益诉讼领域的案件审理裁判亦在此转型过程中受到了深远的影响。需要注意的是,虽然环境侵权制度转型内含环境侵权私益诉讼更为积极能动地保护环境利益的救济要求,但在案件审理与裁判中仍然需要恪守其在《民法典》中关于环境侵权责任救济体系的规定。在环境侵权私益诉讼领域,对环境违法行为的审理需要严格限定于“对人的损害”的范围之内。对于环境违法行为造成的对生态环境公共利益之损害的救济与保护,则通过环境行政诉讼、环境刑事诉讼、环境公益诉讼、生态环境损害赔偿诉讼进行。因此,基于环境侵权司法的私益诉讼定位与审理范围限定,环境侵权

〔40〕 参见吕忠梅、张忠民:《环境司法专门化与环境案件类型化的现状》,载《中国应用法学》2017 年第 6 期。

〔41〕 参见吕忠梅、窦海阳:《以“生态恢复论”重构环境侵权救济体系》,载《中国社会科学》2020 年第 2 期。

司法的未来演进将以《民法典》中有关环境侵权责任之体系性规定为基础，继续完善其保护救济环境私益的审理机制与规则体系。

2. 在当前司法能动改革的背景下，环境侵权司法领域坚定地保持了对传统民法理念体系的充分尊重。《民法典》为回应生态环境法治要求进行的系列规范创新，在很大程度上集中体现在侵权责任部分。具体而言，《民法典》侵权责任编的绿色制度创新包括：引入生态破坏责任以扩张权利救济范围；增设环境侵权惩罚性赔偿制度以加深权利救济程度；创设生态环境损害赔偿责任机制，为"绿色诉讼"确立请求权基础，通过规定衔接条款拓展权利救济方式。〔42〕同时需要注意到，《民法典》的"绿色原则"条款在侵权责任编的制度化，需要以遵循侵权责任法的私益救济价值目标，不违背其结果责任性质且不否定其内在逻辑自洽性为边界。〔43〕环境侵权司法领域正是基于上述考虑，在案件的实际审理中显现出其与环境公益诉讼、生态环境损害赔偿诉讼截然有别的特质。具体而言，从其法律适用与判定结果可知，环境侵权司法领域的案件审理除了在归责原则上体现出其特殊性，在法律认定上依然要求环境侵权原告承担环境损害已实际发生且可量化，以及侵害行为与损害后果存在初步关联等证明责任。可见，该领域的司法实践并未超越传统民法理念支配下的规则体系安排，与环境公益诉讼领域对传统理念"有损害才有救济"的突破形成了鲜明对比。此一实践做法并非 2022 年度所独有的环境司法实践现象，在 2020 年、2021 年均有体现。可见，环境司法专门化与专业化背景下环境侵权司法仍有其明确的诉讼体制定位和规范适用考量。

3. 惩罚性赔偿责任在环境侵权司法领域的实践逐渐呈现出谨慎适用的倾向。环境侵权惩罚性赔偿规定于《民法典》第 1232 条：侵权人违反法律规定故意污染环境、破坏生态造成严重后果的，被侵权人有权请求相应的惩罚性赔偿。该制度之正式适用是 2021 年度环境侵权司法领域最受关注的实践现象之一，故 2021 年度环境侵权司法报告分析中将惩罚性赔偿之制度实践列为重点观察部分。就其具体适用而言，结合 2021 年环境司法报告中的环境侵权分报告以及本报告对 2022 年度环境侵权私益诉讼领域的样本分析可知，两年度均反映出，环境侵权私益诉讼领域惩罚性赔偿实践呈现出谨慎适用倾向，具体表现为两年的

---

〔42〕 参见刘超：《〈民法典〉侵权责任编的绿色制度创新》，载《法学杂志》2020 年第 10 期。

〔43〕 参见刘超：《论"绿色原则"在民法典侵权责任编的制度展开》，载《法律科学（西北政法大学学报）》2018 年第 6 期。

环境侵权案件审理中对环境侵权惩罚性赔偿主张,均作出了不予支持之判决。以 2022 年度检索出的五大环境侵权惩罚性赔偿案件为例,其中法官基于“无法提供证据证明各被告制造了噪声污染”“不属于污染环境、破坏生态造成严重后果的情形”“二审新增诉讼请求且原审被告不同意在二审中处理”等理由驳回了惩罚性赔偿主张。[44] 结合此前最高人民法院发布的首例适用《民法典》中惩罚性赔偿条款的环境污染民事公益诉讼典型案例[45]可知,行为违法性、主观故意性与损害后果严重性均是支持环境侵权惩罚性赔偿的构成要件,而 2022 年度环境侵权司法领域对惩罚性赔偿主张的不支持基本上遵照了此一要求。

(三)环境侵权司法的完善建议

在本部分报告对 2022 年环境侵权司法实践进行整体观察,对数人环境侵权案件审理情况进行聚焦探讨的基础上,围绕 2022 年环境侵权案件审理中折射的难题与不足,建议可从以下方面予以针对性完善。

1. 完善环境侵权司法的案由归类与案件管理机制

《环境资源案件类型与统计规范(试行)》对环境资源案件的类型化已在实质上超越了《民事案件案由规定》中的案由分类,这种突破对环境资源的规范化管理提出了更高的要求。在实践层面,各地在开展环境资源案件归口管理试点的过程中,环境资源案件类型划分标准不一引发了案由归口不清、审理规则适用不明、统计口径混乱等后果。[46] 当前,我国已建成环境司法专门化组织体系,建立环境司法专门工作机制,健全环境司法规则体系,环境司法专门化体系基本成熟。[47] 但前述问题的存在,说明了环境司法在案由归类与案件管理上仍存在目标与现实的较大落差。就环境侵权司法领域而言,有必要通过以下三个方面完善环境侵权司法的案由归类与管理机制:

首先,在环境司法的案由归类与案件管理机制设计上,需要融入系统思维,这是统筹协调生态文明建设的内在要求。习近平总书记强调:“要从系统工程和全局角度寻求新的治理之道,不能再是头痛医头、脚痛医脚,各管一摊、相互掣

---

〔44〕 参见广东省韶关市中级人民法院民事判决书,(2021)粤 02 民终 3000 号;广西壮族自治区梧州市长洲区人民法院民事判决书,(2022)桂 0405 民初 10 号;湖南省怀化市鹤城区人民法院民事判决书,(2021)湘 1202 民初 530 号。

〔45〕 参见江西省浮梁县人民法院民事判决书,(2020)赣 0222 民初 796 号。

〔46〕 参见田亦尧、王立杰:《论环境资源案件类型改革与规范化管理》,载《中华环境》2021 年第 8 期。

〔47〕 参见吕忠梅:《环境法治建设十年回顾与环境法典编纂前瞻》,载《北京航空航天大学学报(社会科学版)》2023 年第 1 期。

肘,而必须统筹兼顾、整体施策、多措并举,全方位、全地域、全过程开展生态文明建设。"〔48〕《宪法》第9条关于自然资源国家所有,国家保障自然资源合理利用,保护珍贵动物和植物的规定,以及第26条关于国家保护和改善生活环境和生态环境,防治污染和其他公害的规定,对国家机关整体考虑、统筹自然资源、动植物保护、环境保护与污染防治提出了规范要求。《环境资源案件类型与统计规范(试行)》对环境资源案件所作的类型划分,便是司法机关对前述宪法要求的规范性回应。为此,需要以系统思维检视环境侵权司法领域在案由归类与案件管理方面存在的短板,考量其与《环境资源案件类型与统计规范(试行)》所提要求的现实差距,并在此基础上作出相应的机制优化。

其次,在环境污染类案件的管理与审理机制上,在《民事案件案由规定》形式化列举的基础上,有必要基于环境介质污染案件、有毒有害物质污染案件、能量污染案件三大类案件在行为违法性认定、引致环境损害、因果关系认定、环境标准规范等方面的内在差异,有针对性地在裁判思路与重点上有所区分,通过案件审理中差异化的事实认定与法律适用使其与环境司法治理的实践需要相契合。

最后,在对其他类型环境资源案件的管理与审理机制上,环境侵权司法领域有必要探索将审理的案件类型拓展至环境污染类案件之外的着力点。《环境资源案件类型与统计规范(试行)》所规定的生态保护类案件、资源开发利用类案件、气候变化应对类案件、生态环境治理与服务类案件往往兼具环境私益保护与环境公益保护两大面向。环境侵权司法需要识别出环境私益保护的实践需要,并在案件审理中有所回应,气候变化应对类案件中的碳汇交易案件以及生态环境治理与服务类案件中的环境污染第三方治理案件均属于此类型。对此,一方面,需要在案由管理机制上突破《民事案件案由规定》仅将环境侵权纠纷二分为环境污染与生态破坏纠纷的做法;另一方面,可以通过指导性案例制度对环境侵权司法新兴领域的案件审理提供指引。

2. 完善数人环境侵权的民事案件审理机制

我国环境侵权规范体系的规范演进已历经多年,并相应地对环境侵权司法实践产生了深远影响。就2022年环境侵权司法而言,视环境侵权行为发生存续之时间节点及其后续影响,《民法典》与《侵权责任法》在案件审理中分别得到了

〔48〕 习近平:《推动我国生态文明建设迈上新台阶》,载《求是》2019年第3期。

不同比例的适用。在数人环境侵权案件审理领域,两部法律在数人环境侵权规则设计的整体思路与条文内容上大体保持一致,也就是分别规定了共同环境侵权及其责任承担〔49〕、无意思联络的分别环境侵权及其责任承担〔50〕。上述规定构成了应对数人环境侵权案件审理难题的规范基础依据。以此为基本要求,可以从以下方面完善数人环境侵权的民事案件审理机制,回应 2022 年度数人环境侵权案件审理中的难点问题:

在数人环境侵权案件审理的整体思路上,需要反思 2022 年数人环境侵权案件审理中表现出的简单沿用一般侵权责任规则的做法。此种认定对于数人环境侵权案件审理之特殊性认识不足,片面地基于侵权事实存在、损害后果造成、行为与结果间的初步关联对数人环境侵权作出认定,忽视了数人环境侵权构成的特殊要件、独有的因果关系认定要求及其责任承担差异。因此,在数人环境侵权案件的审理上,关键的事项在于确定数人环境侵权案件中无意思联络分别环境侵权的因果关系形态,并由此确定数人环境侵权责任的主体范围、承担范围、程度限制。由于无意思联络分别环境侵权案件中多侵权行为的存在,其相应地与损害后果间形成了复杂的因果关系。侵权行为与损害后果间的因果联结关系也由此成为数人环境侵权案件审理判定侵权主体责任承担的核心事项。无意思联络分别环境侵权中行为与损害后果间的复数因果关系包括四种类型,即共同的因果关系、累积的因果关系、竞合的因果关系与择一的因果关系。其中,共同因果关系形态指的是单独观察特定环境侵权行为,均不足以造成同一损害;累积的因果关系形态对应的是环境污染行为中的一个或部分单独发生,便足以造成全部的损害后果;竞合的因果关系形态下,其中任何一个环境污染行为单独发生,都足以造成与实际损害后果相同的损害;择一的因果关系形态则更为复杂,数个环境污染行为中一人或数人的行为实际造成他人损害,但对其具体的原因行为难以确定把握。〔51〕 在如此复杂的因果关系形态下,必须在法律规则适用上体现出主体责任承担的差异化思路,准确适用《民法典》有关数人环境侵权的相关规定,不宜仅以各被告共同向原告承担环境侵权责任的方式作出判决。

相应地,在数人环境侵权案件审理的优化对策上,建议依以下顺序进行判

---

〔49〕 《民法典》中规定于第 1168 条,《侵权责任法》中规定于第 8 条。

〔50〕 《民法典》中规定于第 1170、1171、1172 条,《侵权责任法》中规定于第 10、11、12 条。

〔51〕 参见程啸:《多人环境污染损害中的因果关系形态及责任承担》,载《暨南学报(哲学社会科学版)》2014 年第 2 期。

定:其一,需要判断多主体的环境侵权行为是否构成共同环境侵权。具体而言,共同环境侵权的成立需要满足侵权主体的复数性、共同实施侵权行为、侵权行为与损害后果之间具有因果关系、受害人具有损害。[52] 如是,适用《民法典》第 1168 条,以判定各主体对环境损害承担连带责任。其二,如不构成共同环境侵权,则进一步判定侵权行为与损害后果间是否构成竞合因果关系,如是,适用《民法典》第 1171 条,以判定各主体对环境损害承担连带责任。其三,如侵权行为与损害后果间不形成竞合因果关系,则进一步判定,环境侵权行为与损害后果间是否构成共同因果关系或累积因果关系,如是,则适用《民法典》第 1172 条的规定。其四,如前述均不成立,则各环境侵权行为与损害后果间形成择一因果关系,此情形下除非污染者可以排除因果关系推定,否则通常情形下各个污染者应依据《民法典》第 1172 条之规定承担相应责任。

〔52〕 参见最高人民法院民法典贯彻实施工作领导小组主编:《中华人民共和国民法典侵权责任编理解与适用》,人民法院出版社 2020 年版,第 54 页。

环境行政案件的裁判总览与特别观察*

王雅琪　王生珍　袁　明

一、问题限定及样本选择

(一)环境行政案件的问题指向

党的十九届四中全会审议通过的《中共中央关于坚持和完善中国特色社会主义制度　推进国家治理体系和治理能力现代化若干重大问题的决定》提出了“实行最严格的生态环境保护制度”的重点任务。在具体的行政法治场域中,各种形式的环境行政措施显然需要接受与之相适应的法治构造。从理论研究与法治实践来看,立法层面对行政行为的方式类型和实施机制的构造在接续努力,但在一定程度上缺乏对司法如何监督环境行政权的足够思考。不同于立法控制、裁量基准等规范意义上对行政处罚权的控制手段,司法对环境行政的审查主要是以环境行政诉讼案件的形式呈现,是人民法院根据对环境行政行为不服的公民、法人或者其他组织的请求,在双方当事人和其他诉讼参与人的参与下,依照法定程序审理并裁决环境行政争议案件的司法活动。〔1〕其背后体现出司法机关以国家强制力为后盾,以审判权为依托,结合立法目的与法律精神,以科学严谨的诉讼规则和诉讼程序为工具,对环境行政行为进行最具权威性的审查,从而控制行政的恣意与无度。〔2〕环境行政案件对促进依法环境行政起到了重大推动作用。〔3〕整体来看,我国环境行政诉讼以《行政诉讼法》和《环境保护法》为基本依据,受案范围、审判组织以及审理程序等制度框架已基本成型,既遵循了一般行政诉讼的制度框架,又不断发展出环境司法专门化的特别内容,环境行政

* 感谢中南财经政法大学法学院硕士研究生王江源同学参与裁判文书收集整理与报告撰写的支持工作。

〔1〕参见吕忠梅主编:《环境法学概要》,法律出版社2016年版,第254页。

〔2〕参见蒋新华:《浅析行政裁量司法审查的范围及合理性原则》,载《法学杂志》2010年第11期。

〔3〕参见刘长兴:《环境行政案件司法审查的多维审视——以典型案例为对象》,载《南京工业大学学报(社会科学版)》2020年第3期。

审判的专业性、规范性程度也在不断增强。

检视现状是总结最新发展趋势、评估主要制度成效、聚焦重点规范问题的有效手段。从已有的研究来看,对环境行政诉讼主要是从两个维度进行探析:一是从司法审查的规则进行思考;二是在环境行政司法审查的实证解读中进行部分解读。[4] 然而现有研究仍有不足之处,缺乏对环境行政司法实践样态的专门化探究,没有站在"权力控制"的行政法立场上进行司法总结。因此,本报告以2022年的环境行政案件为研究样本开展实证研究,梳理环境行政司法的实践样态及突出问题,重点观察环境行政被告败诉案件与环境非诉行政执行案件的具象焦点,并结合学术界对这些实践问题的学理研究成果进行探讨,以期为环境行政诉讼未来的发展提供一定的指引。

(二)裁判样本选择路径与筛选标准

本部分主要是以2022年1月1日至2022年12月31日的环境行政司法裁判文书为研究对象,通过实证分析的方法对裁判文书进行整体回溯,在系统梳理环境行政司法裁判现实情景的基础上,对环境行政诉讼案件进行重点观察与微观分析,以期全面而有侧重地观测环境行政诉讼案件的运行现状与发展进路。

本研究报告选取的样本来源于"中国裁判文书网""北大法宝司法案例数据库""威科先行"三个数据库,其中以"中国裁判文书网"为主要数据来源途径,其他两种数据来源途径提供支持。另外,以"生态环境局(部、厅)""自然资源局(部、厅)""林业与草原局""能源局""海洋局""水利局""政府"[5] 为当事人,案由为"行政",时间为"2022年1月1日至2022年12月31日",检索出289份案件文书样本,保证了本研究报告数据来源的权威性和全面性。通过对以上裁判文书逐一阅读,剔除重复雷同、群体性案件和毫无关联的裁判文书后,最终共获得47份环境行政诉讼的有效裁判文书与169份环境非诉行政执行案件裁判文书。但是需要说明的是,本报告分析的数据样本存在不完全的可能性,依赖不完全样本的分析结果与实际情况可能存在一定的偏差。数据样本不完全的原因包括以下几个方面:

一是公开数据库的局限性。根据《最高人民法院关于人民法院在互联网公

---

[4] 参见吕忠梅:《环境行政司法:问题与对策——以实证分析为视角》,载《法律适用》2014年第4期;鄢德奎:《我国环境行政司法的功能与现状——基于环境保护行政案件二十大典型案例的文本分析》,载《大连理工大学学报(社会科学版)》2017年第3期。

[5] 以政府为被告人时,在全文检索中附加了"环境"与"资源"等环境类概念。

布裁判文书的规定》,除涉及国家秘密的,涉及未成年人犯罪的,以调解方式结案或者确认人民调解协议效力的,离婚诉讼或者涉及未成年子女抚养、监护的以及其他不宜在互联网公布的五种情形外,从 2016 年 10 月 1 日起,所有人民法院生效的裁判文书均应当在互联网公布。因此,现实中存在部分案件因涉及此规定而没有上网,隐于内部数据中心。由此,从“威科先行”“北大法宝司法数据库”“中国裁判文书网”等其他的公开案例数据库中得出的数据量和现实数据量存在差别。同时,基于各数据库检索算法之间的差别,环境行政处罚司法裁判的真实案件数量也存在产生偏差的可能性。

二是人工审查的局限性。本报告对 2022 年 1 月 1 日至 2022 年 12 月 31 日的环境行政司法裁判案件文书进行了逐一阅读,将雷同、毫无关联的案件进行了剔除。虽经人工阅读筛选已尽量避免这种情况的发生,但是人工筛选同样存在一定的误差,从而可能对现实适用情况的分析产生微量影响。

尽管本报告的分析可能是建立在不够全面的数据基础之上的,但是由于各地人民法院对案件的上传具有统一的标准,故对以上数据的分析仍具有一定的合理性,能够大体反映环境行政诉讼的实际状况,因此本报告仍具有一定的价值。

二、环境行政诉讼案件的现实样态

本研究课题组共搜集到 2022 年环境行政诉讼案件 47 件〔6〕,相较而言,今年的数据与过去几年的环境行政案件数量相比存在一定的落差,这其中可能存在五个要素:第一,受 2022 年度新冠疫情的影响,我国人民的生产生活活动、行政机关的行政活动以及法官的审判活动都受到了较大的影响,客观上降低了环境行政诉讼的发生率与结案率。第二,党的十八大以来,生态文明法治建设的不断推进,促进了人民环境保护素质的大幅提升,客观上降低了环境违法的发生率。第三,《重大行政决策程序暂行条例》《国务院办公厅关于全面推行行政执法公示制度执法全过程记录制度重大执法决定法制审核制度的指导意见》等规范性文件的出台,通过对重大执法决定法制审核制度、执法全过程记录制度、执法公示制度等的构建,不断规范环境行政行为的实施过程,不断降低环境行政行为的违法可能性。第四,中共中央、国务院印发的《法治政府建设实施纲要(2021—2025 年)》已经明确要全面深化行政复议体制改革,整合地方行政复议

〔6〕 数据来源于中国裁判文书网。

职责,在2022年年底前基本形成公正权威、统一高效的行政复议体制。可见,2022年正是发挥行政复议化解行政争议主渠道作用的关键之年,客观上降低了环境行政诉讼的发生率。第五,本次检索是在中国裁判文书网上进行的专门人工检索,相较以往的案例数据库检索而言更加精准,但对案例的筛选与过滤程度也更大,客观上降低了环境行政诉讼案件的数量。上述五个因素相互关联,共同影响了2022年环境行政诉讼案件的数量。

下文将从案件审级、法院层级、案件类型、文书类型、主体分布、争议类型、裁判结果等方面观察剖析2022年环境行政诉讼案件,以期为整体认识2022年环境行政司法审查提供多维视角。

(一)环境行政诉讼案件的宏观回溯

1.案件审级

环境行政诉讼二审案件占全年比重最大。2022年课题组共搜索到环境行政诉讼案件47件,其中一审案件22件,占比46.81%;二审案件24件,占比51.06%;再审案件1件,占比2.13%(见图3-1)。从数据上看,二审案件的数量最多,再审案件的数量最少,仅有1件,为陕西省白水县杜康镇人民政府、白水县烽源煤业有限责任公司等行政协议、行政补偿案[7]。与2021年环境行政诉讼案件不同审级案件数量占比相比[8],可以发现,连续两年,二审的环境行政诉讼案件数量都超过一审的环境行政诉讼案件数量。由此可以合理推断,环境行政诉讼案件的一般审理周期较长、案件复杂性较强。根据归纳整理的情况来看,上诉人主要对一审判决中的以下问题提出异议:(1)针对原审判决认定的事实部分提出异议;(2)针对原审判决适用的法律提出异议;(3)针对原审审理过程的法律程序提出异议。

---

〔7〕 参见陕西省高级人民法院行政判决书,(2021)陕行终877号。

〔8〕 参见吕忠梅等:《中国环境司法发展报告(2021年)》,法律出版社2022年版,第130页。

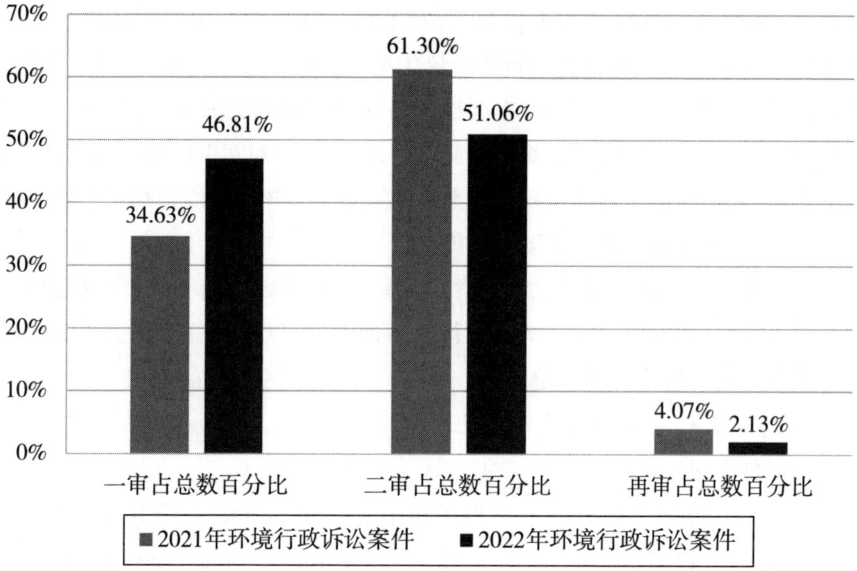

图 3-1　2021~2022 年环境行政诉讼案件不同审级案件数量占比分布

2. 法院层级

环境行政诉讼中的中级人民法院审理的比重最高。2022 年,在课题组搜索到的 47 件环境行政诉讼案件中,中级人民法院审理的环境行政诉讼案件最多,共计 25 件,占比 53.19%;基层人民法院审理的环境行政诉讼案件次之,共计 19 件,占比 40.43%;除最高人民法院外,高级人民法院审理的环境行政诉讼案件最少,共计 3 件,占比 6.38%(见图 3-2)。与 2021 年不同级别法院审理的环境行政诉讼案件数量占比相比,[9] 可以发现,连续两年,中级人民法院审理的环境行政案件数量最多,接下来依次是基层人民法院、高级人民法院和最高人民法院。

〔9〕 参见吕忠梅等:《中国环境司法发展报告(2021 年)》,法律出版社 2022 年版,第 134 页。

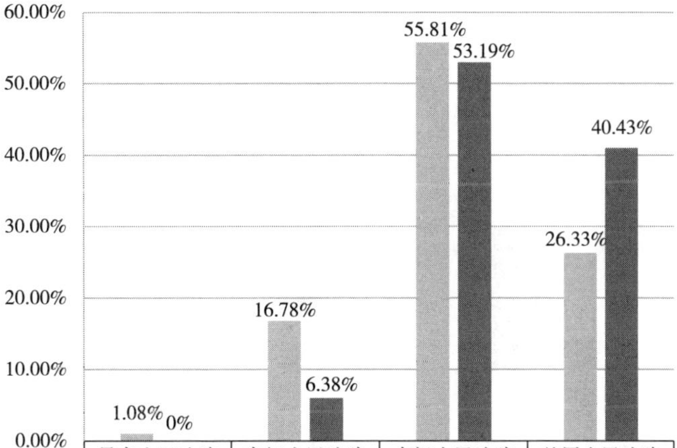

	最高人民法院审理的案件占总数百分比	高级人民法院审理的案件占总数百分比	中级人民法院审理的案件占总数百分比	基层人民法院审理的案件占总数百分比
2021年环境行政诉讼案件	1.08%	16.78%	55.81%	26.33%
2022年环境行政诉讼案件	0%	6.38%	53.19%	40.43%

图 3-2　2021~2022 年不同级别法院审理的环境行政诉讼案件数量占比分布

3. 案件类型

根据《环境资源案件类型与统计规范(试行)》的规定,环境资源案件被划分为环境污染防治、生态保护、资源开发利用、气候变化应对、生态环境治理与服务等五大类型。2022 年环境行政诉讼案件主要由资源开发利用和生态保护这两类案件构成。资源开发利用类案件,是指在土地、矿产等各类自然资源开发利用过程中产生的,与生态环境保护修复密切相关的刑事、民事、行政以及公益案件。生态保护类案件,是指因破坏遗传(基因)、物种、生态系统多样性、景观多样性以及影响生态系统功能正常运行而产生的刑事、民事、行政以及公益案件。2022 年环境行政诉讼生态保护类案件共计 9 件,其中一审案件 4 件,二审案件 5 件;2022 年环境行政诉讼资源开发利用类案件共计 38 件,其中一审案件 18 件,二审案件 19 件;两年间唯一的环境行政诉讼再审案件的类型为资源开发利用类案件。(见图 3-3)

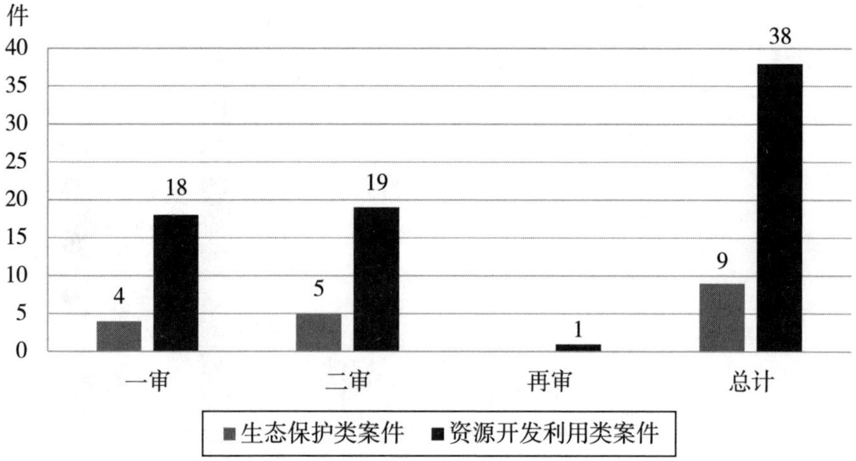

图 3－3　2022 年环境行政诉讼案件主要类型的各审级案件量分布

4. 文书类型

在课题组搜索到的 47 件环境行政诉讼案件中,裁判文书为判决书的共计 18 件,占比 38.30%;裁判文书为裁定书的共计 29 件,占比 61.70%。(见图 3－4)

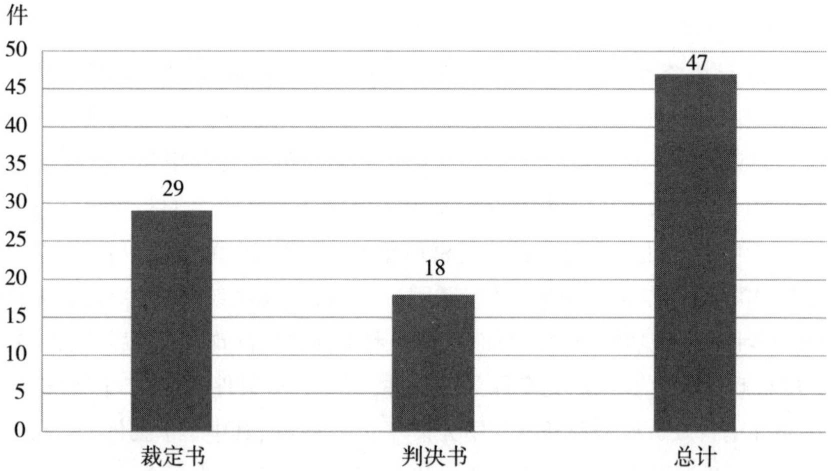

图 3－4　2022 年环境行政诉讼案件裁判文书类型的数量分布

(二) 环境行政诉讼案件的多维检视

1. 主体分布

本研究统计了 2022 年和 2021 年环境行政诉讼案件一审被告分布情况。2022 年环境行政诉讼一审的 22 件案件中,自然资源管理部门作为被告的一审案件 14 件,占比 63.64%;人民政府作为被告的一审案件为 8 件,占比 36.36%(见图 3-5)。2021 年环境行政诉讼 476 件案件中,人民政府作为被告的一审案件为 200 件,占比 42.02%;生态环境管理部门作为被告的一审案件为 66 件,占比 13.87%;自然资源管理部门作为被告的一审案件为 61 件,占比12.82%;林业和草业主管部门作为被告的一审案件为 5 件,占比 1.05%;其他行政主体作为被告的一审案件为 144 件,占比 30.25%(见图 3-6)。[10] 从该两年的数据来看,人民政府和自然资源管理部门作为环境行政案件一审的被告稳居前位。

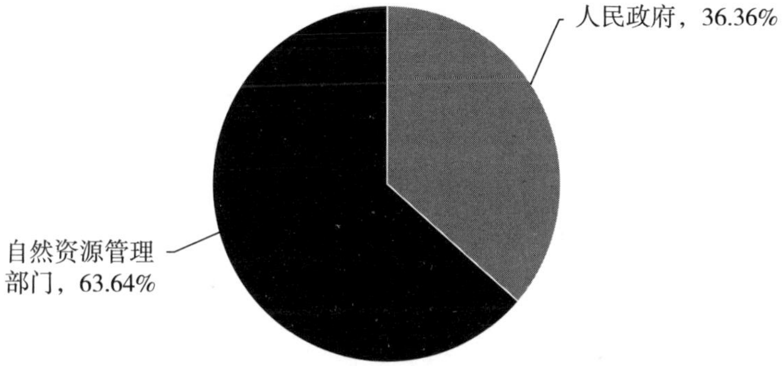

图 3-5　2022 年环境行政案件一审被告分布

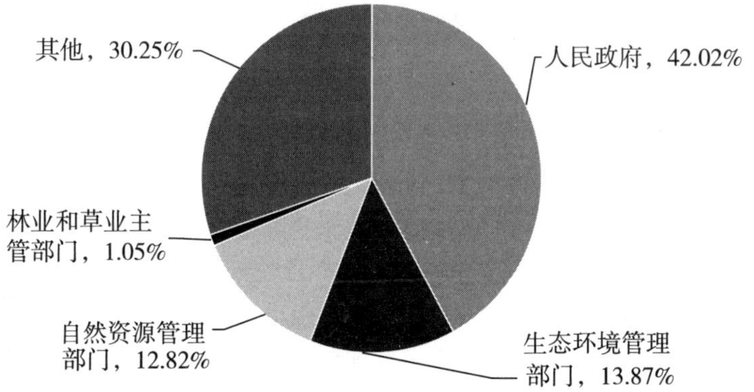

图 3-6　2021 年环境行政案件一审被告分布

本研究统计了 2022 年 1 月 1 日至 12 月 31 日,自然人、公司、集体经济组织作为环境行政诉讼二审原告以及自然资源管理部门、人民政府、生态环境管理部

[10] 参见吕忠梅等:《中国环境司法发展报告(2021 年)》,法律出版社 2022 年版,第 136 页。

门、住房和城乡建设部门作为二审被告的案件数量。其中,自然人作为原告的二审案件 15 件,公司作为原告的二审案件 5 件,集体经济组织作为原告的二审案件4 件,自然资源管理部门作为被告的二审案件 16 件,人民政府作为被告的二审案件 5 件,生态环境管理部门作为被告的二审案件 2 件,住房和城乡建设部门作为被告的二审案件 1 件(见图 3 - 7)。从数据来看,自然人与自然资源管理部门分别作为环境行政诉讼二审案件原告和被告的数量最多。

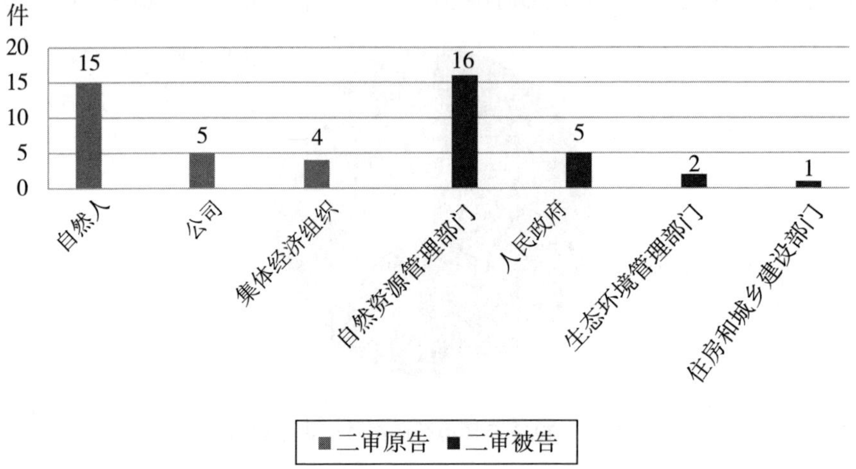

图 3 - 7　2022 年环境行政诉讼案件二审原被告情况分布

2. 争议类型

2022 年,在课题组搜集的 47 件环境行政诉讼案件中,环境行政补偿案件 11 件,占比 23.40%;行政确认案件 10 件,占比 21.28%;行政许可案件 7 件,占比 14.89%;其他行政行为案件 5 件,占比 10.64%;行政合同案件 4 件,占比 8.51%;行政处罚和行政征收案件各 3 件,分别占比 6.38%;行政强制案件 2 件,占比 4.26%;行政登记案件 2 件,占比4.26%(见图 3 - 8)。与 2021 年度的数据〔11〕相比,可以发现,2022 年行政处罚类案件和行政强制类案件量相对变少,行政补偿类案件和行政许可类案件的发生量连续两年稳定处于高位,行政征收、行政登记和行政合同环境行政诉讼案件量持续保持低位。

〔11〕 参见吕忠梅等:《中国环境司法发展报告(2021 年)》,法律出版社 2022 年版,第 138 页。

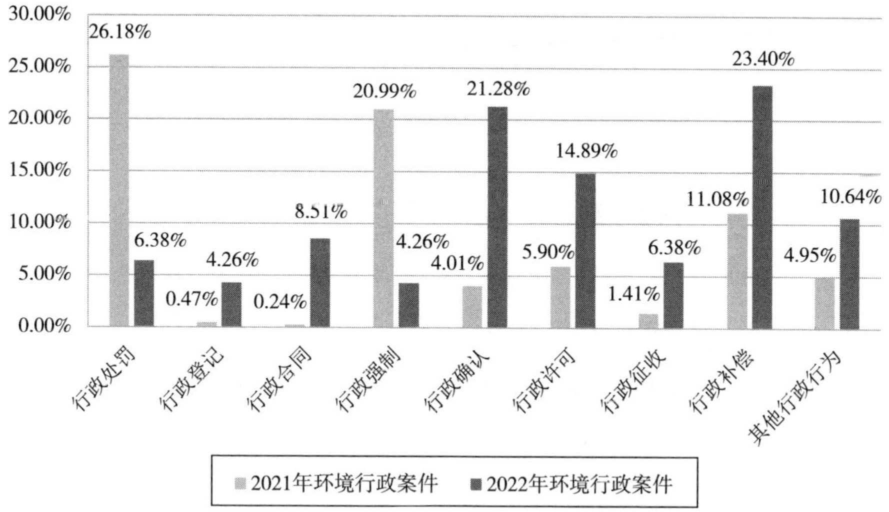

图 3-8 2021～2022 年按行政行为划分的环境行政案件类型百分比分布〔12〕

3. 裁判结果

从案件裁判结果来看,2022 年,在课题组搜索到的 47 件环境行政诉讼案件中,驳回起诉的案件 8 件,占比 17.02%;驳回上诉维持原裁定的案件 12 件,占比 25.53%;驳回上诉维持原判的案件 6 件,占比 12.77%;驳回原告诉讼请求的案件 3 件,占比 6.38%;发回重审的案件 1 件,占比 2.13%;改判的案件 5 件,占比 10.64%;移送的案件 1 件,占比 2.13%;支持原告的诉讼请求的案件 3 件,占比 6.38%;准予撤诉的案件 8 件,占比 17.02%(见图 3-9)。与 2021 年的数据〔13〕相比,驳回上诉维持原裁定、驳回上诉维持原判的案件数量持续两年居于高位;支持原告诉讼请求、驳回起诉、改判的案件数量居于中位;移送、发回重审的案件数量居于末位。

---

〔12〕 2021 年的数据加起来并非百分之百,原因在于本次报告只抽取了 2021 年环境行政案件行政行为的部分数据,有一些行政行为类型在 2022 年的环境行政案件中并未出现,因此并未将相应的数据体现在本次报告中。

〔13〕 参见吕忠梅等:《中国环境司法发展报告(2021 年)》,法律出版社 2022 年版,第 143 页。

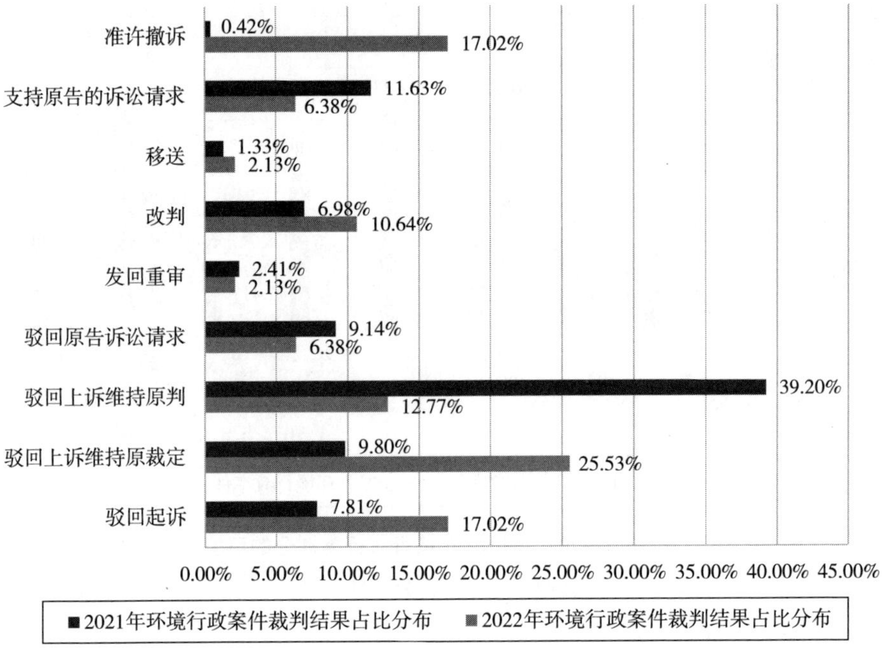

图 3-9 2021～2022 年环境行政诉讼案件裁判结果占比分布〔14〕

4. 审判依据

最高人民法院《关于印发〈关于审理行政案件适用法律规范问题的座谈会纪要〉的通知》,明确了环境行政诉讼案件要"根据行政诉讼法和立法法有关规定,人民法院审理行政案件,依据法律、行政法规、地方性法规、自治条例和单行条例,参照规章。在参照规章时,应当对规章的规定是否合法有效进行判断,对于合法有效的规章应当适用。根据立法法、行政法规制定程序条例和规章制定程序条例关于法律、行政法规和规章的解释的规定,全国人大常委会的法律解释,国务院或者国务院授权的部门公布的行政法规解释,人民法院作为审理行政案件的法律依据;规章制定机关作出的与规章具有同等效力的规章解释,人民法院审理行政案件时参照适用"。因此,对于审判依据的梳理较为重要。

(1)审判依据梳理

在 2022 年 47 件环境行政诉讼案件中,法院裁判所依据的程序性法条主要

〔14〕 2021 年的数据加起来并非百分之百,原因在于本次报告只抽取了 2021 年环境行政案件裁判结果的部分数据,有一些裁判结果类型在 2022 年的环境行政案件中并未出现,因此并未将相应的数据体现在本次报告中。

是《行政诉讼法》第 89 条[15],引用次数共计 19 次,其次为《行政诉讼法》第 62 条[16],引用次数为 8 次。另外,《最高人民法院关于适用〈中华人民共和国行政诉讼法〉的解释》第 69 条第 3 款和第 1 款第 1 项的引用频次也较高,分别为 7 次和 6 次(见表 3 - 1)。

表 3 - 1　2022 年环境行政诉讼案件中法院裁判所依据的诉讼法法条及频次

单位:次

序号	引用的法条	引用次数
1	《行政诉讼法》第 89 条	19
2	《行政诉讼法》第 62 条	8
3	《最高人民法院关于适用〈中华人民共和国行政诉讼法〉的解释》第 69 条第 3 款	7
4	《最高人民法院关于适用〈中华人民共和国行政诉讼法〉的解释》第 69 条第 1 款第 1 项	6
5	《行政诉讼法》第 49 条	5
6	《行政诉讼法》第 69 条	4
7	《行政诉讼法》第 74 条第 2 款	4
8	《最高人民法院关于适用〈中华人民共和国行政诉讼法〉的解释》第 69 条第 1 款第 3 项	2
9	《最高人民法院关于适用〈中华人民共和国行政诉讼法〉的解释》第 69 条第 1 款第 10 项	2
10	《行政诉讼法》第 87 条第 1 款第 1 项	1
11	《行政诉讼法》第 22 条	1

[15] 《行政诉讼法》第 89 条规定:"人民法院审理上诉案件,按照下列情形,分别处理:(一)原判决、裁定认定事实清楚,适用法律、法规正确的,判决或者裁定驳回上诉,维持原判决、裁定;(二)原判决、裁定认定事实错误或者适用法律、法规错误的,依法改判、撤销或者变更;(三)原判决认定基本事实不清、证据不足的,发回原审人民法院重审,或者查清事实后改判;(四)原判决遗漏当事人或者违法缺席判决等严重违反法定程序的,裁定撤销原判决,发回原审人民法院重审。原审人民法院对发回重审的案件作出判决后,当事人提起上诉的,第二审人民法院不得再次发回重审。人民法院审理上诉案件,需要改变原审判决的,应当同时对被诉行政行为作出判决。"

[16] 《行政诉讼法》第 62 条规定:"人民法院对行政案件宣告判决或者裁定前,原告申请撤诉的,或者被告改变其所作的行政行为,原告同意并申请撤诉的,是否准许,由人民法院裁定。"

续表

序号	引用的法条	引用次数
12	《行政诉讼法》第 72 条	1
13	《行政诉讼法》第 79 条	1
14	《行政诉讼法》第 76 条	1
15	《行政诉讼法》第 70 条第 3 项	1
16	《行政诉讼法》第 75 条	1
17	《最高人民法院关于适用〈中华人民共和国行政诉讼法〉的解释》第 69 条第 1 款第 8 项	1
18	《最高人民法院关于适用〈中华人民共和国行政诉讼法〉的解释》第 69 条第 1 款第 6 项	1
19	《最高人民法院关于适用〈中华人民共和国行政诉讼法〉的解释》第 69 条第 1 款第 7 项	1
20	《最高人民法院关于适用〈中华人民共和国行政诉讼法〉的解释》第 60 条第 1 款	1
21	《最高人民法院关于适用〈中华人民共和国行政诉讼法〉的解释》第 109 条第 1 款	1
22	《最高人民法院关于适用〈中华人民共和国行政诉讼法〉的解释》第 136 条第 7 款	1
23	《最高人民法院关于适用〈中华人民共和国行政诉讼法〉的解释》第 136 条第 3 款	1
24	《最高人民法院关于适用〈中华人民共和国行政诉讼法〉的解释》第 136 条第 1 款	1
25	《最高人民法院关于适用〈中华人民共和国行政诉讼法〉的解释》第 1 条第 2 款第 6 项	1
26	《最高人民法院关于适用〈中华人民共和国行政诉讼法〉的解释》第 1 条第 2 款第 10 项	1

(2)依据数量梳理

在2022年47件环境行政诉讼案例中,多数案例仅主要依据1至2个法律文本,最多涉及5个法律文本。其中主要依据1个法律文本的有18件,占比38.30%;主要依据2个法律文本的有15件,占比31.91%;主要依据3个法律文本的有7件,占比14.89%;主要依据4个法律文本的有5件,占比10.64%;主要依据5个法律文本的有2件,占比4.26%。(见图3-10)

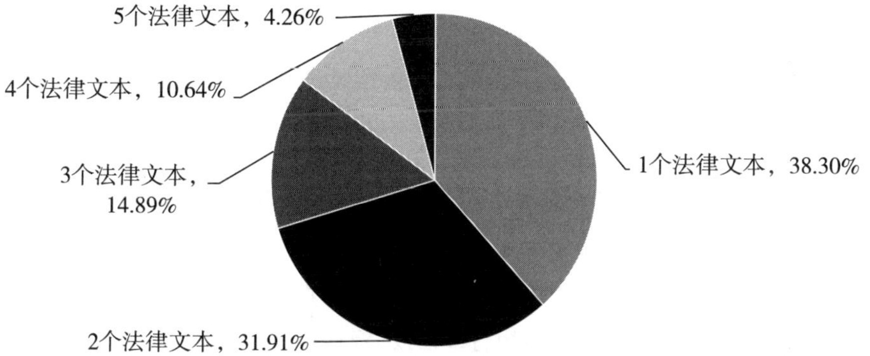

图3-10 2022年环境行政诉讼案件的审查依据数量

(3)审查依据类型

环境行政案件审查主要依据的各类法律文件除了全国人大及其常委会制定的法律外,还包括行政法规、部门规章、地方政府规章、地方规范性文件,这些法律文件在环境行政案件司法审查中所起到的功能作用与发挥方式是不同的。

从形式上看,2022年,47件案例中主要依据全国人大及其常委会制定的法律的36件;依据法律和行政法规的5件;依据法律和部门规章的1件、依据法律和地方规范性文件的1件;依据法律和地方政府规章的1件;依据法律、地方政府规章及地方规范性文件的1件;依据法律、行政法规及地方规范性文件的1件;依据法律、行政法规及地方政府规章的1件。(见图3-11)

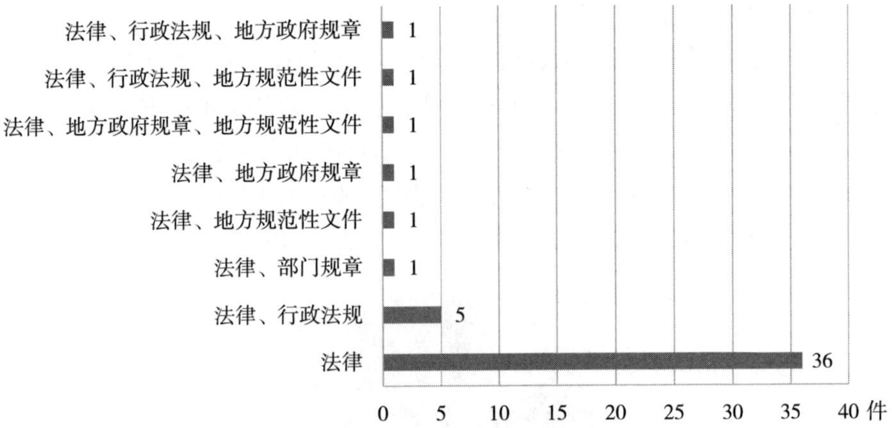

图 3-11 2022 年环境行政诉讼案件的审查依据类型数量分布

第一,法律和行政法规在环境行政诉讼案件的司法审查中发挥着基础作用。在 47 件案例中,36 件案例将法律作为案件审查的直接依据,案件审判主要基于对法律的解释和适用,没有再引用行政法规、规章等其他法律文件。可见,环境行政诉讼司法审查的法律体系已经形成得相对完善。另外,5 个案件将法律和行政法规作为案件审查的主要依据,其余案件还将部门规章、地方政府规章、地方规范性文件等作为案件处理的依据,体现了环境行政事务在法律框架下,需要由不同层次的法律规范协调配合。

第二,部门规章和地方规范性文件在环境行政诉讼案件的司法审查中发挥着重要作用。在 47 件环境行政诉讼案例中,部门规章、地方政府规章作为审查主要依据的案件有 4 件。譬如刘某某、范县人民政府行政监察案[17]的审查依据主要是《国家发展改革委关于印发河南省黄河滩区居民迁建规划的通知》(部门规范性文件);张家界市福源旅游农业开发有限公司、张家界市自然资源和规划局等行政协议案[18]的主要审查依据是《张家界市集体土地征收及其房屋拆迁补偿安置办法》(地方规范性文件);桑植县自然资源局、尚某某等行政二审行政案[19]和张家界市满溢收种养农民专业合作社、张家界耀润生态农业有限公司等房屋拆迁管理(拆迁)行政二审案[20]的主要审查依据是《湖南省行政程序

[17] 参见河南省濮阳市中级人民法院行政判决书,(2021)豫 09 行初 135 号。
[18] 参见湖南省慈利县人民法院行政判决书,(2022)湘 0821 行初 79 号。
[19] 参见湖南省张家界市中级人民法院行政判决书,(2022)湘 08 行终 67 号。
[20] 参见湖南省张家界市中级人民法院行政判决书,(2022)湘 08 行终 18 号。

规定》(地方政府规章)。这说明环境行政行为的实践操作,需要在法律框架之下根据更为具体的操作细则或者技术细则进行司法审查,部门规章和地方政府规章在环境行政案件的处理中发挥着重要作用。

第三,地方规范性文件在环境行政诉讼案件的司法审查中发挥着补充作用。从案例文本来看,地方规范性文件主要起到的是补充作用。在47个典型案例中,3个案件将地方规范性文件作为司法审查的依据。较为典型的譬如何某义、何某宇等城乡建设行政管理房屋拆迁管理(拆迁)行政二审案〔21〕,其主要审查依据是辽宁省环境保护厅《关于抚顺市清原县新宾县饮用水水源保护区区划方案的批复》(辽环发〔2009〕63号)。

三、环境行政司法审查的多维观测

现代环境治理体系下,行政执法占据环境法治的核心位置,是切实提升环境治理效能的关键。〔22〕各级环境行政机关在法治思维培育和法治路径提升方面稳步成长,环境治理现代化的"曙光"隐隐透出。但环境管理的复杂、价值追求的多元又使得环境管理过程中存在诸多争议,环境行政的规范性遭到质疑。行政诉讼作为最终的法律途径,可以通过较为完备、协调的诉讼程序规则有效化解环境争议;更为重要的是,其可以对环境行政执法进行有效审视,窥见环境行政执法的本质问题,进而为环境行政执法提供规范指引。〔23〕因此,环境行政司法审查十分重要。本报告试图对环境行政司法审查的持续动态发展进行全面跟踪,结合《行政诉讼法》《行政强制法》等具体规定,审视我国环境行政司法审查的具体实践。

(一)环境行政诉讼中的二审改判案件

从前述宏观的环境行政诉讼案件的研判中可知,2022年全国法院共审理环境行政诉讼一审案件判决8件、裁定14件;审理环境行政诉讼二审案件判决9件、裁定15件;审理环境行政诉讼再审案件判决1件。二审中,驳回上诉维持原判18件,改判与发回重审5件(见表3-2),准许撤回上诉2件。

〔21〕参见辽宁省抚顺市中级人民法院行政裁定书,(2022)辽04行终51号。

〔22〕参见杜辉:《生态环境执法体制改革的法理与进阶》,载《江西社会科学》2022年第8期。

〔23〕参见刘长兴:《环境行政案件司法审查的多维审视——以典型案例为对象》,载《南京工业大学学报(社会科学版)》2020年第3期。

表 3-2　2022 年环境行政诉讼二审改判案件的梳理

序号	案件名称及其案号	二审法院	基本案情	审判情况	案件类型
1	锦州市住房和城乡建设局、刘某某等城乡建设行政管理案[(2021)辽07行终227号]	辽宁省锦州市中级人民法院	2020年7月5日,第三人锦州市太和区城市管理综合行政执法局依据群众对违规搭建大型鸽子笼噪声扰民的举报,对刘某某送达《责令限期改正/停止违法行为通知书》和《调查通知书》,要求其于2020年7月9日前自行拆除锦州市太和区某街道自来水水源地未经审批擅自建设的 $180m^2$ 无照房并恢复原状。随后,此涉案房屋被政府征储且应按协议完成净地交付,需要动迁拆除。2020年7月17日,该无照房被拆除,第三人也参与拆迁活动。原告对此不服,向锦州市人民政府申请行政复议,被驳回,原告不服,提起诉讼。一审法院作出锦州铁路运输法院(2021)辽7102行初13号判决,锦州市住房和城乡建设局不服提起上诉	一审认定被告锦州市住房和城乡建设局作出的责令限期改正、强制拆除房屋或设施行为违法,被告锦州市人民政府作出的《行政复议决定书》(锦政行复决〔2021〕4号)违法。由于原告未提出拆迁损失鉴定,不能明确具体赔偿金额,驳回原告其他诉讼请求。 二审法院撤销锦州铁路运输法院(2021)辽7102行初13号行政判决,发回锦州铁路运输法院重新审理。认为责令限期改正与强制拆除是两项行政行为,一审法院并未进行区分,且多种主体参与实施强制拆除,无证据显示是锦州市住房和城乡建设局实施的该行为,故一审事实不清,予以发回重审	行政强制、行政复议与行政赔偿
2	玉山县怀玉山萤石矿、玉山县人民政府不履行行政职责案[(2022)赣行终5号]	江西省高级人民法院	2017年12月28日,怀玉山风景区被评为国家4A级景区。位于该风景区内的怀玉山萤石矿在到期申请采矿权延续时,玉山县自然资源局与怀玉山风景区管理委员会以开采会影响景区环境保护为由,告知其不能办理延续。2020年9月3日,怀玉山萤石矿向玉山县人民政府邮寄补偿申请书,请求补偿其设立怀玉山风景区导致其采矿权不能延续造成的损失共计70264736元。玉山县人民政府签收后未予答复。怀玉山萤石矿向一审法院起诉,请求判令玉山县人民政府履行补偿职责,补偿其各项损失。一审法院未予支持,怀玉山萤石矿进而提起上诉	一审法院判决驳回怀玉山萤石矿的诉讼请求。 二审法院判决撤销上饶市中级人民法院(2021)赣11行初30号行政判决,由被上诉人玉山县人民政府自本判决书送达生效之日起3个月内履行对上诉人玉山县怀玉山萤石矿提出的补偿申请依法履行作出行政处理的法定职责	行政补偿

续表

序号	案件名称及其案号	二审法院	基本案情	审判情况	案件类型
3	漳州市福景房地产开发有限公司、漳州市芗城区人民政府行政协议案[(2021)闽行终589号]	福建省高级人民法院	2005年5月8日,漳州市福景房地产开发有限公司(以下简称福景公司)与漳州市芗城区人民政府(以下简称芗城区政府)签订《漳州市丹霞南路南段片区开发合作协议书》(以下简称《合作协议书》),芗城区政府委托福景公司承担丹霞路南段片区规划范围内的土地前期开发工作。2018年12月4日,漳州市人民政府作出专题会议纪要,为统筹丹霞路南段配套用地开发,由芗城区启动B地块征迁工作。2019年4月21日,芗城区政府据此向福景公司发出回复函,以《合作协议书》中的B地块的约定因违反《土地储备管理办法》等相关法规的强制性规定,福景公司已不具备继续履行《合作协议书》中关于B地块约定的主体资格,该协议依法不能继续履行及福景公司因未完成建设总投资,拖延履行应承担的拆迁安置费的投资义务已构成根本违约为由,告知自福景公司收到该函之日起,《合作协议书》正式解除。2019年5月27日,福景公司以芗城区政府单方解除《合作协议书》没有事实和法律依据为由向法院提起诉讼。泉州市中级人民法院作出(2021)闽05行初1号行政判决,芗城区政府与福景公司均不服而提起上诉	一审法院判决撤销被告芗城区政府于2019年4月21日作出的解除《芗城区政府合作协议书》的通知,芗城区政府应对原告福景公司提出的关于继续履行《合作协议书》的请求依法重新作出处理。 二审法院判决撤销泉州市中级人民法院(2021)闽05行初1号行政判决,确认芗城区政府于2019年4月21日作出的解除《合作协议书》的通知的行为违法,其应对解除《合作协议书》采取相应的补救措施,并驳回福景公司的其他诉讼请求	行政协议
4	杨某某、清原满族自治县自然资源局等资源行政管理案[(2021)辽04行终217号]	辽宁省抚顺市中级人民法院	2012年12月8日抚顺市清原满族自治县人民政府(以下简称清原县政府)发布征收土地公告[2012]第13号,将清原县清原镇部分集体用地划归建设用地并转为国有,杨某某所承包经营的土地有1.7亩在本次征收范围内。2019年8月30日,清原县清原镇镇西村村民委员会向原告发布易和广场F8地块地上附着物补偿款领取告知书:你在易和广场F8地块的土地被依法征为国有土地,并依法对你地上附着物进行了评估,评估价170386.00元。如果不能及时领取,我单位将依法进行提存。原告未在规定的时间内领取补偿款。2019年9月10日,清原镇镇西村村民委员会依法将原告的补偿款提存。后清原县自然资源局作出清自然资告[2020]1号责令交出土地告知书,原告于2020年11月25日向被告抚顺市自然资源局申请行政复议。被告抚顺市自然资源局于2021年2月19日作出抚自资行复决字[2021]第1号行政复议决定,维持清自然资责交[2020]1号责令交出土地决定书。原告不服复议决定及原决定,提起上诉。新宾满族自治县人民法院作出(2021)辽0422行初28号行政判决,驳回原告杨某某的诉讼请求。杨某某不服,提起上诉	一审法院判决驳回原告杨某某的诉讼请求。 二审法院判决:(1)撤销新宾满族自治县人民法院(2021)辽0422行初28号行政判决;(2)撤销清原满族自治县自然资源局作出的清自然资责交[2020]1号责令交出土地决定;(3)撤销抚顺市自然资源局作出的抚自资行复决字[2021]第1号行政复议决定	行政补偿、行政复议

续表

序号	案件名称及其案号	二审法院	基本案情	审判情况	案件类型
5	植县竹叶坪乡干洞村二台山村民小组、桑植县竹叶坪乡干洞村三岔垭村民小组等林业行政管理案[(2022)湘08行终24号]	湖南省张家界市中级人民法院	桑植县竹叶坪乡干洞村管辖9个村民小组,分别为桑植县竹叶坪乡干洞村二台山村民小组(以下简称二台山组)、三岔垭村民小组(以下简称三岔垭组)、夏家坡村民小组(以下简称夏家坡组)3个组和干洞组、袁家塔组、王家山组、湖塔组、半坡言组、张家洛组6个组。二台山组、三岔垭组、夏家坡组因未享受到包括王家山组集体山林在内的“三叶潭”1943亩公益林补偿款,于2019年1月2日分别向桑植县人民政府申请确权。2019年1月24日,桑植县人民政府作出不予受理决定,认定争议地1943亩林木林地权属已于2010年8月进行合法登记,属于干洞村王家山组、半坡言组、湖塔组、袁家塔组、干洞组、张家洛组6个组的农户或集体所有。二台山组、三岔垭组、夏家坡组不服,申请行政复议,复议决定维持了桑植县人民政府作出的不予受理决定。2019年8月12日,二台山组、三岔垭组、夏家坡组向张家界市中级人民法院提起诉讼,请求撤销桑植县颁发的林权证。2019年10月23日,张家界市中级人民法院作出(2019)湘08行初151号行政裁定,驳回二台山组、三岔垭组、夏家坡组的起诉。二台山组、三岔垭组、夏家坡组不服,上诉至湖南省高级人民法院。2019年12月27日,湖南省高级人民法院裁定撤销张家界市中级人民法院的行政裁定,指令张家界市中级人民法院继续审理。2020年12月16日,张家界市中级人民法院将案件移送至张家界市武陵源区人民法院审理。武陵源区人民法院受理后于2021年4月14日作出(2021)湘0811行初21号行政裁定,驳回二台山组、三岔垭组、夏家坡组的起诉。该裁定已经发生法律效力。2021年9月9日,二台山组、三岔垭组、夏家坡组又提起诉讼,请求撤销桑植县自然资源局于2010年8月为王家山组集体颁发的201592号林权证。湖南省张家界市武陵源区人民法院作出(2021)湘0811行初90号行政裁定,二台山组、三岔垭组、夏家坡组不服,进而提起上诉	一审法院裁定驳回二台山组、三岔垭组、夏家坡组的起诉。 二审法院裁定撤销湖南省张家界市武陵源区人民法院(2021)湘0811行初90号行政裁定,并指令湖南省张家界市武陵源区人民法院继续审理	行政登记

1. 案涉争议多聚焦于经济型补偿,环境权益与财产权益的争议仍然存在

统计梳理2022年环境行政诉讼的二审改判案件,案件类型包括行政强制、行政复议、行政赔偿、行政补偿、行政协议、行政登记等,其中行政赔偿与行政补偿案件有3件(见图3-12),占全部环境行政诉讼二审改判案件的60%,较之其在2021年的占比有所上涨。[24]

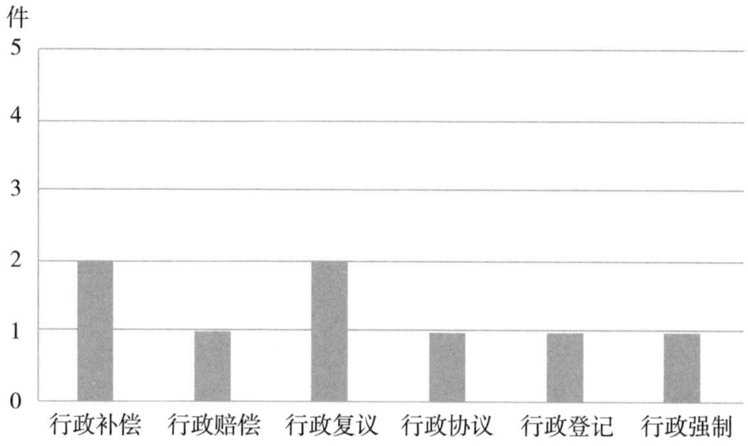

图3-12 2022年环境行政诉讼中二审改判案件涉及行政行为类型数量

同时,2021年环境行政诉讼二审改判案件的争议焦点与纠纷起源多集中在违法建设强制拆除及其后续赔偿,与之相比较,2022年的诉争则涉及合法建设的征收拆除、出现对增设自然生态保护区造成的矿业权延续不能的预期利益损失补偿,案涉类型增多,但核心仍聚焦于经济型补偿争议。(见表3-3)

表3-3 2022年环境行政诉讼二审改判案件的纠纷起源与争议焦点

序号	案号	纠纷起源	争议焦点
1	(2021)辽07行终227号	环保拆除与征收拆除	强制拆除程序是否违法,以及具体实施主体的查明
2	(2022)赣行终5号	行政机关因公共利益需要作出不予批准采矿权延续决定,申请人对行政机关不予批准采矿权延续决定提出履行补偿请求	(1)玉山县人民政府是否为本案适格被告;(2)怀玉山萤石矿请求玉山县人民政府向其补偿70664736元是否成立

[24] 2021年环境行政诉讼二审改判的案件中行政赔偿案件共有40件,占全部二审改判案件的50%,参见吕忠梅等:《中国环境司法发展报告(2021年)》,法律出版社2022年版,第173页。

续表

序号	案号	纠纷起源	争议焦点
3	(2021)闽行终 589 号	行政协议解除	(1)福景公司在本案《合作协议书》履行过程中是否构成根本违约,本案的《合作协议书》应否解除?(2)本案的《合作协议书》是否具备继续履行的条件,应否继续履行?
4	(2021)辽 04 行终 217 号	拆迁补偿	行政补偿方案是否充分恰当
5	(2022)湘 08 行终 24 号	林权登记的行政确权	二台山组、三岔垭组、夏家坡组的起诉是否符合法定起诉条件

2. 上诉人仍以原审原告为主,司法权与行政权的边界越发明晰

梳理环境行政诉讼二审改判案件的上诉人原审地位可知,5 件案件中,原审原告为上诉人的案件有 3 件,原审原告提起上诉占比 60%;1 件原审被告(行政机关)提起上诉,占比 20%;1 件原审原告与原审被告均提起上诉,占比 20%。这与 2021 年环境行政诉讼呈现的特性保持一致,即私主体不服判决的比例相对更高。(见图 3-13)

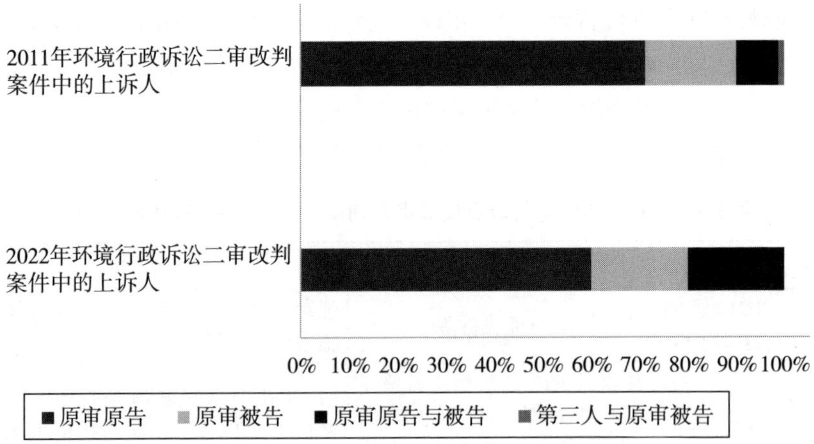

图 3-13 2021 年与 2022 年环境行政诉讼中二审改判案件的上诉人原审地位

在原审原告提起上诉的3件案件中,(2021)辽04行终217号案件实质改判支持上诉人的上诉请求,(2022)湘08行终24号案件指令对案件进行重审,(2022)赣行终5号案件判决行政主体履行对行政当事人提出的申请作出行政处理的职责。针对行政相对人的补偿请求,法院改判为行政机关对当事人的诉请进行处理,体现了司法谦抑原则。由原审被告提起上诉的(2021)辽07行终227号案件,由于法院未查明具体作出违法拆除行为的行政主体,判决发回重审。原审原告与原审被告均提起上诉的(2021)闽行终589号案件中,原告要求确认行政协议解除违法,继续履行,被告主张行政协议解除合法;法院改判为协议解除通知违法,但由于无法继续履行,由行政机关对行政相对人进行补偿,故该裁判属于部分支持原审原告。由此,二审改判案件中实质支持上诉人案件的占比不高,可见环境行政司法水平不断提高。

同时,分析二审改判理由可知,与2021年相较,环境行政诉讼关注司法谦抑原则,尊重行政先断权,注重司法权与行政权的边界。在2021年环境行政诉讼案件中,对于案情类似的行政赔偿案件,司法机关的判决截然不同。以王某与永宁县胜利乡人民政府、永宁县自然资源局行政强制案〔25〕为例,二审法院判决确认被告永宁县胜利乡人民政府、永宁县自然资源局强制拆除原告王某房屋的行政行为违法,同时要求行政主体在规定时间内对王某的赔偿请求作出处理。在陕西明德集中供热有限责任公司与西安市生态环境局罚款案〔26〕中,二审法院判决撤销一审行政判决,同时变更原行政处罚决定书中的罚款金额。在融水县德煜生态农业开发有限公司、融水苗族自治县城市管理行政执法局城乡建设行政管理案〔27〕中,二审法院确认行政行为违法,撤销了一审行政判决的部分内容,同时直接判决了赔偿金额。在2022年环境行政诉讼案件中,玉山县怀玉山萤石矿、玉山县人民政府不履行行政职责案〔28〕的改判原因是,被上诉人玉山县人民政府对上诉人怀玉山萤石矿所诉争的事实和法律问题没有进行过明确的裁量和判断。在此情形下,人民法院原则上仅能责成行政机关在一定期限内依据案件事实和相关法律规定,对上诉人的申请作出处理决定,而不可在文书中对尚未发生的行政补偿进行预先判决,从而影响行政机关的初次判断权。漳州市福景

〔25〕 参见宁夏回族自治区银川市中级人民法院行政判决书,(2021)宁01行终79号。

〔26〕 参见西安铁路运输中级法院行政判决书,(2021)陕71行终25号。

〔27〕 参见广西壮族自治区柳州市中级人民法院行政判决书,(2020)桂02行终29号。

〔28〕 参见江西省高级人民法院行政判决书,(2022)赣行终5号。

房地产开发有限公司、漳州市芗城区人民政府行政协议案[29]中,法院也仅能判决行政协议解除通知违法,并将后续补偿交由行政机关决定,可见司法权与行政权的边界越发明晰。(见表 3-4)

表 3-4 环境行政诉讼二审改判案件的上诉主体及诉请改判缘由梳理

序号	案号	上诉人及其原审地位	上诉请求	改判结果	改判理由
1	(2021)辽07 行终227 号	锦州市住房和城乡建设局(原审被告)	(1)请求撤销(2021)辽7102 行初 13 号行政裁定书,依法改判上诉人行政行为合法;(2)本案的一、二审诉讼费用由被上诉人承担	发回重审	事实不清
2	(2022)赣行终 5 号	玉山县怀玉山萤石矿(原审原告)	撤销上饶市中级人民法院(2021)赣 11 行初 30 号行政判决,并依法改判支持上诉人的一审诉讼请求,本案一、二审诉讼费用由被上诉人承担	由行政机关对当事人提出的补偿申请依法作出行政处理	一审判决违反司法谦抑原则
3	(2021)闽行终 589号	福景公司(原审原告) 芗城区政府(原审被告)	福景公司:请求撤销原审判决第 2、3 项,依法改判支持其原审诉讼请求。 芗城区政府:撤销原审判决,驳回福景公司一审诉讼请求	确认协议解除通知违法,由行政机关对行政相对人进行补偿	《合作协议书》客观上已不具备继续履行的条件,原审判决芗城区政府对福景公司提出的关于继续履行的请求依法重新作出处理已没有实际意义
4	(2021)辽04 行终217 号	杨某某(原审原告)	请求撤销(2021)辽0422 行初 28 号行政判决;撤销抚自资行复决字[2021]第 1 号行政复议决定书;撤销清自然责交[2020]1 号决定书;重新计算征地补偿费用	支持上诉人请求	无证据证明上诉人对明细表记载的种类、数量予以认可,剥夺上诉人对补偿事项、补偿金额享有的陈述、申辩的权利,违反正当程序原则,行政行为程序不规范

[29] 参见福建省高级人民法院行政判决书,(2021)闽行终 589 号。

续表

序号	案号	上诉人及其原审地位	上诉请求	改判结果	改判理由
5	(2022)湘08 行终24 号	二台山组、三岔垭组、夏家坡组(原审原告)	撤销一审裁定,撤销桑植县自然资源局于2010 年8 月为王家山组作出的201592 号林权登记	撤销原判决,指令原审法院继续审理	与生效裁判内容相悖,一审裁定认定事实不清,适用法律错误

3. 司法改判以形式审查为主,行政执法规范意识逐渐增强

全面审视2022 年环境行政诉讼中二审改判案件的焦点内容与改判原因,可知,司法审查范围均是对行政行为的合法性审查,且仅存在1 件案件是二审法院基于行政行为程序不规范改判支持原告上诉请求,即(2021)辽04 行终217 号杨某某、清原满族自治县自然资源局等资源行政管理案,其余案件多以事实不清发回重审为主。2021 年环境行政诉讼二审改判案件中有6 件基于行政行为程序改判,2022 年与其相比,有所下降,可见环境行政机关执法程序越发规范完备。同时,从具体案件的内容而言,这一案件中行政机关执法的具体不规范方面也与2021 年的有所不同。2021 年环境行政诉讼二审改判案件中表现出的执法不规范主要体现为听证程序虚置与超越职权执法,行政相对人的权益被行政机关单方主观侵犯,体现出行政主体的规范意识薄弱。2022 年的杨某某、清原满族自治县自然资源局等资源行政管理案中,行政机关的违法主要在于将应属于行政相对人的补偿金直接给予了村集体组织,由村集体组织负责发放,而非直接交付当事人,未能充分保障当事人的申诉权益。这体现出的更多的是行政执法素质的不足,而非主观剥夺当事人的权利。从性质上讲,行政机关的执法规范意识相对有所增长。

(二)环境行政诉讼中的被告败诉案件

环境行政机关的败诉率高低是衡量行政机关是否依法行政的重要参考标准。通过对2022 年环境行政诉讼案件数量进行统计发现,环境行政诉讼被告败诉案件数量共有10 件,败诉率达到22.28%,在一定程度上反映出环境行政执法在合法性和合理性上存在不足。本报告通过对环境行政诉讼被告败诉事由进行分析,总结与挖掘环境行政司法审查的模式与要素。

1. 被告败诉案件的类型

就10 件被告败诉的环境行政诉讼案件而言,具体的败诉事由如下:事实认定

不清、主要证据不足的案件共 5 件;适用法律错误的案件共 1 件;违反法定程序的案件共 3 件;行政不作为的案件共 1 件;超越职权的案件共 1 件。(见表 3 -5)[30]

表 3 -5 环境行政诉讼案件被告败诉事由统计

单位:件

败诉事由	具体败诉原因	数量
事实认定不清、主要证据不足	认定的事实没有足够的证据证实	5
适用法律错误	违反法律规定	1
违反法定程序	违反法律规定的前置程序	3
行政不作为	申请行为未作处理	1
超越职权	行使权力无法律、法规授权	1

(1)被告败诉事由:事实认定不清、主要证据不足

事实分为客观事实与法律事实:客观事实是指在时间和空间中存在的事物、现象和过程;法律事实是指法律规定的,能够引起法律关系产生、变更、灭失的现象。行政诉讼中认定的是法律事实,案件的客观事实往往无法回溯,但法律事实是可被推知和观测的,行政法律事实向客观事实无尽靠拢是行政诉讼法的追求。[31] 环境行政机关对于其作出的行政行为承担举证责任,应当提供作出行政行为的证据;换言之,环境行政诉讼中对于案件事实的认定,主要依靠证据。环境行政诉讼证据,既需要满足合法性、关联性、真实性原则,也需要在法庭上予以质证,未经质证的证据不予采用。

在 2022 年的环境行政诉讼被告败诉案件中,有 5 件案件的环境行政机关由于认定的事实没有足够证据证实而败诉。以杨某某、清原满族自治县自然资源局等资源行政管理案[32]为例,原审原告杨某某的房屋由于城乡规划被予以征收,原审被告清原满族自治县自然资源局在双方对于附着物的补偿数量、金额争议较大的情况下,以原告拒绝接受安置补偿为由于 2020 年 6 月 19 日作出责令交出土地决定书,但却难以提供充分有效的证据证明原审原告属于无正当理由

[30] 被告败诉的环境行政诉讼案件总量为 10 件,但是各类型的案件数量加起来则为 11 件,原因在于其中有一件案子涉及两种败诉事由,即漳州市福景房地产开发有限公司、漳州市芗城区人民政府行政协议案,(2021)闽行终 589 号,涉及事实认定不清与违反法定程序两种败诉案由。

[31] 参见张红哲:《行政执法证据规则:理论重释与体系展开》,载《求索》2021 年第 4 期。

[32] 参见辽宁省抚顺市中级人民法院行政判决书,(2021)辽 04 行终 217 号。

拒绝安置补偿。因此二审法院以认定事实不清、证据不足为由,判决撤销清原满族自治县自然资源局作出的责令交出土地决定。

(2)被告败诉事由:适用法律错误

在行政法律领域,“适用法律错误”指的是行政主体在作出具体行政行为时,法律规范与行政案件事实错误结合,导致行政行为存在瑕疵。此处的法律规范指的是在行政管理范畴内用于调整社会关系的行为准则,包括法律法规以及规章等。形式上“适用法律错误”表现为不同法律法规或同一法律法规中条文的错误适用;实质上“适用法律错误”的背后折射出行政机关对案件事实的定性错误,对法律适用范围的把握错误,对法律意志的解读错误。

由于环境领域的法律法规数量巨大,加之生态环境的整体性特征,环境行政案件的法律适用问题尤为复杂。〔33〕 环境行政诉讼中一般将法律适用错误划分为四种类型。第一,法律选择错误:主要是指定性错误导致的不同法选择错误以及新旧法、上下位法的选择错误。第二,法律适用不周全:环境法规范往往由某一主体在自身管理范畴内拟定,因此具有单一性,但实践中的环境社会关系多元复杂,并不以某一职能部门的职权为转移。也就是说,在具体的环境行政执法中,针对某一行为可能存在适用多个环境行政法规的情形,若选择了部分规则而忽略了其他部分规则,则会构成行政适用法律错误。第三,法律适用不具体:如果针对某一具体环境事项的法律法规有条、款、项、目的规定,但环境行政机关在适用时仅仅关注到了条,而忽略了款、项、目等较小的法元素,则也会导致法律适用错误。第四,违反法律规定:环境行政行为与法律规定不一致,在司法实践中多被归于适用法律错误。〔34〕

2022年度的环境行政诉讼中,抚顺市新千金影视文化产业基地、抚顺市新抚区千金乡人民政府行政补偿案〔35〕以适用法律错误为由判决被告败诉。被告抚顺市新抚区千金乡人民政府称强拆行为根据的是《城乡规划法》第65条。但该条明确规定:“在乡、村庄规划区内未依法取得乡村建设规划许可证或者未按照乡村建设规划许可证的规定进行建设的,由乡、镇人民政府责令停止建设、限期改正;逾期不改正的,可以拆除。”被告抚顺市新抚区千金乡人民

〔33〕 参见吴卫星、周嘉敏:《环境行政处罚司法审查被告败诉考——基于122起环境行政处罚诉讼案件的实证分析》,载《南京工业大学学报(社会科学版)》2021年第3期。

〔34〕 参见杨登峰:《行政行为撤销要件的修订》,载《法学研究》2011年第3期。

〔35〕 参见辽宁省抚顺市中级人民法院行政判决书,(2022)辽04行终83号。

政府在期限未满的情况下,直接对涉案建筑进行拆除,属于对法律的错误解读,造成适用法律错误。

(3)被告败诉事由:违反法定程序

法定程序指的是将实施行政行为过程中所遵循的时空要素、行为步骤、方式等予以法定化。[36] 针对法定程序中"法"范围的明确一直争议不断,分别有"法律、法规规定说"[37]"法律、法规和规章规定说"[38]"法律、法规、规章、宪法规定和行政规定说"[39]"重要程序说"[40]。由于宪法的司法实践功能和解释机制不够发达,将其纳入这里的"法"的实用价值有限;同时规章作为现阶段绝大多数行政程序的来源,具有一般意义上的法律约束力,在这里将"法"的范围界定为法律、法规及规章较为合适。至于"重要程序说",其作为学理观点,在实务中较难判断,一般见于个案处理。违反法定程序,依据文义解释,指的是行政机关实施的行政行为不遵守、不符合法定程序。对于"违反法定程序"的认定,目前尚无定论,唯一确定的是《行政诉讼法》第 70 条之规定。或许可以从行政诉讼法本身入手,从而探寻"违反法定程序"的规范意义。行政诉讼法的目的一是保护公民、法人和其他组织的合法权益,二是维护和监督行政机关依法行使职权,故认定"违反法定程序"不能脱离这二者。[41] 同时两者有次序的先后,也就是说,"保护公民、法人和其他组织的合法权益"应当优先于"维护和监督行政机关依法行使职权"。由此观之,应当从法律、法规、规章明文规定的程序出发,检查行政机关实施行政行为的时空、步骤、方式的正当性和合理性,并以是否尊重和保障行政相对人的合法权益为标准,对"违反法定程序"进行认定。

我国《环境保护法》实施以来,被称为"史上最严格"的环境保护法,其在赋予环境行政主体较大的规制权力的同时,也对环境行政权的法定程序控制提出了新的要求。但囿于环境行政执法裁量基准的模糊性,程序违法引起的环境行

---

〔36〕 参见张步峰:《违反法定程序的诉讼法律后果——评〈行政诉讼法修正案(草案)〉的"违反法定程序"条款》,载《河北法学》2014 年第 11 期。

〔37〕 参见姜明安:《行政诉讼法》,法律出版社 2007 年版,第 293 页;罗豪才、应松年主编:《行政诉讼法学》,中国政法大学出版社 1990 年版,第 247 页。

〔38〕 参见章剑生:《对违反法定程序的司法审查——以最高人民法院公布的典型案件(1985—2008)为例》,载《法学研究》2009 年第 2 期。

〔39〕 参见于立深:《违反行政程序司法审查中的争点问题》,载《中国法学》2010 年第 5 期。

〔40〕 参见杨小军:《行政诉讼问题研究及制度改革》,中国人民公安大学出版社 2007 年版,第 483 页。

〔41〕 参见《行政诉讼法》第 1 条规定:为保证人民法院公正、及时审理行政案件,解决行政争议,保护公民、法人和其他组织的合法权益,监督行政机关依法行使职权,根据宪法,制定本法。

政纠纷并不少见。在 2022 年度的环境行政诉讼中，人民法院以“违反法定程序”为由判决被告败诉的案件共有 3 件，以土地拆迁管理类案件为例，覃某某、张家界市永定区人民政府等房屋拆迁管理案〔42〕、张家界市满溢收种养农民专业合作社、张家界耀润生态农业有限公司等房屋拆迁管理案〔43〕中，被告行政机关在强制拆除违法建筑前，未完全履行法律规定的立案、调查、听取意见、作出决定、进行催告、作出强制执行决定并送达等前置程序，违反了法定程序，使原告的财产权益遭到了侵害，被人民法院判决行为违法。

(4)被告败诉事由：行政不作为

环境行政机关面对纷繁而至的环境行政执法请求，有时也会呈现不履行作为义务的状态，也即环境行政不作为。环境行政不作为导致了公民环境诉求的落空，由此以“环境行政不作为”为由提起的行政诉讼大量涌现。由于诸多行政行为都对行政相对人设定了具体权利，环境行政机关在实施该行为时应当规范权力的运行，以保障行政相对人的信赖利益。在 2022 年的案件中，玉山县怀玉山萤石矿、玉山县人民政府不履行行政职责案〔44〕中，原告怀玉山萤石矿向玉山县自然资源局申请办理采矿权延续，玉山县自然资源局不予批准，理由是原告怀玉山萤石矿位于怀玉山风景旅游区，而该风景区为国家 4A 级旅游景区，其风景区范围内不得开采矿产资源。玉山县自然资源局基于公共利益的需要，不宜作出延续行政许可决定，故提前收回行政许可。后怀玉山萤石矿向被告玉山县人民政府提出履行补偿职责申请。

根据《行政许可法》第 8 条“公民、法人或者其他组织依法取得的行政许可受法律保护，行政机关不得擅自改变已经生效的行政许可。行政许可所依据的法律、法规、规章修改或者废止，或者准予行政许可所依据的客观情况发生重大变化的，为了公共利益的需要，行政机关可以依法变更或者撤回已经生效的行政许可。由此给公民、法人或者其他组织造成财产损失的，行政机关应当依法给予补偿”的规定可知，不管是基于法律规定，还是基于行政许可信赖利益保护的要求，被告玉山县人民政府具有补偿怀玉山萤石矿财产损失的义务。被告玉山县人民政府在收到原告怀玉山萤石矿提出的履行补偿职责申请后，未予答复，可以判断出其并未依法对原告的申请作出行政处理。法院据此判断出被告玉山县人

〔42〕 参见湖南省张家界市中级人民法院行政判决书，(2021)湘 08 行初 63 号。

〔43〕 参见湖南省张家界市中级人民法院行政判决书，(2022)湘 08 行终 18 号。

〔44〕 参见江西省高级人民法院行政判决书，(2022)赣行终 5 号。

民政府的不作为,最终判决其在 3 个月内履行对原告提出的申请作出行政处理的法定职责。

(5)被告败诉事由:超越职权

关于超越职权的界定,存在广义说、狭义说和折中说三种理论学说。[45] 广义说认为法律规定了权力来源,不在法律规定的职权范围内行使职权就当属超越职权。狭义说将超出立法机关授予的职权范围行使职权的行为称为超越职权,行政授权是超越职权的前提。在这一意义上,在法律规定外行使职权实则是行政违法,应与超越职权相区别。但广义说较少关注行政授权问题,其认为行政授权本就是法定权力的来源之一。折中说将两者进行统合,认为不管是超越法定职权还是超越立法机关授权都应属于超越职权的范畴。我国对于超越职权的界定采取的也是折中说,认为行政主体的职权是法定和授权的统一。[46]

在我国以环境要素为基础的分散立法模式下,环境行政执法需要涉及多个领域,呈现出"条块结合"的管理模式。[47] 多个部门分工负责共同行使环境行政执法权的现状下,各个部门的职权杂糅,难以明确区分,这就导致环境行政执法中超越职权的行为常有发生。以侯某某、张家界市永定区政府房屋征收与补偿事务中心、大庸桥片区征地拆迁协调指挥部行政协议案[48]为例,本案的争议焦点在于被告张家界市永定区政府房屋征收与补偿事务中心与原告侯某某签订的相关涉案房屋补偿安置协议是否有效。相关涉案房屋的土地属于农村集体土地,《张家界市集体土地征收及其房屋拆迁补偿安置办法》(张家界市人民政府令第 43 号)第 4 条第 2 款规定:"国土资源行政主管部门负责办理征地补偿登记并组织进行现场调查核实、会同有关部门拟订征地补偿安置方案、按规定拨付征地补偿费用、责令限期腾地及其他征地补偿工作。"这里的房屋补偿安置协议属于行政协议,签订行政协议的行政主体需要具有法律、法规、规章等赋予的行政职权;而被告作为签署行政协议的行政主体,并无相关行政职权,对涉案房屋的征收不具有行政主体资格,故其属于超越职权。

---

〔45〕 参见关保英:《论行政超越职权》,载《社会科学战线》2011 年第 11 期。

〔46〕 参见刘德权主编:《最高人民法院司法观点集成(行政、国家赔偿卷)》,人民法院出版社 2010 年版,第 426 页。

〔47〕 参见李爱年、陈樱曼:《生态环境保护综合行政执法的现实困境与完善路径》,载《吉首大学学报(社会科学版)》2019 年第 4 期。

〔48〕 参见湖南省慈利县人民法院行政判决书,(2022)湘 0821 行初 96 号。

2. 被告败诉案件的审查观测

(1)形式审查的重点关注

从环境行政诉讼的被告败诉案件来看,我国环境行政司法审查的形式审查模式较为成熟,合法性审查的思路清晰地呈现在裁判文书中,主要是对行政行为事实、法律依据、执法程序、主体资格与职权范围进行常规审查。环境行政司法审查的形式审查立足于行政司法审查的成熟经验,同时,由于环境纠纷的特殊性呈现出一定的特点。

首先,环境行政诉讼中对于案件事实的认定,主要依靠证据。在 2022 年的环境行政诉讼被告败诉的案件中,有 5 件案件的环境行政机关都是由于认定的事实没有足够证据证实而败诉。从裁判文书中可以看出,法院对环境行政诉讼证据的审查主要围绕合法性、关联性、真实性的原则展开,法院对环境行政实施的认定直接关系到后续的合法性审查结论。

其次,环境行政行为的实施场景复杂而多元,涉及的行政、环境法律法规依据众多,对法律选择错误、法律适用不周全、法律适用不具体以及违反法律规定〔49〕等的审查构成了环境行政行为法律依据审查的难点问题。从 2022 年的抚顺市新千金影视文化产业基地、抚顺市新抚区千金乡人民政府行政补偿案〔50〕来看,行政机关对法律的错误解读,造成了法律适用错误。可见,对环境法律如何科学地解读以及正确地适用,是环境法治未来的重点方向。

再次,基于环境行政的风险特性与紧急特性,许多环境行政行为在实施过程中会存在一定的程序省略。一般而言,法院在进行执法程序审查时也会对省略掉一些不具有独立性的程序的行为表现出一定的理解,但是,法律明确规定的独立、重要的程序不可或缺。在 2022 年 3 件因“违反法定程序”而被告败诉的环境行政诉讼案件中,被告行政机关因未完全履行法律规定的立案、调查、听取意见、作出决定、进行催告、作出强制执行决定并送达等前置程序,违反了法定程序,使原告的财产权益遭到了侵害,被人民法院判决行为违法。

最后,在对行政不作为的司法审查中,当前环境行政司法实践业已形成“有无作为义务—有无作为可能—是否已经作为”的三重审查标准。第一,在有无作为义务的审查上,当前法院需要判断行政机关是否具有作为义务。多样化的作为义务法律依据来源被人民法院认可并运用,主要是直接或间接对行政机关

---

〔49〕 参见杨登峰:《行政行为撤销要件的修订》,载《法学研究》2011 年第 3 期。

〔50〕 参见辽宁省抚顺市中级人民法院行政判决书,(2022)辽 04 行终 83 号。

的职权或职责作出规定的法律、法规以及行政规章。第二,在有无作为可能的司法审查上,法院对从行政许可、行政处罚等为代表的行政不作为中,多会遵循法律规范明确的形式保障程序及实体审查标准审查行政机关是否有作为的可能。第三,在客观层面审查行政机关是否作为。

(2)实质审查的裁量样态

环境行政司法审查中的实质审查是行政合理性原则在环境行政诉讼中的投射,指以“滥用职权”“显失公正”“明显不当”为标准对环境行政自由裁量进行的合理性审查。〔51〕综观 2022 年被告败诉的环境行政诉讼裁判文书,合法性审查几乎充斥了大部分版面,“事实认定不清、主要证据不足”和“违反法定程序”作为行政机关败诉的主要原因,都偏重于形式合法审查,而最能体现实质审查的“滥用职权”和“明显不当”事由〔52〕在 2022 年被告败诉案件中未见身影,这从侧面说明了当前环境行政司法审查仍局限于形式审查的模式中,未能完全实现对于合法性和合理性的双重关照。

但是,基于对行政合理性原则的内涵理解,本报告对这 10 份环境行政诉讼被告败诉案件的裁判文书进行了逐一分析,仍然可以从中看出部分案件开始对环境行政诉讼的裁量权进行审查,表现出一定的对行政行为的合理性进行实质审查的思路倾向与特征。但由于环境案件个案的差异性以及尚未形成制度化的实质审查模式,实质审查的裁判表达各有不同,譬如,在玉山县怀玉山萤石矿、玉山县人民政府不履行行政职责案〔53〕中,二审法院“行政机关履行行政行为,应当遵循合法性兼顾合理性的原则”等表述表明,法院在形式审查当中夹杂着实质审查的考虑,只是目前的样本中未能呈现完整的实质审查思路。就具体的实质审查思路来看,目的审查是目前较为常见的表现形式,对于案件审查发挥了一定的助力,多个案件中都或多或少地进行了目的考虑。

(三)环境非诉行政执行案件

环境非诉行政案件是在行政机关对行政相对人作出行政行为后,行政相对人不履行义务,行政机关申请人民法院强制执行,人民法院经审查作出准予执行或不予执行的裁定的制度。其中,人民法院如何审查行政机关的行政行为至关重要。对环境非诉行政案件的文书进行分析,可以更全面地了解环境行政司法

〔51〕 参见余凌云:《论行政诉讼上的合理性审查》,载《比较法研究》2022 年第 1 期。
〔52〕 参见余凌云:《论行政诉讼上的合理性审查》,载《比较法研究》2022 年第 1 期。
〔53〕 参见江西省高级人民法院行政判决书,(2022)赣行终 5 号。

审查的立场,更加稳妥地总结法院对环境行政决策的谦抑程度。在环境行政诉讼的前期分析工作中,通过对提取到的 2022 年度 169 件环境非诉行政案件文书的分析,可以从侧面总结环境行政司法审查的规律。

1. 非诉行政执行案件的内核争议

(1)裁执分离的模式未能确立

裁执分离是指由法院对行政机关的执行申请进行审查并作出执行裁定,由行政机关组织执行。这是基于防止强拆过程中可能产生的恶性事件频发所作出的探索实践,最早由 2011 年发布的《最高人民法院关于坚决防止土地征收、房屋拆迁强制执行引发恶性事件的紧急通知》与《最高人民法院关于办理申请人民法院强制执行国有土地上房屋征收补偿决定案件若干问题的规定》提出。地方各级法院与政府积极探索这一模式的具体落实,但在《行政诉讼法》的修改中没有采纳对非诉行政执行实行裁执分离模式的建议,导致最高人民法院主导的裁执分离模式探索缺乏相应的法律依据。《行政强制法》也未对其作出明确规定,故由司法解释确定的裁执分离模式陷入了适用的困境。通过观察具体的裁判结果可发现,仅有部分法院对这一模式予以明确使用,仍有部分法院在强制执行裁判中对执行的具体实施承担者予以模糊化处理,导致强制实施的效能会令人产生疑虑。具体从 2022 年裁判准予执行的环境非诉行政执行案件的执行模式观之,共有 68 件准予执行的环境非诉行政执行案件是以强制拆除、退还占地等为诉讼请求的,而在法院裁定中,除 19 件仅裁定强制执行未明确执行人以外,仅有 2 件明确了由法院予以执行[54],其余 47 件均由行政机关予以执行。(见图 3-14)

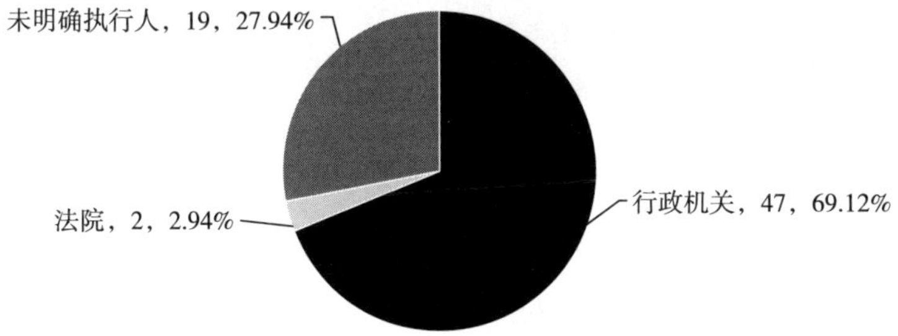

图 3-14 环境非诉行政执行案件执行人分布

---

〔54〕 参见湖南省宁乡市人民法院行政裁定书,(2022)湘 0182 行审 5 号;湖南省宁乡市人民法院行政裁定书,(2022)湘 0182 行审 15 号。

另有两件裁定终结执行的环境非诉行政执行案件可进一步佐证这一现象,即法库县自然资源局法库永峰环保废料利用加工厂环境保护行政管理(环保)恢复执行案〔55〕、法库县自然资源局、沈阳中法环保建材有限公司环境保护行政管理(环保)恢复执行案〔56〕,二者的诉讼请求均为针对非法占地的限期强制拆除,裁定终结执行的原因在于申请执行人未组织人到现场拆除。由此观之,内含强制拆除的实际执行应当由申请执行的行政机关负责,即应当适用“裁执分离”的模式。

(2)司法参与的效能略显不足

分析观察司法机关在环境非诉行政执行案件中的受理到裁定时间,我们发现,存在 15 份裁判文书于申请当天便予以通过,这不免令人疑惑其中司法机关审查的质量与参与的程度。尽管对于执行而言,高效率是其重要追求,但基于环境案件的复杂性,如此短暂的审查不免令人担忧其科学性与公正性。整体而言,全部执行案件的审查时间均在相对较短的周期内,其中在 1 周之内、1 周至 2 周、2 周至 1 个月、1 个月至 3 个月、3 个月以上的案件,分别有 23 件、25 件、16 件、2 件、6 件。另有 82 份文书中未载明案件受理时间。(见图 3 - 15)

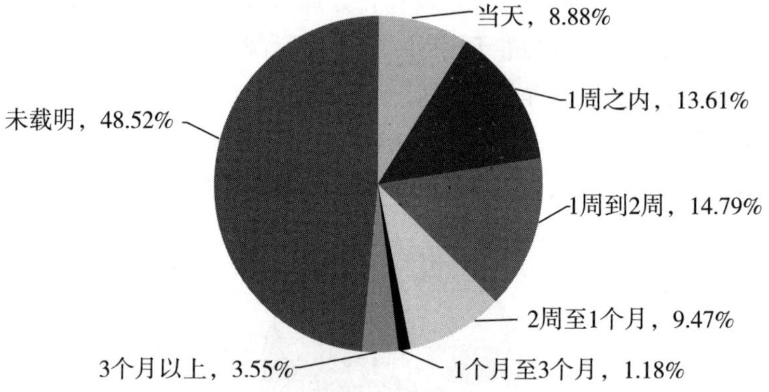

图 3 - 15　环境非诉行政执行受理与裁判间隔时间

2. 非诉行政执行案件的审查观测

环境非诉行政执行作为环境司法的创新方式,在环境行政争议依法审判、环境矛盾实质性化解方面取得了良好成效,但在实践中也存在诸多困境。通过对

---

〔55〕 参见辽宁省法库县人民法院执行裁定书,(2022)辽 0124 执恢 207 号。

〔56〕 参见辽宁省法库县人民法院执行裁定书,(2022)辽 0124 执恢 214 号。

2022年环境非诉行政执行案件的司法审查进行观测，可发现环境非诉行政执行案件中司法审查的实践存在司法审查力度不统一、缺乏司法审查的规范标准的问题，部分环境非诉行政执行案件虽然形式上合法，但其合理性却存疑。

(1)非诉行政执行审查的力度不统一

对于环境非诉行政执行案件而言，由于我国行政诉讼法及相关司法解释对于非诉行政执行案件的审查标准的规定相对模糊，司法实践中各地方法院的操作标准不尽相同，其难以转化为操作规范，过度的自由裁量导致同类案件结果不趋同、宽松不一等。当前环境非诉行政执行案件都局限在形式书面审查中，部分文书对所涉行政处罚予以基本程序审查，部分执行甚至直接以行政处罚生效为依据，直接予以执行，完全未对事实予以阐释。同样的案情下，行政机关作出不同的行政处罚，法院也不会对其是否影响当事人权益予以具体实质审查。如(2022)湘0424行审12号〔57〕、(2022)湘0424行审13号〔58〕、(2022)湘0424行审8号〔59〕、(2022)湘0424行审11号〔60〕行政裁定书均是未编制水土保持方案和办理审批手续擅自建设项目，但(2022)湘0424行审11号行政裁定书中的行政处罚未要求办理审批手续，行政机关仅进行罚款，而未如其他几个案件一样，在罚款之余同时要求编制水土保持方案并办理审批手续，至于是否存在影响当事人合法权益的情形，法院未予审查。

(2)司法规制行政权的功能未完全彰显

环境行政机关出于环境治理绩效的考虑，使得环境行政权较易出现权力扩张的内在诉求和制度惯性，也引致行政主体依法行政和行政相对人权益保护的结构困境，故需要借助立法和司法权进行有效规制。〔61〕但囿于环境立法体系性和科学性的不足，利用司法对行政权进行规制显然是更佳选择。司法是常用的规制手段，其在法律与社会的交互史中被发掘并凸显，逐步成为解决纠纷的权威手段、权力制衡的基本凭借以及保障权益的有效途径。具有司法属性的环境非诉行政执行〔62〕，通过能动审判和执行的作用来弥合环境司法与现实情境的鸿

---

〔57〕 参见湖南省衡东县人民法院行政裁定书，(2022)湘0424行审12号。
〔58〕 参见湖南省衡东县人民法院行政裁定书，(2022)湘0424行审13号。
〔59〕 参见湖南省衡东县人民法院行政裁定书，(2022)湘0424行审8号。
〔60〕 参见湖南省衡东县人民法院行政裁定书，(2022)湘0424行审11号。
〔61〕 参见张锋：《协商型环境风险规制机制的建构》，载《上海行政学院学报》2020年第6期。
〔62〕 参见应松年、冯健：《房屋拆迁非诉行政执行的困境与变革》，载《法学评论》2021年第2期。

沟,从而达到有效解决环境纠纷、控制行政权力、保障公民权益的目的。[63]

环境非诉行政执行从逻辑上具有提出、决定、执行三个阶段。在"裁执分离"模式下,执行阶段归于环境行政机关,是源于环境行政机关基于环境管理者身份的客观需要;决定阶段归于人民法院,是因为决定者需要独立于利益相关的双方,即一方是需要通过司法审查执行强制目的实现环境管理的执行人(行政机关),另一方是需要通过司法审查保障自身合法权益不受侵害的被执行人,以此实现司法中立与审判公平。由此可以窥探出非诉行政执行制度设计的初衷应为通过司法审查,解决行政争议,保障被执行人的合法权益,而更为核心的诉求,是通过司法审查的"镶嵌"实现对于行政权的规制。

遗憾的是,实践中司法审查在标准制定和方式选择上难以统一,导致司法对于行政权的规制功能也难以充分发挥。这点也在结案方式上有所体现:在 2022 年环境非诉行政执行案件中,准予执行的案件高达 140 余件,不予执行和执行和解的案件则只有 2 件,驳回申请的案件也只有 2 件。可见,环境非诉行政执行案件没有有效发挥出司法权规制行政权的功能。环境非诉行政执行规制有限的背后是自身制度设计的缺陷,良法是善治的前提,故今后应对非诉执行审查基本原则和具体规则予以明确和细化,使环境非诉行政执行制度更加规范科学,助力环境治理现代化目标的实现。

四、环境行政司法审查的总结与建议

(一)对环境行政司法审查的总结

1. 形式审查的精耕细作与未来展望

环境利益的复杂性与相应行政权力运行的复杂性决定了环境行政司法审查的难度;形式审查仍应当是主要审查模式,以此在最低限度上保障环境行政行为的合法性审查。从 2022 年环境行政程序违法方面的审查努力可见,现有的环境法律制度为环境行政司法审查的运行提供了丰富的规范资源。从具体的裁判文书来看,环境行政司法审查并不是孤立地适用某个法律条款,而是立足较为完备的环境法律体系来审查相应的环境行政行为。我国当前的环境法律法规对行政机关的环保职责作出的规定较为详细,有助于实现司法权在实体和程序上对行政权滥用的审查目标。[64]

---

〔63〕 参见吕忠梅等:《中国环境司法发展报告(2021 年)》,法律出版社 2022 年版,第 179 页。

〔64〕 参见鄢德奎:《我国环境行政司法的功能与现状——基于环境保护行政案件二十大典型案例的文本分析》,载《大连理工大学学报(社会科学版)》2017 年第 3 期。

同时,形式审查的审查要点实际上还有发展的空间。环境行政司法审查应当更进一步因应环境案件的实体特征、本质属性和实践规律,根据行政主体、适用条件、事实根据、行政程序、处理结果等[65]不同审查要素采用相应的形式审查标准。譬如,2022年环境行政诉讼案件中关于事实认定不清的败诉事由较多,5件因事实认定不清而败诉的案件中,环境行政机关都是由于认定的事实没有足够证据证实而败诉。对于行政行为的事实审查,还可结合环境决策的紧急性等情况综合审查,从而判断行政行为证据充分的要求与标准。总之,当前环境行政司法已经形成了兼顾行政行为事实审查与法律依据审查的审查模式,该模式重点对行政主体资格与职权范围、行政程序进行审查。可以预见,随着环境法律法规和标准体系的逐步完善,法院的形式审查能力也会进一步提升,环境行政司法审查与环境行政的合法性秩序的互动将逐步深化,趋于统一。

2. 实质审查的建构不足与完善需求

随着环境司法专门化的建设发展,仅仅依靠形式审查显然无法满足环境司法的发展需求。环境案件中公权力与私权利之间的张力乃至冲突具有场景复杂且利益多元的特点,若法院局限于形式审查,很有可能会导致环境行政司法审查难以完成权利救济、定分止争的司法任务。所以,形式审查与实质审查相辅相成、缺一不可,实质审查在环境行政司法审查中应当可以发挥出重要的补充、检验和矫正作用。[66] 然而,尽管从2022年环境行政诉讼文书中可以看出,实质审查模式已经初步被人民法院认可,并形成了一定的实质审查经验,但实质审查模式的建构仍然不足。这既是因为面对疑难复杂的环境行政案件,司法机关会在更大程度上尊重行政机关的观点来规避风险,也是因为规范层面未对合理性进行标准设定,环境行政司法的审查实践往往不易把握实质审查的尺度,无法形成统一的实质审查模式。因此,环境行政案件司法审查规则的未来建构,需要围绕合理性标准进行实质审查规则的设计与完善。

3. 非诉行政执行审查标准亟须统一

对于非诉行政执行案件的审查方式,一直存在争议。《最高人民法院关于

---

〔65〕 参见何海波:《行政行为的合法要件——兼议行政行为司法审查根据的重构》,载《中国法学》2009年第4期。

〔66〕 参见金晓伟:《应急处置措施的司法审查体系化研究——基于621份裁判文书的分析》,载《清华法学》2023年第1期。

适用〈中华人民共和国行政诉讼法〉的解释》第 160 条第 3 款明确了人民法院对于非诉行政执行案件的审查标准:实施主体不具有行政主体资格的;明显缺乏事实根据的;明显缺乏法律、法规依据的;其他明显违法并损害被执行人合法权益的情形。除去较好判断的行政主体资格标准,其他三项标准中的"明显"一词,太过笼统而具有很强的不确定性。[67] 在审查过程中,法官的自由裁量导致审查标准难统一,同类案结果不趋同。从 2022 年环境非诉行政执行案件的司法审查来看,司法实践中多采用形式审查,对执法程序是否正当、法律适用是否有效、处罚方式是否合法以及行政相对人合法权益是否得到保障四个条件进行审查。但在审查标准上,不同案件却有不同的取舍:部分案件仅仅对程序问题进行审查;部分案件直接以行政处罚生效为依据准予执行,导致审查力度不统一;部分环境非诉行政执行案件虽然形式上合法,但其合理性却存疑。在未来的制度完善中,环境行政非诉执行的司法审查需要在审查标准与程度上予以统一化、规范化,在环境行政纠纷得以解决的同时,保障行政相对人的合法权益,这也是环境司法专门化的不懈追求。

(二)对环境行政司法审查的建议

1. 行政诉讼:从公私益权衡出发确定实质审查取向

行政行为合理性的精髓在于公私益权衡。行政行为的主体之间的利益在性质上是不一样的,尽管环境行政行为的出发点在于环境公益的保护,但私主体权益的保障也非常重要。私主体的个人权益不应被不合理限制,因此,无论何种行政行为,公私益权衡都是其合理性赖以存在的基石。从公私益权衡出发,实质审查可以从司法审查的理念和规则两个方面展开。

在理念方面,环境行政司法审查要统一实质审查的司法共识,鼓励法院在形式审查之余逐步提升实质审查在环境行政司法审查体系中的实际比重。在法律欠缺的情况下,环境行政司法的实质审查应当以最大限度维护公民合法权益为标准,确定具体被诉行政行为的司法审查强度。[68] 在规则方面,应当构建环境行政行为的合理性审查规则体系,逐步细化实质审查的内容标准,以此支撑法院以公私益权衡为宗旨,以目的审查与情景考虑为依托,综合判断环境行政行为的合理性。随着未来实质审查经验与能力的提升,法官应更加审慎地对"合法却

---

〔67〕 参见范跃:《行政非诉执行审查标准再解释》,载《法律适用》2020 年第 19 期。

〔68〕 参见余德厚、蒋文玉:《论行政诉讼司法审查的强度》,载《西南民族大学学报(人文社科版)》2020 年第 6 期。

不合理”的环境行政行为作出独立评价与审查结论。

2. 行政诉讼：从行政行为类型出发确定实质审查标准

环境行政司法审查中，实质审查模式的形成与发展有赖于对行政行为的类型化认知。原因在于，环境行政行为的科技性与专业性一直是环境行政案件的司法审查难点，其主要体现在环境事实的认定和行政措施的类型与程度选择是否相互匹配。因此，环境司法审查过程中法官通常会尊重行政机关的决策。但是，对行政行为的实质审查不是去考量、推测行政机关的意志，而是去审查行政裁量的过程有没有发生偏差。〔69〕因此，环境行政司法审查应当围绕不同行政行为的特性展开过程性审查，着重对行政行为的适用条件、行政程序与处理结果进行合理性审查。

首先，对行政处罚、行政命令、行政强制、行政许可等传统的具有强制性的行政行为，应当在形式审查的基础上形成专门化的实质审查机制。由于强制性行政行为对行政相对人权益的限制程度较大，一旦行政裁量不合理，就非常有可能会过度限制行政相对人的合法权益。因此，强制性行政行为应当先接受形式合法性的审查，如果行政行为存在显失公平，对行政相对人造成较大损害的可能，法院就需要遵循对公民权利进行救济的原则，对行政行为的合理性进行严格审查。实质审查不能因裁量瑕疵而直接否定行政行为，而是要结合目的审查特别关注行政机关的解释说理。

其次，对行政给付、行政指导、行政合同等非强制性的行政行为，在审查强度方面仍然应当以形式审查为主，必要的时候可以适度地进行实质审查。由于行政相对人对非强制性的行政行为具有选择的自由，并且非强制性的行政行为对行政相对人的合法权益的限制相对有限，故在审查强度方面仍然应当以形式合法性审查为主。〔70〕只有强制性的行政行为对行政相对人的利益限制明显不合理到显失公平的情况，才可以对其进行适度的实质审查。

3. 非诉执行：明确权利保护的审查原则

环境非诉行政执行于双方当事人而言均存在为难之处：于作为被强制执行人的行政相对人而言，无论是罚款还是强制拆除违法建筑、恢复原状，都会直接导致行政相对人的财产权、经营权等权利被剥夺，影响其基本的生产生活；于作

---

〔69〕 参见余凌云：《行政法案例分析和研究方法》，清华大学出版社 2019 年版，第 264 页。

〔70〕 参见余德厚、蒋文玉：《论行政诉讼司法审查的强度》，载《西南民族大学学报（人文社科版）》2020 年第 6 期。

为申请执行的行政主体而言,保护生态环境、促进自然资源合理利用是生态环境管理部门与自然资源管理部门的工作目标与职责所在,行政机关不申请强制执行会制约、拖延生态环境保护目标的实现,但强制执行容易发生社会矛盾乃至环境群体性事件。故此,环境非诉行政执行是高效行政与私主体权利之间的一种艰难抉择。如前文所述,2022 年环境非诉行政执行案件的审理结果主要是准予执行。对于这一现象,学术界已经有研究注意到了这一点。〔71〕 从形式层面看,环境非诉行政执行审查多以形式审查为主,只要申请主体提供的材料、证据齐全且形式上符合法律规定,法院往往会裁定准予执行。从价值层面看,最高人民法院印发的《关于当前形势下做好行政审判工作的若干意见》中第五部分"改进和加强非诉行政案件审查执行,确保各项应对措施落到实处"明确了非诉行政执行审查与执行的效率原则,也在一定程度上导致了环境非诉行政执行较高的准执率。从关系层面看,在行政诉讼案件中,法院基于所处的政治环境以及对行政机关信息来源与专业能力的尊重,一般会对行政机关的决策保持适度的谦抑主义立场,大比例"准予执行"的环境非诉行政执行也映射出这一点。〔72〕 然而,环境非诉行政执行案件的准执率过高,也有损司法的本质,司法规制行政权的功能无法完全彰显。〔73〕 因此,环境非诉行政执行制度需要在方向上进一步明确司法原则。

首先,要明确环境非诉行政执行的司法属性。《行政强制法》第五章"申请人民法院强制执行"对非诉行政执行的全过程进行了规定;是否准予执行应当由人民法院作出裁定,此种裁定应当属于司法裁判法律文书的范畴。此外,《行政诉讼法》第 97 条〔74〕也明确了非诉行政执行具有司法属性,是司法权行使的一种形式。环境非诉行政执行的目的便是通过司法权为生态环境监管部门与自然资源监管部门的行政活动提供合法化的审查通道,借助法院的中立性角色,以

〔71〕 具体可参见浙江省温州市中级人民法院课题组:《环境司法的困境、成因与出路》,载《法律适用》2014 年第 6 期;孟天广、王翔:《国家社会关系视角下的非诉行政执行制度:基于司法大数据的分析》,载《治理研究》2019 年第 6 期;江苏省高级人民法院行政庭课题组、史笔:《关于构建土地非诉行政案件"裁执分离"模式的调研报告》,载《行政法学研究》2022 年第 1 期。

〔72〕 参见孟天广、王翔:《国家社会关系视角下的非诉行政执行制度:基于司法大数据的分析》,载《治理研究》2019 年第 6 期。

〔73〕 参见裴蓓:《非诉行政案件"裁执分离"模式研究———以浙江法院实践为例》,载《行政法学研究》2014 年第 3 期。

〔74〕 《行政诉讼法》第 97 条规定:"公民、法人或者其他组织对行政行为在法定期限内不提起诉讼又不履行的,行政机关可以申请人民法院强制执行,或者依法强制执行。"

司法审查合法性保证环境行政强制执行权力的公正性。

其次,要明确环境非诉行政执行的司法原则。从实证数据来看,环境非诉行政执行制度的被申请人多以企业与自然人为主,这反映了环境非诉行政执行制度存在于行政机关与公民纠纷解决的制度环境中,折射出政府与公民关系的行政样态,决定了环境非诉行政执行应当以调节公权力与私主体权利之间的关系为机制建构的主导逻辑。[75] 一方面,环境非诉行政执行试图为行政机关与公民的纠纷提供一个可接受的裁定,以此在秩序层面保障行政机关与公民之间关系的和谐稳定。另一方面,环境非诉行政执行试图将行政机关与公民之间的关系纳入司法控制范围,试图建构具有规范性与实效性的裁判机制。环境非诉行政执行的裁判机制若想获得公众的接受和包容,必须要肩负起保障公民或企业等行政相对人权利的功能。在行政机关申请对私主体执行的过程中,司法机关要为私主体的权利保护设置严格的审查机制,在一定程度上规范公权力对私主体权利的干预与限制。

4. 非诉执行:建立标准的受理机制与内容审查机制

为妥善解决环境非诉行政执行中审查标准不统一、司法参与的效能略显不足等问题,立法应当以受理机制、审查机制、执行机制与救济机制为坐标点,构建契合审判实际、实质趋向的环境非诉行政执行审查规则。

首先,完善环境非诉行政执行的立案受理机制。环境行政主管部门与自然资源行政管理部门提交的申请材料应当齐全,且申请需要严格符合《最高人民法院关于适用〈中华人民共和国行政诉讼法〉的解释》第 155 条第 3 款的规定,即人民法院对符合条件的申请,应当在收到行政机关申请后的 5 日内立案受理,并通知申请机关。如果发现行政机关的申请不符合法定受理条件以及申请材料不齐全或者不符合要求,人民法院应当裁定不予受理。

其次,建立环境非诉行政执行的标准化审查机制。环境非诉行政执行案件中的审查方式应当以实质审查为主。传统非诉行政执行审查以“形式审查”为原则,主要尊重行政机关在公法分配上的权力及义务。但此种低强度的审查方式存在正当性不足的问题。从实效性来看,非诉行政执行的审查标准应当与案件对象密切相关。与一般行政行为非诉执行相较,环境非诉行政执行审查存在两大不同点:一是在可行性上,生态环境的修复等行为既离不开专业知识、专业

---

〔75〕 参见孟天广、王翔:《国家社会关系视角下的非诉行政执行制度:基于司法大数据的分析》,载《治理研究》2019 年第 6 期。

机构和专业人员的加入,也存在难度大、费用高、周期长的高成本履行要求,因此“履行难”是我国环境执法实践面临的客观现实。二是在合理性上,环境行政公益牵连着私主体的民生权益,单一的准予执行可能无法体现法律法规的天然合法性;因此,环境非诉行政执行案件需要结构化的司法审查。环境非诉行政执行审查应当以实质审查为主,既要对行政决定进行合法性审查,依法审查环境行政决定的事实理由和依据,着重审查环境行政决定所涉及的违法事实是否清楚、处罚或强制执行对象的现状等内容,又要对行政活动是否具有履行条件等问题进行一并审查。被申请人申请或人民法院认为需要采取听证审查的,法院应当向申请人与被申请人送达执行申请书副本,告知并保障申请人与被申请人的陈述、申辩等权利。[76]

最后,建立完备的执行机制与救济机制。人民法院对于准予执行的环境非诉行政执行案件,应当在裁定书中明确实施的主体。基于裁执分离的模式遵循,原则上裁定应当交由环境主管行政机关或资源主管行政机关执行。若情况特殊,基层政府组织实施更为便利,则根据效率原则也可以交由其执行。法院在裁定准予执行后,为防止执行过程中权力异化的情况出现,法院应当对执行主体的执行过程进行监督与指导。如果执行行为给行政相对人以及其他利害关系人的合法权益造成了违法损害,则执行人理应承担相应的法律责任。行政相对人或其他利害关系人造成损失而提起行政诉讼,人民法院应当依法受理;造成损害,行政相对人或其他利害关系人请求赔偿的,执行机关应当予以赔偿。

五、结语

生态兴则文明兴,生态衰则文明衰。环境司法作为环境治理的最后一道保障,理应成为我国生态文明法治建设的重要内容。其中,环境行政诉讼是规范行政权力、维护公众权利的重要途径,是形成环境行政合法秩序的重要环节。

从整体上透视 2022 年环境行政诉讼的司法实践状况,可发现环境行政诉讼的顶层设计日趋明确,行政执法的规则体系日渐完善,但无论是环境行政执法还是环境行政诉讼的制度建设都仍有提升空间。特别是以环境行政诉讼中二审改判案件、被告败诉案件的文书样本与环境非诉行政执行的文书样本为基础,从微

---

〔76〕 参见江苏省高级人民法院行政庭课题组、史笔:《关于构建土地非诉行政案件“裁执分离”模式的调研报告》,载《行政法学研究》2022 年第 1 期。

观的个案角度,本研究总结与发现了当前环境行政司法审查中形式审查与实质审查的重点与不足。因此,对于环境行政司法审查的问题,在环境行政执法与司法规则上的探索仍需继续。相信随着环境行政执法与环境行政诉讼制度的更加规范化与合理化,会真正形成“限制行政权力来保障公民权利的”的行政观,从而实现法治政府建设的要求。

2022年中国环境资源刑事案件分析研究报告*

焦艳鹏　李瑞华　董璞玉　周芊妤　陈立毅

习近平总书记指出："党的十八大以来，我们把生态文明建设作为关系中华民族永续发展的根本大计，坚持绿水青山就是金山银山的理念，开展了一系列根本性、开创性、长远性的工作，美丽中国建设迈出重要步伐，推动我国生态环境保护发生历史性、转折性、全局性变化。"[1]在此指引下，当前我国"生态文明建设成效之大前所未有"[2]，美丽中国建设进程不断加速。但其中仍潜藏着破坏生态环境的风险，生态环境违法犯罪行为与人类的生产生活相伴而生，对此，需发挥法律的威慑作用，运用法治手段强化对生态环境违法行为的治理。其中，构成犯罪的，应予刑法规制。然而，如何发挥刑法的机能，优化其对生态环境犯罪的治理效能，是当前面临的现实问题。实证地分析生态环境刑事案件的样态，是当前的有效方式之一。

为此，本报告以2022年度全国环境资源刑事一审案件，近年来的生态环境刑事司法解释、刑事指导性案例、典型案例，以及2013～2022年全国生态环境犯罪二审案件等为样本，分析生态环境刑事治理效能。需要特别说明的是，样本以2022年全国环境资源刑事一审案件为基底，旨在分析该年度的基本现状；而选择近10年的二审案例以及近年来的司法解释、刑事指导性案例等，主要是因为生态环境污染与人类生产经营活动相伴而生决定了对其治理无法一蹴而就，而是需要长时间、多部门等的合力。这决定了观察2022年度的数据要从整体上考

---

* 本项研究由焦艳鹏进行整体设计，由李瑞华、董璞玉、周芊妤、陈立毅分别完成第一部分至第四部分的初稿撰写。本研究报告系国家社科基金重大项目"污染环境犯罪多元治理机制研究"(19ZDA161)和国家社科基金重点项目"面向生态文明建设的我国污染环境犯罪治理机制研究"(19AFX008)的阶段性成果。

〔1〕习近平：《努力建设人与自然和谐共生的美丽中国　为共建清洁美丽世界作出更大贡献》，载《人民日报》2022年6月6日，第1版。

〔2〕习近平：《新发展阶段贯彻新发展理念必然要求构建新发展格局》，载《求是》2022年第17期。

察,在时间上即体现为近 10 年一审案件的服判息诉情况,以及司法解释、典型案例等的适用情况,这是否影响近年来,尤其是 2022 年度的生态环境类刑事案件的审理及其治理效能(直观的体现即数量的下降),需要以数据分析。

因此,就具体的样本而言:(1)具体分析 2022 年度我国生态环境刑事一审案件的基本特征,并对其中的污染环境犯罪、涉水类生态环境犯罪、动物资源生态环境犯罪、矿产资源生态环境犯罪、土地资源生态环境犯罪、植物资源生态环境犯罪、涉林类生态环境犯罪等进行统计分析,为后续研究提供素材。(2)在统计分析 2013 ~ 2022 年全国生态环境犯罪刑事二审裁判案件基本特征的基础上,分析该种类犯罪二审案件维持原判、发回重审、改判等情况,就其司法效能与未来趋势等作具体分析。(3)具体分析生态环境刑事司法解释的效能,在把握生态环境刑事立法中的现有司法解释及其变化的基础上,就生态环境刑事司法解释的定罪效能、量刑效能等进行分析。(4)结合生态环境刑事指导性案例、典型案例等,分析指导性案例在生态环境刑事司法中所发挥的作用功能与价值等。由此,本研究以生态环境刑事司法裁判文书等为样本,分析利用刑法依法惩治生态环境犯罪的实践样态,说明 2022 年度的生态环境刑事治理效能,为未来生态文明建设提供刑事法智识支撑。

一、生态环境刑事一审案件司法状况分析

2022 年我国生态环境犯罪呈何种态势? 后疫情时代的生态环境犯罪是高发? 多发? 抑或趋缓、下降? 基于相关趋势应采取何种治理策略? 这些均需要进一步厘清。这要对 2022 年度的审判数据进行深入分析,才能回应上述疑问。通过对审判数据所呈现的客观样态进行学理上的整体分析,对具体生态环境犯罪罪名进行剖解,可以使后疫情时代经济发展与生态环境发展之间的关系进一步明确,从而以此为基础形塑未来生态环境犯罪治理的中国之策。

(一)2022 年度我国生态环境犯罪案件整体情况分析

1. 全国生态环境犯罪案件数量的统计分析

我国 2022 年度全国生态环境刑事一审案件审结案件数量为 1712 件。但根据相关统计分析,2017 年、2018 年、2019 年全国环境资源刑事案件的审结数量分别为 22637 件、25623 件、36733 件,[3] 2020 年为 24193 件,2021 年为 7076

〔3〕 参见吕忠梅等:《中国环境司法发展报告(2020 年)》,法律出版社 2021 年版,第 120 页。

件,[4]而 2022 年为 1712 件。由此看来,全国生态环境犯罪案件数量近几年呈下降趋势,特别是 2022 年有“断崖式”下跌的现象。这一数据除有新冠疫情的影响外,还与近年来国民生态环境保护意识的提升有关。国民的环境意识是国家生态文明程度的重要体现,既调节国民保护环境的外在行动,也影响环境保护的立法、司法以及执法等。

2. 全国生态环境犯罪案件罪名数量统计分析

生态环境犯罪罪名及数量分布情况如下:滥伐林木罪(475 件);非法捕捞水产品罪(391 件);非法狩猎罪(264 件);非法占用农用地罪(238 件);非法采矿罪(139 件);盗伐林木罪(88 件);污染环境罪(71 件);危害珍贵、濒危野生动物罪(20 件);危害国家重点保护植物罪(15 件);非法收购、运输盗伐、滥伐的林木罪(11 件);非法处置进口的固体废物罪,擅自进口固体废物罪,非法猎捕、收购、运输、出售陆生野生动物罪,破坏性采矿罪,非法引进、释放、丢弃外来入侵物种罪以及破坏自然保护地罪的案件数量均为 0。(见图 4-1)

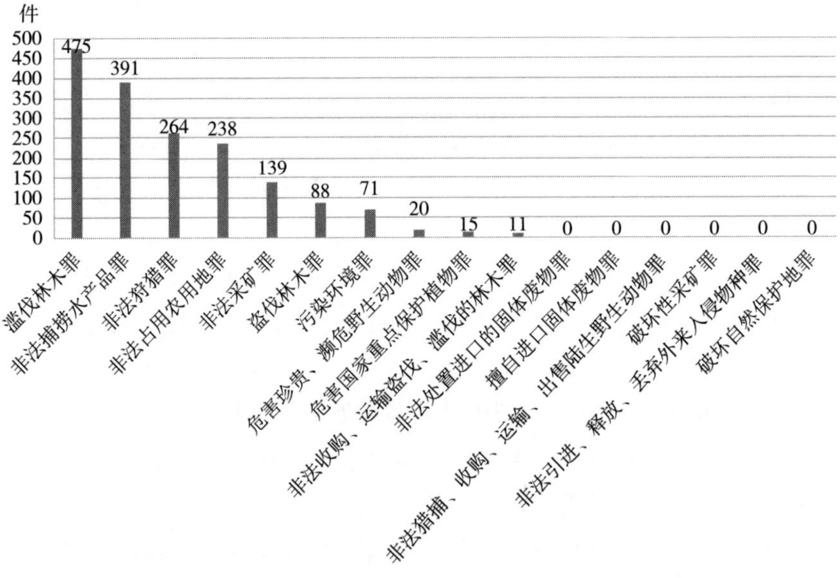

图 4-1　2022 年度生态环境犯罪一审案件具体罪名及其数量分布

上述数据显示,对林木资源的破坏目前仍呈多发态势,盗伐、滥伐林木类案

〔4〕 参见焦艳鹏:《基于司法大数据的生态环境犯罪刑法惩治分析》,载《重庆大学学报(社会科学版)》2022 年第 5 期。

件数量较多。一方面,这说明该类资源的保护存在一定的漏洞;另一方面,也反映了对其他诸如污染环境罪等的严厉打击态势。就环境破坏而言,其已经由其他环境犯罪转向了林木资源类犯罪,这一特征应受到重视。就其他资源犯罪而言,非法捕捞水产品罪的案件数量有 391 件,这与我国的禁渔政策相关。例如,长江十年禁渔全面实施后,收效明显,“沿江各地加强禁渔执法监管,高压严打态势下,禁捕秩序稳定”〔5〕。但需要引起重视的是,该类案件较多,是不是在重压之下的表现?又或者说,该类案件是否因为严厉的禁渔政策而存在入罪门槛过低,对可以通过前置法制裁的行为适用了刑法,冲击了刑法的最后性。

而 2022 年度中,非法狩猎罪的案件数量(264 件)仍然较多,仅次于滥伐林木罪(475 件)、非法捕捞水产品罪(391 件)。一方面,受新冠疫情影响,我国对于非法狩猎行为仍保持利用刑法打击的高压态势;另一方面,其也说明国民对于野生动物的保护观念仍待加强。数据显示,以食用为目的的非法猎捕、收购、运输、出售陆生野生动物罪的案件数量为 0,这说明国民受疫情影响而自我保护意识增强。尽管如此,我们仍要继续监测该类案件的走向,以求得保护野生动物资源的因应策略。

同时,尽管有些犯罪罪名的案件数量为 0,如非法处置进口的固体废物罪、擅自进口固体废物罪等,但这并不代表可以放松对该类案件的监测、查处等。这组“0”的数据仅代表 2022 年度的情况,其可能是受疫情影响,相关进出口活动受阻所致。

(二)2022 年度我国生态环境刑事案件分省域统计与分析

1. 分省域生态环境犯罪案件的基本特征

(1)2022 年度一审审结案件数据分省域数量统计

2022 年,湖南省的案件数量最多(436 件),接下来依次为广西壮族自治区(291 件)、河南省(134 件)、陕西省(130 件)等,但有些省份案件数量极少,如甘肃省(5 件)、西藏自治区(4 件)、河北省(2 件)、山西省(2 件)、海南省(1 件)、宁夏回族自治区(1 件)、重庆市(1 件)(见图 4-2)。从数量上看,犯罪案件与生态环境资源的正比关系正逐步破解,因为某些生态环境资源丰富的省份,案件数量并不是很多,如湖北省(20 件)、吉林省(16 件)(见图 4-2)。由此看来,我国国民的生产生活逐步与生态环境形成正向的发展关系,国民注意到生态环境的

---

〔5〕 高云才、郁静娴:《今年是长江十年禁渔全面实施的第三年——长江禁渔,亮出“强基础”成绩单》,载《人民日报》2023 年 5 月 23 日,第 7 版。

重要性,进而在生产生活时对生态环境加强保护。同时,这也与官方强有力的倡导有关。例如,2018 年 7 月 10 日发布的《全国人民代表大会常务委员会关于全面加强生态环境保护　依法推动打好污染防治攻坚战的决议》即指出,“以法律的武器治理污染,用法治的力量保护生态环境”;在此指引下,“建立健全最严格最严密的生态环境保护法律制度”也得到了全面发展。〔6〕

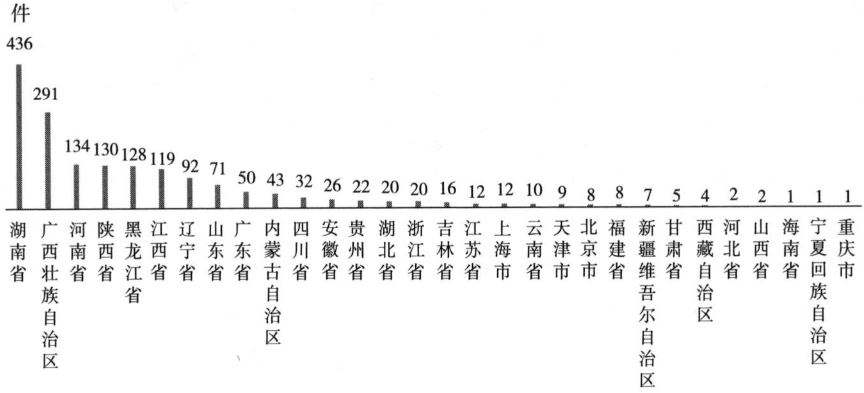

图 4－2　2022 年度生态环境犯罪一审案件数量分省域分布

(2)2022 年度一审审结案件具体罪名数量分省域统计

应注意的是,从案件数量来看,一审审结案件的具体罪名中“滥伐林木罪”“非法捕捞水产品罪”等案件数量较多,但其他罪名如“非法采矿罪”“非法狩猎罪”等在某些省级行政区的数量则是 0。这种具体罪名在具体省级行政区中分布不均衡的现象,应引起重视。例如,非法采矿罪的案件数量分布:江西省、山东省均为 23 件,但江苏省、海南省则均为 0。因此,案件数量较少甚至为 0 的省级行政区当如何监管,就成为新的问题。也就是说,应结合生态环境案件数量相应地集中在某些省级行政区中的这一重要现状,制定符合生态环境犯罪治理的新型举措。

2. 重点省级行政区生态环境犯罪案件数量的分析

(1)生态要素富集区的基本情况

从 2022 年度一审审结的案件数量分布来看,相关省级行政区的罪名分布与

〔6〕　一系列法律规范被修正,如《野生动物保护法》(2022 年修订)、《湿地保护法》(2021 年发布)、《固体废物污染环境防治法》(2020 年修订)等。除了受新冠疫情影响外,这也是中国强化环境保护的表现。

其生态资源的分布情况有关联。例如,湖南省的水产资源丰富,非法捕捞水产品罪的案件数量就明显较多;江西矿产资源分布较多[7],因而非法采矿罪的案件数量较多。虽然某些省级行政区具体罪名的案件数量分布与生态资源的集聚情况有关,但其并不是呈正相关关系,如吉林省的林木资源丰富,但滥伐林木罪的案件数量较湖南省少(吉林省 2 件,湖南省 85 件)。因此,从中得出的具有"关联性"的初步结论,还需要根据具体省级行政区、具体生态资源的分布情况再作进一步分析,形成具体的生态资源刑事保护策略。

(2)其他省级行政区基本特征

2022 年度一审审结的生态环境犯罪案件有一个重要的趋势,即有些省级行政区的案件数量为 0,这是否说明新冠疫情以及环境保护措施的多元化对该类案件产生了积极效应?对此,还需要继续观察相关省级行政区的生态资源保护措施、刑法适用于生态环境犯罪中的效果等,才能得出更加准确的结论,为制定更加精准的保护策略提供实践基础。

(三)2022 年度我国生态环境刑事案件分罪名统计与分析

本部分基于 2022 年度审结的生态环境犯罪刑事案件的数量与地域分布等信息,以污染环境罪、涉水生态环境犯罪、动物资源生态环境犯罪、矿产资源生态环境犯罪、土地资源生态环境犯罪、植物资源生态环境犯罪、涉林类生态环境犯罪等类别对我国生态环境犯罪进行分罪名统计与分析。

1. 污染环境罪

(1)2022 年污染环境罪案件审结情况的数量统计

《刑法》第 338 条规定了污染环境罪,该罪名属于典型的生态环境犯罪罪名。2022 年度,一审审结的污染环境罪案件数量为 71 件,相较往年呈下降趋势。其具体数量分布情况如下:辽宁省(20 件)、广东省(12 件)、河南省(6 件)、山东省(6 件)、北京市(5 件)、浙江省(5 件)、湖南省(3 件)、江苏省(3 件)、陕西省(3 件),安徽省、广西壮族自治区、河北省、吉林省、江西省、内蒙古自治区、四川省、重庆市均为 1 件,其他省级行政区的数量均为 0。(见图 4-3)

---

[7] 例如,江西宜春等地锂矿被乱采乱挖,对生态环境造成破坏的情况被曝光后,引发了社会广泛关注。2023 年 3 月 6 日,江西省人民政府办公厅印发的《全省深入整治规范矿产资源保护开发利用专项行动实施方案》即指出,此次专项行动包括严格矿业权设置审批、强化矿山开采全过程监管等 7 项重点任务,并明确了每项任务的责任主体部门。

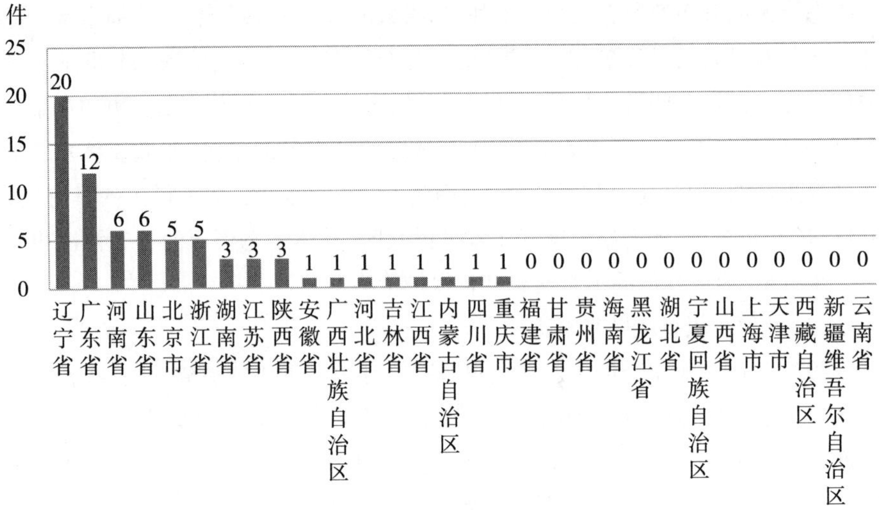

图 4-3　污染环境罪案件数量分省域统计

(2)2022 年污染环境罪案件审结情况的数量分析

对上述 2022 年度污染环境罪的案件数量进行统计分析,可以发现,其呈现如下特征:第一,2022 年度污染环境罪的案件数量较往年更低,除辽宁省、广东省之外,其余省级行政区的案件数量均为个位数,有的甚至为 0。除了新冠疫情的影响外,其也与近年来的环境保护理念、环境保护执法力度等相关。例如,2022 年 3 月 1 日发布的《最高人民法院发布十起人民法院依法审理固体废物污染环境典型案例》中的"重庆某医用输液瓶回收有限公司、关某岗、陈某林、李某芳等非法处置医疗废物污染环境案",体现了打击污染环境违法犯罪行为的刑事政策——"严厉打击,绝不姑息"。这直接震慑了污染环境犯罪者,有效遏制了案件的多发态势。但仍应注意的是,污染环境行为与人类生产生活相伴而生,不能因为 2022 年度该类案件较少,就径直认为我国的环境保护已获得良好的发展态势。第二,案件数量持续走低,并不能完全得出环境犯罪与经济发展密切相关的结论,特别是一些经济发展省级行政区的案件数量为个位数或者 0,如浙江省为 5 件、上海市的数量为 0 等,说明该类案件的发展趋势有零散化、多点式的发展趋势。此趋势反倒带来了监管难度,因为零散化的情形使该类案件的特征不再明显,而需要通过多种方式收集污染环境罪的实践情况,以便制定更加精准的治理策略。

2. 涉水生态环境犯罪

涉水类生态环境刑事犯罪主要是指我国《刑法》第 340 条的“非法捕捞水产品罪”。这是一种常见的生态环境犯罪,下文将主要分析此罪名。

(1)2022 年非法捕捞水产品罪案件审结情况的数量统计

就“非法捕捞水产品罪”而言,其案件总数为 391 件,具体省级行政区分布情况如下:湖南省(228 件)、河南省(36 件)、广西壮族自治区(17 件)、四川省(14 件)、辽宁省(12 件)、天津市(9 件)、安徽省(8 件)、黑龙江省(7 件)、广东省(7 件)、贵州省(7 件)、江苏省(7 件)、山东省(7 件)、上海市(7 件)、浙江省(7 件)、湖北省(6 件)、江西省(4 件)、福建省(3 件)、陕西省(2 件)、北京市(1 件)、海南省(1 件),其他省级行政区的案件数量均为 0。(见图 4 -4)

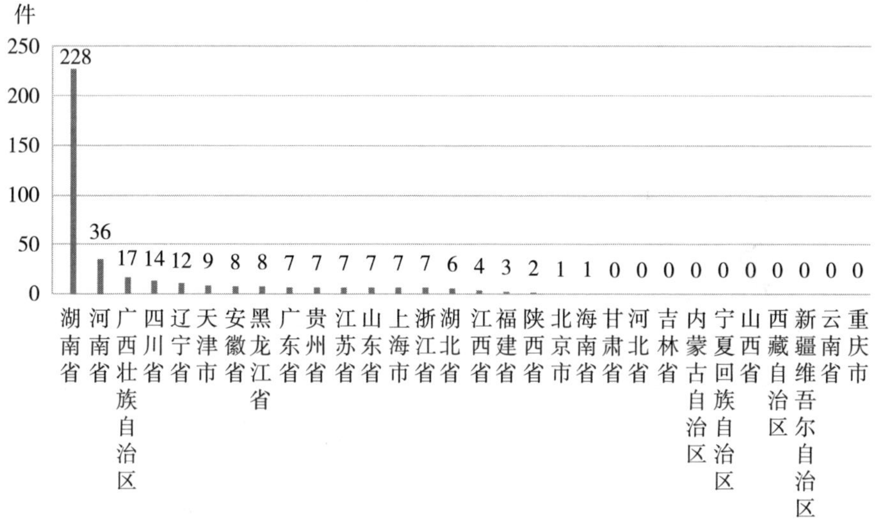

图 4 -4　非法捕捞水产品罪案件数量分省域统计

(2)2022 年非法捕捞水产品罪案件审结情况的数量分析

从上述数据看,非法捕捞水产品罪案件数量与渔业资源的地域分布呈相关性关系,但不完全是正相关关系。如黑龙江省、吉林省等省份渔业资源丰富,但案件数量较少,这除了与渔业保护理念有关外,还可能与这些地区强有力的执法有关。但要注意的是,湖南省该类案件数量最多,是不是因为高压打击态势下,其将某些轻微行政违法行为作为犯罪处理,从而导致该类案件呈现多发态势。实际上,这值得警惕,以避免将刑法演变为打击违法行为的首要手段,继而直接影响该类案件的保护模式、打击理念等。

非法捕捞水产品罪案件数量的下降与《黄河保护法》《长江保护法》等法律规范的发布有关,这些法规的制定与实施对非法捕捞案件起到了较大的抑制作用。非法捕捞水产品罪案件较多发生在湖南、河南、四川等内陆地区的江河湖等区域,这一特征也说明,应对此类地区加大查处力度,优化执行禁渔政策。

3. 动物资源生态环境犯罪

(1)非法狩猎罪

非法狩猎罪的案件数量分布如下:江西省(57 件)、湖南省(56 件)、河南省(46 件)、山东省(24 件)、辽宁省(17 件)、黑龙江省(14 件)、陕西省(12 件)、四川省(9 件)、广东省(7 件)、湖北省(5 件)、安徽省(3 件)、甘肃省(3 件)、内蒙古自治区(3 件)、北京市(2 件)、江苏省(2 件)、浙江省(2 件)、吉林省(1 件)、山西省(1 件),其余省级行政区的数量均为 0。(见图 4 – 5)

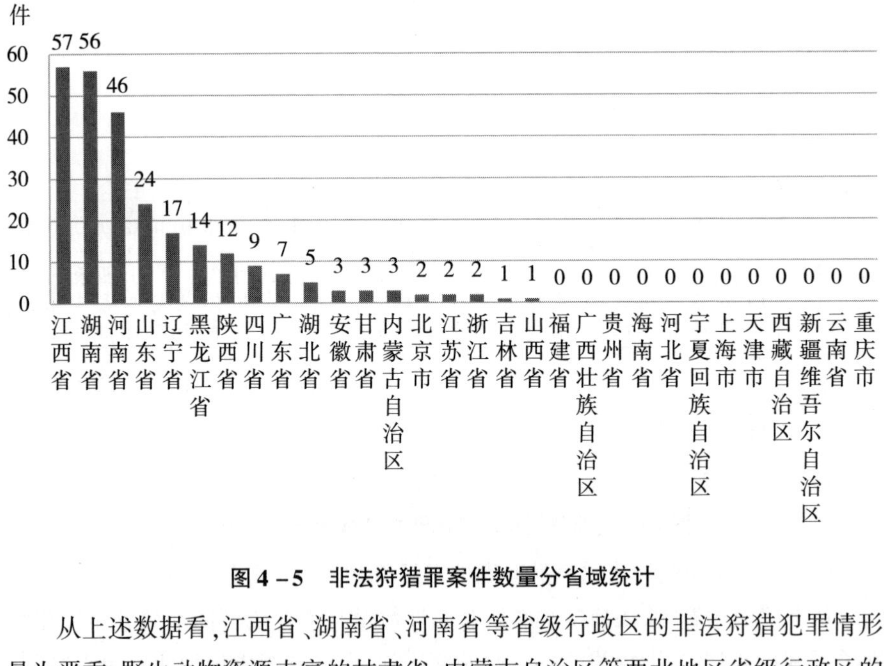

图 4 – 5　非法狩猎罪案件数量分省域统计

从上述数据看,江西省、湖南省、河南省等省级行政区的非法狩猎犯罪情形最为严重,野生动物资源丰富的甘肃省、内蒙古自治区等西北地区省级行政区的非法狩猎犯罪案件数量较少。这可能与执法情况有关。“非法狩猎罪”指的是违反狩猎法规,在禁猎区、禁猎期或者使用禁用的工具、方法进行狩猎,破坏野生动物资源,情节严重的行为;而西北地区可能不是禁猎区,属于合法狩猎的范围,这可能是导致该类案件在西北地区较少的重要原因。非法狩猎罪的多发地区是内陆的某些省级行政区,也可能说明内陆省级行政区设置的禁猎区、禁猎期未获得良好保护。

(2)危害珍贵、濒危野生动物罪

危害珍贵、濒危野生动物罪的案件数量分布如下:湖南省(6 件)、河南省(2 件)、江西省(2 件)、四川省(2 件)、云南省(2 件)、安徽省(1 件)、甘肃省(1 件)、广西壮族自治区(1 件)、辽宁省(1 件)、山东省(1 件)、西藏自治区(1 件),其余省级行政区的数量均为 0。(见图 4－6)

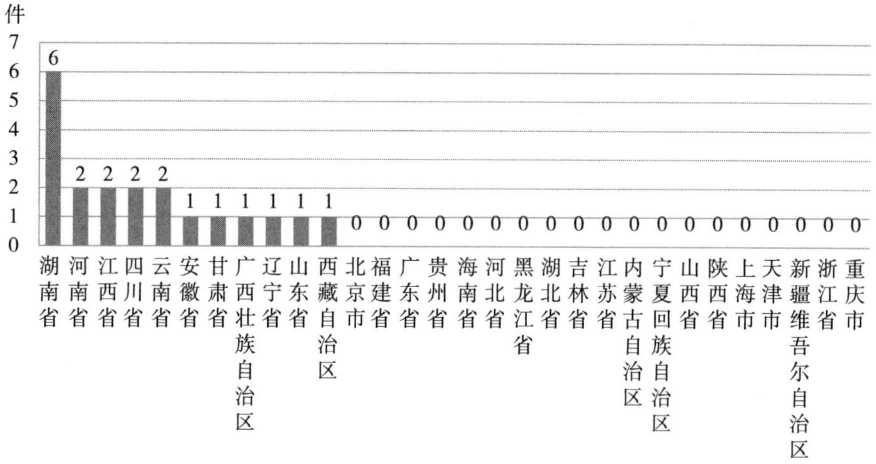

图 4－6 危害珍贵、濒危野生动物罪案件数量分省域统计

从上述数据看,与非法狩猎罪的情形一样,危害珍贵、濒危野生动物罪的案件主要分布在湖南省、河南省、江西省等省份。实际上,非法猎捕、杀害国家重点保护的珍贵、濒危野生动物属于买卖、收购、出售等完整犯罪链条中的一环,该类案件数量在全国范围内的降低,反映了打击力度的持续强化,买卖、收购等前置、后置性行为也得到了整治。但要注意的是,是不是新冠疫情的因素,云南省、四川省等该类案件的多发省级行政区中国民生产活动受限,才导致该类案件数量均为个位数。对此,还需要观察 2023 年、2024 年等未来年份的数据,才能求得准确的原因。

(3)非法猎捕、收购、运输、出售陆生野生动物罪

非法猎捕、收购、运输、出售陆生野生动物罪案件数量在全国分布为 0(见图 4－7)。“非法猎捕、收购、运输、出售陆生野生动物罪”保护的野生动物范围较

广,受新冠疫情的影响,从国家层面而言,为保障人民群众身体健康,禁食野味〔8〕;而国民为保障自己的健康,也在购买端、出售端等方面减少了相应的行为,也会直接举报买卖、食用野生动物等违法犯罪行为。从而形成由国家层面的严厉打击到国民个人层面的自我保护全方位、多角度的保护态势,这也是该类案件为 0 的重要原因。

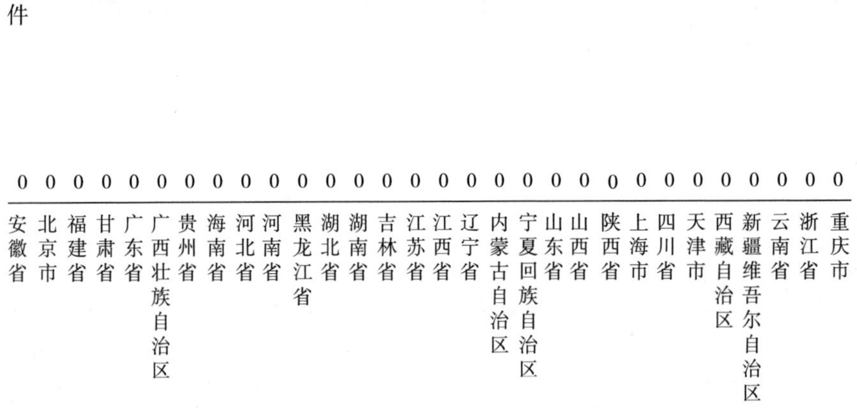

图 4-7　非法猎捕、收购、运输、出售陆生野生动物罪案件数量分省域统计

从上述动物资源生态环境犯罪的种类与数量来看,非法狩猎罪的案件数量仍然较多,未来还需要继续完善狩猎法规,优化禁猎期、禁猎区以及禁用的工具等规定,并将重点置于禁猎区、禁猎期等方面的执法活动,落实野生动物保护的政策理念、保护措施等。

4. 矿产资源生态环境犯罪

在实践中,矿产资源生态环境犯罪主要集中在“非法采矿罪”中,2022 年度一审审结的“破坏性采矿罪”案件数量为 0,下文将主要分析该类案件的数据。

2022 年度一审审结的非法采矿罪案件数量为 139 件,其具体分布情况如下:江西省(23 件)、山东省(23 件)、湖南省(22 件)、黑龙江省(13 件)、广西壮族自治区(8 件)、广东省(6 件)、辽宁省(6 件)、陕西省(6 件)、河南省(5 件)、湖北省(5 件)、上海市(5 件)、福建省(4 件)、浙江省(4 件)、安徽省(3 件)、贵州省

〔8〕 于 2020 年 2 月 24 日发布的《全国人民代表大会常务委员会关于全面禁止非法野生动物交易、革除滥食野生动物陋习、切实保障人民群众生命健康安全的决定》即规定,全面禁止食用国家保护的“有重要生态、科学、社会价值的陆生野生动物”以及其他陆生野生动物,包括人工繁育、人工饲养的陆生野生动物。全面禁止以食用为目的猎捕、交易、运输在野外环境自然生长繁殖的陆生野生动物。对违反前两款规定的行为,参照适用现行法律有关规定处罚。

(2 件),河北省、吉林省、内蒙古自治区、云南省均为 1 件,其余省级行政区的数量均为 0。(见图 4 - 8)

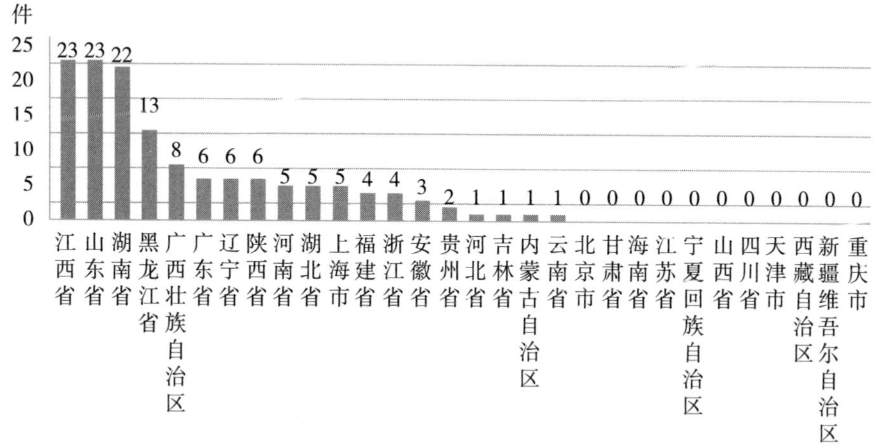

图 4 - 8　非法采矿罪案件数量分省域统计

从上述非法采矿罪的数据情况看,非法采矿犯罪主要分布于江西省、山东省、湖南省、黑龙江省、广西壮族自治区等省级行政区。非法采矿违法犯罪行为的分布与上述省级行政区的矿产资源分布情况相关,但山西省作为煤矿大省,其非法采矿罪的案件数量为 0,这实际上也说明,矿产资源的丰富性与犯罪之间仅具有一定的关联性,而非某种“正”“负”相关性。另外,非法采矿罪的案件数量较少,可能的原因还在于,行政管理对采矿权许可证实行严格审批制度,司法实务上就存在仅根据行政违法认定非法采矿罪的冲动,产生了放弃以刑法所固有的违法性进行判断的现状。[9] 也就是说,非法采矿罪作为法定犯,其“违反矿产资源法的规定”需要借助前置法加以认定,可能导致行为定性不准确,进而导致某些非法采矿行为不被认定为犯罪,或者被错误定性为犯罪,这些均难以取得良好的治理效果。

5. 土地资源生态环境犯罪

“非法占用农用地罪”是我国土地资源犯罪的典型样态。在土地资源犯罪案件中,2022 年度一审审结的“破坏自然保护地罪”的案件数量为 0,故下文将主要围绕非法占用农用地罪的数据进行分析。

---

〔9〕 参见周光权:《非法采矿罪的关键问题》,载《中外法学》2022 年第 4 期。

2022 年度一审审结的“非法占用农用地罪”的案件数量为 238 件,其具体分布情况如下:陕西省(86 件)、黑龙江省(40 件)、内蒙古自治区(31 件)、湖南省(19 件)、辽宁省(11 件)、江西省(10 件)、广西壮族自治区(8 件)、吉林省(8 件)、河南省(7 件)、新疆维吾尔自治区(4 件)、山东省(3 件)、西藏自治区(3 件)、安徽省(2 件)、广东省(2 件)、福建省(1 件)、贵州省(1 件)、宁夏回族自治区(1 件)、浙江省(1 件),其余省级行政区的数量均为 0。(见图 4－9)

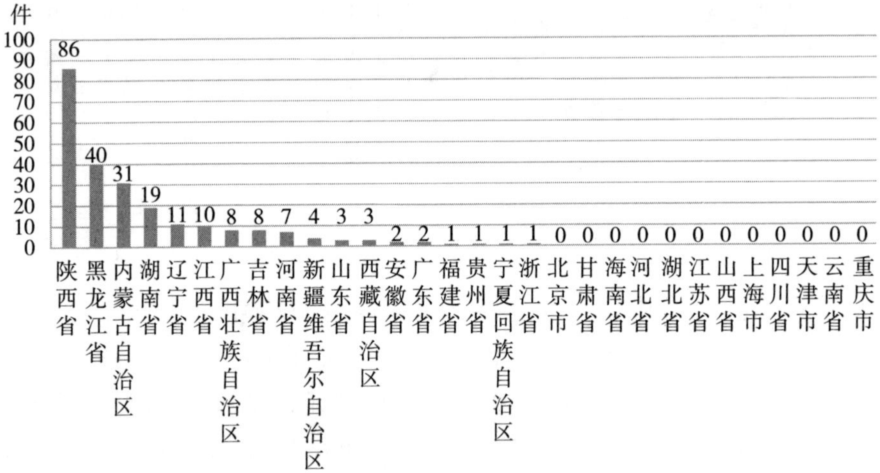

图 4－9　非法占用农用地罪分省域统计

从上述数据看,非法占用农用地罪的案件数量集中于陕西省、黑龙江省、内蒙古自治区、湖南省、辽宁省等省级行政区,这具有明显的属地性。在实践中,行为人违反土地管理法规,非法占用相关土地资源数量较大,改变被占土地资源的用途,造成了相应土地资源的大量毁坏,这种犯罪行为应予惩治。只不过,该类案件有时候难以查处,或者未被作为犯罪处理。例如,有些非法占用农用地的案件难以移送到司法机关,“县(指睢宁县)自然资源和规划局承办人有些为难,说他们每年办案数百起,因在证据采信、入罪标准等方面同公安机关存在分歧,还没有成功移送过一起涉嫌非法占用农用地罪案件”[10]。这也是该类案件数量较少的重要原因,故未来仍需要激活多种手段,严守耕地资源的“安全红线”。

---

〔10〕 鲍莉:《非法占用农用地线索为何难移送》,载《检察日报》2023 年 5 月 25 日,第 6 版。

6. 植物资源生态环境犯罪

在 2022 年度，植物资源生态环境犯罪主要集中在“危害国家重点保护植物罪”中，该罪的案件数量在 2022 年度有 15 件。下文将主要分析 2022 年度审结的该类犯罪案件。

危害国家重点保护植物罪的案件数量具体分布如下：黑龙江省（11 件），甘肃省、广西壮族自治区、贵州省、江西省均为 1 件，其余省级行政区的数量均为 0。（见图 4－10）

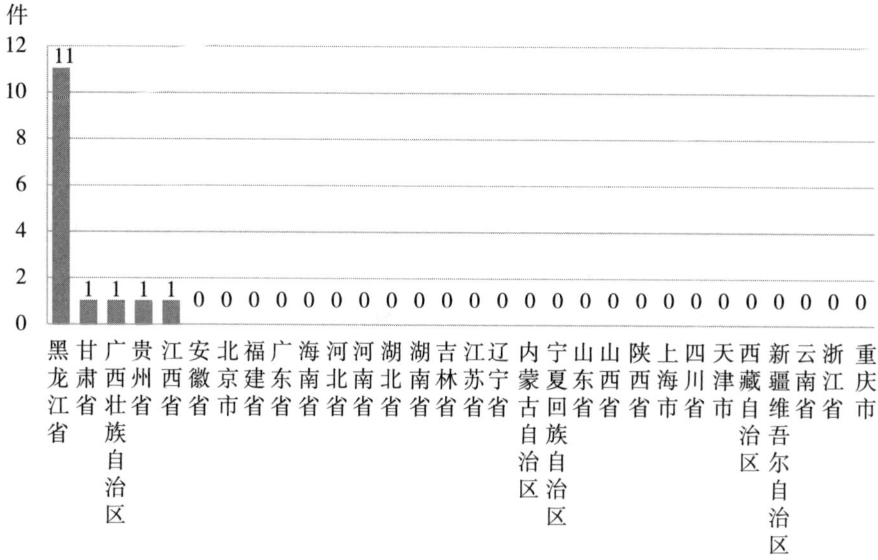

图 4－10 危害国家重点保护植物罪案件数量分省域统计

从上述数据看，危害国家重点保护植物罪主要集中于黑龙江省，在该类案件中，犯罪行为的分布与资源的分布具有“关联性”。随着黑龙江省森林资源和生态环境的有效恢复，东北红豆杉等一些国家级珍贵、濒危物种得到了有效保护。在野生植物方面，黑龙江省有记录野生高等植物 2114 种，药用植物 740 种，其中种子植物 1718 种，蕨类植物 82 种，苔藓植物 314 种，国家重点保护野生植物 26 种。其中国家一级保护植物有东北红豆杉 1 种，国家二级保护植物有红松、水曲柳、黄菠萝、紫椴、松茸、大花杓兰等 25 种。[11] 丰富的植物资源给违法犯罪制造了极大的便利

〔11〕 参见《世界野生动植物日|2614 种野生动植物“落户”黑龙江》，载澎湃网 2022 年 3 月 3 日，https://m.thepaper.cn/baijiahao_16938801。

条件,对此,需要结合该类案件的特点进行综合治理。但也应注意的是,湖北省神农架的野生植物种类繁多,也有国家一级保护植物红豆杉。例如,在 2021 年审结的田某阳、沈某贤危害国家重点保护植物案中,被告人即在神农架林区红坪镇某废弃采石场附近的山林中非法采挖红豆杉 24 株、小叶黄杨 13 株,法院认定该行为情节严重,已构成危害国家重点保护植物罪。[12] 而 2022 年度湖北省的该类案件的数量为 0,对此,仍不能放松监管,还应持续强化保护生物多样性的举措。

7. 涉林类生态环境犯罪

我国涉林类生态环境犯罪罪名主要是:盗伐林木罪(《刑法》第 345 条第 1 款),滥伐林木罪(《刑法》第 345 条第 2 款),非法收购、运输盗伐、滥伐的林木罪(《刑法》第 345 条第 3 款)。下文将围绕上述条款,结合实践中的数据进行分析。

(1)盗伐林木罪

在 2022 年度,盗伐林木罪一审审结的案件数量为 88 件,具体分布情况如下,黑龙江省(30 件)、湖南省(13 件)、广西壮族自治区(9 件)、江西省(9 件)、河南省(5 件)、辽宁省(5 件)、吉林省(3 件)、云南省(3 件)、贵州省(2 件)、陕西省(2 件)、四川省(2 件),安徽省、内蒙古自治区、山东省、新疆维吾尔自治区、浙江省的案件数量均为 1 件,其余省级行政区的案件数量均为 0。(见图 4 – 11)

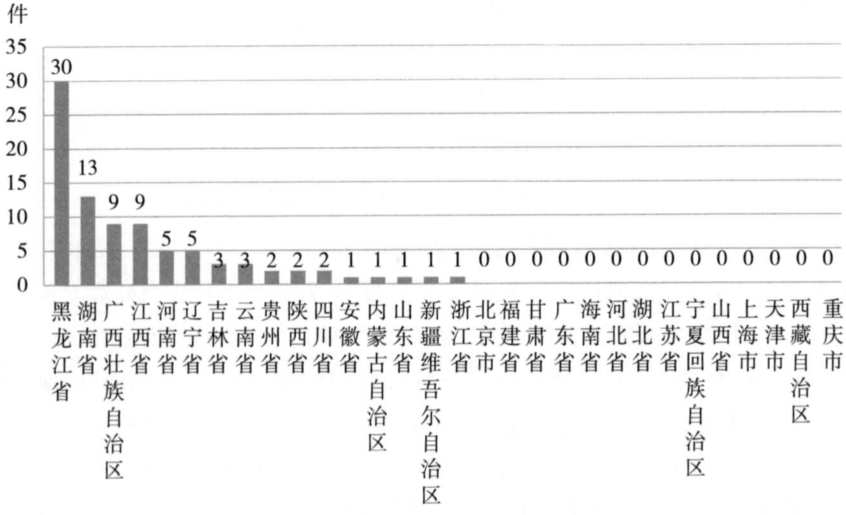

图 4 – 11　盗伐林木罪案件数量分省域统计

---

〔12〕 参见《最高人民法院发布生物多样性司法保护典型案例》,载中国长安网,http://www.chinapeace.gov.cn/chinapeace/c100007/2022 – 12/05/content_12696749.shtml。

从上述数据看,林木资源丰富的省级行政区案件数量较多,黑龙江省即占据了30件案件。但某些省级行政区的案件数量为0,其中的原因还待进一步分析,或者需要在未来几年对这些省级行政区的数据进行监测,以便准确认识盗伐林木罪的司法适用情况。

(2)滥伐林木罪

司法实践中,2022年度一审审结的"滥伐林木罪"的案件总数为475件,具体分布情况如下:广西壮族自治区(244件)、湖南省(85件)、河南省(26件)、辽宁省(20件)、陕西省(17件)、广东省(16件)、江西省(12件)、黑龙江省(11件)、贵州省(9件)、安徽省(7件)、内蒙古自治区(6件)、山东省(6件)、湖北省(4件)、云南省(4件)、四川省(3件)、吉林省(2件)、新疆维吾尔自治区(2件)、山西省(1件),其他省级行政区的数量均为0。(见图4-12)

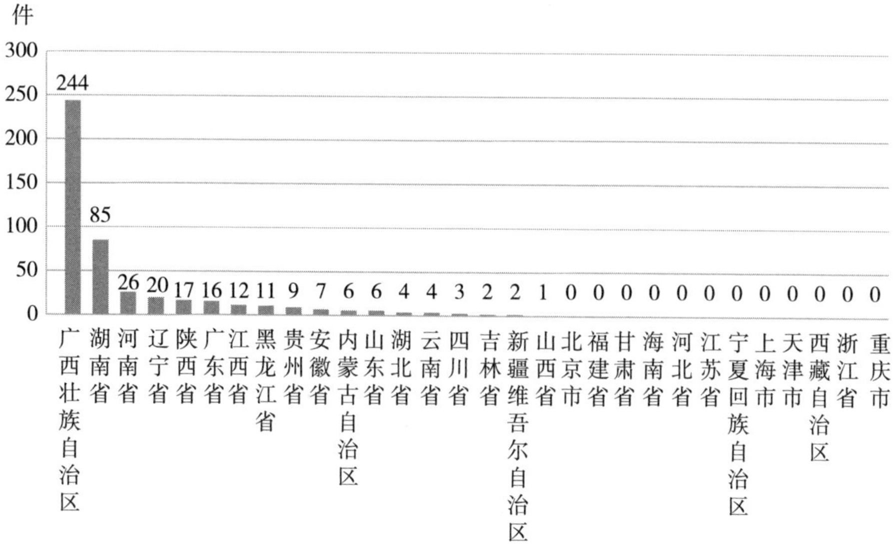

图4-12 滥伐林木罪案件数量分省域统计

从上述数据看,滥伐林木罪主要集中在广西壮族自治区、湖南省、河南省等省级行政区,但林木资源丰富的辽宁省、黑龙江省、吉林省等地案件数量较少。其一,这说明林木资源丰富的省级行政区保护效果较好,所发生的刑事案件也较少;其二,其也说明广西、湖南等地区对该类资源保护处于相对弱势状态,应强化刑事保护,激活其他保护手段。

(3)非法收购、运输盗伐、滥伐的林木罪

2022 年一审审结的“非法收购、运输盗伐、滥伐的林木罪”案件数量总量为 11 件,其具体情况分布如下:湖南省(4 件)、广西壮族自治区(2 件)、陕西省(2 件)、河南省(1 件)、黑龙江省(1 件)、四川省(1 件),其余省级行政区的案件数量为 0。(见图 4 - 13)

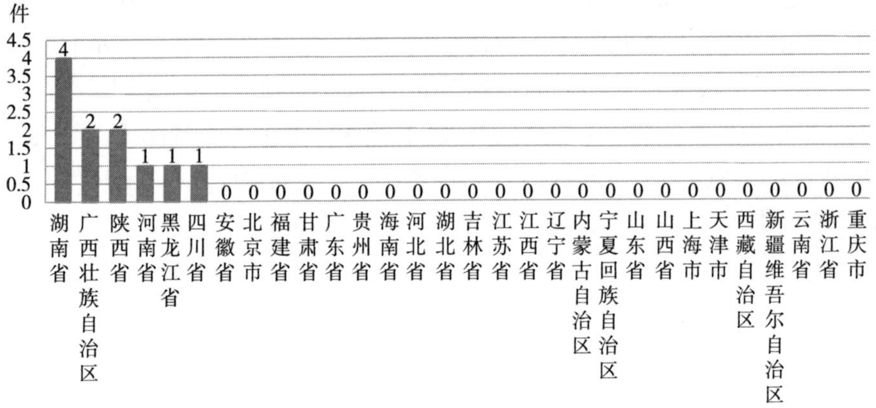

图 4 - 13　非法收购、运输盗伐、滥伐的林木罪案件数量分省域统计

上述数据表明,非法收购、运输盗伐、滥伐的林木罪案件数量主要集中于湖南省、广西壮族自治区、陕西省等省级行政区。该罪作为盗伐林木罪、滥伐林木罪的关联罪名,案件数量明显少于上述两罪。这说明在林木犯罪中,其产业链条并不是很明显,又或者是,该类案件受到的关注度仍然较低。“法院在审理案件时需要意识到运输环节在非法木材交易中的重要性,避免自由裁量权的滥用,同时修改相关的司法解释作为审理非法采伐普通木材运输刑事案件定罪量刑的法律依据,从而为林业法治提供研究思路。”[13]

(四)基本结论

对 2022 年度一审审结的生态环境犯罪案件进行实证分析,可以得出如下基本结论,并可以此为基础展望未来生态环境犯罪治理之策略。

2022 年度审结的一审生态环境犯罪案件的基本现状是:第一,案件总量为 1712 件,较 2021 年度的 7076 件少了近 1/4,该类案件近几年一直保持持续下降

〔13〕 钱静、杨红强、聂影:《非法采伐普通木材运输刑事案件裁量的实证分析》,载《林业经济》2019 年第 11 期。

趋势。第二,2022 年度一审审结的案件中,呈两极分化现象。湖南省 436 件、广西壮族自治区 291 件,但海南省、宁夏回族自治区与重庆市只有 1 件。2022 年度审结的生态环境犯罪案件中,绝大部分省级行政区的案件数量较少,甚至极其少,这种现状至少说明生态环境违法犯罪行为的治理得到了明显改善。第三,应当注意盗伐林木罪、非法捕捞水产品罪、非法采矿罪等罪名在部分省级行政区的案件数量为 0,但这种数量为“0”的现状不能成为不监管该种类案件的理由。

基于对以上现状的分析,可以得出如下基本结论:

第一,生态环境犯罪案件数量持续降低,表明习近平生态文明思想得到贯彻执行。习近平生态文明思想指引着生态文明建设,习近平总书记指出:“环境就是民生,青山就是美丽,蓝天也是幸福。发展经济是为了民生,保护生态环境同样也是为了民生。”〔14〕同时,习近平总书记还指出,“要心系民众对美好生活的向往,实现保护环境、发展经济、创造就业、消除贫困等多面共赢”〔15〕。这为生态文明建设指明了总的方向。在此指引下,《最高人民法院关于深入学习贯彻习近平生态文明思想为新时代生态环境保护提供司法服务和保障的意见》(2018 年 5 月)、《最高人民法院关于新时代加强和创新环境资源审判工作　为建设人与自然和谐共生的现代化提供司法服务和保障的意见》(2021 年 10 月),以及一系列典型案例、指导案例〔16〕的发布,为优化生态环境犯罪的刑事治理提供了方向,对生态环境犯罪的定罪也更为准确,一些可以利用前置法规制的行为,则不需要利用刑法规制。同时,在习近平生态文明思想的指引下,国民更加注重对环境的保护,在生产生活中也更注重“绿水青山就是金山银山”等理念的落实。在司法实践中贯彻落实习近平生态文明思想,国民不断提高环保意识等,是近年来生态环境犯罪案件数量持续走低的重要原因。

第二,2022 年度审结的生态环境犯罪一审案件在某些省级行政区中呈现两极分化现象,但这并不意味着案件数量较少的省级行政区可以降低犯罪标准、扩大入罪范围,或者减少对相关违法犯罪活动(如某些省级行政区的非法采矿罪、非法占用农用地罪等)的监测。特别是 2022 年度某些省级行政区的部分生态环境犯罪案件数量为 0,对此,我们应重视这一特征,持续观测该类犯罪的走向,以

〔14〕《习近平谈治国理政》(第 3 卷),外文出版社 2020 年版,第 362 页。

〔15〕《习近平谈治国理政》(第 4 卷),外文出版社 2022 年版,第 436 页。

〔16〕如《最高人民法院发布 10 起生态环境保护典型案例》(2019 年 3 月 2 日)等。

更好地制定治理措施。某些案件数量较少(甚至为0)的省级行政区也可能是生态环境违法犯罪行为难以被侦查、移送等原因所致,这可以充分激活刑事法以外的其他社会治理措施,协同行政执法、公益诉讼等措施,坚决查处生态环境类犯罪案件,做到不枉不纵。

二、生态环境犯罪刑事二审案件研究

2022 年度一审审结的生态环境刑事案件之基本特征是:案件数量持续降低,案件地区分布两极分化;生态文明思想持续融入国民的生产经营活动中,为优化生态环境治理提供了注解。那么,2022 年度一审审结的案件数量较少是否就表明了生态环境刑事治理机能在实践中得到了良好的贯彻?对此,还需观察实践中一审案件是否被上诉,以及上诉之后的审理情况,并对其进行实证分析。但由于 2022 年度一审审结的案件数量较少,上诉案件数量更少(67 件),故很难观察到生态环境刑事治理效能的变化等。对此,本报告为观察 2022 年度的情况,收集近十年的二审案例,从生态环境治理的长效化等角度进行归纳、总结,深入思考当前我国生态环境犯罪刑事二审程序发挥的司法效能,并尝试对此类特殊刑事案件审理程序的发展方向进行研判。通过对生态环境犯罪刑事二审案件的研究,提炼出当前司法机关针对生态环境犯罪的刑事审判逻辑,反思生态环境犯罪刑事处罚存在的问题,为生态环境犯罪刑事规制路径的完善打下基础,也为健全国家环境治理体系提供支撑。

(一)2013 ~ 2022 年全国生态环境犯罪刑事二审案件基本情况分析

1. 案件数量分析

本部分以生态环境犯罪刑事二审案件为研究对象,根据“北大法宝”数据库统计出 2013 ~ 2022 年生态环境犯罪刑事二审案件数量〔17〕及年度变化情况。2013 ~ 2019 年,我国生态环境犯罪刑事二审案件数量一直处于上升趋势,2014 年、2015 年、2016 年、2017 年、2018 年、2019 年案件数量持续上升,到 2019 年达到最高点,二审案件有 2876 件。然而,2019 ~ 2022 年,生态环境犯罪刑事二审案件数量逐年下降,2020 年、2021 年、2022 年的案件数量都在下降;根据现有统计

---

〔17〕 检索日期:2023 年 6 月 9 日。检索数据库:北大法宝。检索方法:以“案由:破坏环境资源保护罪”“审理程序:二审”“审结日期:2013 年 1 月 1 日 ~ 2023 年 1 月 1 日”为关键词进行检索,根据检索结果提取出 2013 ~ 2022 年各年度生态环境犯罪刑事二审案件数量。本项统计结果数据不包括我国港澳台地区生态环境犯罪二审刑事案件。

结果,2022 年的案件数量仅有 67 件(见图 4-14)。[18]

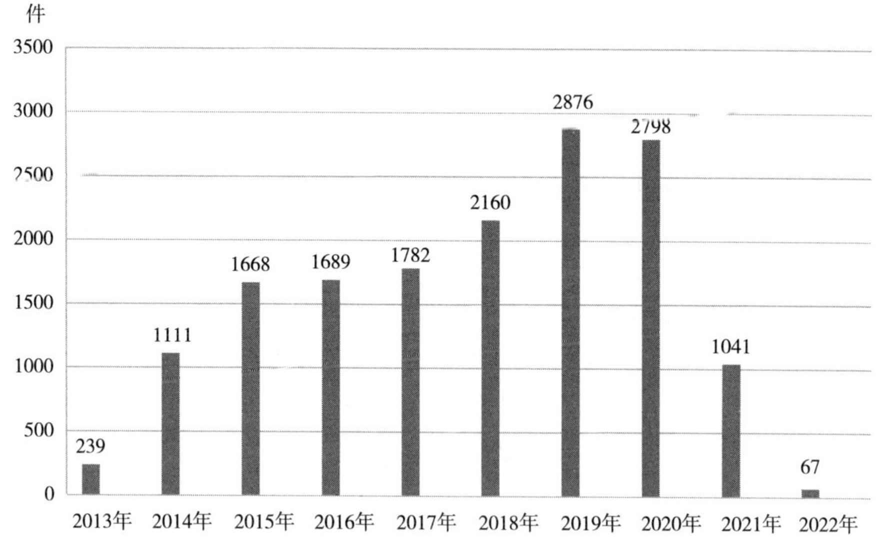

图 4-14　2013~2022 年我国生态环境犯罪刑事二审案件数量年度变化

生态环境犯罪数量影响因素主要包括两方面:其一,人类生产、生活活动对生态环境的影响程度;其二,生态文明法律制度对人类基于生产、生活破坏生态环境的制约程度。这两方面因素相互关联,共同影响生态环境犯罪数量的变化。[19] 自 2020 年开始,生态环境犯罪的数量逐年大幅度下降,这主要是因为,我国人民生产、生活自 2020 年受新冠疫情影响严重,实施破坏生态环境犯罪的客观条件受限,故而生态环境犯罪案发数量下降,一审案件数量减少,二审案件数量也大幅度下降。因为案件发生与案件审理之间存在时间差,从案件发生到二审案件审结的时间跨度更大,所以初步推测 2020 年审理的案件中,很大一部分案件是 2020 年之前案发的案件,这也是 2021 年、2022 年我国生态环境犯罪二审案件大量减少的原因。另外,我国刑事立法和刑事司法加强对生态环境犯罪的打击范围和惩罚力度,对预防、减少生态环境犯罪的发生起到了积极的促进作用,相应地也会减少相关犯罪二审案件的数量。

---

〔18〕 数据库中案件判决书的公布时间会有一定的延迟,所以 2022 年生态环境犯罪二审刑事判决书的数据可能存在误差,但不影响对近十年我国生态环境犯罪二审案件数量变化趋势的整体观察。

〔19〕 参见焦艳鹏:《基于司法大数据的生态环境犯罪刑法惩治分析》,载《重庆大学学报(社会科学版)》2022 年第 5 期。

综上所述,近十年我国生态环境犯罪刑事二审案件数量在 2013 ~ 2019 年呈增长趋势,但 2020 ~ 2022 年呈下降趋势,这一重要变化可能是 2020 年以来生产、生活条件的变化所致,但我国生态环境犯罪刑事案件二审数量仍处于波动状态。

2. 案件涉及罪名分析

对 2013 ~ 2022 年全国生态环境犯罪刑事二审案件罪名分布情况进行宏观统计,统计结果显示,不同罪名之间的案件数量相差悬殊。其中,滥伐林木罪二审案件数量最多,有 3124 件,非法处置进口的固体废物罪的二审案件数量只有 1 件(见表 4 - 1)。部分罪名二审案件数量较少,但并不都是因为此类罪名一审案件裁判结果服判息诉率高,还可能是因为此类罪名一审案件数量本就较少。之所以相关一审案件数量较少,从事实层面上推断可能是因为犯罪成本较高,不容易实施;从法律层面上推断可能是因为在司法实践中,某一行为可能触犯多个环境犯罪罪名,构成想象竞合,依据重罪处罚原则,很多轻罪的罪名适用率低,相应的二审案件数量就会少。

表 4 - 1　2013 ~ 2022 年全国生态环境犯罪刑事二审案件罪名分布情况

单位:件

序号	罪　　名	案件数量
1	滥伐林木罪	3124
2	非法采矿罪	2901
3	污染环境罪	2562
4	非法占用农用地罪	2561
5	盗伐林木罪	1691
6	“非法收购、运输、出售珍贵、濒危野生动物、珍贵、濒危野生动物制品罪”	1018
7	“非法采伐、毁坏国家重点保护植物罪”	760
8	“非法猎捕、杀害珍贵、濒危野生动物罪”	339
9	“非法收购、运输、加工、出售国家重点保护植物、国家重点保护植物制品罪”	334
10	非法捕捞水产品罪	284
11	非法狩猎罪	276
12	非法收购、运输盗伐、滥伐的林木罪	100
13	危害珍贵、濒危野生动物罪	15

续表

序号	罪　　名	案件数量
14	破坏性采矿罪	8
15	危害国家重点保护植物罪	8
16	擅自进口固体废物罪	3
17	非法处置进口的固体废物罪	1
总计		15985

注：检索日期：2023 年 6 月 13 日。检索数据库：北大法宝。检索方法：以"案由：破坏环境资源保护罪""审理程序：二审""审结日期：2013 年 1 月 1 日 ~2023 年 1 月 1 日"为关键词进行检索，根据检索结果采用人工统计的方法得出各个罪名的案件数量。以环境犯罪相关罪名为视角统计近 10 年生态环境犯罪二审案件的数量，与直接以按照年份统计的案件数量之间存在差异，初步猜测可能是因为在以罪名为观察视角时，共同犯罪的案件可能被重复统计，所以案件数量稍高，但因为不同罪名之间案件数量差异较大，所以从整体而言，这一问题对罪名之间的排序影响不大。

因《刑法修正案（十一）》出台，"非法猎捕、杀害珍贵、濒危野生动物罪""非法收购、运输、出售珍贵、濒危野生动物、珍贵、濒危野生动物制品罪"已被取消，变更为"危害珍贵、濒危野生动物罪；""非法采伐、毁坏国家重点保护植物罪"已被取消，变更为"危害国家重点保护植物罪"；"非法采伐、毁坏国家重点保护植物罪""非法收购、运输、加工、出售国家重点保护植物、国家重点保护植物制品罪"已被取消，变更为"危害国家重点保护植物罪"。

从微观上逐一以每个罪名为观察视角，对 2013 ~2022 年生态环境犯罪各罪名刑事二审案件数量的变化规律进行归纳。[20] 2013 ~2022 年大部分环境犯罪罪名的刑事二审案件数量都发生了一定的波动（见图 4 –15），结合多方面因素考量，影响不同罪名刑事案件数量变化的因素主要包括：

第一，生产、生活活动对二审案件数量会产生影响。2020 年之前，大部分环境犯罪罪名的刑事二审案件数量都在上升，但所有罪名 2021 年、2022 年的案件审结数量断崖式下跌。例如非法采矿罪，2020 年二审刑事案件数量有 879 件，到 2021 年只有 292 件，2022 年仅有 18 件。非法占用农用地罪刑事二审案件数量也是由 2020 年的 509 件下降至 2021 年的 127 件，到 2020 年只有 12 件。这主

[20] 检索日期：2023 年 6 月 14 日。检索数据库：北大法宝。检索方法：以"案由：破坏环境资源保护罪""审理程序：二审""审结日期：2013 年 1 月 1 日 ~2023 年 1 月 1 日"为关键词进行检索，根据检索结果采用人工统计的方法将各罪名 2013 ~2022 年每年的案件数量进行总结归纳，根据数据统计结果形成统计图。因为部分罪名二审案件数量较少，体现不出变化规律，所以选取近 10 年案件数量超过 100 件的罪名进行研究。

要是因为新冠疫情期间,我国人民生产、生活方式发生变化,严重破坏生态环境的犯罪行为减少,生态环境犯罪刑事一审、二审的案件数量也随之减少。

第二,司法解释和规范性法律文件的颁布对二审案件数量产生影响。司法解释对司法实践具有指导作用,直接影响司法认定标准以及犯罪的定性问题,因而对刑事案件数量的影响较为明显。例如非法采矿罪,2018 年之前非法采矿罪二审案件数量均低于 200 件,2013 年 44 件,2014 年 105 件,2015 年 163 件,2016 年 194 件,2017 年 199 件。但是 2018 年后非法采矿刑事二审案件数量迅速增长,2018 年 325 件,2019 年 682 件,2020 年 879 件。这主要是因为,2016 年出台《最高人民法院、最高人民检察院关于办理非法采矿、破坏性采矿刑事案件适用法律若干问题的解释》[21],明确了非法采矿罪的定罪量刑标准。2017 年《最高人民检察院、公安部关于公安机关管辖的刑事案件立案追诉标准的规定(一)的补充规定》第 11 条明确了非法采矿案的立案追诉标准。通过对非法采矿罪刑事二审案件数量变化规律的考察,可以发现,立案标准的细化会导致案件数量的增加,司法认定标准的精细化为司法实践提供了具有可操作性的认定标准。这能够有效缓解司法认定的困境,但也会使案件数量有一定幅度的提升。

第三,立法修改对二审案件数量的影响。首先,刑事法律规定的修改影响生态环境犯罪二审案件数量。2013 ~ 2021 年,环境犯罪罪名基本变化不大,以"非法收购、运输、出售珍贵、濒危野生动物、珍贵、濒危野生动物制品罪"为例,在 2021 年之前,此罪的刑事二审案件有一定数量。在 2020 年,此罪刑事二审案件数量有 240 件,但是因为罪名的修改,到 2022 年,此罪的刑事二审的案件数量为 0(见图 4 - 15),但这仅是罪名表达方式的变更,并不代表非法收购、运输、出售珍贵、濒危野生动物、珍贵、濒危野生动物制品犯罪行为的二审案件数量会因此变化。其次,行政法律法规的修改也会影响生态环境犯罪二审案件数量。生态环境犯罪基本上都是行政犯,构成生态环境犯罪的行为通常违反行政法律法规,因此前置行政法律法规内容的变化会影响行为的违法性,进而影响犯罪构成和刑事案件数量。以非法占用农用地罪为例,此罪 2020 年刑事二审案件数量是 509 件,2019 年是 526 件,明显比 2018 年 376 件,2017 年 285 件,2016 年 291 件

---

[21] 参见缐杰、吴峤滨:《最高人民法院、最高人民检察院〈关于办理非法采矿、破坏性采矿刑事案件适用法律若干问题的解释〉理解与适用》,载《人民检察》2017 年第 4 期。

的案件数量要高。这种变化应该与 2019 年《土地管理法》的修正[22]有关联。因此,行政法律法规和刑事法律法规的变化都会影响生态环境犯罪刑事二审案件的数量。

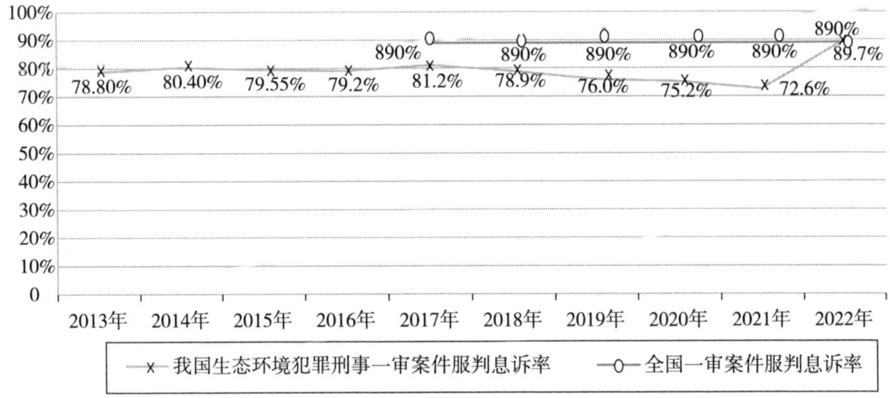

图 4－15　2013～2022 年全国生态环境犯罪一审服判息诉率

表 4－2　2013～2022 年生态环境相关罪名二审刑事案件数量变化

罪名	2013 年	2014 年	2015 年	2016 年	2017 年	2018 年	2019 年	2020 年	2021 年	2022 年
滥伐林木罪	0	67	360	478	506	454	397	481	312	69
非法采矿罪	44	105	163	194	199	325	682	879	292	18
污染环境罪	3	124	233	284	327	375	588	428	188	12
非法占用农用地罪	40	150	245	291	285	376	526	509	127	12
盗伐林木罪	41	198	279	246	269	240	237	163	18	0
非法收购、运输、出售珍贵、濒危野生动物、珍贵、濒危野生动物制品罪	31	76	87	107	105	130	152	240	90	0
非法采伐、毁坏国家重点保护植物罪	14	133	163	121	94	79	84	54	17	1
非法猎捕、杀害珍贵、濒危野生动物罪	2	13	35	43	38	56	46	84	21	1

〔22〕 参见《土地管理法》第 4 条第 2 款的规定:“国家编制土地利用总体规划,规定土地用途,将土地分为农用地、建设用地和未利用地。严格限制农用地转为建设用地,控制建设用地总量,对耕地实行特殊保护。”同条第 3 款规定:“前款所称农用地是指直接用于农业生产的土地,包括耕地、林地、草地、农田水利用地、养殖水面等;建设用地是指建造建筑物、构筑物的土地,包括城乡住宅和公共设施用地、工矿用地、交通水利设施用地、旅游用地、军事设施用地等;未利用地是指农用地和建设用地以外的土地。”

续表

罪名	2013 年	2014 年	2015 年	2016 年	2017 年	2018 年	2019 年	2020 年	2021 年	2022 年
非法收购、运输、加工、出售国家重点保护植物、国家重点保护植物制品罪	0	3	13	23	24	35	55	97	76	8
非法捕捞水产品罪	0	48	68	47	54	34	22	10	0	1
非法狩猎罪	1	13	10	18	32	39	61	74	25	3
非法收购、运输盗伐、滥伐的林木罪	0	3	13	6	10	17	12	20	18	1

另外,生态环境犯罪的行为难易程度及犯罪成本不同,不同罪名法律规定的争议多少有所不同。不同罪名司法认定标准的高低等其他因素,以及刑事预防犯罪效果实现等因素,都对环境犯罪案件的发生以及刑事二审案件数量的多少产生一定影响。

3. 一审判决服判息诉情况分析

2013 ~2022 年,全国生态环境犯罪一审服判息诉率:2013 年 78.80% ,2014 年 80.40% ,2015 年 79.55% ,2016 年 79.20% ,2017 年 81.20% ,2018 年 78.90% ,2019 年 76.00% ,2020 年 75.20% ,2021 年 72.60% ,2022 年 89.70% ,全国生态环境犯罪刑事一审案件平均服判息诉率 79.15% ,而最高人民法院数据表明,2017 ~2022 年,全国一审案件的服判息诉率为 89% (见图 4 - 16) 。[23] 比较而言,生态环境类犯罪的一审服判息诉率明显低于平均水平,这种现象在我国各地均有出现,如山东省近 5 年生态环境犯罪一审判决服判息诉率稳定在 80%[24],郑铁两级法院共受理各类涉黄河流域环境资源案件,一审案件服判息诉率 81.78%[25]。

生态环境一审案件服判息诉率低代表此类犯罪进入二审审判程序的概率要高于其他类型的犯罪,而造成这一现象的原因在于:一方面,生态环境类犯罪司法认定过程中,对犯罪成立条件的理解存在争议、定罪量刑标准不清等问题影响一审裁判结果的服判率;另一方面,生态环境类犯罪的刑事审判质量也有进一步提升

〔23〕 参见叶中华:《最高法:五年间,一审案件服判息诉率保持在 89% 左右》,载中国城市网,http://www.zgcsb.com/newx/pinDao/2023 - 03/10/a_433114.html。

〔24〕 参见山东省高级人民法院环境资源审判庭课题组:《环境污染犯罪在法律适用中存在的问题及对策研究——以山东法院 2017—2021 年审结的污染环境罪案件为样本》,载《山东法官培训学院学报》2022 年第 5 期。

〔25〕《2022 年度河南省内黄河流域环境资源审判白皮书》,载郑州铁路运输中级法院网 2023 年 4 月 17 日,https://ztzy.hncourt.gov.cn/public/detail.php? id =5956。

的空间。

(二)2013～2022 年全国生态环境犯罪刑事二审裁判结果分析

1. 二审后处理情况分析

依据《刑事诉讼法》第 236 条的规定,刑事二审案件审理后的处理结果分为三种情况:维持原判、直接改判以及发回重审。全国生态环境犯罪刑事二审处理结果维持原判(含准许撤诉)占比最高,为 84.7%,发回重审次之,占比 14.1%,直接改判占比最低,为 1.3%(见图 4－16)。[26] 我国刑事案件二审发回、改判率低已经是不争的事实,根据官方的数据统计,以浙江省为例,2015 年浙江省法院二审改判、发回率为6.8%[27],2016 年浙江省法院二审改判、发回率为6.7%[28],2017 年浙江省法院二审改判、发回率为 8.4%[29]。其他省级行政区二审案件的改判、发回率也不高,如江西省 2020 年一审案改判、发回率(可简称为发改率)为 1.34%。[30] 山东省基层人民法院发布的上诉风险提示书中指出二审案件发回重审、改判率大约为 5%。[31] 我国生态环境类犯罪二审刑事案件发回、改判的概率达到 15.3%,结合已有数据[32]可以合理推测,生态环境类犯罪刑事二审发回、改判率会超出全国法院二审案件发回、改判率的平均值。

随着司法改革的逐渐深入,2021 年最高人民法院出台了《关于加强和完善法官考核工作的指导意见》(以下简称《法官考核指导意见》)。《法官考核指导意见》的考核内容就关于"案件发回、改判等情况"的考核,将案件的发回、改判情况作为法官审理案件质量的衡量要素。正因如此,在司法实践中,刑事二审案

〔26〕 根据图 4－16 中的统计数据,计算"维持原判""直接改判""发回重审"案件在 10462 件二审案件中所占的比例。因为本次案件检索内容与前文 2013～2022 年全国生态环境犯罪二审刑事案件数量统计的检索方式不同,出于系统原因,生态环境犯罪二审刑事案件数量存在差异,但这并不影响二审处理结果的整体性分析。

〔27〕 《2016 年浙江省高级人民法院工作报告》,载浙江法院网,http://www.zjstgkw.gov.cn/art/2016/2/17/art.420_459.html。

〔28〕 参见《2017 年浙江省高级人民法院工作报告》,载浙江法院网,http://www.zjsfgkw.cn/art/2017/1/24/art_420_455.html。

〔29〕 参见《2018 年浙江省高级人民法院工作报告》,载浙江法院网,http://www.zjsfgkw.cn/art/2018/2/12/art_420_405.html。

〔30〕 参见《江西省高级人民法院工作报告》,载江西省人民政府网,http://www.jiangxi.gov.cn/art/2021/3/12/art_393_3270417.html。

〔31〕 参见《淄博市张店区人民法院上诉风险提示书》,载 LEB 法务平台 2022 年 11 月 23 日,https://www.leb－china.com/portal/article/index/id/1276/cid/。

〔32〕 全国法院二审案件发回、改判的相关数据尚无确切的统计结果,各省级法院二审案件发回、改判的相关数据也并不完整,因此很难获取法院二审发回、改判的相关数据。

件的发回、改判极为谨慎,而生态环境类犯罪刑事二审的发改率能达到 15.4%,则从侧面说明,我国生态环境犯罪一审案件裁判结果确实存在争议。

结合生态环境二审刑事案件发回重审的具体情况〔33〕,此类犯罪发回重审的案件数量是直接改判案件数量的 10 倍还多,因此我国生态环境犯罪刑事二审案件发改率高主要指的是发回重审的概率较高。依据刑事诉讼法的规定,原判决事实不清楚或者证据不足的,二审法院会作出发回原审人民法院重新审判的裁定,或者是由于一审人民法院的审理违反法律规定的诉讼程序而发回原审法院。据此可以初步确定,我国生态环境类犯罪案件发改率高往往不是因为司法认定过程中法律适用错误或者量刑不当,而是因为原审判决事实不清、证据不足,或者存在程序性错误。

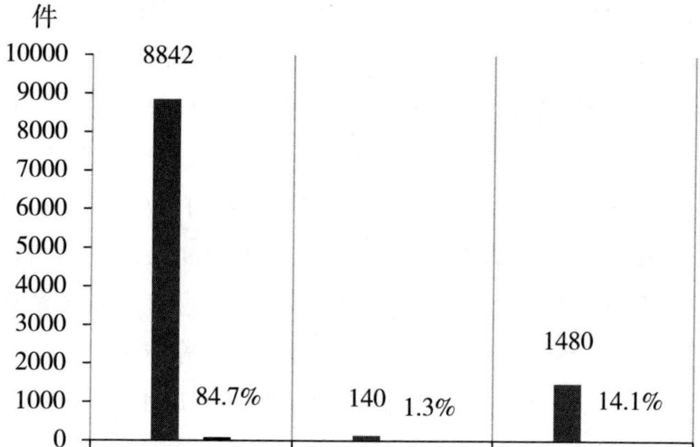

	维持原判（含准许撤诉）	直接改判	发回重审
■案件数量	8842	140	1480
■我国生态环境犯罪刑事二审后处理结果所占百分比	84.7	1.3	14.1

图 4-16　我国生态环境犯罪刑事二审后处理结果

2. 二审改判案件分析

2013～2022 年生态环境犯罪二审改判案件罪名分布的统计结果显示,非法

〔33〕 采用高级检索的方式,检索日期:2023 年 6 月 17 日。检索数据库:北大法宝。检索方法:以“案由:破坏环境资源保护罪”“审理程序:二审”“时间:2013 年 1 月 1 日～2023 年 1 月 1 日”“裁判结果:发回”“裁判结果:维持原判”“裁判结果:改判”为关键词进行检索,根据检索结果采用人工统计的方法得出各个罪名的案件数量。

采矿罪和滥伐林木罪刑事二审改判的案件数量相对较多,其余罪名刑事二审改判的案件数量相差不大。(见表 4－3)

表 4－3　2013～2022 年生态环境犯罪刑事二审改判案件罪名分布情况统计〔34〕

单位:件

序号	罪　　名	案件数量
1	非法采矿罪	34
2	滥伐林木罪	32
3	"非法收购、运输、出售珍贵、濒危野生动物、珍贵、濒危野生动物制品罪"	16
4	盗伐林木罪	13
5	污染环境罪	13
6	"非法采伐、毁坏国家重点保护植物罪"	12
7	非法占用农用地罪	9
8	"非法收购、运输、加工、出售国家重点保护植物、国家重点保护植物制品罪"	8
9	非法收购、运输盗伐、滥伐的林木罪	5
10	"非法猎捕、杀害珍贵、濒危野生动物罪"	4
11	非法捕捞水产品罪	3
12	非法狩猎罪	3
13	危害珍贵、濒危野生动物罪	2
总计		154

依据《刑事诉讼法》第 236 条的规定,刑事二审案件改判的理由可以是原判决适用法律有错误或是量刑不当,二审法院予以纠正,也可能是原判决事实不清,二审在查清事实后改判。具体到我国生态环境犯罪中,本研究统计了刑事二审的改判理由。(见表 4－4、图 4－17)

〔34〕 采用高级检索的方式,检索日期:2023 年 6 月 17 日。检索数据库:北大法宝。检索方法:以"案由:破坏环境资源保护罪""审理程序:二审""审结日期:2013 年 1 月 1 日～2023 年 1 月 1 日""裁判结果:改判"为关键词进行检索,对检索结果进行人工逐一阅读,对不同罪名刑事二审案件数量进行统计。因为存在数罪并罚的情况,同一案件在不同罪名下可能被重复计算,所以生态环境犯罪二审改判案件数量要比前文统计得多。

表 4-4 2013~2022 年生态环境犯罪刑事二审改判理由统计〔35〕

单位:件

序号	罪名	法律适用问题	量刑不当(含执行方式变更)	事实认定不清
1	滥伐林木罪	2	16	7
2	非法采矿罪	3	17	2
3	"非法收购、运输、出售珍贵、濒危野生动物、珍贵、濒危野生动物制品罪"	4	5	1
4	"非法采伐、毁坏国家重点保护植物罪"	0	6	2
5	盗伐林木罪	3	5	2
6	污染环境罪	3	3	1
7	"非法收购、运输、加工、出售国家重点保护植物、国家重点保护植物制品罪"	0	3	0
8	非法占用农用地罪	1	4	1
9	非法狩猎罪	0	1	1
10	非法收购、运输盗伐、滥伐的林木罪	0	1	0
11	非法捕捞水产品罪	0	2	1
12	"非法猎捕、杀害珍贵、濒危野生动物罪"	1	2	0
13	危害珍贵、濒危野生动物罪	0	2	0
共计		17	67	18
总计		102		

〔35〕 采用高级检索的方式,检索日期:2023 年 6 月 17 日。检索数据库:北大法宝。检索方法:以"案由:破坏环境资源保护罪""审理程序:二审""审结日期:2013 年 1 月 1 日 ~ 2023 年 1 月 1 日""裁判结果:改判"为关键词进行检索,根据检索结果采用人工阅读的方法,归纳出 102 件具有参考价值的裁判文书。此种检索方式存在小的瑕疵,因为法院判决书裁判结果中有时会附法律依据,在法律依据中有"改判"两字,而非裁判结果是改判,因此二审案件实际改判的数量要少于之前统计的 154 件。

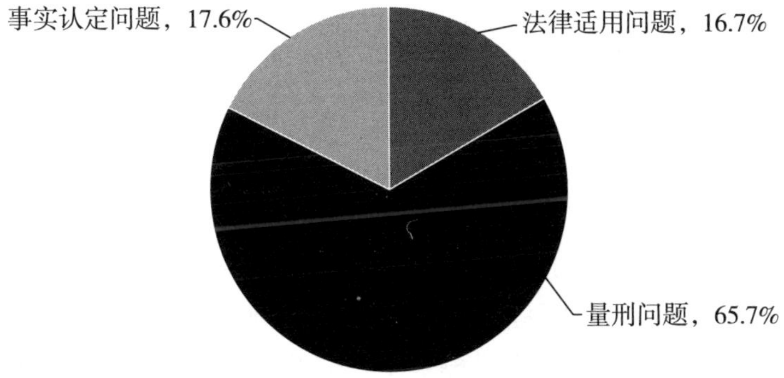

图 4－17　生态环境犯罪刑事二审案件改判理由所占百分比

生态环境犯罪二审改判案件中,65.7%都是因为量刑不当而改判,这意味着大部分生态环境类犯罪刑事二审改判的理由是量刑不当,少部分是由于法律适用问题或事实认定问题而改判。(见图 4－17)

第一,我国生态环境犯罪刑事二审案件纠正法律适用问题包括:(1)对生态环境犯罪法律规定理解错误导致犯罪认定存在错误。(2)因刑事立法修正,原判决中适用的罪名已经发生变化,在二审判决中予以修正。(3)未判追缴违法所得。(4)适用附加刑错误,这里指不同种类的附加刑适用错误,如将罚金刑改判为没收财产。(5)扣押物品处理不当。

第二,我国生态环境犯罪刑事二审案件对原判决量刑改判的理由:(1)原审判决较重而对其予以纠正,或是原审判决畸轻而对其予以纠正。基于刑事诉讼法上诉不加刑原则的限制,大部分二审案件改判结果是在原审判决基础上减轻处罚。(2)原审判决未适用缓刑,二审法院综合考量定罪、量刑情节,认为应当改判适用缓刑。(3)原审判决未适用缓刑,在二审上诉期间,上诉人积极退缴、赔偿,主动提出生态修复,二审法院考虑到这些因素,对上诉人改判缓刑。(4)附加刑适用的调整。这里指二审判决对原审判决适用的附加刑进行量的修正,如增加或减少罚金刑数额。(5)前置法规定影响量刑结果,如动物保护等级的变化对量刑结果产生影响,需要修正。(6)司法解释规定变化影响量刑,如在非法采矿罪中,司法解释对此罪量刑标准予以明确,影响量刑。(7)二审法院对原审判决刑事执行方式的改判。

第三,我国生态环境犯罪刑事二审案件对原判决事实认定内容的改判:因为一审二审之间存在时间间隔,二审法院对事实相关问题改判,可能是基于一审期间就已经存在的事实,也可能是一审后出现新证据或是发生新的事实变化。

(1)一审法院对影响犯罪成立的事实认定错误,二审予以纠正,如一审法院对滥伐林木的数额认定不清,二审予以修正。(2)一审判决中对影响犯罪量刑的情节事实认定不清,二审法院予以重新认定,或是出现新证据能够证明上诉人有自首、立功表现,二审法院予以认定。(3)针对生态环境类犯罪的共同犯罪,原审法院没有正确区分主从犯,二审法院正确认定后改判。

通过对我国生态环境犯罪刑事二审案件改判内容的分析,当前的司法实践中,生态环境类犯罪二审上诉请求中,请求二审改判缓刑的案件不在少数,而根据二审改判结果,可以发现二审改判案件中有30%左右的案件刑事改判的内容与缓刑适用相关,基本可以认为缓刑适用争议是生态环境犯罪二审改判的最主要原因。除此之外,二审法院对原审法院未认定的自首、立功情节予以纠正,以及将二审上诉期间上诉人积极进行生态修复作为二审改判量刑的参考因素,这些内容是我国生态环境刑事二审案件改判的核心依据。

3. 二审发回重审案件分析

2013~2022年生态环境犯罪二审发回重审案件的罪名分布情况显示,全国生态环境犯罪刑事二审案件数量比二审改判案件数量多(见表4-5)。从罪名分布情况来看,生态环境类犯罪二审发回重审案件数量较多的罪名排序是:(1)非法占用农用地罪;(2)非法采矿罪;(3)滥伐林木罪;(4)盗伐林木罪;(5)环境污染罪。我国生态环境犯罪刑事二审案件罪名分布情况排序为:(1)滥伐林木罪;(2)非法采矿罪;(3)污染环境罪;(4)非法占用农用地罪;(5)盗伐林木罪。将这两组排序进行对比,发现排名顺序并不一致,也就是说,刑事二审案件数量多的罪名并不代表此罪二审发回重审的概率就大,两者之间并不呈正比关系。根据这一统计数据可以发现,非法占用农用地罪二审审理后,发回重审的概率相对较高,这说明此罪一审审判过程中,或是非法占用农用地的案件事实认定容易出现纰漏,或是在此类犯罪的一审过程中,违反法定程序审理的情况相对更多。总之,需要特别关注非法占用农用地罪二审案件的发回重审问题。

表 4-5 全国生态环境犯罪刑事二审发回重审案件数量统计〔36〕

单位:件

序号	罪名	发回重审案件数量
1	非法占用农用地罪	414
2	非法采矿罪	360
3	滥伐林木罪	243
4	盗伐林木罪	143
5	污染环境罪	143
6	“非法收购、运输、出售珍贵、濒危野生动物、珍贵、濒危野生动物制品罪”	112
7	“非法采伐、毁坏国家重点保护植物罪”	51
8	“非法猎捕、杀害珍贵、濒危野生动物罪”	37
9	非法收购、运输盗伐、滥伐的林木罪	22
10	“非法收购、运输、加工、出售国家重点保护植物、国家重点保护植物制品罪”	19
11	非法狩猎罪	14
12	非法捕捞水产品罪	8
13	危害珍贵、濒危野生动物罪	3
14	危害国家重点保护植物罪	1
总计		1570

依据《刑事诉讼法》第 238 条的规定,刑事二审案件发回重审的原因主要包括三种情况:其一,原判决事实不清、证据不足;其二,一审人民法院的审理违反法律规定的诉讼程序;其三,前两种情况兼有。以此为前提,抽取 157 件生态环境二审发回重审案件进行分析、判断,形成统计结果。(见表 4-6、图 4-18)

〔36〕 采用高级检索的方式,检索日期:2023 年 6 月 19 日。检索数据库:北大法宝。检索方法:以“案由:破坏环境资源保护罪”“审理程序:二审”“时间:2013 年 1 月 1 日~2023 年 1 月 1 日”“裁判结果:发回”为关键词进行检索,对检索结果进行人工逐一阅读,对不同罪名刑事二审案件数量进行统计。因为存在数罪并罚的情况,同一案件在不同罪名下可能被重复计算,所以生态环境犯罪二审发回重审案件数量要比前文统计得多。

表 4 -6　生态环境犯罪刑事二审发回重审原因抽样统计〔37〕

单位:件

序号	罪名	抽样案件数量	程序问题	事实不清、证据不足	都有
1	非法占用农用地罪	41	7	33	1
2	非法采矿罪	36	7	27	2
3	滥伐林木罪	24	2	21	1
4	盗伐林木罪	15	2	12	1
5	污染环境罪	15	1	14	0
6	“非法收购、运输、出售珍贵、濒危野生动物、珍贵、濒危野生动物制品罪”	11	3	7	1
7	“非法采伐、毁坏国家重点保护植物罪”	5	2	3	0
8	“非法猎捕、杀害珍贵、濒危野生动物罪”	4	2	2	0
9	非法狩猎罪	2	1	1	0
10	“非法收购、运输、加工、出售国家重点保护植物、国家重点保护植物制品罪”	2	0	2	0
11	非法收购、运输盗伐、滥伐的林木罪	2	2	0	0
总计		157	29	122	6

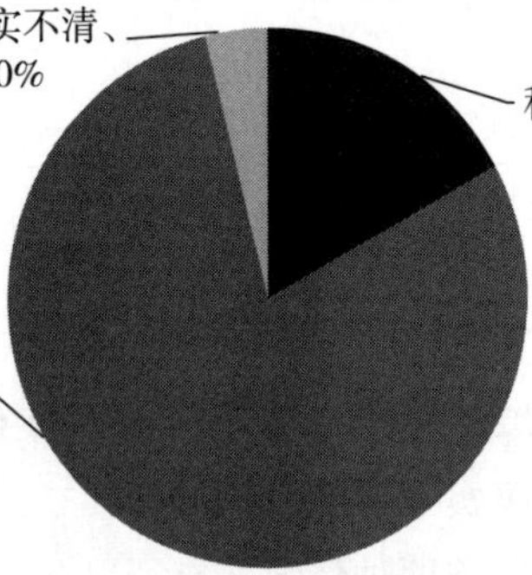

图 4 -18　生态环境犯罪刑事二审案件发回重审理由所占百分比

〔37〕 因为生态环境犯罪二审发回重审案件数量较多,所以采用抽样分析的方法,选取生态环境刑事二审发回重审案件的 10% 进行抽样研究。为了尽量保证研究的完整性,选取生态环境犯罪各罪名的 10% 组成研究样本,部分罪名二审发回重审的案件数量过少,参考意义不大,不作为研究的对象。采用高级检索的方式,检索日期:2023 年 6 月 19 日。检索数据库:北大法宝。检索方法:以“案由:破坏环境资源保护罪”“审理程序:二审”“审结日期:2013 年 1 月 1 日 ~2023 年 1 月 1 日”“裁判结果:发回”为关键词进行检索,再根据检索结果,按照不同罪名选取案件,采用人工阅读的方法进行分类,对得出的数据进行归纳、整理。

统计结果显示,因事实不清、证据不足问题而发回重审的案件数量最多,占抽样样本总数的79%;因此可合理推测,在整个生态环境犯罪刑事二审发回重审案件中,大部分案件是因为事实不清、证据不足发回重审,而程序违法导致发回重审的案件相对较少。

通过对生态环境类犯罪刑事二审发回重审的案件进行详细考察,可以发现此类案件刑事判决书裁判说理部分比较单薄,大部分案件不会详细指出原审法院事实不清、证据不足或是违反法定程序的具体指向,而只是抽象地概括为事实不清、证据不足或是违反法定程序。这导致生态环境类犯罪被发回重审的具体原因很难查清。基于现有可查的二审刑事判决书仅能窥探到部分案件发回重审的理由,具有代表性的理由是:(1)非法占用农用地罪刑事二审中,二审法院发回重审的主要原因是一审法院没有确定或是没有证实土地的性质,不能确定受损害的土地是否属于刑法的保护范畴,如耕地地理位置不明确,或是是否属于林地不确定。偶尔也会因为涉案土地是否被毁坏、土地是否恢复等问题存在事实认定上的争议。(2)非法采矿罪中,非法开采矿产的价值难以确定,非法采矿的鉴定意见存疑等问题是二审法院发回重审的主要原因。(3)滥伐林木罪中,一审判决中没有明确盗伐林木的面积。[38] 另外,生态环境二审案件中有一定数量的案件是因为违反程序而被发回重审,具有代表性的理由包括:一审审理中,公诉机关派诉人员不符合要求;一审法院开庭时与评议案件时合议庭成员不统一;不该使用简易程序审理的案件采用简易程序审理等。

(三)全国生态环境犯罪刑事二审案件司法效能分析

1. 监督一审判决以确保定罪的正确性

生态环境类犯罪刑事二审程序是环境犯罪刑事治理体系中极为重要的一部分,生态环境二审程序肩负监督一审判决,确保生态环境犯罪认定正确性的重任。根据近10年的数据统计结果,我国生态环境二审案件数量总体呈上升趋势,虽然受疫情影响出现了二审案件减少的现象,但这种非常规的特殊情况是短暂出现的波动。从2013~2019年生态环境犯罪的发展规律看,生态环境二审案件随着环境犯罪一审案件数量的上升而增加。而且,根据数据统计结果,有一定比例的环境类犯罪刑事一审判决在二审判决中被发回、改判。即使顶着影响法官考核的压力,生态环境类犯罪二审发回、改判情况依然不罕见,这说明生态环

〔38〕 参见广西壮族自治区柳州市中级人民法院刑事裁定书,(2020)桂02刑终124号。

境刑事二审判决没有流于形式,而是实质性地对一审判决进行监督和修正。对此,生态环境犯罪刑事二审程序应秉持坚持严格司法、依法严惩环境犯罪的立场,认真监督一审判决,以维护刑事司法的权威性,充分发挥刑事审判的威慑性和权威性。

2. 发挥司法能动以保证量刑的合理性

通过对生态环境犯罪刑事二审案件裁判结果的分析发现,二审改判案件中大部分案件改判的内容是降低刑罚处罚,而且此类犯罪的刑事二审案件中,将刑罚处罚由实刑改为适用缓刑的情况非常普遍。环境犯罪二审案件遵循刑罚罪刑均衡的基本原则,结合案件情况修正一审量刑结果,此举体现出司法机关发挥司法能动性,保证罚当其罪。

首先,刑事二审案件提高生态环境犯罪缓刑的适用率具有一定的必要性。我国环境犯罪一审案件的缓刑适用率较高,如污染环境罪 2012 ~ 2018 年适用缓刑的比例就有 40%〔39〕,环境犯罪"轻罪化"的特征较明显。事实上,缓刑适用率高与环境犯罪行为的特殊性相关。与其他种类的犯罪不同,环境犯罪所造成的危害后果可能不会立即显现而是需要一定的时间,而刑事审判不能因可能有更严重的后果而加重对犯罪人的处罚,只能根据客观事实进行判断。此时的行为虽然危险性较强,但造成的危害结果有限,故结合案件适用缓刑比较合适。

其次,一审判决后二审上诉期间出现的能够影响量刑的因素可作为二审裁判的量刑情节,例如上诉人积极退赃、主动上缴罚金等行为也可作为二审量刑的考量因素,这体现出司法的能动性。刑事处罚是手段而不是目的,具体到环境犯罪中,上诉人案发后能够通过不同方式的努力修复社会关系,客观上是一种改过自新的表现,对其减轻处罚符合罪责相统一原则。

3. 加强恢复性司法以促进生态环境修复

生态环境犯罪二审刑事案件中对生态修复因素的考量体现出运用审判职能强化生态环境保护的力度不断加大,生态文明法治化进程逐步加深。这是践行 2017 年党的十九大报告"实施重要生态系统保护和修复重大工程"、2018 年政府工作报告"推进重大生态保护和修复工程",以及 2022 年党的二十大报告中的"完善生态保护补偿制度"之结果,体现出刑事司法审判顺应绿色发展潮流,重视恢复性司法的功效,既有利于改善生态环境也有利于提升司法成效,这种审理

---

〔39〕 参见焦艳鹏:《我国污染环境犯罪刑法惩治全景透视》,载《环境保护》2019 年第 6 期。

思路是社会效果与司法效果的统一。

其一,有助于构建良好的生态环境,落实生态修复的理念;有助于推行坚持人与自然和谐发展,尊重自然、顺应自然、保护自然的理念,从生态系统整体性出发,推进山水林田湖草沙一体化保护和修复。充分体现出国家对生态修复的肯定,具有重大教育意义。

其二,体现环境犯罪治理的特殊性和专业性,有助于恢复性司法理念的落实。生态恢复是对被犯罪行为破坏的生态环境进行修复,是一种有效的司法救济手段,贯彻了恢复性司法的理念。通过生态恢复减轻上诉人的刑事处罚,减少环境犯罪实际服刑人员,防止犯罪人"交叉感染",有助于犯罪人复归社会,更能体现出司法维护社会秩序的价值。

(四)基本结论

第一,根据近 10 年我国生态环境犯罪二审案件数量的变化,可以发现 2022 年度的案件数量自 2020 年以来持续降低。自 2020 年以来,二审案件数量较少,特别是 2022 年度的二审案件只有 67 件。这一数据体现出国家对破坏环境资源犯罪严厉打击的态势,以及司法机关始终认真监督生态环境类犯罪审判工作,严格司法,坚持依法打击破坏环境资源的犯罪,积极完善生态环境犯罪的刑事治理。但即便如此,不容忽视的是,近 10 年的二审案件总体上仍呈上升趋势;而近 5 年环境类犯罪一审服判息诉率都低于全国一审案件服判息诉率的平均值。这说明 2022 年度环境类犯罪一审审结案件数量虽然较少,但其质量还有一定的提升空间。

第二,对近十年我国生态环境二审裁判结果进行总结可以发现,二审法院充分发挥审判监督职能,严格监督环境犯罪一审审理的程序和审判结果,对案件事实认定的明确性和司法认定的准确性提出了高标准的要求。这直接影响了 2022 年度生态环境刑事治理的效能,该年度二审案件占比持续降低,是充分发挥刑事司法审判的能动性,积极探索社会效果与法律效果最大化之表现。

总体而言,生态环境犯罪刑事二审对生态环境犯罪治理起到了积极的促进作用。例如,2022 年度的服判息诉率高达 89.7%,略微高于全国一审案件的服判息诉率 89%,说明刑事司法正在生态环境法治建设领域发挥积极作用,近年来生态环境刑事司法审判为生态文明的法治化建设助益良多。

三、生态环境刑事司法解释效能研究

2022 年度一审审结的生态环境犯罪案件数量较少,二审案件占比更低,除了疫情因素之外,还有何种原因致使该类案件数量近三年持续走低,这殊值探讨。正如前文所述,2022 年度一审案件审结数量低、服判息诉率略微高于全国一审案件的服判息诉率。其中,生态环境类刑事司法解释对其产生了重要影响,指导着该类刑事案件的犯罪定性、量刑标准等,对刑事案件的数量有一定的影响。对此,本部分以我国现行生态环境刑事立法中的现行司法解释为研究对象,在说明生态环境刑事司法解释适用的整体状况的同时,抽样分析生态环境刑事司法解释在 2022 年度刑事司法中所发挥的效能,为 2022 年生态环境类案件数量持续走低提供注解。

(一)生态环境刑事司法解释适用的整体状况

1. 生态环境刑事立法中的现行司法解释及其分类

我国《刑法》第 338 条至第 346 条规定了与生态环境保护相关的罪名,可以将与《刑法》第 338 条至第 346 条规定的罪名相关的现行司法解释中与生态环境犯罪相关的司法解释分成三种类型:(1)与环境污染类案件相关的司法解释;(2)与危害动物植物资源类案件相关的司法解释;(3)与破坏其他生态资源类案件相关的司法解释。(见表 4-7)

表 4-7 司法解释分类

分类	罪名	相关司法解释
环境污染类案件	污染环境罪	2016 年《最高人民法院、最高人民检察院关于办理环境污染刑事案件适用法律若干问题的解释》
	非法处置进口的固体废物罪;擅自进口固体废物罪;走私废物罪	2016 年《最高人民法院、最高人民检察院关于办理环境污染刑事案件适用法律若干问题的解释》;2014 年《最高人民法院、最高人民检察院关于办理走私刑事案件适用法律若干问题的解释》第 14 条、第 15 条
危害动物植物资源类案件	非法捕捞水产品罪	2022 年《最高人民法院、最高人民检察院关于办理破坏野生动物资源刑事案件适用法律若干问题的解释》第 3 条、第 19 条
	危害珍贵、濒危野生动物罪;非法狩猎罪;非法猎捕、收购、运输、出售陆生野生动物罪	2022 年《最高人民法院、最高人民检察院关于办理破坏野生动物资源刑事案件适用法律若干问题的解释》

续表

分类	罪名	相关司法解释
	危害国家重点保护植物罪	2000年《最高人民法院关于审理破坏森林资源刑事案件具体应用法律若干问题的解释》
	非法引进、释放、丢弃外来物种罪	/
	盗伐林木罪;滥伐林木罪;非法收购、运输盗伐、滥伐的林木罪	2000年《最高人民法院关于审理破坏森林资源刑事案件具体应用法律若干问题的解释》
破坏其他生态资源类案件	非法占用农用地罪	2000年《最高人民法院关于审理破坏土地资源刑事案件具体应用法律若干问题的解释》; 2005年《最高人民法院关于审理破坏林地资源刑事案件具体应用法律若干问题的解释》; 2012年《最高人民法院关于审理破坏草原资源刑事案件应用法律若干问题的解释》
	破坏自然地保护罪	/
	非法采矿罪;破坏性采矿罪	2016年《最高人民法院、最高人民检察院关于办理非法采矿、破坏性采矿刑事案件适用法律若干问题的解释》

注:本表中《最高人民法院、最高人民检察院关于办理环境污染刑事案件适用法律若干问题的解释》已于2023年更新,但是本报告是针对2022年内容所作,存在时间差,本处及下文涉及该解释论述均不作更新处理。——笔者注

2. 司法解释的重要变化及其整体适用状况

(1)生态环境刑事立法中司法解释的重要变化

就环境污染类犯罪而言,与之前的司法解释相比,2016年《最高人民法院、最高人民检察院关于办理环境污染刑事案件适用法律若干问题的解释》中:①对"严重污染环境"情形的列举从18种变为11种。比如,新司法解释将旧司法解释解释第1条第3项"含重金属、持久性有机污染物"细分为两种,且标准分成了3倍和10倍之别,等等。②对"后果特别严重"情形从11种列举变为13种列举。比如,增加了第2项非法排放、倾倒、处置危险废物一百吨以上的,与第1条第2项相对应。③严格限定了从宽处罚情形,明确了可不起诉或免于刑事责任。比如,增加了"刚达到应当追究刑事责任的标准"的前提条件,增加了"且系初犯,确有悔罪表现的"的主体、主观条件,等等。

就危害动物植物资源类犯罪而言,2022年《最高人民法院、最高人民检察院

关于办理破坏野生动物资源刑事案件适用法律若干问题的解释》中:①调整破坏野生动物资源犯罪的定罪量刑标准。该司法解释对破坏野生动物资源犯罪不再唯数量论,而改以价值为基本定罪量刑标准。②全链条惩治破坏野生动物资源犯罪。该司法解释明确,收购、贩卖非法捕捞的水产品或者非法狩猎的野生动物的,以掩饰、隐瞒犯罪所得罪定罪处罚;还明确了以食用为目的非法猎捕、收购、运输、出售陆生野生动物犯罪的定罪量刑标准。③明确了人工繁育野生动物案件的处理规则。例如,该司法解释第 13 条中规定了"人工繁育技术成熟、已成规模,作为宠物买卖、运输的"等不作为犯罪处理的情形。

就破坏其他生态资源类犯罪而言,与 2003 年的司法解释相比,2016 年《最高人民法院、最高人民检察院关于办理非法采矿、破坏性采矿刑事案件适用法律若干问题的解释》中:①明确了非法采矿罪、破坏性采矿罪的定罪量刑标准。比如,明确了"违反矿产资源法的规定""未取得采矿许可证"的含义。《刑法修正案(八)》将非法采矿罪的入罪标准"经责令停止开采后拒不停止开采,造成矿产资源破坏"修改为"情节严重";相应地,2016 年该司法解释第 3 条第 1 款规定了 5 种应当被认定为"情节严重"的情形。②非法采砂行为的定性处理和入罪标准。2016 年该司法解释第 4 条、第 5 条分别对非法开采河砂和非法开采海砂的定性处理和入罪标准作了规定。③将破坏矿产资源犯罪所涉及的从重处罚、单位犯罪、共同犯罪、术语界定、价值认定等实体问题和违法所得、犯罪工具的处理及专门性问题鉴定等程序问题明确化。

(2)生态环境刑事立法中司法解释的整体适用状况

笔者以三类司法解释中的代表性罪名"污染环境罪""危害珍贵、濒危野生动物罪(2021 年以前为非法猎捕、杀害珍贵、濒危野生动物罪)""非法采矿/破坏性采矿罪"为关键词,检索了 2014 ~ 2022 年[40]的相关案件数量与司法解释的适用案件数量。(见表 4 - 8)

---

〔40〕 从 2014 年起,我国法院的裁判文书统一在互联网上公开发布。为了保证数据的全面性,笔者选取 2014 ~ 2022 年的数据为分析对象。

表 4-8 2014~2022 年“污染环境罪”案件数量与司法解释的适用案件数量

单位:件

年度	案件数量	司法解释的适用案件数量	司法解释的适用比
2014	1003	514	51.25%
2015	1582	721	45.58%
2016	2012	900	44.73%
2017	2330	1141	48.97%
2018	2501	1288	51.50%
2019	3159	1595	50.49%
2020	2515	1074	42.70%
2021	1069	337	31.52%
2022	203	35	17.24%

环境污染类犯罪案件中司法解释的适用率稳定,且基本保持在 50% 左右。从年度变化趋势来看,2014~2016 年,司法解释的适用比逐年下降,由 51.25% 降至 44.73%,而 2017 年回升至 48.97%,2018 年后至今逐年下降,2022 年降至 17.24%。2017 年正是《最高人民法院、最高人民检察院关于办理环境污染刑事案件适用法律若干问题的解释》开始实施的年份,这一趋势似乎可以表明,司法解释的实施在一定程度上会增加司法解释的适用率。

非法采矿、破坏性采矿等生态资源破坏类案件中适用司法解释的案件占比相当高(见表 4-9),这是由于资源类案件的认定需要的技术性更强,更需要司法解释为法官裁判提供精细的指导。这些数据表明了我国司法解释具有内容翔实充分、实践操作性强、能够在刑事治理中发挥重要作用的优点。

表 4-9 2014~2022 年“危害珍贵、濒危野生动物罪”案件数量与司法解释的适用案件数量

单位:件

年度	案件数量	司法解释的适用案件数量	司法解释的适用比
2014	98	24	24.49%
2015	176	52	29.55%
2016	306	60	19.61%

续表

年度	案件数量	司法解释的适用案件数量	司法解释的适用比
2017	320	67	20.94%
2018	343	80	23.32%
2019	431	115	26.68%
2020	612	168	27.45%
2021	656	170	25.91%
2022	113	46	40.71%

“危害珍贵、濒危野生动物罪”在 2022 年以前,该罪的司法解释(2000 年《最高人民法院关于审理破坏野生动物资源刑事案件具体应用法律若干问题的解释》)适用率不高,基本维持在 20% ~30% ,而 2022 年司法解释的适用案件数量占比上升到了 40.70% (见表 4 – 10) 。这说明 2022 年《最高人民法院、最高人民检察院关于办理破坏野生动物资源刑事案件适用法律若干问题的解释》的出台,确实在司法实践中发挥了更高的指导效能。

表 4 – 10　2014 ~2022 年“非法采矿、破坏性采矿罪”案件数量与司法解释的适用案件数量〔41〕

单位:件

年度	案件数量	司法解释的适用案件数量	司法解释的适用比
2019	7	6	85.71%
2020	2	2	100%
2022	1	1	100%

综上,司法解释的出台有助于生态环境类案件的定罪与量刑。但要注意的是,随着时间的推移,实践中可能会出现更复杂的新情况,司法解释的适用率也会逐渐减少,需要更为精细且符合司法实践的新司法解释的出台。同时,最高司法机关也渐渐从分门别类地解释某一特定法律条文演变为常态性地针对法律进行系统化、全面化的解释,反映了司法解释存在的立法化倾向。

〔41〕 表格中省略案件数量少,没有出现引用司法解释的年份。其中,2015 年为 1 件(司法解释适用数量为 0) ,2018 年为 1 件(司法解释适用数量为 0) ,2021 年为 1 件(司法解释适用数量为 0) 。

(二)2022 年度环境污染类案件中司法解释的效能分析

以中国裁判文书网的数据为依托,为了便于抽样研究:首先,笔者以“刑事案件”“判决书”“关于办理环境污染刑事案件适用法律若干问题的解释”“2022 年”为关键词进行叠加。其次,笔者依次替换添加“污染环境罪”“非法处置进口的固体废物罪”“走私废物罪”“擅自进口固体废物罪”,分别检索到了 31 份、0 份、0 份、6 份判决书(共计 37 份)。笔者对以上 2022 年度的 37 份引用了相关司法解释的判决书进行分析,考察环境污染类案件中司法解释效能发挥的具体情况。

1. 定罪效能

经过抽样统计,环境污染类案件中,被引用的与认定犯罪行为和罪名相关的司法解释主要集中在 2016 年《最高人民法院、最高人民检察院关于办理环境污染刑事案件适用法律若干问题的解释》第 1 条、第 3 条、第 6 条、第 7 条、第 10 条、第 15 条、第 16 条。其中,第 1 条第 2 项以及第 15 条被引用的频次居高。(见表 4 - 11)

表 4 - 11　2022 年环境污染类案件中司法解释有关定罪的具体条款被引用情况

单位:次

<table>
<tr><td colspan="2">引用的《最高人民法院、最高人民检察院关于办理环境污染刑事案件适用法律若干问题的解释》条款</td><td>被引用频次〔42〕</td></tr>
<tr><td rowspan="6">第 1 条</td><td>/</td><td>5</td></tr>
<tr><td>第 2 项</td><td>15</td></tr>
<tr><td>第 3 项</td><td>1</td></tr>
<tr><td>第 4 项</td><td>1</td></tr>
<tr><td>第 5 项</td><td>1</td></tr>
<tr><td>第 7 项</td><td>1</td></tr>
<tr><td rowspan="2">第 3 条</td><td>/</td><td>4</td></tr>
<tr><td>第 2 项</td><td>4</td></tr>
<tr><td colspan="2">第 6 条</td><td>3</td></tr>
<tr><td colspan="2">第 7 条</td><td>2</td></tr>
<tr><td colspan="2">第 10 条</td><td>1</td></tr>
<tr><td colspan="2">第 15 条</td><td>8</td></tr>
<tr><td colspan="2">第 16 条</td><td>3</td></tr>
</table>

〔42〕 其中包括一个判决引用多个条文的情况,下文表 4 - 12 至表 4 - 16 情况相同。

(1)环境污染类案件相关司法解释行为犯模式的适用比例更高

环境污染类案件相关司法解释的入罪标准应当被认为同时存在“行为犯”与“行为犯 + 结果犯”的模式,且“行为犯”模式的适用比例更高。2016 年《最高人民法院、最高人民检察院关于办理环境污染刑事案件适用法律若干问题的解释》第 1 条规定了应当认定为“严重污染环境”的具体情形,从该司法解释规定的具体情形看,有的规定了行为模式,有的同时规定了行为模式以及危害结果。有学者认为,就污染环境罪的立法原意考虑,本罪是结果犯。[43] 但从《最高人民法院、最高人民检察院关于办理环境污染刑事案件适用法律若干问题的解释》第 1 条中被引用项来看,这几项规定的情形从文义上看并未造成环境破坏的严重后果,仅要求对环境具有严重破坏的风险,属于行为犯。从统计数据来看,特别是该解释第 1 条第 2 项被引用频次最高,第 2 项列举了“非法排放、倾倒、处置危险废物三吨以上的”情形,可以说根据该解释第 1 条第 2 项,只要认定行为人有非法排放行为,且超过司法解释规定的标准,就可以认为该行为“严重污染环境”,应当将其入罪。这样提供行为样本模式的司法解释的确更便于操作,因此其在判例中的适用率也更高。

(2)环境污染类案件相关司法解释发挥了衔接其他法律法规与刑事法的功能

“污染环境罪”中规定了排放、倾倒或者处置有放射性的废物、含传染病病原体的废物、有毒物质或者其他有害物质。这几种物质的认定需要司法解释作出具体的规定,而 2016 年《最高人民法院、最高人民检察院关于办理环境污染刑事案件适用法律若干问题的解释》第 15 条关于“有毒物质”的解释被判例引用得最多。其中,第 15 条第 1 项和第 2 项被判例引用的频次更高。可以看出,司法解释是衔接刑事法与其他法律法规之间便捷的桥梁,为判例认定犯罪客观方面的具体要素提供了有效的参考依据。

2. 量刑效能

经过抽样统计,环境污染类案件中,被引用的与量刑相关的司法解释主要集中在 2016 年《最高人民法院、最高人民检察院关于办理环境污染刑事案件适用法律若干问题的解释》第 5 条、第 11 条,以及 2014 年《最高人民法院、最高人民检察院关于办理走私刑事案件适用法律若干问题的解释》第 14 条。其中,2014

[43] 参见倪传洲:《人类命运共同体视域下的污染环境罪规制模式反思》,载《昆明理工大学学报(社会科学版)》2020 年第 2 期。

年《最高人民法院、最高人民检察院关于办理走私刑事案件适用法律若干问题的解释》第 14 条第 2 款第 1 项的被引用频次最高。(见表 4－12)

表 4－12　2022 年环境污染类案件中司法解释有关量刑的具体条款被引用情况

单位:次

引用条款		被引用频次
《最高人民法院、最高人民检察院关于办理环境污染刑事案件适用法律若干问题的解释》第 5 条		1
《最高人民法院、最高人民检察院关于办理环境污染刑事案件适用法律若干问题的解释》第 11 条		2
《最高人民法院、最高人民检察院关于办理走私刑事案件适用法律若干问题的解释》第 14 条	第 1 款第 3 项	1
	第 2 款第 1 项	5

(1)环境污染类案件相关司法解释为刑罚裁量提供具体参考要素

2016 年《最高人民法院、最高人民检察院关于办理环境污染刑事案件适用法律若干问题的解释》第 5 条规定:实施《刑法》第 338 条、第 339 条规定的行为,刚达到应当追究刑事责任的标准,但行为人及时采取措施,防止损失扩大、消除污染,全部赔偿损失,积极修复生态环境,且系初犯,确有悔罪表现的,可以认定为情节轻微,不起诉或者免予刑事处罚。这确有必要判处刑罚的,应当从宽处罚。这解释了污染环境类犯罪中刑罚免除或减轻的具体情况。在抽样的 37 份判决书中,有一份判决书引用了该第 5 条,说明该条在具体司法适用中并非“僵尸条款”。

(2)环境污染类案件相关司法解释为确定刑度提供明确判断指南

2014 年《最高人民法院、最高人民检察院关于办理走私刑事案件适用法律若干问题的解释》第 14 条规定了《刑法》第 152 条第 2 款走私废物罪中认定“情节严重”以及“情节特别严重”的具体情形。该解释第 14 条的引用频次共有 6 次,与其他量刑条款相比,其被判例引用的比例非常高。实际上,司法解释中关于适用刑度的规定的适用率普遍较高,这是因为在具体裁判中,如何判定适用哪一刑度这一问题是不可避免的,司法解释用列举的方式为判例提供了翔实的参考标准。

另外,《最高人民法院、最高人民检察院关于办理走私刑事案件适用法律若干问题的解释》第 14 条第 1 款第 2 项规定走私国家禁止进口的非危险性固体废物、液态废物分别或者合计达到 5 吨以上不满 25 吨的为“情节严重”,第 2 款第

1 项规定走私数量超过前款规定的标准的为“情节特别严重”,这些情形都提供了明确的数量标准,适用率非常高。与此相对,诸如《最高人民法院、最高人民检察院关于办理走私刑事案件适用法律若干问题的解释》第 14 条第 2 款第 3 项“未达到前款规定的标准,但造成环境严重污染且后果特别严重的”这类兜底性条款,其适用率非常低。这也说明,司法解释在提供的判断标准更具体时,其适用率更高。

(三)2022 年度危害动物植物资源类案件中司法解释的效能分析

与前文抽样分析方法相同,首先,笔者以“刑事案件”“判决书”“关于办理破坏野生动物资源刑事案件适用法律若干问题的解释”“2022 年”为关键词进行叠加,再依次添加“非法捕捞水产品罪”“危害珍贵、濒危野生动物罪”“非法狩猎罪”“非法猎捕、收购、运输、出售陆生野生动物罪”等关键词,分别检索到了 5 份、8 份、28 份、0 份判决书(共计 41 份)。其次,笔者以“刑事案件”“判决书”“关于审理破坏森林资源刑事案件具体应用法律若干问题的解释”“2022 年”为关键词进行叠加,再依次添加“危害国家重点保护植物罪”“盗伐林木罪”“非法收购、运输盗伐、滥伐的林木罪”等关键词,分别检索到了 8 份、29 份、0 份判决书(共计 37 份)。笔者以检索到的共 78 份引用了相关司法解释的判决书为样本进行分析,考察危害动物植物资源类案件中司法解释效能发挥的具体情况。

1. 定罪效能

经过抽样统计,危害动物植物资源类案件中,被引用的与定罪相关的司法解释适用条文量较高。(见表 4 – 13)

表 4 – 13　2022 年危害动物植物资源类案件中司法解释有关定罪的具体条款被引用情况

单位:次

<table>
<tr><th colspan="2">引用条款</th><th>被引用频次</th></tr>
<tr><td rowspan="5">《最高人民法院、最高人民检察院关于办理破坏野生动物资源刑事案件适用法律若干问题的解释》第 3 条</td><td>第 1 款</td><td>1</td></tr>
<tr><td>第 1 款第 1 项</td><td>2</td></tr>
<tr><td>第 1 款第 3 项</td><td>5</td></tr>
<tr><td>第 1 款第 4 项</td><td>2</td></tr>
<tr><td>第 3 款</td><td>1</td></tr>
</table>

续表

引用条款		被引用频次
《最高人民法院、最高人民检察院关于办理破坏野生动物资源刑事案件适用法律若干问题的解释》第 4 条	/	1
	第 1 项	1
《最高人民法院、最高人民检察院关于办理破坏野生动物资源刑事案件适用法律若干问题的解释》第 5 条		1
《最高人民法院、最高人民检察院关于办理破坏野生动物资源刑事案件适用法律若干问题的解释》第 7 条	/	9
	第 1 款第 1 项	1
	第 1 款第 2 项	15
	第 1 款第 3 项	8
《最高人民法院、最高人民检察院关于办理破坏野生动物资源刑事案件适用法律若干问题的解释》第 8 条		1
《最高人民法院、最高人民检察院关于办理破坏野生动物资源刑事案件适用法律若干问题的解释》第 11 条		1
《最高人民法院、最高人民检察院关于办理破坏野生动物资源刑事案件适用法律若干问题的解释》第 15 条		1
《最高人民法院关于审理破坏森林资源刑事案件具体应用法律若干问题的解释》第 1 条		3
《最高人民法院关于审理破坏森林资源刑事案件具体应用法律若干问题的解释》第 2 条	/	2
	第 1 项	4
	第 2 项	1
《最高人民法院关于审理破坏森林资源刑事案件具体应用法律若干问题的解释》第 3 条	/	4
	第 1 项	9
《最高人民法院关于审理破坏森林资源刑事案件具体应用法律若干问题的解释》第 5 条	/	3
	第 1 款第 1 项	3
	第 1 款第 2 项	1
	第 2 款	2

(1)危害动物植物资源类案件相关司法解释在考察犯罪情形中发挥着重要作用

2022 年《最高人民法院、最高人民检察院关于办理破坏野生动物资源刑事案件适用法律若干问题的解释》中,第 3 条和第 7 条适用的频率最高,其中第 3 条第 1 款第 3 项和第 7 条第 1 款第 2 项分别为这两个条款中适用频率最高的规定(见表 4 – 13)。上述两项规定的共通之处是,行为都发生在国家禁止猎捕、打捞的区域。从这一共通之处可以看出,危害野生动物的案件多见于禁渔区、禁猎区,在具体案例中,存在较多行为人不知禁渔区、禁猎区的情况。由此可见,扩大禁渔区、禁猎区知识宣传,提高向民众普法的程度,是保护野生动物资源的有效手段。司法解释具体条款的适用状况,可以为我们分析环境犯罪状况,制定环境犯罪治理手段提供有价值的参考依据。

(2)危害动物植物资源类案件相关司法解释为确定罪与非罪、此罪与彼罪提供有效指导

如前所述,2022 年《最高人民法院、最高人民检察院关于办理破坏野生动物资源刑事案件适用法律若干问题的解释》中的第 3 条、第 7 条被引用频次最高,而第 3 条和第 7 条中明确规定了认定非法捕捞水产品罪、非法狩猎罪的具体情形,除去“其他情形”模式的兜底性条款外,几乎每一项都在判例中被适用过。

此外,2000 年《最高人民法院、最高人民检察院关于审理破坏森林资源刑事案件具体应用法律若干问题的解释》第 3 条规定了 3 种以盗伐林木罪定罪处罚的具体情形:(1)擅自砍伐国家、集体、他人所有或者他人承包经营管理的森林或者其他林木的;(2)擅自砍伐本单位或者本人承包经营管理的森林或者其他林木的;(3)在林木采伐许可证规定的地点以外采伐国家、集体、他人所有或者他人承包经营管理的森林或者其他林木的。从该条的高适用率中也可以看出,与界定危害动物植物资源罪、认定行为性质有关的司法解释在判例实务中发挥着主导作用。

2. 量刑效能

经过抽样统计,危害动物植物资源类案件中,被引用的与量刑相关的司法解释主要集中在 2022 年《最高人民法院、最高人民检察院关于办理破坏野生动物资源刑事案件适用法律若干问题的解释》第 6 条,以及 2000 年《最高人民法院关于审理破坏森林资源刑事案件具体应用法律若干问题的解释》第 4 条、第 6 条、第 17 条。其中,2022 年《最高人民法院、最高人民检察院关于办理破坏野生动物资源刑事案件适用法律若干问题的解释》第 6 条第 1 款,以及 2000 年《最高人民法院关于审理破坏森林资源刑事案件具体应用法律若干问题的解释》第 4 条被引用频次最高。(见表 4 – 14)

表 4 – 14　2022 年危害动物植物资源类案件中司法解释有关量刑的具体条款被引用情况

单位:次

引用条款		被引用频次
《最高人民法院、最高人民检察院关丁办理破坏野生动物资源州事案件适用法律若干问题的解释》第 6 条	/	1
	第 1 款	5
	第 3 款	2
《最高人民法院关于审理破坏森林资源刑事案件具体应用法律若干问题的解释》第 4 条		13
《最高人民法院关于审理破坏森林资源刑事案件具体应用法律若干问题的解释》第 6 条		11
《最高人民法院关于审理破坏森林资源刑事案件具体应用法律若干问题的解释》第 17 条		3

(1)危害动物植物资源类案件相关司法解释在相关刑度认定中发挥着稳定效能

2022 年《最高人民法院、最高人民检察院关于办理破坏野生动物资源刑事案件适用法律若干问题的解释》中被引用的与量刑相关的条款主要是第 6 条第 1 款与第 3 款(见表 4 – 14)。如前文所述,司法解释中关于适用刑度的规定的适用率普遍较高,这是因为在具体裁判中,如何判定适用哪一刑度是不可避免的,司法解释用列举的方式为判例提供了翔实的参考标准。该解释第 6 条第 3 款的规定体现了具体减轻刑罚的情形,由此可以看出,司法解释重视生态环境的修复,在刑法典的基础之上,为形成预防生态刑法犯罪机制、环境犯罪治理手段提供了有力保障。

(2)危害动物植物资源类案件相关司法解释多用数量或价值认定为判例提供参考依据

从 2022 年《最高人民法院、最高人民检察院关于办理破坏野生动物资源刑事案件适用法律若干问题的解释》第 6 条中可以看出,在刑罚裁量时,危害动物资源类案件重视危害行为所破坏的价值。此外,2000 年《最高人民法院关于审理破坏森林资源刑事案件具体应用法律若干问题的解释》中第 4 条规定了盗伐林木"数量较大""数量巨大""数量特别巨大"的情形。在刑罚裁量时,从其被引用的高频次看,司法解释中明确的数量规定是危害植物资源类案件中量刑的重要参考标准。危害动物植物资源类案件司法解释的数量或价值对于确定刑度来说具有普遍的指导功能。

(四)2022 年度破坏其他生态资源类刑事案件中司法解释的效能分析

与前文抽样分析方法相同,笔者以“刑事案件”“判决书”“关于办理非法采矿、破坏性采矿刑事案件适用法律若干问题的解释”“2022 年”为关键词进行叠加,再依次添加“非法采矿罪”“破坏性采矿罪”等关键词,分别检索到了 46 份、5 份判决书(共计 51 份)。[44] 笔者以检索到的共 51 份引用了相关司法解释的判决书为样本进行分析,考察破坏其他生态资源类刑事案件中司法解释效能发挥的具体情况。

1. 定罪效能

经过抽样统计,破坏其他生态资源类案件中,被引用的与定罪相关的司法解释主要集中在 2016 年《最高人民法院、最高人民检察院关于办理非法采矿、破坏性采矿刑事案件适用法律若干问题的解释》第 1 条、第 2 条、第 3 条、第 4 条。其中,第 2 条和第 3 条的被引用频次较高。(见表 4－15)

表 4－15　2022 年破坏其他生态资源类案件中司法解释有关定罪的具体条款被引用情况

单位:次

<table>
<tr><th colspan="2">引用条款</th><th>被引用频次</th></tr>
<tr><td colspan="2">《最高人民法院、最高人民检察院关于办理非法采矿、破坏性采矿刑事案件适用法律若干问题的解释》第 1 条</td><td>7</td></tr>
<tr><td rowspan="3">《最高人民法院、最高人民检察院关于办理非法采矿、破坏性采矿刑事案件适用法律若干问题的解释》第 2 条</td><td>/</td><td>7</td></tr>
<tr><td>第 1 项</td><td>10</td></tr>
<tr><td>第 3 项</td><td>4</td></tr>
<tr><td rowspan="5">《最高人民法院、最高人民检察院关于办理非法采矿、破坏性采矿刑事案件适用法律若干问题的解释》第 3 条</td><td>/</td><td>11</td></tr>
<tr><td>第 1 款第 1 项</td><td>18</td></tr>
<tr><td>第 1 款第 2 项</td><td>1</td></tr>
<tr><td>第 1 款第 3 项</td><td>2</td></tr>
<tr><td>第 2 款</td><td>6</td></tr>
</table>

[44] 笔者以“刑事案件”“判决书”“非法占用农用地罪”“2022 年”为关键词进行叠加,再依次添加“关于审理破坏土地资源刑事案件具体应用法律若干问题的解释”“关于审理破坏林地资源刑事案件具体应用法律若干问题的解释”“关于审理破坏草原资源刑事案件应用法律若干问题的解释”等关键词,未检索到判决书。

续表

引用条款		被引用频次
《最高人民法院、最高人民检察院关于办理非法采矿、破坏性采矿刑事案件适用法律若干问题的解释》第 4 条	/	4
	第 1 款第 1 项	3
	第 1 款第 2 项	2

(1)破坏其他生态资源类案件相关司法解释为区分行政违法性与刑事违法性提供依据。破坏其他生态资源类案件相关司法解释在衔接行政法与刑事法的同时,为区分行政违法性与刑事违法性提供了依据。非法采矿罪中有"未取得采矿许可证擅自采矿"的规定。一方面,"未取得采矿许可证"的行为是行政违法行为。从相关司法解释的引用频次看,如前文所述,2016 年《最高人民法院、最高人民检察院关于办理非法采矿、破坏性采矿刑事案件适用法律若干问题的解释》第 2 条("未取得采矿许可证"的具体情形)的引用频次较高,这无疑表明,司法解释的适用为环境刑事司法适用哪种行政规定提供了明确的标准。在行政立法中作出行政前置规定有利于限制行政违法行为犯罪化[45],司法解释进一步细化了限制行政违法行为犯罪化的标准。另一方面,并不是所有的"未取得采矿许可证"的行政违法行为都是刑事违法行为。《最高人民法院、最高人民检察院关于办理非法采矿、破坏性采矿刑事案件适用法律若干问题的解释》第 3 条的被引量最高,以及从判决书中第 2 条与第 3 条被同时引用情况多的状况看,认定非法采矿罪、破坏性采矿罪的刑事违法性还需要更多的要素。不过,本罪的刑事违法性判断也并非简单地在行政违法性的基础上叠加情节,而是要综合行政违法性与案件具体要素,综合判断行为是否破坏了矿产资源或者有危害矿产资源的风险,进而才能认定本罪的刑事违法性。相关司法解释为认定刑事违法性提供了具体的操作手册。

(2)破坏其他生态资源类案件相关司法解释为判定行为具体类型提供判断细则。如前文所述,《最高人民法院、最高人民检察院关于办理非法采矿、破坏性采矿刑事案件适用法律若干问题的解释》第 3 条被引用量最高。首先,从该条的具体内容可以看出,司法解释为区分情节提供了具体标准,这也是所有生态环境司法解释的共通价值所在。其次,该条第 1 款中被引用的多为第 17 项、第 2 项、第 3 项,几乎不引用第 4 项和第 5 项,而是用第 1 款来代替具体第 4 项、第 5

〔45〕 参见侯艳芳:《非法采矿罪的法教义学展开》,载《华南师范大学学报(社会科学版)》2023 年第 1 期。

项的表述。这表明,在破坏其他生态资源类案件中,司法解释提供的数额或数量标准更为明确时,更便于判例实务操作。

2. 量刑效能

经过抽样统计,在破坏其他生态资源类案件中,被引用的与量刑相关的司法解释主要集中在 2016 年《最高人民法院、最高人民检察院关于办理非法采矿、破坏性采矿刑事案件适用法律若干问题的解释》第 8 条、第 9 条、第 10 条、第 12 条、第 13 条。其中,第 12 条和第 13 条的被引用频次较高。(见表 4 - 16)

表 4 - 16　2022 年破坏其他生态资源类案件中司法解释有关量刑的具体条款被引用情况

单位:次

<table>
<tr><th colspan="2">引用的《最高人民法院、最高人民检察院关于办理非法采矿、破坏性采矿刑事案件适用法律若干问题的解释》条款</th><th>被引用频次</th></tr>
<tr><td colspan="2">第 8 条</td><td>2</td></tr>
<tr><td colspan="2">第 9 条</td><td>2</td></tr>
<tr><td colspan="2">第 10 条</td><td>1</td></tr>
<tr><td rowspan="2">第 12 条</td><td>/</td><td>4</td></tr>
<tr><td>第 1 款</td><td>3</td></tr>
<tr><td rowspan="3">第 13 条</td><td>/</td><td>6</td></tr>
<tr><td>第 1 款</td><td>5</td></tr>
<tr><td>第 2 款第 1 项</td><td>2</td></tr>
</table>

(1)破坏其他生态资源类案件相关司法解释重视追缴违法所得以及生态资源修复。2016 年《最高人民法院、最高人民检察院关于办理非法采矿、破坏性采矿刑事案件适用法律若干问题的解释》第 12 条规定:“对非法采矿、破坏性采矿犯罪的违法所得及其收益,应当依法追缴或者责令退赔。对用于非法采矿、破坏性采矿犯罪的专门工具和供犯罪所用的本人财物,应当依法没收。”此条在判例中适用的频次很高。行为人通过违法犯罪手段获取违法所得的根本原因是,行为人追求经济价值。非法采矿类案件中,行为人大多出于谋取高额利润的心态实施犯罪行为,没收其违法所得及收益是惩罚与预防相结合的有效治理机制。

此外,在抽样的 51 份案例中,《最高人民法院、最高人民检察院关于办理非法采矿、破坏性采矿刑事案件适用法律若干问题的解释》第 10 条被引用了 1 次,这说明,司法解释重视生态环境的修复。在刑法典的基础上,司法解释为形成预防生态刑法犯罪机制、环境犯罪治理手段提供了有力保障。

(2)破坏其他生态资源类案件相关司法解释以价格和数量为量刑的重要依据。《最高人民法院、最高人民检察院关于办理非法采矿、破坏性采矿刑事案件适用法律若干问题的解释》被引用频次最高的是第 13 条,根据该条可知,确认数额是对非法采矿罪、破坏性采矿罪进行刑罚裁量的关键。其中,第 13 条第 2 款第 1 项在 51 份样本中被引用 2 次。这表明,司法解释为确定破坏其他生态资源类案件中的具体数额提供了详细的依据。这一点也表明,司法解释不仅具有刑法上的量刑功能,也具有确定证据证明范围的诉讼法功能。

(五)基本结论

生态环境犯罪是以生态环境为侵害客体的犯罪〔46〕,司法实践中如何认定生态环境犯罪,对实现生态环境的有效治理十分重要。司法解释是司法人员办理案件最惯用和最基本的规范依据。〔47〕分析生态环境刑事司法解释的整体适用情况,并抽样分析其在 2022 年度所发挥的效能,可以为生态环境刑事立法以及司法解释提供具体的发展方向。

本研究通过对生态环境刑事司法解释进行分类,对相关判例进行抽样研究等,得出了以下三个结论:

第一,生态环境刑事司法解释在犯罪定性上发挥了至关重要的作用。具体而言,所有生态环境刑事司法解释的共通性在于,它为判例提供了具体情节的认定。比如,在污染环境罪中认定什么是"严重污染环境"的行为;规定非法捕捞水产品罪、非法狩猎罪的具体情形;提供非法采矿罪中"情节严重"和"情节特别严重"的具体标准。这些共通性的罪行认定规定在判例实务中起到了重要的指导作用。

第二,生态环境刑事司法解释为行政法规与刑事法的有效衔接提供了依据。在认定生态环境犯罪时,根据相应的行政法规、部门规章、国际公约等具体规范来确定犯罪行为的类型是行政犯的要求,如《最高人民法院、最高人民检察院关于办理非法采矿、破坏性采矿刑事案件适用法律若干问题的解释》第 2 条与"未取得许可证"相关的具体规定。这为刑事判例实务提供了与行政法规等规范相连接的路径,并在此基础之上确认并提示了行政违法性与刑事违法性具有本质

〔46〕 参见焦艳鹏:《基于司法大数据的生态环境犯罪刑法惩治分析》,载《重庆大学学报(社会科学版)》2022 年第 5 期。

〔47〕 参见陈林林、许杨勇:《司法解释立法化问题三论》,载《浙江社会科学》2010 年第 6 期。

区别。

第三,生态环境刑事司法解释重视生态修复效果。生态环境刑事司法解释在量刑上非常注重行为人是否具有积极修复生态环境的情节,行为人的环境破坏程度,以及行为人的环境损害责任承担情况等要素。如果行为人具有上述其中之一的要素,往往会从轻处罚。这也是生态环境刑事司法解释区别于其他司法解释的重要特征之一。这与保护生态环境的目的相符,为形成有效的环境治理手段提供了切实的保障。

总之,生态环境司法解释的上述效能直接影响近年来的刑事案件审理,优化了生态环境刑事治理效能,是该类案件数量持续降低的重要因素。随着生态环境犯罪的手段更新,识别难度加大等,未来还需不断更新司法解释,以因应生态环境保护之变化。

四、生态环境刑事指导性与典型案例分析研究

我国自 2010 年起开始着手建立具有中国特色的案例指导制度以来,由最高人民法院、最高人民检察院负责发布的"指导性案例""典型案例",发挥着重要的作用。生态环境类刑事指导性案例在实践中发挥着怎样的指导效果?其是不是 2022 年度案件数量降低的重要因素?回答这些问题需要整体考察 2011 ~ 2022 年已公布的生态环境刑事指导性案例和典型案例,为 2022 年度生态环境刑事案件数量降低提供其他角度的合理解释,并为完善我国案例指导制度和提升生态环境犯罪治理的司法质效提供参考。

(一)生态环境刑事指导性与典型案例的基本情况

本文收集 2011 ~ 2022 年发布的生态环境刑事指导性案例和典型案例,发现最高人民法院、最高人民检察院共发布指导性案例 5 件、典型案例 171 件。[48]经分析,上述案例存在以下基本特点。

1. 指导性案例数量供给不足

自 2011 年(第一批指导性案例发布)至 2022 年 12 月 31 日,最高人民法院网发布的生态环境刑事指导性案例仅 3 件;最高人民检察院网发布的生态环境刑事指导性案例仅 2 件(见表 4 - 17)。最高人民法院、最高人民检察院发布的生态环境刑事指导性案例共计 5 件,其中污染环境罪 3 件,滥伐林木罪 1 件,非法占用农用地罪 1 件,非法采矿罪、非法捕捞水产品罪等常见的破坏环境资源保

---

〔48〕 根据最高人民法院网的相关情况收集、整理所得。

护类罪行均为 0 件。截至 2023 年 6 月 15 日，破坏环境资源保护类刑事案件判决书共计 153252 篇[49]。与生态环境刑事指导性案例形成鲜明对比。生态环境刑事指导性案件数量供给不足，无法为日益重视且纷繁复杂的生态环境刑事司法实践提供案例样本和规则参照。

表 4－17　生态环境刑事指导性案例(2012～2022 年)

案例名称	发布机关	发布时间	案例号
左某、徐某污染环境刑事附带民事公益诉讼案	最高人民法院	2022/12/30	指导性案例 203 号
武汉卓航江海贸易有限公司、向某等 12 人污染环境刑事附带民事公益诉讼案	最高人民法院	2022/12/30	指导性案例 202 号
秦某学滥伐林木刑事附带民事公益诉讼案	最高人民法院	2021/12/1	指导性案例 172 号
盛开水务公司污染环境刑事附带民事公益诉讼案	最高人民检察院	2020/12/14	检例第 86 号
刘某非法占用农用地案	最高人民检察院	2020/3/5	检例第 60 号

造成指导性案例数量供给不足这一现状的原因可能有以下两个方面：一是符合条件的案例数量较少。由于指导性案例需要同时满足包括“社会广泛关注的”“具有典型性”“疑难复杂或新类型”等 6 个条件，一些具有一定指导作用的案例可能不符合成为指导性案例的条件。二是指导性案例资源紧缺。指导性案例的征集、审查、审议、确立、公布需要投入极大的人力、物力、时间成本，同时要兼顾不同业务部门的实际需求和犯罪类型，如金融犯罪、知识产权犯罪、职务犯罪、未成年人犯罪等，检察机关的指导性案例更要兼顾民事检察、行政检察等领域，需要合理分配指导性案例资源。以上事实综合导致了生态环境刑事指导性案例数量供给不足。

2. 典型案例数量供给较多

最高人民法院、最高人民检察院共发布生态环境刑事典型案例 171 件，其中案件数量最多的罪名是污染环境罪，共 62 件，占比 36%；其次是非法采矿罪，共 35 件，占比 20%；再次是非法捕捞水产品罪，占比约 16%(见表 4－18)。

---

〔49〕 数据来源于“中国裁判文书网”。

表 4-18　生态环境刑事典型案例罪名分布情况

单位:个

	污染环境罪	非法捕捞水产品罪	非法采矿罪	非法狩猎罪	危害珍贵、濒危野生动物罪	盗伐林木罪	滥伐林木罪	其他犯罪	总计
最高人民法院典型案例	37	13	15	2	12	4	2	12	97
最高人民检察院典型案例	25	14	20	2	5	0	1	7	74
总计	62	27	35	4	17	4	3	19	171

(1)审判机关的生态环境刑事典型案例数量供给充足

2011 年至今的十余年间,最高人民法院共发布 97 件生态环境刑事典型案例,具体分布如下:污染环境罪 37 件;非法捕捞水产品罪 13 件;非法狩猎罪 2 件;非法采矿罪 15 件;危害珍贵、濒危野生动物罪 12 件;盗伐林木罪 4 件;滥伐林木罪 2 件;非法占用农用地罪,非法采伐、毁坏国家重点保护植物罪,非法收购、运输、加工、出售国家重点保护植物、国家重点保护植物制品罪,失火罪等其他犯罪共 12 件。污染环境罪案件数量较为突出,占案件总数的 38%。从整体情况看,审判机关的生态环境刑事典型案例数量供给充足。

需要特别指出的是,目前环境资源审判典型案例的发布在数量供给充足的前提下还呈专题化特征,增强了典型案例集群化参照功效。比如 2016 年以“环境污染犯罪”为专题,发布了 8 个涉污染环境犯罪的典型案例;又如 2021 年以“长江、黄河流域生态环境司法保护”为专题,发布了多个破坏长江、黄河环境资源保护类犯罪的典型案例。

(2)检察机关的典型案例数量供给较多

2015 年 4 月 24 日(最高人民检察院发布第一批典型案例)至今,最高人民检察院共发布生态环境刑事典型案例共 74 件,具体罪名分布情况如下:污染环境罪 25 件;非法捕捞水产品罪 14 件;非法狩猎罪 2 件;非法采矿罪 20 件;非法收购、运输、出售珍贵、濒危野生动物、珍贵、濒危野生动物制品罪 5 件;盗伐林木罪 0 件;滥伐林木罪 1 件;非法占用农用地罪,非法采伐、毁坏国家重点保护植物罪,非法收购、运输、加工、出售国家重点保护植物、国家重点保护植物制品罪,掩饰、隐藏犯罪所得收益罪等其他犯罪共 7 件。整体来看,检察机关的典型案例数量供给多,其中污染环境罪、非法捕捞水产品罪、非法采矿罪的案件数量最多,分别占比约 34%、19%、27%,其余案件占比约 20%,与实际中污染环境罪频发且社会危害性较大的现状有正向关联。与审判机关的典型案例发布情况相同,最高人民检察院同样以专题化的形式发布典型案例,以最直截了当的方式反映最高人民检察院当下最关切的法律问题和工作成效。

(二)生态环境刑事指导性与典型案例的运行考察

为深入剖析案件案例的运行质量和成效,在指导性案例和典型案例的效力作用和功能定位的基础上,在中国裁判文书网上进行高级检索,详细统计生态环境刑事指导性案例和典型案例的司法援引情况,综合分析案件样本,以此考察生态环境刑事案例指导制度的作用及其功效的发挥情况。

1. 指导性案例和典型案例的定位

(1)指导性案例和典型案例的效力作用定位

司法机关在办理类似案件时,应当参照适用指导性案例,这就是指导性案例的参照效力,其对司法办案人员产生一般约束力。2010 年是中国特色案例指导制度的元年,最高人民法院、最高人民检察院印发了《最高人民法院关于案例指导工作的规定》(以下简称《高法案例指导规定》)、《最高人民检察院关于案例指导工作的规定》(以下简称《高检案例指导规定》),《高检案例指导规定》此后历经多次修改[50],最高人民法院还印发了《〈关于案例指导工作的规定〉实施细则》(以下简称《实施细则》),以上规范性文件共同标志着我国案例指导制度逐步走向完善。同时,指导性案例的参照效力不具备法律上的约束力,但指导性案例具有较强的普遍指导意义和参照适用效力。[51]

典型案例不具备一般的参照适用效力,但对审判、法律监督活动有示范引领作用。相较于《高检案例指导规定》《高法案例指导规定》,最高人民法院、最高人民检察院尚未印发有关典型案例的规定。与指导性案例具有事实上的约束力不同的是,典型案例缺少规范性文件的支撑,不具有事实上的约束力,是最高人

---

〔50〕《高检案例指导规定》分别于 2015 年 12 月和 2019 年 4 月经过两次修改。

〔51〕参见《高法案例指导规定》第 7 条规定:“最高人民法院发布的指导性案例,各级人民法院审判类似案例时应当参照。”《高检案例指导规定》(2019 年修订)第 15 条第 1 款规定:“各级人民检察院应当参照指导性案例办理类似案件,可以引述相关指导性案例进行释法说理,但不得代替法律或者司法解释作为案件处理决定的直接依据。”

民法院、最高人民检察院为统一部署而提供的具有参考借鉴价值的案例。

(2)指导性案例和典型案例的功能定位

“指导性案例制度的确立意味着我国司法理念的一种转变或者调适,即通过借鉴吸收普通法系的司法经验主义来弥补成文法体系中理性主义司法的不足。”[52]我国指导性案例有着“类似案件应当参照”的效力,其具备三个方面的功能:第一,实现类案同判、类案同办。我国作为“大一统”国家,“中央统一领导,地方分级管理”的政治理念早已深植体制内部。司法机关作为行使国家权力的机关,同样秉持“上下一体”的思想,“审判一体化建设”“着力推进检察一体化”[53]也反映出对该理念的实践追求。指导性案例有助于改正我国长期存在的类案不同判、类案不同办的弊病,维护我国司法体制统一性和权威性。第二,推动法律规则发展演进。指导性案例是解释法律、丰富规则内涵的表达,但与抽象的司法解释不同的是,指导性案例是通过现实案例的具体论证过程实现解释功能,办案人员会考虑更多情况,如政策动向、社会趋势、舆论情况、当事人权益等,其释法说理的经过更令人信服,更容易得到民众认可,其最终结果悄无声息地推动了法律规则的发展演进。第三,提升司法活动的稳定性。法律的生命在于经验而不在于逻辑。[54] 案例中蕴含的理性经验往往比理论逻辑更具有生命力,指导性案例的确立需要经过多重程序,每一个阶段都要对案件的证据、程序、法律适用、指导性意义等方面进行深入审查,因此,需要耗费较大的司法资源。指导性案例一经发布,短时间内不会被轻易推翻,从而确保了司法活动有稳定的办案参照,提升司法活动的稳定性。

虽然典型案例不具备指导性案例的规范性效力,但其功能定位更加多样、灵活:其一,指导贯彻党中央的决策部署,贯彻落实党中央提出的“坚持和加强党的领导”“党的领导是推进全面依法治国的根本保证”等重要论断。其二,服务发展大局。党的十八大以来,中国特色社会主义进入新时代新阶段新局面,国家治理能力必须紧跟国家发展步伐。司法体制作为国家治理体系的重要组成部分,各项改革、专项行动都要符合时代发展趋势,服务发展大局。其三,作为内部激励机制。典型案例的确立,类似于指导性案例,下级机关逐级报送,上级机关

---

〔52〕 何祎:《检察指导性案例应用研究》,载《西南民族大学学报(人文社会科学版)》2022 年第 1 期。

〔53〕 张智辉:《论检察一体化》,载《中国法学》2023 年第 3 期。

〔54〕 参见[美]小奥利弗·温德尔·霍姆斯:《普通法》,冉昊、姚中秋译,中国政法大学出版社 2006 年版,第 151 页。

向最高司法机关推荐。因此,在司法机关内部,承办案件得到上级机关的认可,并最终确立为典型案例,是对承办人员业务能力的极大认可,可以成为评奖评优的加分项,承办单位也会采取一定措施进行表彰并进行通报,起到正向激励的效果。[55]

2. 生态环境刑事指导性与典型案例的定位质量考察

(1)指导性案例创制司法规则,回应司法办案疑难问题

考察现有的 5 件生态环境刑事指导性案例,其中有 3 件案例创制了司法规则,分别是指导性案例 202 号、指导性案例 172 号、检例第 86 号。其中 2 件是对法律原则、规则的重申,分别是指导性案例 203 号、检例第 60 号。下面进行简要概述。(见表 4 – 19)

表 4 – 19　生态环境刑事指导性案例质量情况

案例名称	案件焦点	指导意义
左某、徐某污染环境刑事附带民事公益诉讼案	环境污染处置费用认定	污染环境损害责任认定
武汉卓航江海贸易有限公司、向某等 12 人污染环境刑事附带民事公益诉讼案	排放污染物的损害认定	污染环境损害认定与证据采信
秦某学滥伐林木刑事附带民事公益诉讼案	森林生态环境修复义务确定	森林环境修复义务与量刑情节
盛开水务公司污染环境刑事附带民事公益诉讼案	生态损害赔偿责任	参与社会治理
刘某非法占用农用地案	非法占用耕地刑事责任	贯彻保护耕地政策

创制司法规则是解决司法疑难问题最有效的方式,包括对事实认定、证据采纳、量刑等规则的改变和创新,但有较大的风险和难度,应当采取谨慎态度。第一,证据规则的创制。证据被采纳的前提是符合客观性、科学性、合法性三要件,否则不具备证据能力。针对船舶偷排污水的案件,由于客观原因无法取样,指导性案例 202 号指出,"可以依据来源相同、性质稳定的舱底残留污水进行污染物

[55] 《玉林市检察机关一涉企案例入选最高检发布的典型案例》,载微信公众号"玉林市人民检察院"2022 年 8 月 12 日,https://mp.weixin.qq.com/s?__biz=MzA3NTA1NTc5NQ==&mid=2650882515&idx=1&sn=bae02a9bdd48e74da18d416eef42e12c&chksm=8483b60fb3f43f19e739f1284750bb9fa6bccfa0a971c6ebfd7d203e8f79e04c05714cc89fc2&scene=27。

性质鉴定"[56],这即属于对证据资格的判断规则的创制。第二,量刑规则的创制。生态环境刑事案件有部分涉及单位犯罪,涉及多方利益以及企业经营状况,故确保量刑合理尤为重要。指导性案例 172 号指出:"被告人自愿交纳保证金作为履行生态环境修复义务担保的,人民法院可以将该情形作为从轻量刑情节。"[57]将被告人事后变现列入量刑考量因素,有利于生态环境的修复,是恢复性司法理念的体现。第三,责任规则的创制。对于生态环境犯罪,检察机关可能提起刑事附带民事公益诉讼,要求被告人承担生态环境修复责任。面对被告人不能的情形,检例第 86 号中指出:"控股股东自愿加入诉讼,愿意承担连带责任并提供担保的,检察机关可以依申请将其列为第三人,让其作为共同赔偿主体,督促其运用现金赔偿、替代性修复等方式,承担生态损害赔偿的连带责任。"[58]

(2)典型案例着重关注履职过程亮点,树立办案范本

大部分典型案例的重点在于履职过程,为今后遇到类似案件的办案人员提供可参照的办案范本,因此,生态环境刑事典型案例的质量情况取决于履职亮点和典型意义。考察 171 件生态环境刑事典型案例,司法人员履职过程中的亮点一般体现在以下几个方面:(见表 4－20)

表 4－20　生态环境典型案例意义类型情况

单位:件

典型意义类型	政策落实示范	事实认定示范	指导精准量刑示范	法律适用示范	案件办理示范
最高人民法院典型案例	71	4	2	12	8
最高人民检察院典型案例	16	15	0	2	41
总计	87	19	2	14	49

第一,能动履职,响应政策号召。生态环境保护能够细分为多个领域,包括空气、江河、湿地、森林、海洋、矿产、耕地、濒危动植物等,不同领域蕴含丰富生态环境资源,同时有不同的政策要求。司法机关在专项行动、日常办案中,发现不同生态领域的犯罪典型,遵循政策要求能动履职。

第二,制发司法建议书,深度参与环境治理。生态环境治理是一个系统工

[56] 武汉卓航江海贸易有限公司、向某等 12 人污染环境刑事附带民事公益诉讼案,最高人民法院指导案例 202 号(2022 年)。

[57] 秦某学滥伐林木刑事附带民事公益诉讼案,最高人民法院指导案例 172 号(2021 年)。

[58] 盛开水务公司污染环境刑事附带民事公益诉讼案,最高人民检察院指导案例 86 号(2020 年)。

程，仅靠诉讼机制难以起到良好的治理效果。因此，司法机关创新治理深度，积极履行司法职责，根据案情实际制发司法建议书、检察建议书，督促行政机关履行环境保护职责，监督被告人承担生态修复义务，能动司法参与环境治理。

第三，准确认定事实、适用法律。裁判、履职过程中的创新做法和亮点，可以确保准确认定案件事实、适用法律，是典型案例的另一关注重点。部分典型案例往往在办理过程中存在定罪、量刑规则上的“突破”，值得宣传借鉴。比如在谢某川、谢某城非法捕捞水产品案中，承办法院要求被告人“在缓刑考验期内保质保量完成相应的公益活动任务，征得当地社区矫正机关认可，将谢某城参与公益活动的相关表现情况作为缓刑考验内容之一纳入考核”〔59〕。这实现了生态环境和被告人的双赢，是成功将缓刑制度作用于生态环境的典例。

3. 生态环境刑事指导性与典型案例的功效考察

(1)指导性案例的援引次数少且不规范

通过中国裁判文书网的高级检索功能，可查询到的援引生态环境刑事指导性案例的判决书仅有 1 篇，援引类别属于法官主动援引，援引原文为“本案罚金明显高于最高人民检察院第十六批指导性案例和其他省市及本省其他同类案件罚金数额”〔60〕。可以看出，本次援引是参照了指导性案例的量刑幅度，确保类似案件量刑幅度在合理范围内浮动，是审判机关追求“类案同判”的行为表现。但仍要指出的是，此次援引存在不规范之处，即没有直接明示所引的具体指导性案例及案例号。最高人民检察院第十六批指导性案例中共有 4 个案例，法院主动援引该批指导性案例时，应当准确说明所援引的具体案例，以做到规范援引指导性案例、充分释法说理。

(2)典型案例的援引次数较少且抽象化

通过中国裁判文书网的高级检索功能，可查询到的援引生态环境刑事典型案例的判决书仅有 2 篇，援引类别属于法官主动援引〔61〕和辩护人援引〔62〕。典

---

〔59〕《最高法发布 2022 年度人民法院环境资源审判典型案例》，载中华人民共和国最高人民法院网 2023 年 6 月 5 日，https://www.court.gov.cn/zixun/xiangqing/402442.html。

〔60〕辽宁省抚顺市中级人民法院刑事判决书，(2021)辽 04 刑终 82 号。

〔61〕法官主动援引原文为“根据最高人民法院公布的生态环境保护典型案例，专家意见作为认定事实的依据已经被广泛采纳，且辩护人并未提出相反的证据足以推翻专家意见，故证据 7 可以作为本案证据予以采信”。参见湖北省荆州市沙市区人民法院刑事附带民事判决书，(2019)鄂 1002 刑初 345 号。

〔62〕辩护人援引原文为“公诉机关以 27 元/吨而非 8.5 元/吨的出水价计算被告人刘章的犯罪金额不符本案案情及典型案例精神”。参见九江市浔阳区人民法院刑事判决书，(2019)赣 0403 刑初 103 号。

型案例的 2 次援引,虽然次数不多,但无明显不规范之处。法官主动援引典型案例中的证据采纳规则,将专家意见作为事实认定的证据,符合典型案例精神和司法实践的一贯做法。但是,辩护人的援引中,辩护人提出"公诉机关认定犯罪金额有误,与典型案例精神不符",此种"精神式"的援引方式不够具体,且未对典型案例中蕴含的"精神"作出具体说明,属于抽象化援引,法院对辩护意见不予采纳也在情理之中。

总的来说,目前生态环境刑事指导性和典型案例司法援引次数过少,援引方式存在不规范、抽象化的问题,其原因主要在于数量过少,可参照性较低,指导性案例的裁判效力不明,发布流程较长影响时效性等。指导性和典型案例的作用发挥不明显,最高人民法院、最高人民检察院需要采取必要措施予以应对。

(三)基本结论

案例的生命不在于公布而在于使用。只有高频次援引和借鉴,才能充分体现案例的功能价值,才是对判例适用性和经验理性的最好证明。生态环境刑事指导性与典型案例共计 176 件,对司法实践发挥的指导示范作用不可估量,其功能价值具体体现在以下几个方面。

1. 遵循先例指导并确定事实依据

生态环境刑事案件涉及环境监测、环境数据、环境分析等专业问题,认定案件事实需要鉴定意见、专家辅助人的意见作为参考,过程中会涉及行政证据转化、专家意见的采信等问题。多起生态环境刑事指导性案件、典型案件也是着重体现证据收集、证据转化和证据采信问题,为各级机关办理生态环境刑事案件提供指导。例如,针对环境损害事实认定问题,最高人民法院指导性案例 202 号中指出:"污染防治设施运行状况、污染物处置去向,结合被告人供述、证人证言、专家意见等证据对违法排放污染物的行为及其造成的损害作出认定。"

在司法实践中,有的案件针对证据采纳问题援引了典型案例作为论述理由。例如,援引典型案例的判决书中指出:"根据最高人民法院公布的生态环境保护典型案例,专家意见作为认定事实的依据已经被广泛采纳,且辩护人并未提出相反的证据足以推翻专家意见,故证据 7 可以作为本案证据予以采信。"〔63〕生态环境刑事案件中对于危害结果、损害责任的证明需要科学标准。对此,公诉人和被告人都会聘请相关专家对涉案问题进行论证,专家意见在生态环境刑事案件中

〔63〕 湖北省荆州市沙市区人民法院刑事附带民事判决书,(2019)鄂 1002 刑初 345 号。

已经成为常见的证据形式。

2. 参考量刑幅度以保证合理量刑

生态环境刑事犯罪的量刑问题始终是案件争议焦点，其原因在于：一方面，生态环境犯罪的危害后果难以估量，采取何种方式、标准评估环境损害容易产生争议；另一方面，在恢复性司法理念下，承担生态修复义务可以换取宽大处理，但从宽力度同样是会产生争议的问题。因此，生态环境刑事指导性与典型案例时常涉及量刑问题，以回应生态环境刑事司法实践中的量刑问题。例如，秦某学滥伐林木刑事附带民事公益诉讼案（指导性案例172号），法院将被告人自愿为生态环境修复义务提供保证金担保作为从宽处理的量刑情节，证明被告人有较强的生态责任意识和抗风险能力。所以，审理生态环境刑事案件时，可以借鉴指导性案例172号的做法，被告人认罪认罚且积极承担生态修复义务的，法官可以发挥自己的自由裁量权，将此视为酌情从宽的量刑情节。检察机关甚至可以与被告人达成某种"辩诉交易"，以较宽的量刑建议，激励被告人承担修复生态的义务。类似做法可能都是以指导性案例172号为参照，是指导性案例的功能体现，既保证量刑合理性，也兼顾案件办理的社会效果。同理，典型案例亦会对量刑问题作出说明，其最主要的作用是提供合理的量刑幅度范围。例如，邢某非法占用农用地案[（2021）辽04刑终82号]中，邢某辩护人正是援引了最高人民检察院第十六批典型案例中的罚金幅度，指出一审判决罚金刑的畸高问题。由此可以看出，生态环境刑事典型案例既能为法官提供量刑幅度参考，也在无形中设置了"标尺"，一旦法院无正当理由超出"先例"预设的量刑幅度，被告人、辩护人便可能以此为由提出异议，制约法院的自由裁量权。

3. 借鉴办案思路以创新生态治理

司法机关应聚焦于案件的办案效果，既要依法依规打击犯罪，又要确保生态环境得到修复，还要推动环境治理体系不断完善。如盛开水务公司污染环境刑事附带民事公益诉讼案（检例第86号），造成环境污染公司的控股股东自愿加入诉讼，愿意承担连带责任并提供担保的，检察机关可以依申请将其列为第三人，让其作为共同赔偿主体，督促其运用现金赔偿、替代性修复等方式，承担生态损害赔偿的连带责任。与此同时，检察机关对于发现的带有普遍性的问题，通过提出检察建议、立法建议等方式，促进社会治理创新。该指导性案例的办案思路得到最高人民检察院的肯定和推广，以便各级检察机关广泛借鉴。

同样地，典型案例中的许多办案思路值得被借鉴。比如，山东省青州市刘某刚等 44 人非法处置废铁桶污染环境案,案件承办检察院向市生态环境、市场监管部门制发检察建议书,建议开展专项检查,确保危废铁桶得到正规无害化处理。[64] 再如,上海市青浦区谢某华等 3 人非法处置废料桶污染环境案,案件承办检察院针对在办案中发现的油墨公司对危险废物贮存、处置存在风险隐患及薄弱环节等问题,向涉案公司制发检察建议书,建议其规范危险废物的处置流程,进一步完善危险废物登记台账,加强员工警示教育;涉案公司回复已按照检察建议所列事项进行整改。[65] 指导性案例、典型案例中提及的司法建议书,有助于让各级办案机关转变办案思路,不断优化生态环境刑事案件的审理工作。

可以说,指导性案例、典型案例的事实定性指引、量刑幅度参考、办案思路参照等功能不断提升了生态环境案件的刑事治理效能,成为近年来(尤以 2022 年为甚)疫情因素之外,生态环境刑事案件数量不断下降的重要因素。

五、总体结论与展望

本研究通过实证分析发现,2022 年度一审审结的生态环境刑事案件数量为 1712 件,二审案件为 67 件。自 2020 年以来,生态环境刑事一、二审案件数量持续下降,特别是 2022 年度的案件数量“断崖式”下跌。这仅仅是 2020 年以来新冠疫情的影响所致吗?除此之外,是否还存在别的因素?对此,在实证分析 2022 年度一审审结案件的基础上,分析近 10 年的生态环境刑事二审案件、司法解释、指导性案例与典型案例,以整体性、长效性的角度分析服判息诉率、司法解释适用、指导性案例参照等对 2022 年度案件数量下降的影响。

观察上述数据可知,2013 ~ 2019 年,二审案件整体处于上升趋势,而 2020 ~ 2022 年则处于下降趋势,特别是 2022 年度的服判息诉率(89.7%)基本与 2022 年全国一审案件的服判息诉率(89%)持平,这表明刑事司法对生态环境类犯罪的成立条件、定罪量刑标准等逐步廓清,一审案件的审判质量不断提升。在规范上,得益于司法解释的不断精细化,环境污染类、危害动物植物资源类、破坏其他生态资源类司法解释因应生态环境保护需求,不断优化。例如,对破坏环境的种类、情节严重情形的细化等,使司法解释的适用率总体相对稳定。抽样分析 2022 年度的数据可以发现,环境污染类案件、危害动物植物类案件、破坏其他生

〔64〕 参见《依法严惩危险废物污染环境犯罪典型案例》,载中华人民共和国最高人民检察院网,https://www.spp.gov.cn/xwfbh/wsfbt/202305/t20230529_615212.shtml#2。

〔65〕 参见侯晓燕:《人工智能在参照援引指导性案例中的应用及其完善研究》,载《西部法学评论》2019 年第 3 期。

态资源类案件引用司法解释的数量分别为 37 件、78 件、51 件。经分析，生态环境类案件中司法解释在案件中的行为定性上适用率更高，成为确定量刑幅度的重要指南，并有效发挥着区分行政违法性与刑事违法性的功能。在指导性案例、典型案例的参照方面，近十年来，最高人民法院、最高人民检察院发布的指导性案例共计 5 件、典型案例共计 171 件，成为生态环境类刑事案件审判的重要参考，对生态环境类刑事案件的事实认定、量刑幅度以及办案思路等具有指导价值。

可以说，2022 年度一审审结的生态环境刑事案件数量之降低，虽然有新冠疫情影响国民生产经营活动，降低了对环境的破坏的原因，但这不是唯一的原因。更为重要的是，党的十八大以来，习近平生态文明思想被不断深入实践，在刑事司法解释等规范上，以及指导性案例与典型案例上不断被贯彻执行，成为国民保护生态环境的重要指南和刑事司法实践的重要依据。在此指引下，生态环境保护与经济发展相得益彰，相关破坏生态环境的行为也逐渐被遏制，这些综合促进了 2022 年度生态环境刑事案件数量的下降。

但仍要注意的是，从 2022 年审结的生态环境犯罪一审案件的情况来看，绝大部分省级行政区生态环境刑事案件数量较少（特别是海南省、宁夏回族自治区与重庆市），相关案件则主要集中在湖南省、广西壮族自治区等省级行政区，生态环境犯罪与资源分布之间的关系正在被削弱，呈现多点式、散发式的案发情状，因此未来还需持续监测、识别生态环境类犯罪。对于生态环境案件数量较少的省级行政区、案发数量较少的罪名不应放松监管，需要在具体省级行政区与罪名等的发展特征下，深入贯彻落实生态文明理念，持续推动美丽中国建设，促进人与自然和谐共生；通过数字化手段监测生态环境违法犯罪行为，积极应对该类犯罪多点式、散发式的案发现状；继续根据生态环境犯罪变化制定、修正相关罪名、司法解释等，逐步建立健全指导性案例、典型案例的引导机制，拓展其多元功能，以形成有针对性的生态环境治理举措。

环境公益诉讼的现状梳理及完善建议*

张　博　赵祖斌

自2012年《民事诉讼法》第55条规定了民事公益诉讼制度以来,我国环境公益诉讼的规则体系日益完善。2014年修正的《环境保护法》第58条以及2017年修正的《行政诉讼法》第25条标志着我国环境公益诉讼在立法层面之确立。随之而来,《最高人民法院、最高人民检察院关于检察公益诉讼案件适用法律若干问题的解释》(以下简称《检察公益诉讼解释》)不仅明确了检察机关办理公益诉讼的相关行为准则,也从司法解释层面丰富了环境公益诉讼的类型,形成环境民事、行政、刑事附带民事三类公益诉讼并立的规则体系。除此之外,2015年中共中央办公厅和国务院办公厅联合印发《生态环境损害赔偿制度试点改革方案》(该方案已失效,现行有效的是《生态环境损害赔偿制度改革方案》),确立了生态环境损害赔偿诉讼制度,并于2020年《民法典》第1234条和第1235条的立法规定中体现出来。尽管理论界试图从诉讼提起的主体、程序衔接等视角将生态环境损害赔偿诉讼与环境民事公益诉讼相区分〔1〕,但法院、检察机关等实务部门依旧难以从两类诉讼所侵害的法益、制度功能、救济方式等层面划分出壁垒分明的界限。故本文姑且将生态环境损害赔偿诉讼归为环境公益诉讼的一种类型。〔2〕至此,具有中国特色的环境公益诉讼规则体系历经十年发展,已经颇具规模。随着环境公益诉讼的逐步推进,其诸多亮点依次显现。与此同时,司法实践中的相关问题也慢慢浮出水面,且呈现出集中化的趋势,亟待解决。

为了全面揭露司法实践中的相关问题,并提出有针对性的完善方案,本研究将从中国裁判文书网、北大法宝数据库中检索各类环境公益诉讼案件,结合前期的相关统计数据,考察我国环境公益诉讼多年来的司法运行状况。通过深入分

* 感谢中南财经政法大学硕士研究生周俐君,刘稚清等同学参与资料收集整理工作。

〔1〕 参见巩固:《生态环境损害赔偿诉讼与环境民事公益诉讼关系探究——兼析〈民法典〉生态赔偿条款》,载《法学论坛》2022年第1期。

〔2〕 有的学者认为,生态环境损害赔偿诉讼与环境民事公益诉讼应当统合。参见占善刚、陈哲:《〈民法典〉实施背景下生态环境损害赔偿诉讼定位研究》,载《干旱区资源与环境》2021年第3期。

析环境公益诉讼的裁判文书,明晰我国环境司法的发展现状和问题,并以此为基础探索具有可行性的完善建议。

一、研究样本的选定及抓取方式

本研究将试图呈现2022年我国环境公益诉讼制度的运行状况,主要围绕年度数据(2022年度裁判文书)进行分析,并结合2015年以来的环境公益诉讼历年数据进行对比分析。本研究主要以2022年环境公益诉讼裁判文书为研究对象,预期通过对2022年环境公益诉讼裁判文书进行定量分析,系统梳理2022年我国环境公益诉讼制度的实施状况。2022年环境公益诉讼案件主要是从北大法宝数据库中检索,辅之以中国裁判文书网数据库和案例检索工具。在北大法宝的司法案例网站中,将检索条件选定为"全文",以"公益诉讼""生态环境"为检索关键词,审结年份选定为"2022";在中国裁判文书网中,将检索条件选定为"全文""公益诉讼""生态环境",裁判年份选定为"2022"。在以上两个数据库中,将案由分别选定为"民事案由""刑事案由""行政案由"。在获得的裁判文书中,由于少数命中关键词的案例与环境公益诉讼无关,需要对获得的案例进行逐个选定并分别统计。通过前述方法,经对所有命中关键词的裁判文书内容进行人工筛选和排除,删掉了部分案例。最终共获得2022年度环境公益诉讼裁判文书445份,其中环境民事公益诉讼的裁判文书80份,环境刑事附带民事公益诉讼的裁判文书332份,环境行政公益诉讼的裁判文书为3份,环境执行的裁判文书30份。除此之外,因生态环境损害赔偿诉讼检索的特殊性,笔者又在北大法宝的司法案例网站中,将检索条件选定为"全文",以"生态环境损害赔偿诉讼"为检索关键词,审结年份选定为"2022";在中国裁判文书网中,将检索条件选定为"全文""生态环境损害赔偿诉讼",裁判年份选定为"2022"。人工排除与环境民事公益诉讼重复的案例,最终获得我国2022年度生态环境损害赔偿诉讼裁判文书17份。

二、2022年度环境公益诉讼案件基本情况

依据前述介绍的研究对象以及案例样本的获取方式,本部分以课题组获取的2022年度环境公益诉讼裁判文书(共计462份)为分析样本,从整体情况、案由分布、地域分布、审级分布、适用程序等方面对我国2022年的环境公益诉讼状况进行整体描述与分析。需要说明的是,由于案件来源的局限性和检索路径的限制,以及裁判文书上网的时效性限制,本部分提出的研究结论仅能在现有条件下反映我国环境公益诉讼制度的基本现状及存在的问题。

(一)环境公益诉讼的类型、地域及审级的总体分布

1. 2015 ~ 2022 年环境公益诉讼年际对比

在缕析 2022 年度环境公益诉讼案件基本情况之余,根据《中国环境司法发展报告(2019 年)》《中国环境司法发展报告(2020 年)》《中国环境司法发展报告(2021 年)》中提供的 2015 ~ 2021 年环境公益诉讼案件的相关数据,结合我们收集到的 2022 年的数据,可以对历年环境公益诉讼一审结案数的变化形成一个总体性认识。

2015 ~ 2017 年环境公益诉讼一审案件的数据源于《中国环境司法发展报告(2019 年)》,2018 ~ 2020 年环境公益诉讼一审案件的数据源于《中国环境司法发展报告(2020 年)》,2021 年环境公益诉讼一审案件的数据源于《中国环境司法发展报告(2021 年)》,2022 年环境公益诉讼一审案件的数据源于本课题组对北大法宝数据库和中国裁判文书网上公开的裁判文书的统计。

统计数据显示,2015 ~ 2016 年环境公益诉讼一审案件为 73 件,2017 年为 114 件,2018 年为 1252 件,2019 年为 1947 件,2020 年为 3357 件,2021 年为 1487 件,2022 年为 462 件(见图 5 - 1)。从历年数据看,环境公益诉讼案件数量持续多年增长的情况于 2021 年首次迎来了结案数下降的拐点,但 2021 年环境公益诉讼案件结案数下降的情况并非偶然现象,2022 年环境公益诉讼案件结案数下降的趋势更加明显。这从一定程度上反映出我国环境和生态保护工作逐渐向好。

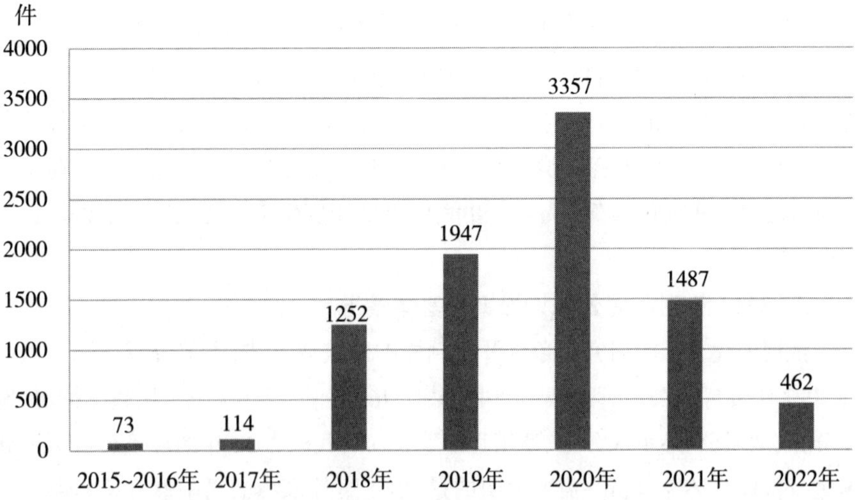

图 5 - 1　2015 ~ 2022 年环境公益诉讼一审案件数量分布图

2. 2022 年度各类环境公益诉讼占比

从提起诉讼的案件类型看,环境行政公益诉讼案件 3 件,占比 0.65%;环境民事公益诉讼案件 80 件,占比 17.32%;环境刑事附带民事公益诉讼案件 332 件,占比 71.86%;生态环境损害赔偿诉讼案件 17 件,占比 3.68%;环境执行案件 30 件,占比 6.49%(见图 5－2)。从整体上看,在 2022 年的环境公益诉讼案件中,环境刑事附带民事公益诉讼案件依旧维持了 2021 年"一枝独大"的状况。本质上,环境刑事附带民事公益诉讼案件与生态环境损害赔偿诉讼案件依旧归属于民事公益诉讼案件。这也就意味着,在 462 份裁判文书中,与环境民事公益诉讼有关的裁判文书有 459 份,占据绝对优势地位。结合历年的各类环境公益诉讼占比情况来看,环境公益诉讼案件类型"民重行轻"的状况未曾改变。

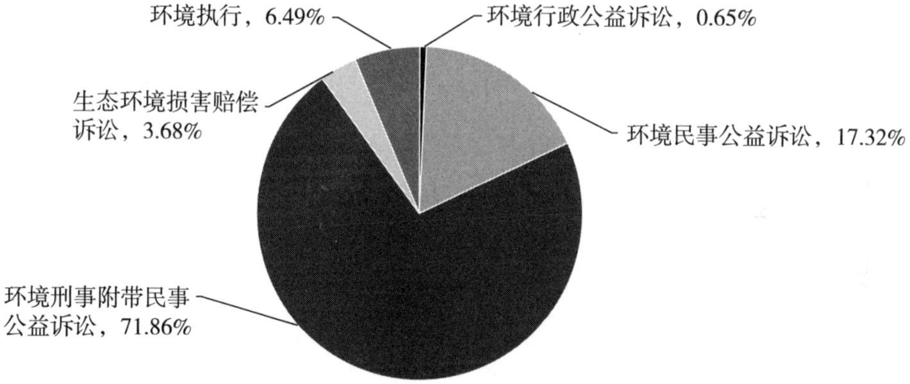

图 5－2　2022 年度各类环境公益诉讼占比

3. 环境公益诉讼案件的省域分布

以北大法宝数据库收集的环境公益诉讼裁判文书为分析样本。从省域分布上看,2022 年环境民事公益诉讼案件在新疆维吾尔自治区、宁夏回族自治区、山西省没有分布,但与 2015～2021 年的情况无异,另外 28 个省(自治区、直辖市)的环境公益诉讼案件分布依旧广而不均衡。其中,湖南省、陕西省、广西壮族自治区、黑龙江省、广东省、山东省、浙江省 7 个省级行政区的环境公益诉讼案件数量均在 20 件以上,对其依次排序是湖南省(87 件)、陕西省(41 件)、广西壮族自治区(33 件)、黑龙江省(36 件)、广东省(28 件)、山东省(23 件)、浙江省(20 件)。湖南省、陕西省、广西壮族自治区、黑龙江省、广东省、山东省 6 个省级行政区诉讼案件共计 268 件,约占全国环境公益诉讼案件总量的 58%。天津市、湖北省、河北省、河南省、云南省、西藏自治区、吉林省、海南省 8 个省区市的环境公益诉讼案件数量皆在 5 件(不含 5 件)以下,案件总量仅为 20 件,约占全国环境公益诉讼案件总量的 4.33%(见表 5-1)。当然,囿于各地方法院对于裁判文书上网的数量要求不一,上述裁判文书省区市分布的显示结果仅能在一定程度上反映各地域环境公益诉讼工作的情况。

表 5-1　2022 年各省区市环境公益诉讼审结案件数量

单位:件

省区市	环境刑事附带民事公益诉讼	环境民事公益诉讼	环境行政公益诉讼	生态环境损害赔偿诉讼	合计
北京市	2	5	0	0	7
天津市	2	0	0	0	2
上海市	3	15	0	0	18
重庆市	0	5	0	1	6
河北省	2	0	0	0	2
内蒙古自治区	5	1	0	0	6
辽宁省	14	3	0	1	18
吉林省	1	2	0	0	3
黑龙江省	36	0	0	0	36
江苏省	10	0	0	0	10
浙江省	5	15	0	0	20
安徽省	9	5	1	0	15
福建省	3	2	0	0	5
江西省	14	0	0	1	15
山东省	15	7	0	1	23
河南省	3	1	0	0	4
湖北省	1	0	1	0	2
湖南省	83	2	0	2	87
广东省	25	3	0	0	28
广西壮族自治区	33	0	0	0	33
四川省	12	2	0	1	15

续表

省区市	环境刑事附带民事公益诉讼	环境民事公益诉讼	环境行政公益诉讼	生态环境损害赔偿诉讼	合计
贵州省	7	3	0	0	10
云南省	2	1	0	1	4
西藏自治区	1	0	0	0	1
陕西省	37	2	0	2	41
甘肃省	8	1	0	1	10
青海省	0	4	0	5	9
海南省	0	1	1	0	2

4. 环境公益诉讼审理法院以及审理程序分布

2022 年环境公益诉讼案件有 358 件由基层人民法院审理，占比 77.49%，有 68 件由中级人民法院审理，占比 14.72%（见图 5－3）。2022 年环境公益诉讼案件中，简易程序审理的案件 62 件，占比 13.42%；一审普通程序审理的案件 333 件，占比 72.08%；二审程序审理的案件 31 件，占比 6.71%；再审程序审理的案件有 2 件，占比 0.43%。（见图 5－4）

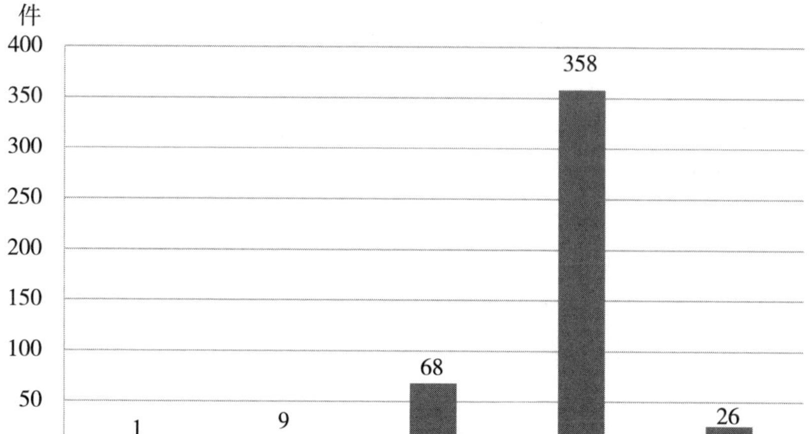

图 5－3　2022 年环境公益诉讼各审级数量

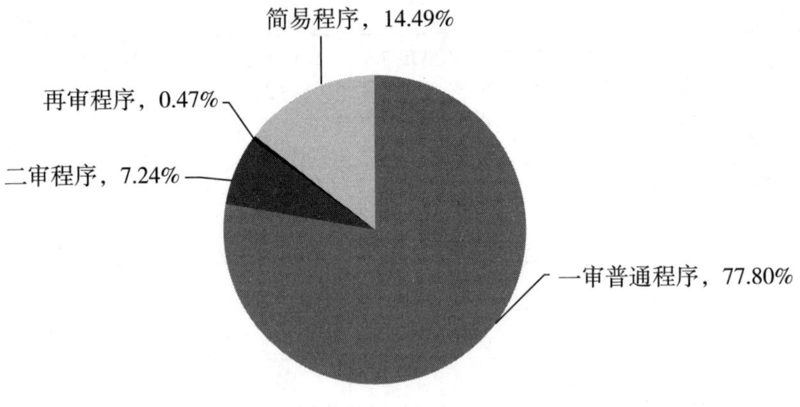

图 5 – 4　2022 年环境公益诉讼案件的法院适用程序分布

(二)环境民事公益诉讼案件的基本情况

本部分的研究样本源于北大法宝数据库、中国裁判文书网中的环境公益诉讼案件裁判文书。以《民事案件案由规定》限定的民事案件案由的类型、层次与具体案由为线索与依据,检索限制审结年限为 2022 年,检索范围为各级人民法院 2022 年审结的环境民事公益诉讼案件的裁判文书。通过前述方法,据不完全统计,截至 2023 年 4 月底,民事公益诉讼案件达 93 件,但这些案件过于宽泛,许多并非真正的环境公益诉讼案件。由此,本课题组又根据案件的原告、被告、诉讼请求、污染的环境要素或损害的自然资源等,筛选和排除掉部分案例。在剔除不符合要求的类型案件、重复案件后,共获得环境民事公益诉讼判决书 44 份,裁定书 22 份,调解书 14 份,共计 80 份。本部分将主要从整体情况、案由分布、地域分布、审级分布、适用程序等方面对 2022 年度环境民事公益诉讼进行梳理研究。

1. 环境民事公益诉讼案件数及分布

2022 年环境民事公益诉讼和其他民事公益诉讼裁判文书情况统计显示,全国民事公益诉讼裁判文书共 287 份,其中有 80 份为环境民事公益诉讼,占民事公益诉讼总数的 27.87%(见图 5 – 5)。通过横向对比 2015 ~ 2022 年环境民事公益诉讼案件的数量可知,2022 年度环境民事公益诉讼案件相较于 2021 年度,整体数量有一定幅度下降。通过数据统计可以发现,2022 年我国的环境民事公益诉讼案件在各省、自治区、直辖市之间的数量分布极不均衡,多达 11 个省级行政区没有环境民事公益诉讼的审结案件。2022 年法院审结的环境民事公益诉讼案件超过 5 件的省、自治区、直辖市有 6 个,分别为上海市(15 件)、浙江省(15

件)、山东省(7 件)、北京市(5 件)、重庆市(5 件)、安徽省(5 件)。其中,尤以上海市的 15 件和浙江省的 15 件居多。上述 6 个省级行政区共审结案件 52 件,占比 65%。另外 14 个省、自治区、直辖市的案件数量共计 28 件,占比为 35%。

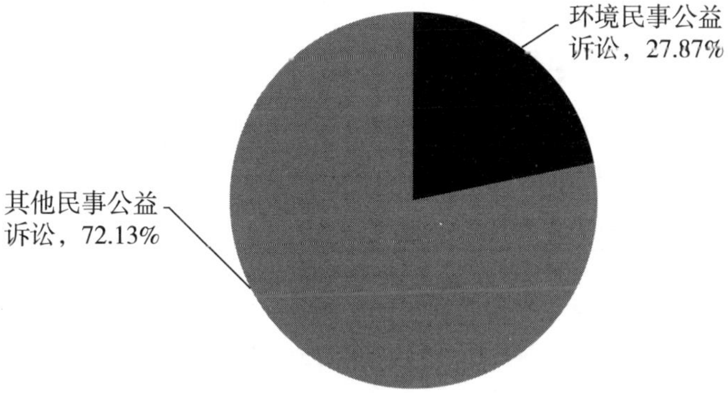

图 5-5 环境民事公益诉讼和其他民事公益诉讼占比

表 5-2 2022 年环境民事公益诉讼地域分布数量

单位:件

省区市	数量
上海市	15
浙江省	15
山东省	7
北京市	5
重庆市	5
安徽省	5
青海省	4
辽宁省	3
广东省	3
贵州省	3
吉林省	2
福建省	2
湖南省	2
四川省	2

续表

省区省	数量
陕西省	2
内蒙古自治区	1
河南省	1
云南省	1
甘肃省	1
海南省	1

2. 环境民事公益诉讼案件案由分布

环境民事公益诉讼的类型较为广泛,涵盖了污染防治、资源保护、生态保护等多个领域。相较于 2015 ~ 2021 年环境民事公益诉讼的案件类型而言,2022 年环境民事公益诉讼的案件类型出现了些许变化。首先,2022 年占比最大的案件类型为生态破坏责任纠纷案件,有 28 件,占整个环境民事公益诉讼案由的 35%。其次,占比较大的案件类型为生态环境保护类公益诉讼,有 24 件,占比 30%。再次,比重较大的案件类型为环境污染责任纠纷案件,共有 14 件,占比 17.5%。其中,大气污染责任纠纷案件 2 件,水污染责任纠纷案件 2 件,海洋环境污染责任纠纷案件 1 件,多种污染责任纠纷案件 9 件。最后,还存在海事海商纠纷案件 7 件,合同纠纷案件 2 件,追偿权纠纷案件 2 件,所有权确认纠纷案件 1 件,物权保护纠纷案件 1 件,占有使用高度危险物损害责任纠纷案件 1 件。(见图 5 - 6)

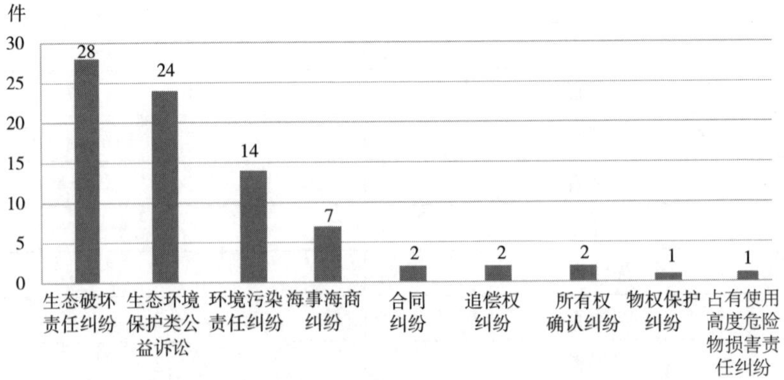

图 5 - 6　2022 年度环境民事公益诉讼涉及案由的数量

3. 环境民事公益诉讼提起主体分布

环境民事公益诉讼提起主体分布如下：首先，2022 年度环境民事公益诉讼的起诉主体最多的是检察机关，多达 56 件案件是由检察机关提起的环境民事公益诉讼，占比达 70%。其次，政府部门作为起诉主体提起的环境民事公益诉讼案件有 13 件，占比 16.25%。再次，社会组织作为起诉主体提起的环境民事公益诉讼案件有 8 件，占比为 10%。最后，其他主体作为起诉主体提起的环境民事公益诉讼案件有 3 件，占比 3.75%。（见图 5－7）

2022 年环境民事公益诉讼提起主体分布的最大变化在于政府部门提起环境民事公益诉讼案件的数量及占比均显著提高。政府部门作为提起环境民事公益诉讼的适格原告一直存在较大争议，我国《民事诉讼法》第 58 条确定的“法律规定的机关”为何，至今仍未得到司法解释的明确答复。在此背景下，政府部门提起环境民事公益诉讼案件的数量及占比均显著提高值得关注。在前述 13 件由政府部门提起的环境民事公益诉讼案件中，有 3 件案件的当事人质疑诉讼主体是否适格，对此应予以关注。3 件案件分别为：邹某强、吕某刚等不当得利纠纷案［（2022）皖 18 民终 22 号］，台玻汉中硅砂有限公司、汉中市汉台区河东店镇人民政府无因管理纠纷案［（2022）陕 0702 民初 2628 号］，枣庄市市中区光明路街道办事处、隆某耀等占有、使用高度危险物损害责任纠纷案［（2021）鲁 0402 民初 5512 号］。

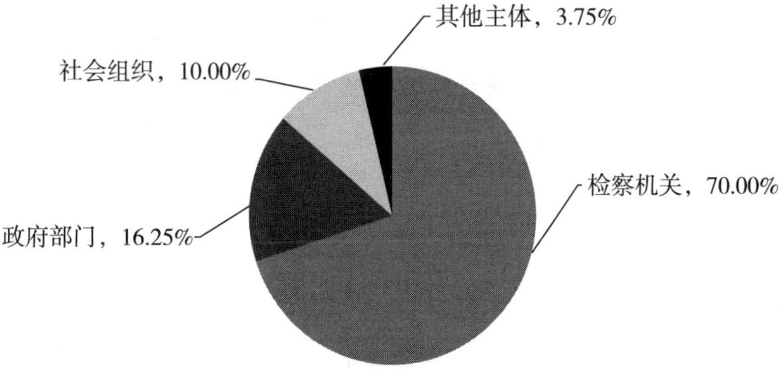

图 5－7　2022 年度环境民事公益诉讼提起主体占比

4. 环境民事公益诉讼法院级别和审理程序

在统计的 2022 年度环境民事公益诉讼案件中，中级人民法院审理的案件占比最大，达 40%，基层人民法院、高级人民法院和最高人民法院各占比 21.25%、10%、1.25%。另外，有 22 件案件由专门法院管辖，其中上海海事法院 14 件，宁波海事法院 6 件,厦门海事法院 1 件,海口海事法院 1 件。从统计数据可以看出,审理环境民事公益诉讼的法院主要集中在中级人民法院和专门法院(见图 5 –8)。《最高人民法院关于审理环境民事公益诉讼案件适用法律若干问题的解释》(以下简称《环境民事公益诉讼解释》)第 6 条规定:“第一审环境民事公益诉讼案件由污染环境、破坏生态行为发生地、损害结果地或者被告住所地的中级以上人民法院管辖……”因此,根据这一规定,大多数环境民事公益诉讼案件由中级人民法院审理。

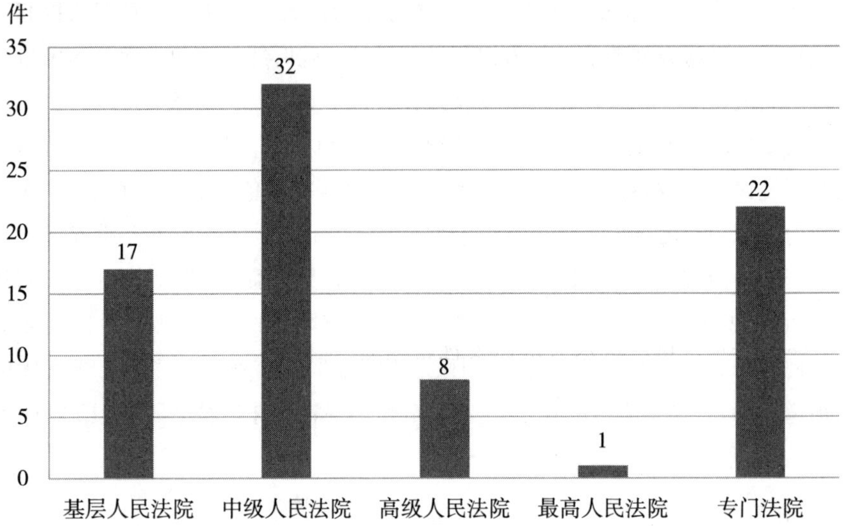

图 5 –8　2022 年环境民事公益诉讼案件法院审级的数量分布

2022 年的环境民事公益诉讼案件中,适用一审普通程序审理的案件共计 64 件,占比高达 81.01%;适用二审程序的案件仅有 11 件,占比 13.92%;适用再审程序的案件有 1 件,占比 1.27%;适用简易程序的案件有 2 件,占比 2.53%;适用特别程序的案件有 1 件,占比 1.27%(见图 5 –9)。由此可以看出,环境民事公益诉讼案件不仅较少上诉,而且适用再审程序、简易程序和特别程序的案件更是少之又少。其中适用特别程序审理的案件乃衡东县人民政府、陈某生态环境保护民事公益诉讼纠纷案[(2022)湘 0424 民特 14 号]。

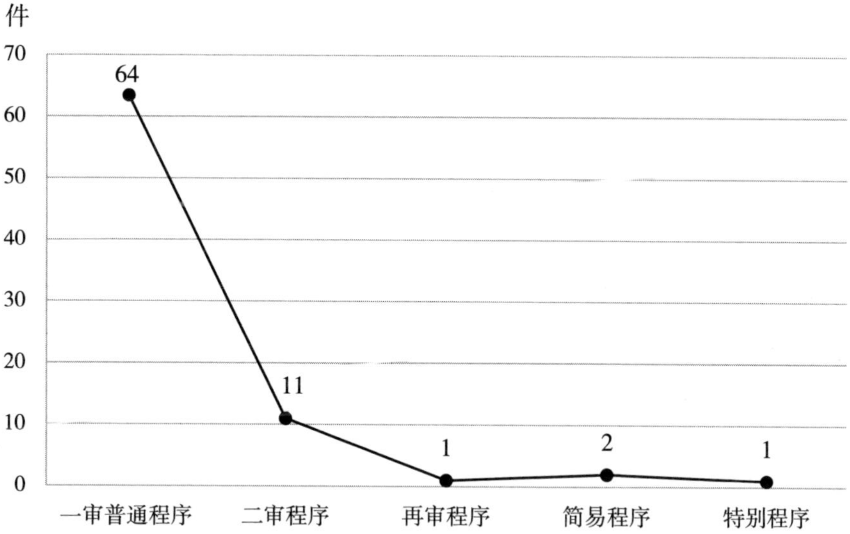

图5－9　2022年度环境民事公益诉讼案件各审级数量

5. 环境民事公益诉讼文书类型分布

2022年度环境民事公益诉讼案件审结80件，结案方式为判决、调解和裁定，其中调解结案14件，裁定结案22件，其余44件均为判决。（见图5－10）

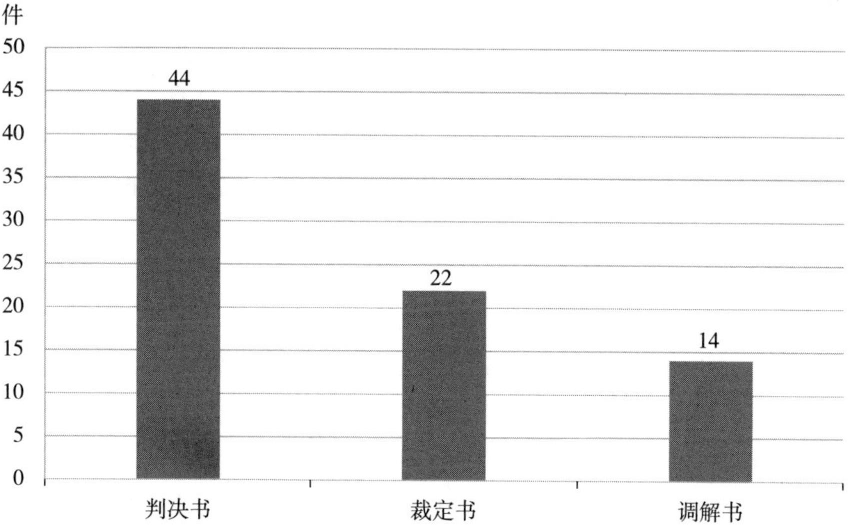

图5－10　2022年度环境民事公益诉讼裁判文书类型的数量分布

(三)环境刑事附带民事公益诉讼案件的基本情况

本部分主要以2022年生态环境资源保护领域刑事附带民事公益诉讼裁判文书为分析样本,通过对2022年的环境刑事附带民事公益诉讼的裁判文书进行整理,对2022年度我国环境刑事附带民事公益诉讼案件的状况进行分析研究。环境刑事附带民事公益诉讼案件主要从北大法宝数据库中进行检索,检索条件设置为2022年度,检索案由为《刑法》第六章"妨害社会管理秩序罪"第六节"破坏环境资源保护罪",检索专题为"公益诉讼",共检索出332件2022年度环境刑事附带民事公益诉讼案例。本部分以检索出的332件环境刑事附带民事公益诉讼案例为分析样本,对2022年度我国环境刑事附带民事公益诉讼实施状况进行分析,梳理2022年度环境刑事附带民事公益诉讼的整体情况、制度实施情况,分析当前存在的问题及问题的可能成因。本部分将主要从整体情况、案由分布、地域分布、审级分布、适用程序等方面对2022年度环境刑事附带民事公益诉讼进行梳理研究。

1. 整体情况

通过北大法宝数据库,将检索条件设置为2022年度,将检索案由设置为《刑法》第六章第六节"破坏环境资源保护罪",共检索到环境刑事案件2531件。2022年度检索到环境刑事附带民事公益诉讼案件332件,环境刑事附带民事公益诉讼在环境刑事案件中占比13.12%,占比不高。2019年,环境刑事附带民事公益诉讼案件为1917件,2020年为3015件,2021年为1473件,2022年检索得出332件。不难发现,2022年度环境刑事附带民事公益诉讼案件整体数量较大幅度下降。从总体趋势来看,环境刑事附带民事公益诉讼案件数量经过2019~2020年爆发增长期后开始急速下降。

2. 案由分布

本次检索到的331件环境刑事附带民事公益诉讼案件,共涉及13个罪名。在此需要说明的是,2021年2月26日发布的《最高人民法院、最高人民检察院关于执行〈中华人民共和国刑法〉确定罪名的补充规定(七)》中对《刑法》第六章第六节环境犯罪的罪名进行了调整,确定危害珍贵、濒危野生动物罪,取消非法猎捕、杀害珍贵、濒危野生动物罪和非法收购、运输、出售珍贵、濒危野生动物、珍贵、濒危野生动物制品罪罪名。确定危害国家重点保护植物罪,取消非法采伐、毁坏国家重点保护植物罪和非法收购、运输、加工、出售国家重点保护植物、国家重点保护植物制品罪罪名。13个罪名涉及案件数量并不均衡,相关罪名的分布如下:非法处置进口的固体废物罪,擅自进口固体废物罪,破坏性采矿罪,破坏自然保护地罪,非法引进、释放、丢弃外来入侵物种罪,非法猎捕、收购、运输、出售陆生野生动物罪,非法收购、运输、盗伐、滥伐的林木罪这 7 个罪名没有环境刑事附带民事公益诉讼案件。在 331 件案件中,非法捕捞水产品罪(91 件)、非法狩猎罪(60 件)、非法占用农用地罪(48 件)排名前三,3 个案由约占总体案件案由的 59.9%(见表 5 – 3)。另外,除了上述 13 个罪名外,检索到 4 个罪名与环境刑事附带民事公益诉讼案件有关,分别为:失火罪,走私珍贵动物、珍贵动物制品罪,走私国家禁止进出口的货物、物品罪以及非法经营罪。总体来说,2022 年度环境刑事附带民事公益诉讼案件的案由分布与 2021 年相比略有变化,但其分布依旧较为广泛,且存在分布不均衡的问题。

表 5 – 3　2022 年度环境刑事附带民事公益诉讼案件的刑事案由

单位:个

罪名	数量
非法捕捞水产品罪	91
非法狩猎罪	60
非法占用农用地罪	48
滥伐林木罪	43
非法采矿罪	21
污染环境罪	18
危害珍贵、濒危野生动物罪	15
失火罪	11
盗伐林木罪	10
走私国家禁止进出口的货物、物品罪	10
危害国家重点保护植物罪	2
走私珍贵动物、珍贵动物制品罪	1
非法经营罪	1
合计	331

3. 地域分布

以检索的 332 件环境刑事附带民事公益诉讼案件为分析样本,从地域分布上看,相较于 2015 ~ 2021 年的情况,环境刑事附带民事公益诉讼案件地域分布依旧广泛,在予以统计的我国 31 个省区市中有 25 个省区市出现了环境刑事附带民事公益诉讼案件。海南省、重庆市、青海省、新疆维吾尔自治区、宁夏回族自治区、山西省 6 个省区市没有出现环境刑事附带民事公益诉讼案件。各个省区市案例分布不均衡。环境刑事附带民事公益诉讼案件数前五的省区市是:湖南省(83 件)、陕西省(37 件)、黑龙江省(36 件)、广西壮族自治区(33 件)、广东省(25 件),共计 214 件,占案件总数的 64.5%。7 个省区市案例仅 1 件或 2 件,包括北京市(1 件)、天津市(2 件)、河北省(2 件)、云南省(2 件)、吉林省(1 件)、湖北省(1 件)、西藏自治区(1 件)(见图 5 - 11)。观察 2022 年度的环境刑事附带民事公益诉讼情况,从地域分布趋势图来看,南部和沿海地区的案件数较多,而西部和北部地区案件分布较少。从经济发展水平来看,环境刑事附带民事公益诉讼案件与经济发展水平并不具有必然联系,案件数排名较前的湖南省、陕西省、黑龙江省并不是经济发达地区,而案件数较少的北京市、上海市等省区市也非经济欠发达地区。

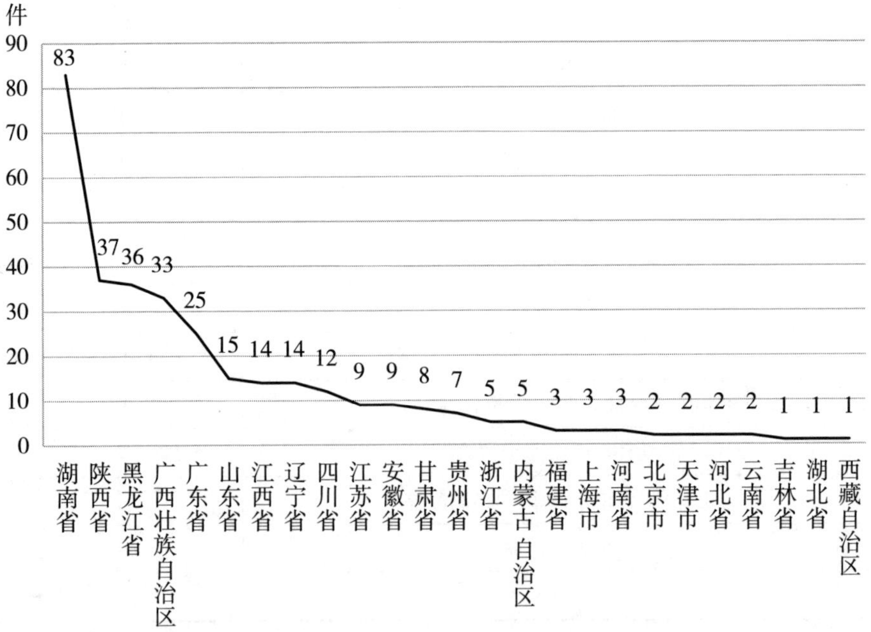

图 5 - 11　2022 年度环境刑事附带民事公益诉讼案件数量的省域分布

4. 审级及审理程序分布

就审理法院级别来看，基层人民法院共审理320件，占总数的96.39%，中级人民法院审理9件，专门人民法院审理3件，没有高级人民法院和最高人民法院审理的环境刑事附带民事公益诉讼案件。就审理程序来看，适用一审普通程序审理的案件259件，适用二审程序审理的案件9件，适用再审程序审理的案件1件。另有60件案件适用简易程序审理，3件案件适用速裁程序审理。从2015年以来的数据来看，环境刑事附带民事公益诉讼案件主要由基层人民法院审理，大多适用一审普通程序进行审理。但细细思考，环境刑事附带民事公益诉讼案件皆涉及社会公共利益，通常而言乃社会影响重大的案件。根据《最高人民法院关于适用〈中华人民共和国民事诉讼法〉的解释》第257条第5项的规定，“涉及国家利益、社会公共利益的”属于不得由当事人双方协商适用简易程序的案件类型，乃绝对不可适用简易程序的情形。但研究样本中有63件案件依旧适用了简易程序和速裁程序进行审理，这在实践中争议较大。

5. 裁判文书类型分布

从文书类型来看，收集到的332份裁判文书中，判决书高达323份，裁定书6份，调解书2份，其他文书1份。（见图5－12）

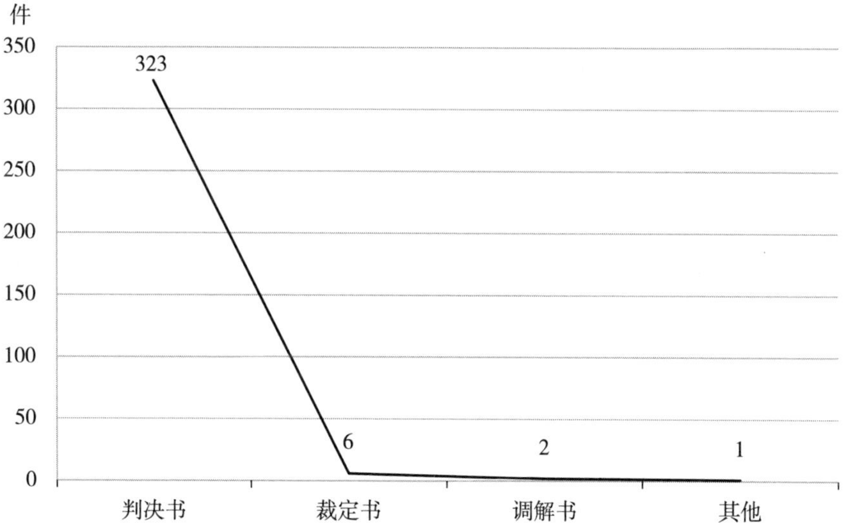

图5－12　2022年度环境刑事附带民事公益诉讼裁判文书类型的数量

（四）生态环境损害赔偿诉讼案件的基本情况

2022年生态环境损害赔偿诉讼案件主要是从北大法宝的司法案例库中进

行检索,将检索条件选定为“全文”,以“生态环境损害赔偿诉讼”为检索关键词,审结年份选定为“2022”;在中国裁判文书网中,将检索条件选定为“全文”“生态环境损害赔偿诉讼”,裁判年份选定为“2022”,共得到 28 份裁判文书。在逐一审阅 28 份裁判文书后,人工排除与环境民事公益诉讼重复的案例,最终获得我国 2022 年度生态环境损害赔偿诉讼的裁判文书 17 份。在此需要说明的是,由于案件来源的局限性以及案件检索路径的限制,作为本部分研究对象的 17 份生态环境损害赔偿诉讼裁判文书是不完全样本。

1. 地域分布统计及其数据说明

梳理检索到的 17 份生态环境损害赔偿诉讼裁判文书,得到 2022 年审结的生态环境损害赔偿诉讼案件各省区市分布情况。各省区市按照审结生态环境损害赔偿诉讼案件的数量多少依次排序为:青海省(5 件)、山东省(2 件)、湖南省(2 件)、陕西省(2 件)、重庆市(1 件)、辽宁省(1 件)、江西省(1 件)、四川省(1 件)、云南省(1 件)、甘肃省(1 件)(见图 5 - 13)。与历年生态环境损害赔偿诉讼案件的基本情况对比可发现,2022 年审结的生态环境损害赔偿诉讼案件数量依旧较少,仅 10 个省区市存在审结的生态环境损害赔偿诉讼案件。另外 21 个省区市在 2022 年度没有审结的生态环境损害赔偿诉讼案件。

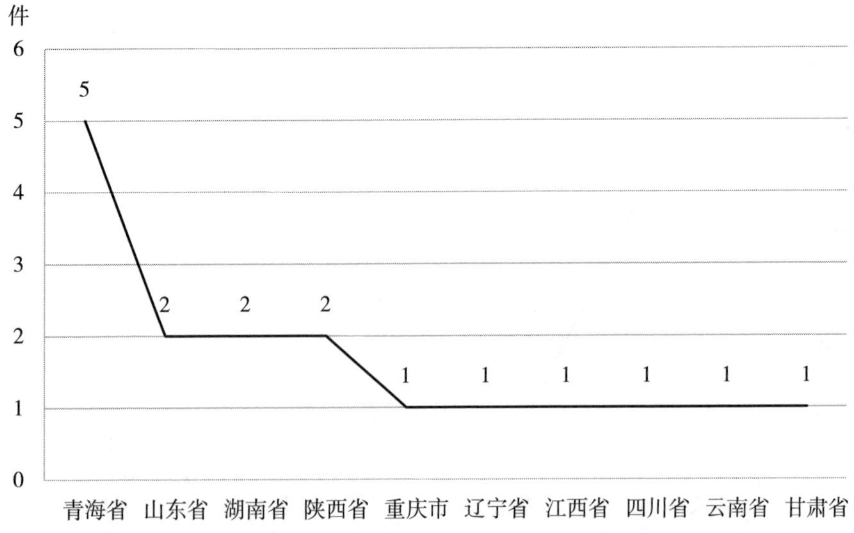

图 5 - 13　2022 年度生态环境损害赔偿诉讼案件数量的省域分布

2. 案由分别统计及其数据说明

2020 年 5 月 28 日,第十三届全国人民代表大会第三次会议表决通过了《中华人民共和国民法典》(以下简称《民法典》),该法典自2021年1月1日起施行。《民法典》第1234条和第1235条的规定从立法层面正式确立了生态环境损害赔偿制度。《民法典》第1234条和第1235条规定了环境公益侵权责任,作为环境侵权责任的特别规定,放置于《民法典》第七章侵权责任编之中。简言之,生态环境损害赔偿诉讼案件的案由源自民事实体法上的环境公益侵权责任。根据该规定,对检索到的17份生态环境损害赔偿诉讼裁判文书进行梳理可发现,2022年审结的生态环境损害赔偿诉讼案件基本上都是违反国家规定污染环境、破坏生态的案件,这均是对公法秩序的破坏。

3.案件类型统计及其数据说明

统计分析生态环境损害赔偿诉讼案件的具体类型,可以揭示不同类型案件的发生情况,了解现实中环境问题频发的领域。梳理检索到的17份生态环境损害赔偿诉讼裁判文书可发现,尽管被告在生态环境损害赔偿诉讼实践中,基本上都是因为环境公益侵权责任而被提起诉讼,但在具体的案件类型上存在差异。在2022年审结的17件生态环境损害赔偿诉讼案件中,涵盖了固体废物污染责任纠纷、机动车交通事故责任纠纷、生态破坏责任纠纷、非法开采林木纠纷等多个领域。其中,机动车交通事故责任纠纷案件6件,生态破坏责任纠纷案件2件,非法开采林木纠纷案件2件,固体废物污染责任纠纷案件2件,水污染责任纠纷案件1件,未明确说明污染种类纠纷案件4件。机动车交通事故责任纠纷所引发的生态环境损害案件最多,达到6件,交通事故责任案件分别为:梁平区生态环境局与东营荣达物流有限公司、都邦财保东营中心支公司等生态环境损害赔偿诉讼案[(2022)渝02民初1号],重庆市大足区生态环境局与张某青、吴某飞等生态环境损害赔偿诉讼案[(2022)渝01民初3262号],中国人民财产保险股份有限公司锦州市分公司、日照市东港区后村镇人民政府等机动车交通事故责任纠纷案[(2022)鲁11民终3221号]、延安市生态环境局与宿州市腾宇汽车销售服务有限公司生态环境损害赔偿诉讼案[(2022)陕06民初29号]、宁德市蕉城宏鑫交通工程投资有限公司与覃某、福州联创特种气体有限公司等环境污染责任纠纷二审民事裁定书[(2022)闽09民终381号]以及宁德市蕉城区人民政府与覃某、福州联创特种气体有限公司等环境污染责任纠纷二审民事裁定书[(2022)闽09民终382号](见图5-14)。

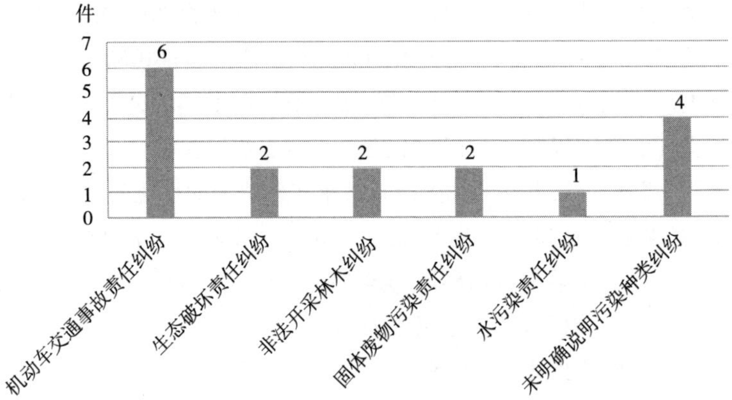

图 5-14　2022 年度生态环境损害赔偿诉讼案件类型分布

4. 判决结果统计及其数据说明

本部分检索到的 17 份生态环境损害赔偿诉讼裁判文书中,裁定书为 13 份,判决书为 4 份。统计数据显示,2022 年我国审结的 17 件生态环境损害赔偿诉讼案件的结案方式主要有裁定准予撤诉、裁定移送管辖、判决结案三种。进一步梳理不同的结案方式可发现,法院裁定原告准予撤诉的理由是原被告同意继续就生态环境损害赔偿纠纷进行磋商,裁定移送管辖的理由是被告对原告当事人适格以及在政府部门职权范围内提出的异议。17 份裁判文书中,以一审普通程序审理的案件有 11 件,以二审程序审理的案件有 4 件,另外有 2 件以特别程序审理的案件(见图 5-15),分别为:新化县林业局、刘某忠生态环境损害赔偿诉讼申请确认仲裁协议效力案[(2022)湘 1322 民特 30 号]和吉安市生态环境局、江西龙天勇有色金属有限公司等生态环境损害赔偿诉讼申请确认仲裁协议效力案[(2022)赣 0823 民特 3 号]。

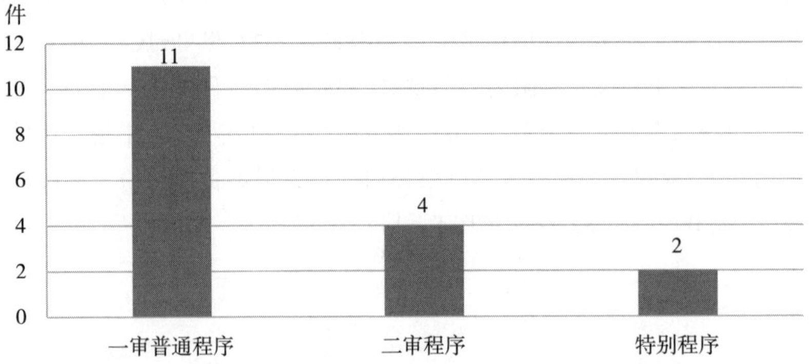

图 5-15　2022 年度生态环境损害赔偿诉讼各审级数量分布

5. 提起诉讼的主体类型统计及其数据说明

对2022年审结的17件生态环境损害赔偿诉讼案件的原告进行分类统计，可以发现，提起生态环境损害赔偿诉讼的主体基本集中在基层行政机关，主要是基层人民政府（含区县和乡镇）及其环保部门。统计数据显示，涉及的提起主体主要有基层人民政府、生态环境局、林业和草原局、区管委会、自然资源局。其中，主体为生态环境局的数量最多，达到11件（见图5－16）。这说明，基层人民政府的环保部门在提起生态环境损害赔偿诉讼方面具有举足轻重的地位，主要是因为基层行政机关的环保部门承担了大量的环境保护监管职责。另外需注意的是，提起生态环境损害赔偿诉讼的基层行政机关及其环保部门的行政级别普遍偏低，如在植某春、佛山市生态环境局三水分局乐平监督管理所环境污染责任纠纷案［（2022）粤06民终5378号］中，法院认为佛山市生态环境局三水分局乐平监督管理所作为镇级环保行政管理单位，不符合《最高人民法院关于审理生态环境损害赔偿案件的若干规定（试行）》第1条规定的省级、市地级人民政府（包括设区的市，自治州、盟、地区，不设区的地级市，直辖市的区、县人民政府）及其指定的相关部门、机构，或者受国务院委托行使全民所有自然资源资产所有权的部门。故法院以佛山市生态环境局三水分局乐平监督管理所不具备生态环境损害赔偿诉讼的原告主体资格驳回上诉。

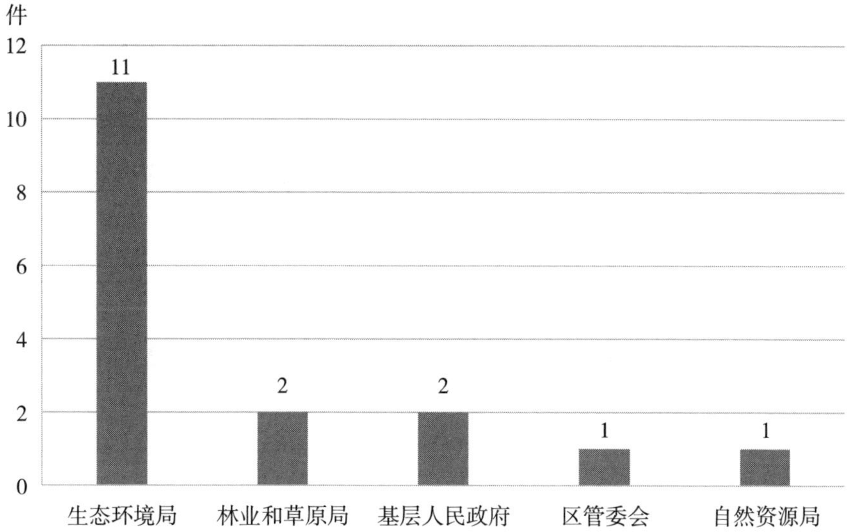

图5－16　2022年度生态环境损害赔偿诉讼提起主体类型数量分布

三、环境公益诉讼实践中存在的问题

前文论及本课题组通过检索 2022 年度有关环境公益诉讼的裁判文书,对 2022 年度我国环境公益诉讼基本情况进行客观描述,并在此基础上对关键区块的数据进行实证解析,从宏观视野与微观视角两个层面呈现现阶段我国环境公益诉讼的整体发展样态和局部表现特征。本课题组在此基础上,结合现行相关法律法规等,对环境公益诉讼进行深度透析,由此挖掘现阶段各个诉讼类型存在的突出问题。

(一)整体性俯瞰

1. 案件数量分布不均

“10 年来,人民法院审结环境资源案件约 192.9 万件;检察机关起诉破坏生态环境资源犯罪 20.9 万人,办理相关公益诉讼案件 35.2 万件。”[3] 从各年度统计的环境公益诉讼案件数量来看,2015～2020 年整体呈攀升趋势,2020 年达到顶峰,2021 年、2022 年案件数量大幅回落。[4] 一方面,这一趋势表征显示出,通过生态环境多元救济机制的全方位构建与实施,近两年环境治理逐步取得成效,环境公益诉讼政策驱动性逐渐减弱,逐步实现常态化、稳定化发展。另一方面,2020 年后疫情对环境公益诉讼的开展产生了多方面限制,如司法审判工作效率受到不利影响,经济增速放缓下环境利益让位等。

从 2022 年度环境公益诉讼各类型的案件数量来看,民事公益诉讼特别是刑事附带民事公益诉讼依旧占据绝大部分,环境行政公益诉讼和生态环境损害赔偿诉讼类别占比微小。此种情形的一部分原因在于,环境利益本身公益与私益之间相互关联、密切交织,在刑事诉讼中检察机关对于环境私益与环境公益的边界不甚清晰,使一部分可以经由传统刑事附带民事诉讼解决的环境案件诉诸公益诉讼救济路径[5],从而导致环境刑事附带民事公益诉讼的案件范围不当扩大。同时与其他公益诉讼类型相比,环境刑事附带民事公益诉讼在证据收集、事实认定等方面可以搭刑事诉讼的便车,优势显著,极大缓解了检察机关相关绩效考核的压力,故检察机关在这一诉讼类型上表现得更为活跃。[6] 另一部分原因在于,环境行政公益诉讼和生态环境损害赔偿诉讼都设置了实质性的诉前程序,

---

〔3〕 吕忠梅:《迈向中国环境法治建设新征程》,载《地方立法研究》2023 年第 1 期。

〔4〕 参见吕忠梅等:《中国环境司法发展报告(2021 年)》,法律出版社 2022 年版,第 234 页。

〔5〕 参见曹明德:《检察院提起公益诉讼面临的困境和推进方向》,载《法学评论》2020 年第 1 期。

〔6〕 参见张翔:《关注治理效果:环境公益诉讼制度发展新动向》,载《江西社会科学》2021 年第 1 期。

并在制度设置上贯彻诉前程序具有独立价值的底层逻辑，在制度定位、制度功能、制度效力等方面都呈现极强的独立性，实践中这一程序可以解决大部分争议案件。在环境行政诉讼中，检察机关应当以先提出检察建议的形式督促有关主体依法履行职责，如果行政机关如期纠正了违法行为，保护了环境公益，则该程序终结，如果未纠正则进入诉讼程序。在生态环境损害赔偿诉讼中，行政机关应当首先通过磋商程序协商赔偿义务人承担相应的生态环境法律责任，在磋商失败的情况下才能提起诉讼。

2. 运行规则规定不明、适用不畅

十年来，制度设计者不断完善环境公益诉讼制度，包含民事、行政、刑事附带民事公益诉讼等类型的生态环境公益诉讼保护规则体系业已形成：《民法典》规定了生态环境公益侵权责任制度，《民事诉讼法》《行政诉讼法》《环境保护法》明确规定了环境公益诉讼制度，司法解释细化补充了环境民事公益诉讼、检察公益诉讼、生态环境损害赔偿诉讼；但是司法实践中仍然存在运行规则规定不明、适用不畅等问题。回顾十年来环境公益诉讼的相关法律规定，管辖规则和证明规则的相关条文存在诸多矛盾以及冲突之处，以至于司法实践难以对其适用。从环境公益诉讼的管辖规定来看，现阶段问题主要集中于各类型公益诉讼级别管辖规定与适用混乱。《环境民事公益诉讼解释》第 6 条〔7〕和《检察公益诉讼解释》第 5 条第 1 款规定环境民事公益诉讼的一审案件由中级以上人民法院管辖，而该条第 2 款规定基层人民检察院提起的第一审行政公益诉讼由基层人民法院管辖。〔8〕这两条规定区别了环境民事与行政公益诉讼在司法管辖上的级别。环境民事公益诉讼中关于级别管辖的规定明确了环境污染或生态破坏案件对于社会公共利益造成损害之重大程度，合理匹配环境司法的专业性，目的是更好地救济公益，避免其他地方保护因素对诉讼的不利影响。但是环境行政公益诉讼中，检察机关在调查取证、构成要件证明、其他因素干扰等方面具有与环境民事公益诉讼相同的困难，甚至行政公益诉讼更加增强了检察机关与行政机关的对抗性，故在行政公益诉讼中检察机关的诉讼难度更大。但现阶段法律与实践人为割裂民事与行政管辖规则，并规定一般行政公益诉讼案件由基层人民法院审

---

〔7〕《环境民事公益诉讼解释》（法释〔2020〕20 号）第 6 条第 1 款规定："第一审环境民事公益诉讼案件由污染环境、破坏生态行为发生地、损害结果地或者被告住所地的中级以上人民法院管辖。"

〔8〕《检察公益诉讼解释》（法释〔2020〕20 号）第 5 条规定："市（分、州）人民检察院提起的第一审民事公益诉讼案件，由侵权行为地或者被告住所地中级人民法院管辖。基层人民检察院提起的第一审行政公益诉讼案件，由被诉行政机关所在地基层人民法院管辖。"

理,不利于环境诉讼专业化。实践中,上级行政机关常常通过向同级党政机关或相应检察机关提出协调请求的方法来介入案件审理,以期通过诉讼外途径解决纠纷,从而进一步加剧了行政权对司法权的干预。[9]《检察公益诉讼解释》第20条第2款规定人民检察院提起的刑事附带民事公益诉讼案件由审理刑事案件的人民法院管辖,根据《刑事诉讼法》第21条的规定,涉及危害国家安全、恐怖活动案件或者可能判处无期徒刑、死刑的案件由中级人民法院管辖,故刑事附带民事公益诉讼的案件一般由基层人民法院管辖。这就造成了对于同一环境污染或生态破坏行为是否附带提起公益诉讼将直接影响民事部分的审级;而对于不同的环境污染或生态破坏案件,触犯刑事犯罪等违法程度更为严重的案件,其级别管辖要低于其他程度一般的环境侵害案件。刑事附带民事诉讼的级别管辖存在间接突破《民事诉讼法》对级别管辖规定和管辖权下移的限制性规定,有造成级别管辖混乱的风险。

从环境公益诉讼的证明规则看,主要问题焦点集中在损害结果与因果关系上。首先,相较于生态环境损害赔偿案件中赔偿权利人多样化的事实查明途径,如环保监测、环境执法检查、环保督察等,环境公益诉讼原告在事实查明上的使用方法单一,主要依靠专业化的鉴定评估机构。其主要原因在于,检察机关与环保组织环境专业能力不足,行政机关与检察机关有关生态环境污染与破坏行为的线索移送机制不畅通等。同时,实践中鉴定难、鉴定周期长、鉴定费用高的问题依然存在,客观上加重了公益诉讼原告对于生态环境损害的事实、类型、时空范围、程度等方面证明的举证难度。其次,在审判阶段,法官存在对司法鉴定意见过度依赖的问题。鉴定评估和专家意见制度在生态环境损害赔偿责任认定中占据了主导位置[10],法官囿于技术专业知识的欠缺,往往难以对司法鉴定进行实质性的审查,实践中对于司法鉴定结论的采信率较高。最后,环境公益诉讼中的侵害行为包含生态破坏与环境污染两大类,两者的致害链条也不尽相同,环境污染行为呈现为"污染物排放—环境迁移转化—生命健康损害或财产损失—生态破坏",生态破坏行为呈现为"开发利用自然资源—环境迁移转化—生态破坏"。[11] 就两者内部来看,不同的侵害行为的致害链条也有所区别,如在环境污

---

[9] 参见曹明德:《检察院提起公益诉讼面临的困境和推进方向》,载《法学评论》2020 年第 1 期。

[10] 参见吕忠梅等:《中国环境司法发展报告(2021 年)》,法律出版社 2022 年版,第 303 页。

[11] 参见吕忠梅:《民法典绿色条款的类型化构造及与环境法典的衔接》,载《行政法学研究》2022 年第 2 期。

染行为类型中,物质型环境污染与能量型环境污染的作用机理就存在极大的区别。由此,环境司法审判中对于不同侵害行为,应当采取不同的证明要求、归责原则、责任承担方式,而现阶段公益诉讼领域对此缺少类型化研究和体系化规定,这使得法院裁判缺乏一定的科学性与针对性,不利于环境司法的长远发展。

(二)类型化聚焦

1. 环境民事公益诉讼起诉主体失衡、资格扩张

在2012年修正的《民事诉讼法》正式实施前,我国的环境公益诉讼案件大约有53件,提起的原告绝大多数是行政机关和检察机关,环境保护组织较少。[12] 于2013年1月1日起正式实施的《民事诉讼法》虽然规定,法律规定的机关和有关组织可以就污染环境、侵害众多消费者合法权益等损害社会公共利益的行为向人民法院提起诉讼,但是并未对"法律规定的机关和有关组织"进行立法或司法解释,具体哪些机关和组织有权提起环境公益诉讼不明确。2015年,修订后的《环境保护法》正式实施,符合条件的社会组织可以就污染环境、破坏生态,损害社会公共利益的行为向人民法院提起诉讼。至此,民间力量进入环境治理机制,从立法上扫除了诉讼主体资格障碍,非政府环保组织作为原告起诉环境污染、生态破坏者成为可能。但是,时至今日,环境民事公益诉讼起诉主体仍存在失衡、资格扩张的问题。

从环境民事公益诉讼的提起主体来看,其主要呈现检察机关绝对主导、社会组织为辅的格局。综合各年度环境民事公益诉讼的主体构成,这一格局基本保持不变:《中国环境司法发展报告(2020年)》指出检察机关提起的环境公益诉讼占环境公益诉讼案件数量的近90%。[13] 《中国环境司法发展报告(2021年)》指出在环境公益诉讼案件中,由社会组织提起的诉讼占比不到3%。[14] 实践中统一公告制度并未达到其设立的制度目的,受限于诉讼能力、经济支撑等因素,社会组织对于提起环境民事公益诉讼的意愿不强,故部分学者对诉前公告这一制度设计产生了怀疑。这些学者多从社会组织的局限性出发,认为现阶段的社会组织诉讼能力不强,诉讼责任非强制,诉讼意愿不高,无法承担起维护环境公共利益的重担。社会组织在环境民事公益诉讼中普遍存在"理性冷漠"的现象,

---

〔12〕 参见沈洋:《贡献推动可持续发展目标的"中国之治"——写在环境公益诉讼法律制度实施10周年之际》,载《中国审判》2023年第3期。

〔13〕 参见吕忠梅等:《中国环境司法发展报告(2020年)》,法律出版社2021年版,第157页。

〔14〕 参见吕忠梅等:《中国环境司法发展报告(2021年)》,法律出版社2022年版,第256页。

究其原因:其一,现行法律对于社会组织作为公益诉讼的原告的资格进行了严格限制,加之环境公益诉讼本身耗时耗力,此类诉讼起诉主体的诉讼负担较重。符合《环境保护法》第 58 条规定的社会组织无法满足对环境公益救济的客观需求,实践中大部分案件由全国性环保组织提起,少部分涉及如重庆两江志愿服务发展中心、河南省环保联合会、广东省环境保护基金会等地方性环保组织。其二,社会组织的诉权来源于其公民利益共同体的代表人身份,其作为权利主体以诉讼方式直接参与国家社会经济事务管理。确立社会组织的公益诉权即希望其积极加入社会多元共治体系,以弥补行政机关在保护公共利益上的局限性。但是应当明确的是,相较于环境民事私益诉讼而言,社会组织对于受损的环境公益不存在直接的利害关系,而无论是司法维权还是公众参与都具有亲历性;缺少实质、直接、迫切的利益导向,相关主体的参与度将在一定程度上降低。具有公益诉讼起诉资格和能力的社会组织往往不设在基层,故利益导向对此类主体开展诉讼的促进作用不明显,故而社会组织对环境民事公益诉讼起诉的积极性较低。

从 2022 年环境民事公益诉讼样本案件原告的构成来看,环境民事公益诉讼起诉主体存在扩张趋势。《民事诉讼法》第 58 条〔15〕将环境民事公益诉讼的起诉主体规定为法律规定的机关和有关组织,但对于具体的机关采取模糊处理的方式。《人民检察院组织法》第 20 条〔16〕规定了检察机关公益诉讼的起诉权,并通过《检察公益诉讼解释》予以细化,但是具有生态环境保护监督管理职责的行政机关是否具有环境公益诉讼原告资格,现阶段并没有明确的法律依据。实践中,有 9 件样本案件的起诉主体为生态环境行政机关,占比 11.25%。在这 9 个样本案例中,行政机关是否为适格原告往往会成为原被告之间的争议焦点。被告以原告主体不适格进行抗辩,法院对此的态度较为一致,即依据《最高人民法院关于审理生态环境损害赔偿案件的若干规定(试行)》中行政机关在生态环境损害赔偿诉讼中具有起诉资格的规定认定原告适格,侧面反映出司法实践对于环境民事公益诉讼和生态环境损害赔偿案件诉讼类型的区分并不明显。理论上,对于行政机关是否具有环境民事公益诉讼原告资格各学者莫衷一是:支持者认为《民法典》对环境民事公益诉讼的各类原告主体进行整合,不仅囊括检察机

〔15〕《民事诉讼法》第 58 条第 1 款规定:“对污染环境、侵害众多消费者合法权益等损害社会公共利益的行为,法律规定的机关和有关组织可以向人民法院提起诉讼。”

〔16〕《人民检察院组织法》第 20 条规定:“人民检察院行使下列职权:……(四)依照法律规定提起公益诉讼……”

关和环保组织,还涵盖《生态环境损害赔偿制度改革方案》规定的可以提起生态环境损害赔偿诉讼的省级市、市地级人民政府及其设置的相关部门、机构或者受国务院委托行使全民所有自然资源产权所有权的部门。〔17〕 同时生态环境行政机关基于其法定职责与专业知识,享有民事公益诉讼原告资格具有法理上的合理性与专业上的优势。反对的学者认为,生态环境行政机关具有公法上的环境保护监督管理职责与义务,允许此类机关提起环境民事公益诉讼存在行政机关逃避现有公法责任的合法性风险,可能会致使行政权向司法领域过度扩张。〔18〕

2. 环境刑事附带民事公益诉讼诉前程序适用不统一

2018 年颁布的《检察公益诉讼解释》确认了刑事附带民事公益诉讼的合法地位,由此环境刑事附带民事公益诉讼的案件数量呈爆发式增长,这与历年中国环境发展司法报告中环境刑事附带民事公益诉讼的案件数量在环境公益诉讼的案件数量上占比较高的数据不谋而合。刑事附带民事公益诉讼的诉讼构成应当遵循刑主民辅的格局,附带民事诉讼不应对刑事案件的合法有序进行产生不利影响。在刑事诉讼中,检察机关对于公益受损的线索一般来源于侦查机关移送审查起诉的案件。《刑事诉讼法》第 172 条〔19〕中规定审查起诉的期限为 1 个月,特殊情况下可以延长;而在民事公益诉讼的程序设计上,具有 30 日的诉前公告时限,公告期满没有法律规定的机关和有关组织起诉时,检察机关才后置性地行使公益诉讼诉权。由此,检察机关受理审查起诉的期日一般早于提起民事公益诉讼的期日,故在检察机关履行诉前公告程序后,往往已经经过审查起诉的法定期间,检察机关此时无一并提起附带民事公益诉讼的可能性,特别是在认罪认罚案件中,审查起诉期间更为短暂。〔20〕 由于法定时限规定存在冲突的风险,同时《刑事诉讼法》对刑事附带民事公益诉讼诉前程序并未提供明确的法律依据,司法实践中对于刑事附带民事公益诉讼是否适用诉前程序存在争议。

在 2018 年第二次全国法院环境资源审判工作会议上,最高人民法院环境资源审判庭强调各级环境资源审判庭应当在刑事附带民事公益诉讼立案时审查检

〔17〕 参见最高人民法院民法典贯彻实施工作领导小组主编:《中华人民共和国民法典侵权责任编理解与适用》,人民法院出版社 2020 年版,第 552 页。

〔18〕 参见侯志强、王宏:《环境民事公益诉讼中行政机关角色的再认识》,载《环境保护》2021 年第 7 期。

〔19〕 《刑事诉讼法》第 172 条第 1 款规定:"人民检察院对于监察机关、公安机关移送起诉的案件,应当在一个月以内作出决定,重大、复杂的案件,可以延长十五日;犯罪嫌疑人认罪认罚,符合速裁程序适用条件的,应当在十日以内作出决定,对可能判处的有期徒刑超过一年的,可以延长至十五日。"

〔20〕 参见刘金林:《刑事公诉与检察公益诉讼衔接问题研究》,载《法学杂志》2021 年第 4 期。

察院诉前公告的履行情况。2019 年《最高人民法院、最高人民检察院关于人民检察院提起刑事附带民事公益诉讼应否履行诉前公告程序问题的批复》[21]指出检察院应当履行诉前公告程序,对于未履行的,法院应当进行释明,告知检察院公告后再提起诉讼。尽管最高人民法院与最高人民检察院对于环境刑事附带民事公益诉讼是否应当适用诉前程序持肯定意见,但是该意见并无法定约束力,仅在司法实践中具有一定的指导作用。司法实践中,各级人民检察院和人民法院对诉前程序适用情况依旧未统一,同时理论界对此也莫衷一是。支持者认为,诉前程序是检察机关谦抑性与后置性的表现,保障了其他适格原告诉权的平等性,可以避免检察机关成为此类诉讼的唯一主体,从而造成民事诉讼基本结构失衡。[22] 诉前程序亦对检察机关在该类诉讼中的身份作出有效区分,实现检察机关诉权和法律监督权的衡平。[23] 同时从现行法律规定分析,诉前公告的适用也与《最高人民法院关于适用〈中华人民共和国刑事诉讼法〉的解释》第 179 条[24]中关于检察机关补位提起刑事附带民事诉讼的规定一致。反对者认为,一方面,诉前公告程序降低了刑事司法的效率,造成审查起诉期限延长,导致超期羁押风险增大。[25] 另一方面,在社会组织对民事公益诉讼参与度不高的客观形式下,诉前公告程序无法满足及时救济环境公共利益的制度目标;同时从诉讼效果来看,社会组织优位不利于维持法的安定性,其不能稳定掌握刑事案件中相关证据和达成的民事赔偿意向。[26]

3. 环境行政公益诉讼审查标准不一、期限僵化

在环境行政公益诉讼中,行政机关未履职是承接诉讼程序的前提条件,同时其是否履职也直接关系判决结果。因此,如何设定行政机关履职审查的标准是重中之重,但理论和实践对这一问题都存在较大争议。现阶段主要存在两大观点:一是审查采取行为标准,即若行政机关已经采取行动,实施了一些措施,作出

---

〔21〕《最高人民法院、最高人民检察院关于人民检察院提起刑事附带民事公益诉讼应否履行诉前公告程序问题的批复》(法释〔2019〕18 号),2019 年 11 月 25 日发布。

〔22〕参见杨雅妮:《刑事附带民事公益诉讼诉前程序研究》,载《青海社会科学》2019 年第 6 期。

〔23〕参见庄玮:《刑事附带民事公益诉讼制度理论与实践问题研究》,载《中国应用法学》2021 年第 4 期。

〔24〕《最高人民法院关于适用〈中华人民共和国刑事诉讼法〉的解释》(法释〔2021〕1 号),第 179 条第 1 款规定:"国家财产、集体财产遭受损失,受损失的单位未提起附带民事诉讼,人民检察院在提起公诉时提起附带民事诉讼的,人民法院应当受理。"

〔25〕参见龙婧婧:《检察机关提起刑事附带民事公益诉讼的探索与发展》,载《河南财经政法大学学报》2019 年第 2 期。

〔26〕参见刘金林:《刑事公诉与检察公益诉讼衔接问题研究》,载《法学杂志》2021 年第 4 期。

了一些具体行政行为纠正先前错误，那么就应当认定其已经履职。该观点的法律支撑为《行政诉讼法》第25条[27]的规定，基本逻辑是行政监管的缺位与环境公益受损是因果关系。换言之，当行政机关依法采取措施时，其对环境公益必然会起到保护和救济作用。这一观点主要为行政机关所持，常见于诉讼程序中行政机关对诉讼请求的抗辩。二是审查采取结果标准，即不论行政机关作为与否，只有受损的环境公共利益得到完全恢复，行政机关才算已经完全履职。换言之，只要环境公益未有效恢复，就依旧需要通过诉讼解决纠纷。其法律支撑为《最高人民法院关于审理环境公益诉讼案件的工作规范（试行）》第53条的规定[28]，基本逻辑是行政机关履职与环境公益得到救济没有必然的因果联系，环境行政公益诉讼的最终目的是保护和救济环境公益，故应当采取结果标准。这一观点主要为检察机关和大部分法院所采纳，即从两个角度审查，再以结果未致环境公益完全恢复为由提起诉讼或判决行政机关继续履行职责。

为贯彻诉前程序高效救济环境公共利益的目标，《检察公益诉讼解释》规定了行政机关2个月回复期和15日的紧急回复期，要求其在法定时限内履行职责。虽然2个月的一般期限和15日的紧急期限较之前1个月[29]的履行期间更为科学，但在当前检察机关和法院偏重结果标准审查的现实情况下，其依旧显得机械僵化。首先，收到检察建议后，行政机关需要对相关主体的侵害事实开启调查，实践中存在相关侵害主体难以查明、事实调查难度较大、鉴定时间较漫长等情况。其次，在环境公益案件中，行政机关履职情况比较依赖自然条件，如河滩淤泥的清理需要在枯水期进行，林木的补种需要在适宜季节进行等，从行政效率角度考量，行政机关应评估如何在该问题中合理分配自身的人力、物力以及在特定时间内解决该问题的可行性。若苛责行政机关在2个月内完全履职可能会造成资源的浪费，亦无法达到保护环境公益的效果。再次，行政机关的履职往往需要依靠一些行政执法活动，但部分行政执法活动如行政强制执行等需经过一定程序，履行相关程序则需要一定的时间。若行政相对人不服，申请行政复议或提起行政诉讼，则将耗费更长的时间。最后，由于我国承担环境监管职能的部门较

---

[27] 《行政诉讼法》第25条第4款规定："……行政机关不依法履行职责的，人民检察院依法向人民法院提起诉讼。"

[28] 《最高人民法院关于审理环境公益诉讼案件的工作规范（试行）》第53条规定："行政机关在诉前程序中作出的行政行为不足以保护社会公共利益，或者行政机关虽已作出足以保护社会公共利益的行政行为，但社会公共利益仍处于受侵害状态，检察机关提起环境行政公益诉讼的，应予受理。"

[29] 2015年《人民检察院提起公益诉讼试点工作实施办法》第40条。

多,一些影响广泛的环境污染和生态破坏案件处理的难度较大,如城市垃圾处理、城市排污等,收到检察建议的行政机关很难独自完成环境救济工作,甚至一些较大的历史遗留问题需要政府牵头,科学规划,财政拨款,多个行政部门联合执法等,相关行政机关在 2 个月内协调各部门完成整治的可能性甚微。

4. 生态环境损害赔偿诉讼中替代性修复责任界定不清

在生态环境损害赔偿诉讼中,替代性修复乃最受关注的制度之一。之所以这么讲,是因为《环境民事公益诉讼解释》第 20 条第 1 款〔30〕对实践中生态环境修复适用条件和方式作了规定,创新性地提出了替代性修复的概念,并规定该责任适用于受损区的生态环境无法完全修复的情形。然而,该制度目前存在以下两个问题:

(1)生态环境损害赔偿诉讼与环境民事公益诉讼混用《环境民事公益诉讼解释》第 20 条替代性修复的规定。替代性修复概念最初源于最高人民法院为环境民事公益诉讼制定的《环境民事公益诉讼解释》第 20 条的规定。2020 年颁布的《民法典》第 1235 条于法律层面正式确立了生态环境损害赔偿诉讼中的替代性修复制度。但在司法实践中,法官时常在生态环境损害赔偿诉讼的判决书中援引《环境民事公益诉讼解释》第 20 条的规定以表明替代性修复制度的法律渊源,进而造成两种诉讼类型混淆不清的局面。

(2)法律法规并未对替代性修复责任的内涵作出准确的界定,理论界与实务界对其内涵外延莫衷一是。最高人民法院基于司法实践的需求,对该责任的履行方式不断扩展。由于对该责任内涵的概括性规范的缺失与司法实践中创新履行方式的不断拓展形成张力,替代性修复责任呈现理论界定不明、适用情形繁杂、适用规则混乱等问题。通过对“替代”进行不同角度的解释,实务中出现了以“主体替代”“方式替代”“对象替代”为代表的界定观点,导致现阶段该责任的内涵界定过度扩张,适用情形呈现兜底化、混杂化的态势。上述所涉不同的界定观点之具体分析如下:

第一,“修复主体替代”的观点以“修复主体”为区分标准,以《民法典》第 1234 条为依据,根据修复主体是否为责任人本人,将生态环境修复责任划分为

---

〔30〕《环境民事公益诉讼解释》(法释〔2020〕20 号)第 20 条第 1 款规定:“原告请求修复生态环境的,人民法院可以依法判决被告将生态环境修复到损害发生之前的状态和功能。无法完全修复的,可以准许采用替代性修复方式。”

自己修复和委托修复,并将后者称作替代性修复〔31〕,即由第三人替代责任人本人承担实际修复工作。但此种观点与《环境民事公益诉讼解释》第20条规定的替代性修复适用前提无法兼容。学术界和实务界通常认为《民法典》第1234条规定的修复责任属于基本恢复的范畴,故此观点下主体替代的基础是受损区的生态环境具有原地同质恢复的可能性。责任人未履行或未完全履行修复义务,由他人代修复,责任人需以金钱给付方式承担修复责任。实践中主要包括三种原因:损害造成了紧急后果,行政机关先行应急处置;判决自行修复,但责任人在合理期限内未履行或未完全履行;行为人客观上无能力履行。《环境民事公益诉讼解释》第20条规定的替代性修复的前提是受损区的生态环境不具有原地同质恢复的可能性,包括不可恢复或不可完全恢复。因此,二者存在较大的差别,不应将替代性修复与代修复或委托修复相混淆。

第二,"修复方式替代"的观点认为替代性修复可以通过一定的社会行为进行。其在《最高人民法院关于审理环境公益诉讼案件的工作规范(试行)》中有所体现。该文件指出,在受损区原地不可修复的情形下,替代性修复可以采取区域环境治理、劳务代偿、从事环境宣传教育等方式。〔32〕此种观点认为替代性修复的目的在于落实绿色司法理念,对责任人可以采取有利于环境公益的相关活动进行环境保护教育。如在吴某某非法狩猎案〔33〕中,法院判决责任人可以担任一定期限的生态护林员,以实际行动进行一定的环境公益活动,如以实际行动保卫山林野生动物,对用于非法狩猎的工具进行清理销毁,参加环保宣传等,以上述劳务折抵应承担的修复费用。此种观点虽然颇具创新性,但生态修复费用是法官根据科学鉴定评估出的使生态环境恢复至基线状态的合理支出,目的在于保护完整法益;以与修复受损区生态环境无关的社会行为代偿修复费用,会存在责任承担不足的风险。

同时亦有观点认为,替代性修复指采取金钱赔偿的方式实现替代,将替代性修复视为金钱赔偿的后续适用情形,认为替代性修复本质上属于金钱赔偿的范

---

〔31〕 参见王利明:《〈民法典〉中环境污染和生态破坏责任的亮点》,载《广东社会科学》2021年第1期。

〔32〕 《最高人民法院关于审理环境公益诉讼案件的工作规范(试行)》第33条规定:"对于因污染大气、水等具有自净功能的环境介质导致生态环境损害,原地修复已无可能或者没有必要的,人民法院可以判决被告支付生态环境修复费用,采取区域环境治理、劳务代偿、从事环境宣传教育等替代性修复方式。"

〔33〕 参见湖南省张家界市中级人民法院民事判决书,(2021)湘08民初4号。

畴。[34]《生态环境损害赔偿制度改革方案》中规定,在生态环境无法修复的情况下,将赔偿金用于替代性修复。持此观点的学者认为生态环境修复责任与赔偿责任相互独立,前者适用的前提在于可修复性;后者适用的前提是无法修复或无法完全修复;后者与替代性修复的前提具有一致性,故替代性修复责任属于金钱赔偿责任的一种,将赔偿金用于修复只是一种目的性的约束。该种观点也在实务中有所反映,如在湖南省沅江市 3 家公司污染大气生态环境损害赔偿案[35]中,磋商协议指出赔偿义务人缴纳赔偿金用于替代性修复,其在磋商前实施替代性修复的费用属于履行赔偿义务行为,可在赔偿金中予以扣除。该观点对替代性修复的性质产生了误解,其原因在于,在对修复责任与金钱赔偿责任进行区分时,未以是否保护完整利益为区分标准,而错误地以是否通过金钱给付方式担责为标准。

第三,"修复对象替代"的观点认为替代性修复应以修复对象为视角,在原地同质恢复不能的情形下,通过寻找替代的地点等方法修复,提供与受损区同等质量或同等价值的生态状态或服务功能,主要可以包括原地异质、异地同质、异地异质等多种恢复方式。[36]《生态环境损害鉴定评估技术指南　总纲和关键环节　第 1 部分:总纲》中也有类似表达,其指出生态环境的恢复模式应当包括与受损区原位同类型同质、异位同类型同质、原位异类型同价值、异位异类型同价值的恢复。[37] 同时该责任履行方式的适用前提遵循原地同质无法完全修复要求,即在直接修复的情况下,受损区的全部或部分地点生态环境的要素和服务功能无法恢复或无法完全恢复,但根据鉴定评估存在实施替代修复的可能性。此时责任人可以行为给付或金钱给付的方式承担该责任,前者如责任人直接按替代性修复方案实施修复,后者如责任人缴纳替代性修复费用用于第三方修复。此种观点在实务中较为普遍,责任的具体履行方式与损害的污染物、生物或生态系统特征相关,呈多样化态势。

---

〔34〕 参见宁清同:《生态修复责任之内涵探究》,载《学术界》2018 年第 12 期。

〔35〕 参见《生态环境部办公厅关于印发第二批生态环境损害赔偿磋商十大典型案例的通知》(环办法规函〔2021〕606 号)。

〔36〕 参见王小钢:《生态环境修复和替代性修复的概念辨正——基于生态环境恢复的目标》,载《南京工业大学学报(社会科学版)》2019 年第 1 期。

〔37〕 生态环境部、国家市场监督管理总局《生态环境损害鉴定评估技术指南　总纲和关键环节　第 1 部分:总纲》(GB/T 39791.1—2020)7.3.2 选择恢复策略:"按照以下优先序选择生态环境恢复的模式:a)在受损区域原位恢复与受损生态环境基线同等类型和质量的生态服务功能;b)在受损区域外异位恢复与受损生态环境基线同等类型和质量的生态服务功能;c)在受损区域原位恢复与受损生态环境基线不同类型但同等价值的生态服务功能;d)在受损区域外异位恢复与受损生态环境基线不同类型但同等价值的生态服务功能……"

(三)关键域衔接考察

生态环境损害仅指环境污染和生态破坏等行为造成的生态环境本身的损害,而不包括由"人—自然—人"的互动链条传导所致的人身损害和财产损害。现阶段我国法律制度已经构建起以行政机关、检察机关、社会组织三方主体为中心的生态环境损害多元救济路径。主要包括:路径一,《环境保护法》第10条[38]规定的行政机关,对污染者或破坏者违法行为开展行政执法。路径二,《生态环境损害赔偿制度改革方案》[39]确定的符合条件的行政机关作为权利人,向因违法的污染或破坏行为致生态环境损害的义务人主张生态环境损害赔偿。路径三,符合《民事诉讼法》第58条规定的环保组织对污染者或破坏者提起环境民事公益诉讼。[40] 路径四,检察机关对污染者或破坏者提起环境民事公益诉讼。[41] 路径五,《行政诉讼法》第25条第3款[42]规定的检察机关对违法履职或不履职的行政机关提起环境行政公益诉讼。路径六,《生态环境损害赔偿制度改革方案》确定的符合条件的行政机关对因违法的污染或破坏行为致生态环境损害的行为人提起生态环境损害赔偿诉讼。由此,我国现行法律制度已经构建起行政救济与司法救济并行,公法手段与私法手段并用的生态环境损害多元救济机制。

1. 行政救济内部

行政机关对于生态环境损害存在两条救济路径,分别是通过行政执法来对污染或破坏者进行监督管理;通过行使索赔请求权与污染或破坏者进行磋商以达成生态环境损害赔偿协议。(见表5-4)

---

[38] 《环境保护法》第10条规定:"国务院环境保护主管部门,对全国环境保护工作实施统一监督管理;县级以上地方人民政府环境保护主管部门,对本行政区域环境保护工作实施统一监督管理。县级以上人民政府有关部门和军队环境保护部门,依照有关法律的规定对资源保护和污染防治等环境保护工作实施监督管理。"

[39] 《生态环境损害赔偿制度改革方案》规定:"四、工作内容……(四)开展赔偿磋商……磋商未达成一致的,赔偿权利人及其指定的部门或机构应当及时提起生态环境损害赔偿民事诉讼。"

[40] 《民事诉讼法》第58条第1款规定:"对污染环境、侵害众多消费者合法权益等损害社会公共利益的行为,法律规定的机关和有关组织可以向人民法院提起诉讼。"

[41] 《民事诉讼法》第58条第2款规定:"……人民检察院在履行职责中发现破坏生态环境和资源保护……等损害社会公共利益的行为,在没有前款规定的机关和组织或者前款规定的机关和组织不提起诉讼的情况下,可以向人民法院提起诉讼……"

[42] 《行政诉讼法》第25条第4款规定:"人民检察院在履行职责中发现生态环境和资源保护……等领域负有监督管理职责的行政机关违法行使职权或者不作为,致使国家利益或者社会公共利益受到侵害的,应当向行政机关提出检察建议,督促其依法履行职责。行政机关不依法履行职责的,人民检察院依法向人民法院提起诉讼。"

表 5-4　行政救济路径内部

	路径 1	路径 2	现有规定	法理内涵
未解决	行政执法	政府索赔	—	监督权与索赔权的关系

前者属于传统公法路径下的行政命令范畴,后者属于私法路径下的协议范畴。但对于政府索赔的性质,学术界存在争议。支持政府索赔属于民事救济的学者认为,索赔过程中的赔偿权利人与赔偿义务人均是平等的民事主体,该制度体现了私法自治与平等协商的原则。支持政府索赔属于行政救济的学者认为,该路径的目的是行政机关采取柔性行政手段来履行维护环境公共利益的职责,磋商及协议具有浓厚的行政协商和行政契约特色。该路径的开启和推进都由行政机关主导,赔偿权利人与赔偿义务人存在客观地位上的不对等,同时《生态环境损害赔偿制度改革方案》亦规定赔偿义务人责任的履行需要行政机关的监督与评估,故其中的行政色彩贯穿始终。法律对于上述两类行政救济的路径并无适用顺位上的规定。虽然两者同属于行政机关对生态环境损害的救济路径,给予了行政机关选择权,但从两种路径后续的诉讼地位看,行政执法后行政机关可能成为行政诉讼的被告,政府索赔后行政机关可能成为生态环境损害赔偿诉讼的原告,故行政机关选择政府索赔实则存在越过行政执法、未履行法定职责、司法不当介入的风险。(见图 5-17)

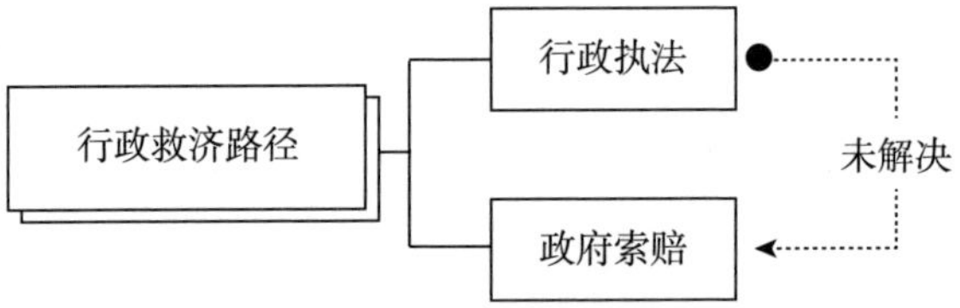

图 5-17　行政救济路径内部

2. 司法救济内部

现阶段,针对生态环境损害,我国已经构建起以环境民事公益诉讼、环境行政公益诉讼、生态环境损害赔偿诉讼为代表的多重司法救济路径。多重司法救济路径意味着救济方式的多元化,故而不同路径之间的顺位选择就成为规则设计的关键。由于环保组织提起的民事公益诉讼与行政公益诉讼之间在诉讼主体、管辖、案由、诉讼请求等多方面都存在较大的差异,故此二者一般不会存在竞合的问题。至于行政公益诉讼与生态环境损害赔偿诉讼之间,行政公益诉讼的前提是行政机关未履行或未完全履行职责,而若行政机关业已提起生态环境损害赔偿诉讼即属于履行环境保护职责,故而两者的适用前提不存在重合。根据提起主体的不同,环境民事公益诉讼又分为检察机关提起的与环保组织提起的环境民事公益诉讼。[43] 在民事公益诉讼的内部,基于检察机关谦抑性原则,《民事诉讼法》第58条第2款要求检察机关提起环境民事公益诉讼之前必须经过诉前公告程序,也即环保组织提起的环境民事公益诉讼必须优先于检察机关提起的环境民事公益诉讼。同时,对于环境民事公益诉讼与生态环境损害赔偿诉讼来说,因为两者间对于生态环境损害的功能存在较大的重合,为防止司法资源的浪费,《最高人民法院关于审理生态环境损害赔偿案件的若干规定(试行)》第17条[44]认可了环境保护职责下行政机关对公共利益代表的一位性,规定了在同一侵权行为下,生态环境损害赔偿诉讼优先于环保组织提起的或检察机关提起的环境民事公益诉讼(见图5-18)。但此顺位安排也客观挤占了环境民事公益诉讼的适用空间,一方面社会组织或检察机关适格主体的公益诉讼准备将付之东流,另一方面生态环境损害赔偿诉讼的专业性与权威性也会导致民事公益诉讼的补充功能难以实现。[45]

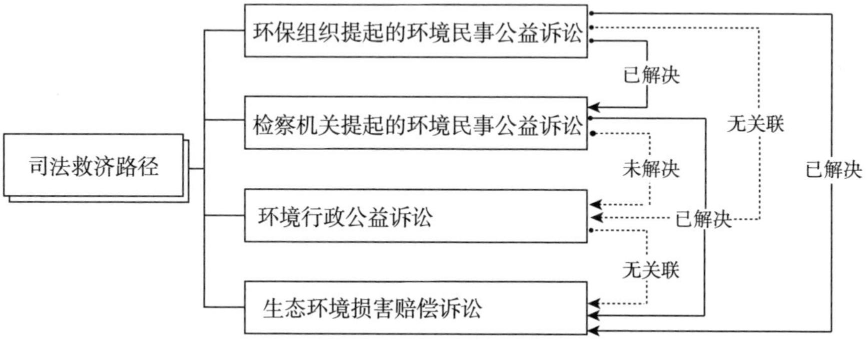

图5-18 司法救济路径内部

对于检察机关提起的环境民事公益诉讼与环境行政公益诉讼,现行立法并未安排,两者发生竞合主要存在于污染者或破坏者对于生态环境的污染和破坏

[43] 如前文所述,生态环境行政机关能否提起环境民事公益诉讼在理论与实践中未有定论,故将此种情形加以排除。

[44] 《最高人民法院关于审理生态环境损害赔偿案件的若干规定(试行)》第17条规定:"人民法院受理因同一损害生态环境行为提起的生态环境损害赔偿诉讼案件和民事公益诉讼案件,应先中止民事公益诉讼案件的审理,待生态环境损害赔偿诉讼案件审理完毕后,就民事公益诉讼案件未被涵盖的诉讼请求依法作出裁判。"

[45] 参见张翔:《关注治理效果:环境公益诉讼制度发展新动向》,载《江西社会科学》2021年第1期。

后果与行政机关的不作为存在因果关系。污染者与破坏者实施违法行为,行政机关应当依法履行职责对该行为施加行政命令或行政强制措施等执法手段加以制止或补救,但行政机关未履行该职能。此时对于上述两个行为,检察机关存在两种可选择的路径:一是对污染者或破坏者提起环境民事公益诉讼;二是对行政机关提起环境行政公益诉讼,由此产生两诉的竞合。(见表 5 -5)

表 5 -5 司法救济路径内部

	路径 1	路径 2	现有规定	法理内涵
无关联	环保组织提起的环境民事公益诉讼	环境行政公益诉讼	—	—
	环境行政公益诉讼	生态环境损害赔偿诉讼	—	—
已解决	环保组织提起的环境民事公益诉讼	检察机关提起的环境民事公益诉讼	《民事诉讼法》第 58 条第 2 款	检察机关谦抑性原则
	环保组织提起的环境民事公益诉讼	生态环境损害赔偿诉讼	《最高人民法院关于审理生态环境损害赔偿案件的若干规定(试行)》第 17 条	环境保护职责下行政机关对公共利益代表的一位性
	检察机关提起的环境民事公益诉讼			
未解决	检察机关提起的环境民事公益诉讼	环境行政公益诉讼	—	比较诉讼效率

3. 行政救济路径与司法救济路径之间

对生态环境损害的救济总体而言可以分为行政救济与司法救济两大救济路径,在具体适用时,这两类救济路径亦会发生一些交错关系。现行立法已对其中的部分路径的顺位关系作了安排。具体而言,除了政府索赔与环境行政公益诉讼二者一个属于私法救济,一个属于公法范畴外,《民法典》赋予了符合要求的行政机关提起生态环境损害赔偿诉讼的请求权。该请求权属于权利而非传统公法下的职权范畴,故行政机关不行使该项请求权,很难通过行政公益诉讼制度进行后续监督。[46] 故政府索赔与环境行政公益诉讼关联性不强,一般不会发生竞合。环境行政公益诉讼的适用前提是检察机关在履责时发现行政机关未履行或未完全履行环境保护的职责,其属于检察机关行使法律监督权的一种表现,故而环境行政公益诉

〔46〕 参见张宝:《生态环境损害政府索赔制度的性质与定位》,载《现代法学》2020 年第 2 期。

讼属于对行政执法的司法监督,应后置于行政执法。同时根据《生态环境损害赔偿制度改革方案》的规定,政府索赔是生态环境损害诉讼的前置程序,而《最高人民法院关于审理生态环境损害赔偿案件的若干规定(试行)》第17条指出生态环境损害赔偿诉讼优先于环境民事公益诉讼,故政府索赔优先于环保组织提起的环境民事公益诉讼与检察机关提起的环境民事公益诉讼。(见图5-19)

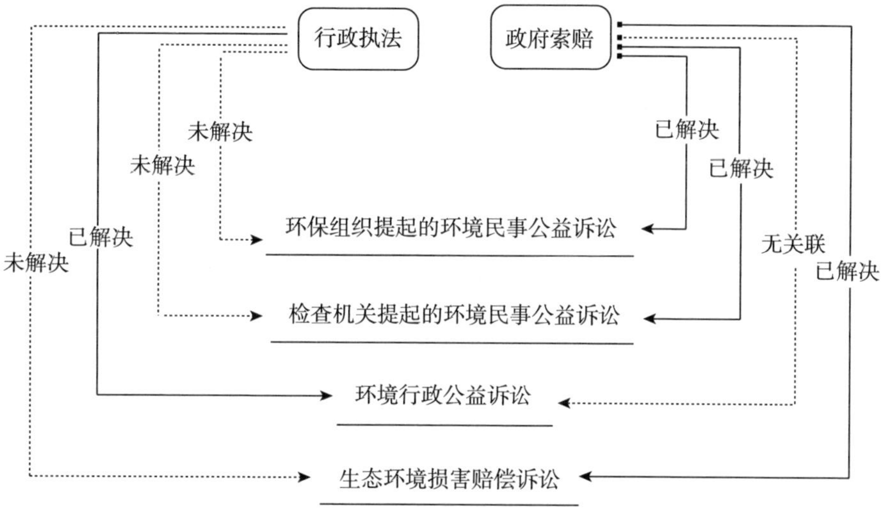

图5-19 行政救济路径与司法救济路径之间

至于现行立法未解决的事项主要集中于行政执法与环境民事公益诉讼、生态环境损害赔偿诉讼之间。从三条路径的适用前提来看,对于污染和破坏行为,环境民事公益诉讼不要求该行为的违法性,也即无论是合法行为还是违法行为,只要是符合规定的国家机关和社会组织都可以提起环境民事公益诉讼。[47] 生态环境损害赔偿诉讼和行政执法在其构成上保留了违法性要件。《民法典》对违法性要件的表述作了一定的修改,实现了由"法律法规"到"国家规定"的转变。至于"国家规定"的含义,《民法典》及相关司法解释并未给出明确界定,而《刑法》中的界定相对狭义[48],故理论与实践中对此存在一定争议。但基于违法性要件表述修改的立法目的,学术界和实务界普遍认同该趋势体现了立法放权要求,故对"国家规定"应作扩大解释。故其当然包括广义的法律,如行政法规、

〔47〕 参见王利明:《我国〈侵权责任法〉采纳了违法性要件吗?》,载《中外法学》2012年第1期。

〔48〕 《刑法》第96条规定:"本法所称违反国家规定,是指违反全国人民代表大会及其常务委员会制定的法律和决定,国务院制定的行政法规、规定的行政措施、发布的决定和命令。"

地方性法规、部门规章等,还应当包括国家机关制定的相关政策、规范性文件〔49〕,故上述三者在行为具有违法性情况下存在竞合的可能,但现行立法并未对行政执法与后两者之间的适用关系作出安排。《环境民事公益诉讼解释》第 12 条〔50〕仅仅规定了人民法院受理后对环保行政机关的告知义务,但对于行政机关的后续履职以及诉讼的进行未加安排,实质上是忽视了行政执法与民事公益诉讼的衔接。故要理顺上述两对关系,从诉讼角度出发,应当厘清行政权与司法权的关系,处理该对矛盾;从行政角度出发,应当阐明监督权与索赔权的关系,处理该对矛盾。(见表 5 –6)

表 5 –6　行政救济路径与司法救济路径之间

	路径 1	路径 2	现有规定	法理内涵
已解决	行政执法	环境行政公益诉讼	《行政诉讼法》第 25 条第 4 款	检察机关监督权
	政府索赔	环保组织提起的环境民事公益诉讼	《最高人民法院关于审理生态环境损害赔偿案件若干规定(试行)》第 17 条	环境保护职责下行政机关对公共利益代表的一位性
		检察机关提起的环境民事公益诉讼		
		环境行政公益诉讼	《行政诉讼法》第 25 条第 4 款	检察机关监督权
		生态环境损害赔偿诉讼	《最高人民法院关于审理生态环境损害赔偿案件若干规定(试行)》第 1 条	磋商前置
未解决	行政执法	环保组织提起的环境民事公益诉讼	《环境民事公益诉讼解释》第 12 条	行政权与司法权的关系
		检察机关提起的环境民事公益诉讼		
		生态环境损害赔偿诉讼	—	行政权与司法权的关系、监督权与索赔权的关系

〔49〕 参见最高人民法院民法典贯彻实施工作领导小组主编:《中华人民共和国民法典侵权责任编理解与适用》,人民法院出版社 2020 年版,第 553 页。

〔50〕《环境民事公益诉讼解释》第 12 条规定:“人民法院受理环境民事公益诉讼后,应当在十日内告知对被告行为负有环境资源保护监督管理职责的部门。”

四、环境公益诉讼制度的完善

对样本进行深度分析揭露了我国环境公益诉讼在发展进程中面临的不足之处，只有对这些问题进行深入研究，才能为我国环境司法实践的完善提供更好的理论基础和指导。“党的二十大报告明确提出了‘完善公益诉讼制度’的新要求，既充分肯定了公益诉讼制度及其实践探索取得的成就，也对进一步发展完善公益诉讼制度提出了新的更高要求。”〔51〕环境公益诉讼制度的良性发展离不开持续完善相关机制，对以下方面的问题进行改进和完善，能够加强环境公益诉讼在环境治理司法领域的制度性建设，实现与发挥其在生态环境治理领域的效能。

（一）拓展环境公益诉讼适用范围

环境公益诉讼的最初适用范围限于以水、大气、土壤等单一环境要素为主的领域，后逐步扩展到多种环境要素乃至生态环境保护。经过十年的发展，覆盖大气、水、土壤、海洋、森林、濒危动植物、人文遗迹、自然保护区、乡村等多类生态环境要素的全方位公益诉讼保护体系得以建立。然而，随着生态文明建设的推进，环境公益诉讼作为环境司法的重要构成部分，其适用范围需要在现有的基础上不断拓展。自党的十八大以来，“生态文明建设”多次出现在官方文件中，描绘了中国对未来世界文明形态的美好构想。环境公益诉讼的确立和拓展是近十年来中国环境司法的显著特征。公益诉讼作为生态环境保护的坚实后盾，是生态文明建设从顶层设计转化为实践的关键要素，而其被动性特征同当下积极环境治理理念及实践存在巨大张力，环境公益诉讼范围拓展由此迎来了反思和完善契机。生态文明建设与环境法制建设和环境立法功能的结合可以表现在环境标准体系的确立、环境公益诉讼制度的完善和环境影响评价制度的构建等多个方面。因此，可从公益诉讼角度将各个方面有机联系起来，建立完善同生态文明建设相契合的环境公益诉讼机制。这是实现现代环境治理体系和治理能力现代化不可忽视的重要议题。

（二）继续完善环境公益诉讼规则

自环境公益诉讼确立以来，为了完善裁判规则、统一裁判标准，最高人民法院发布相关司法解释 21 部，涵盖了环境民事公益诉讼、生态环境损害赔偿、生态环境侵权禁止令、惩罚性赔偿，出台了依法惩处盗采矿产资源犯罪的意见等司法政策文件 15 部，与有关部门联合出台检察公益诉讼司法解释、生态环境损害赔

〔51〕 吕忠梅：《促进环境公益诉讼制度不断成熟定型》，载《人民法院报》2023 年 3 月 4 日，第 4 版。

偿管理规定。比如,2015 年 1 月,最高人民法院发布《环境民事公益诉讼解释》,完善了环境民事公益诉讼案件的审判规则,有效地指导了审判实践。2018 年 3 月,最高人民法院、最高人民检察院联合发布《检察公益诉讼解释》,明确规定检察机关提起公益诉讼案件的审判规则,人民法院依法及时受理检察机关提起的环境民事、行政公益诉讼案件。2019 年 6 月,《最高人民法院关于审理生态环境损害赔偿案件若干规定(试行)》发布,以“试行”的方式规定了生态环境损害赔偿诉讼受理条件、证据规则、责任范围、诉讼衔接、赔偿协议司法确认、强制执行等问题。2021 年 12 月,《最高人民法院关于生态环境侵权案件适用禁止令保全措施的若干规定》发布,明确规定为防止申请人合法权益或生态环境受到难以弥补的损害,可以采取禁止令保全措施给予救济,及时制止损害的发生或继续扩大。十年来,我国不断积极加强生态环境公益诉讼制度的顶层设计,及时总结环境公益诉讼制度实施过程中积累的成熟经验,适时出台司法解释,不断完善环境公益诉讼规则。然而,随着环境公益诉讼在生态文明建设中的效能凸显,日益成为环境司法的常态化机制,受案范围不断扩展,故亟须适时在相关法律中明确某项生态环境要素领域内实施公益诉讼,并且根据需要出台相关的专门性司法解释或裁判规程,为相关案件审理提供充足的规范依据。[52] 同时,也需要重点研究制定环境资源案件证据规则、生态环境公益侵权等司法解释,发布相关专题指导性案例,将司法实践经验转化为裁判规则,推动环境公益诉讼裁判规则体系化。

(三)调整环境民事公益诉讼原告主体现有格局

1. 提高社会组织提起环境民事公益诉讼的动力

社会组织行使环境民事公益诉讼权在满足较高的资格条件的基础上,还面临着高昂的诉讼成本、有限的资源与较高的举证责任之间的矛盾。要提高社会组织提起环境民事公益诉讼的动力,应当注重以下几个方面进一步完善:

(1)减轻社会组织的诉讼成本。环境民事公益诉讼保护的法益是公共利益,原告与诉讼本身并无直接利害关系,高昂的诉讼费用极易打击原告的诉讼积极性。环境民事公益诉讼不适合沿用传统民事诉讼按照诉讼标的一定比率收取费用,可以出台相关规定或者司法解释,对其按件数收取费用。当原告胜诉时,

---

〔52〕 参见吕忠梅等:《中国环境司法发展报告(2021 年)》,法律出版社 2022 年版,第 234 页。

诉讼费用理应由被告方承担；若原告败诉，诉讼成本应当由国家、社会共同分担。[53] 建立奖励机制，对社会组织与公益律师给予一定的精神和物质奖励，将一部分对环境损害行为人的惩罚转化为对民间环保力量的激励。

(2)完善证据认定机制。社会组织在环境民事公益诉讼的调查取证中并不占据优势地位和有利资源，对于实践中存在的“因果关系”认定难题，不妨采用事实推定来降低原告的证明负担。司法机关比社会组织更具有专业、技术和资源上的优势，法官在环境公益诉讼中可以运用丰富的经验结合具体个案进行判断。《民事诉讼法》规定，负有证明责任的当事人一方对待证事实的证明需要达到高度可能性，但环境损害的紧迫性与环境公益诉讼的专业性意味着，适用单一的民事诉讼标准将导致审判结果有不公正的可能。适当降低环境民事公益诉讼中原告的证明标准，能够避免证明困难导致的审判不公与环境损害的救济延迟问题。

2. 承认部分行政机关的环境民事公益诉讼原告资格

行政机关作为环境民事公益诉讼的原告一直饱受争议。考虑到国家机构与社会组织相比具有明显的优势，不应将所有的行政机关一律排除在外。环保行政主管部门兼具公益性与环境治理的专业性，其作为环境民事公益诉讼的原告具有合理性。但仍然需要保持谦抑性，即在没有合适的社会组织作为原告提起诉讼时，环保行政部门才能作为第二顺位者提起环境民事公益诉讼。同时还应当出台相关的司法解释，完善环保行政部门提起环境民事公益诉讼的条件与程序规范，明确环保行政部门行使环境公益诉讼的诉权时应受检察机关的监督。

3. 明确检察机关在环境民事公益诉讼中的定位

在公益诉讼的预设中，检察机关在环境公益诉讼中应当是支持者、兜底者的角色，但目前环境民事公益诉讼的原告主体格局明显以检察机关为“先锋”。应明确检察机关作为社会组织、环保行政部门之后的第三顺位原告行使环境民事公益诉讼权，在没有合适的社会组织和有关机关提起环境民事公益诉讼时，检察机关才能作为原告提起诉讼。当第一顺位和第二顺位的原告出现时，检察机关应当退居“二线”，起到支持起诉的作用。这要求检察机关的“诉前程序”发挥实效，切实提醒或者激励相关组织和机构行使诉权。同时应当出台具体的司法解释，明确检察机关作为原告在公益诉讼中的职责，保证检察机关行使诉讼权时的独立

---

〔53〕 参见黄锡生、余晓龙：《社会组织提起环境公益诉讼的综合激励机制重构》，载《法学论坛》2021 年第 1 期。

性,避免外部原因令检察机关牺牲公共环境利益,出现司法不公的现象。

(四)规范环境刑事附带民事公益诉讼诉前程序的适用

明确检察机关在提起环境刑事附带民事公益诉讼时应当适用诉前公告程序。目前我国只在检察机关提起的民事公益诉讼中规定了检察机关的诉前公告义务,究其目的,是激励检察机关以外具有原告资格的社会组织或者国家机关积极行使诉权,故检察机关的诉前程序对环境刑事附带民事公益诉讼同样具有积极效应。在立法层面,应当尽快出台相关的司法解释明文规定检察机关在环境刑事附带民事公益诉讼中适用诉前公告的程序、期限等具体内容。

贯彻落实检察机关在刑事附带民事公益诉讼中的诉前程序。检察机关切实适用诉前公告程序是社会组织行使环境民事公益诉权的关键。诉前程序不规范适用或者形同虚设,不仅会削弱民间自发的环保力量,还不利于环境公益诉讼制度的整体发展。可以参考检察机关提起的民事公益诉讼中诉前公告程序的相关规定,即"公告期限为 30 天",以及"紧急情形下十五日的诉前答辩程序期限"的规定。加强"检媒合作",通过多媒体的方式使诉前公告程序切实发挥激励环境公益诉讼第一顺位的主体积极行使环境公益诉讼诉权的作用。

(五)完善环境行政公益诉讼审查制度

1. 统一环境行政公益诉讼的审查标准

环境公益诉讼所保护的法益具有公益性,与私益诉讼存在很大的差异,提起诉讼的原告与诉讼本身并没有直接的利害关系,这使得原告在面临困境或者处于对私人利益的考虑时,会为了私利而对诉讼利益进行不当处理。诉讼主体与诉讼本身的关系对法院在环境行政公益诉讼中的审查工作提出了更高的要求。虽然司法能动性要求法院在不同案件中灵活调整审查标准,但当环境公益诉讼逐渐"常态化"后,明确且规范的审查标准显然是必不可少的。

环境行政公益诉讼中对行政机关是否已经履职认定存在困境,主要是因为对"法定职责"的概念认知与"是否履职"的审查标准缺乏统一的认识。解决这两方面的问题,首先,应当落实权责统一原则。对行政机关是否存在某种法定职责的判断应从权力与责任两方面衡量,在具体个案中确定行政机关应负有的法定职责。其次,将"是否具有履职可能"纳入审查范围是审查行政机关是否履行法定职责的重要前提。最后,出台相关的环境行政公益诉讼司法解释,对审查行政机关业已履行法定职责的标准予以具体化、明确化。

2. 完善环境行政公益诉讼中行政机关的履职期限

目前我国对行政机关履行法定职责的期限并没有具体、有针对性的规定。无论是试点期间规定的1个月履职期限,还是《检察公益诉讼解释》规定的2个月履职期限都未考虑到环境治理不是仅靠行政机关履行法定职责就能实现的。[54] 应综合考虑生态环境问题的复杂性、涉及范围的广泛程度等实际问题,赋予行政机关灵活的履职期限。

(六)明晰生态环境损害赔偿诉讼责任承担

替代性修复责任是基于"全面修复"的理念,实现对生态环境服务功能的总量平衡。但由于理论界和实务界暂未摆脱传统损害赔偿原理的桎梏,实践中存在对替代性修复责任的概念界定不清、适用情形划分标准不统一、修复的方式不明确等问题。[55] 要解决这些问题,应当从以下几个方面进行改革和完善:一是对修复进行分层次的类型化。基于生态环境损害都是可修复的理念,将修复分为直接修复与替代性修复,并对这两种概念进行明确区分,概念体系的简化有利于法院在司法实践中的理解与适用。不断拓展替代性修复措施的类型有利于实现生态环境的全面修复。无论是直接修复还是替代性修复,都能够被进一步细化为基本修复、补偿性修复和补充性修复。通过生态环境损害鉴定评估,对不同的修复目标与阶段适用不同类型的修复措施,更好地服务于生态环境恢复。二是明确替代性修复的适用范围与适用顺位。为避免替代性修复措施的灵活性导致该种修复方式的滥用,应当出台相关的司法解释以及发布典型个案对替代性修复措施的适用范围进行立法与司法层面的规范。明确金钱赔偿作为修复费用的性质。修复费用实际上类似于恢复原状费用,而非直接赔偿生态环境的损失。因生态环境损害责任承担而上缴的金钱赔偿应当实现"专款专用",将赔偿的款项用于生态环境损害的修复。

2020年修正的《最高人民法院关于审理生态环境损害赔偿案件的若干规定(试行)》第11条规定:"被告违反国家规定造成生态环境损害的,人民法院应当根据原告的诉讼请求以及具体案情,合理判决被告承担修复生态环境、赔偿损失、停止侵害、排除妨碍、消除危险、赔礼道歉等民事责任。"但该试行规定并未

---

[54] 参见周杰普、姜彩云:《环境行政公益诉讼中"不依法履行职责"之认定》,载《学习与探索》2023年第3期。

[55] 参见张宝、殷佳伟:《替代性修复责任司法适用的反思与调适》,载《南京工业大学学报(社会科学版)》2022年第4期。

对责任承担方式适用范围与顺位进行具体规划,这必然导致司法实践中的冲突与不当适用。完善生态环境损害赔偿责任承担方式之间的冲突与衔接问题,可以从以下几个方面着手:

其一,坚持修复责任优先,明确赔偿责任范围。遵循生态环境损害赔偿责任的内在逻辑,应当坚持将修复责任置于绝对的优先适用地位。现行法对修复与赔偿责任的适用区分尚为粗陋,不作区分地将"无法修复"和"无法完全修复"的情形一律归于赔偿责任适用范围,并不利于对受损的环境实现生态意义上的救济。应出台司法解释对责任适用方式的划分作进一步细化,将"完全无法修复"和"无法修复"的情形区分为可以替代性修复和不可以替代性修复。司法机关将对不同情形的修复作出差异化判决。将"无法完全修复"的情形拆分为可以修复的部分和无法修复的部分,被告对不同部分应承担不同的责任。由于生态环境损害自身的独特性与公共性,赔偿损失责任并不能等同于民法意义上的侵权责任赔偿,同时生态损失的赔偿责任与修复生态环境责任存在适用上的顺序和区分。应当在环境法典中专门开辟一块领域或者出台相关司法解释,将生态环境在修复期间的损失以及功能永久性损失的总和作为标准,为避免不当加重被告的责任,因修复产生的费用不应包括在其中,以此明确赔偿损失责任的具体范围。[56]

其二,实现多样化责任承担方式。生态环境损害赔偿诉讼制度的根本目的不在于追责,而是在经济社会中为生态环境保护提供一种司法途径的制度保护,抑制未发生的损害,降低已经存在的损失。应考虑生态环境损害赔偿责任的现实可操作性,灵活变通对被告人施加的责任承担方式。应杜绝一味地对被告判决高昂的修复或者赔偿金额,从而忽视设置责任承担方式理应实现的保护与弥补目的。应出台新的司法解释对司法实践中已经出现的"异地修复""技改抵扣""劳务抵偿""分期赔付"等创新性丰富修复和赔偿责任履行方式的典型代表进行程序和内容上的完善,为司法机关在生态环境损害赔偿诉讼中的判决提供法律依据,推动修复责任与赔偿责任能够真正发挥生态效应。

(七)建立生态环境损害多元救济路线的良性衔接机制

1. 行政救济内部

明确政府索赔权的适用范围。厘清行政执法与生态环境损害赔偿制度之间的衔接关系本质上是对行政执法权与政府索赔权适用关系的梳理。出台相关的

---

〔56〕 参见王灿发、王雨彤:《生态环境损害赔偿诉讼责任承担方式的反思与完善》,载《环境保护》2022 年第 9 期。

司法解释厘清二者之间的适用关系，避免二者出现交叉，从而出现“公法向私法逃逸”的情形。[57] 参考《最高人民法院关于审理生态环境损害赔偿案件的若干规定(试行)》和《民法典》中关于环境侵权责任部分的法条逻辑，应当先运用行政执法对违法行为进行纠正，再辅以司法诉讼进行救济。当生态环境损害程度巨大或者已经达到无法修复的境地，行政机关直接行使索赔权并无不妥。当生态功能性损失产生，政府的工作重点已经不在于对生态环境的救济，而是演变为纯粹的赔偿问题，故行政机关可以直接向法院提出损害赔偿请求。[58]

2. 司法救济内部

理顺环境治理领域中民事公益诉讼与行政公益诉讼的关系。民事公益诉讼是环境治理中的私法救济途径，行政公益诉讼则是公法救济途径。坚持“行政主导，民事补充”的原则来安排环境行政公益诉讼与环境民事公益诉讼之间的制度衔接。生态环境损害行为并不必然是违法的，当两者兼具时，采取行政公益诉讼能够促使专门的行政部门以更高的效率实现对生态环境的救济。对于行为人的合法行为造成的生态环境损害，满足条件的社会组织和履行监督职责的检察机关可以向人民法院提起环境民事公益诉讼。处理好两种诉讼之间的衔接问题，能够更好地发挥私法途径与公法途径在环境治理公益诉讼中的司法救济功能，节约司法成本，提高司法效率。

3. 行政救济与司法救济之间

优化民事公益诉讼前置条件。打通行政执法与民事公益诉讼之间的脉络本质上就是构建行政救济与司法救济的良性衔接。考虑到法律修改的成本之大，可以通过对既有的诉讼规则进行完善，对民事公益诉讼中的公告程序在期限方面进行具体化，加强司法机关对行政机关的督促力。法院在受理环保组织提起的民事公益诉讼案件后 10 日内，告知负有环境监管职责的行政机关，公告发出时即中止诉讼程序[59]；根据生态环境损害的紧迫性与损害结果持续扩大的可能性，在公告中给予行政机关合理的采取有效整改、救济行为的期限。紧迫且影响范围广的，行政机关应当在 1 个月内作出回应，没那么紧迫或者严重的，允许行政机关在 3 个月内进行处理。当预留的履职期限经过，提起民事公益诉讼的社会组织就可以要求法院依法对其诉讼请求进行审理与裁判。

---

〔57〕 参见吕梦醒：《生态环境损害多元救济机制之衔接研究》，载《比较法研究》2021 年第 1 期。
〔58〕 参见徐以祥：《论生态环境损害的行政命令救济》，载《政治与法律》2019 年第 9 期。
〔59〕 参见吕梦醒：《生态环境损害多元救济机制之衔接研究》，载《比较法研究》2021 年第 1 期。

特别关注篇

物权纠纷案件适用绿色原则的模式与效果分析

刘长兴　柯　泉

民法绿色原则已经在司法实践中运用，物权纠纷是适用绿色原则的重要领域。通过观察《民法总则》实施以来绿色原则在物权纠纷案件中的适用情况，可以发现，虽然已有案例总量不多，但是绿色原则在物权保护纠纷和相邻关系纠纷中已有较多的适用，明确显示了绿色原则对于物权的限制作用。但实践中也存在对绿色原则的泛化和不当适用问题。从适用模式看，主要是将绿色原则作为一般价值导向或者作为确定物权之内容和边界的衡量因素，且可能与公序良俗原则结合适用或者作为法律解释的理由或强化因素。从适用效果看，绿色原则促进了对物的节约和有效利用，改变了部分物权的内容和边界，但其裁判准则功能还未充分体现。

一、物权纠纷与绿色原则

《民法典》第9条规定的绿色原则是我国《民法总则》的首创，[1]虽有引领世界潮流的意义，[2]但也在很大程度上冲击了民法基本原则体系，因此学术界对其性质和地位的质疑一直存在，如认为绿色原则"难以有所作为""诸多应用舛误重重"。[3] 但也必须看到，绿色原则已经深刻影响了我国的司法实践，根据绿色原则以及更具体的绿色条款作出的裁判已经出现并且数量可观，[4]绿色原则的实践效力逐步显现，社会接受度也日益提升。

在此背景下，暂时搁置关于绿色原则的理论争议，[5]深入观察该原则以及

---

〔1〕《民法总则》第9条规定："民事主体从事民事活动，应当有利于节约资源、保护生态环境。"《民法典》第9条保留了该规定。

〔2〕参见徐国栋：《〈民法总则〉后我国民法基本原则理论研究述评》，载《法治研究》2022年第1期。

〔3〕贺剑：《绿色原则与法经济学》，载《中国法学》2019年第2期。

〔4〕参见刘长兴：《合同案件适用绿色原则的模式与效果分析》，载《法治社会》2022年第6期。

〔5〕参见王明远、胡思源：《民法典绿色原则的性质探析》，载《南京工业大学学报（社会科学版）》2023年第1期。

相关绿色条款对司法裁判的影响,当有助于正确认识绿色原则的价值、性质和法律定位。事实上,绿色原则对于民事司法和民事活动的影响显而易见。〔6〕 从案例收集和观察的结果看,合同领域已经出现数量可观的适用绿色原则的案例,其中大部分合同案例中,绿色原则实际发挥了裁判准则功能。从绿色原则在合同案件中发挥作用的模式来看,其主要作为法律规定之适用或者解释的补充,与其他原则结合作为强化论证的理由,以及直接作为合同权利义务安排之合理性的裁量因素。绿色原则对合同纠纷解决的影响主要体现在影响合同效力、规范合同权利义务关系、决定合同解除条件是否具备、影响违约责任的内容和承担方式、决定合同义务的内容等方面。〔7〕 除了合同纠纷领域外,物权纠纷是绿色原则发挥作用的另一个重要领域,实践中已有一定数量的涉绿色原则的物权纠纷生效裁判。

本文以裁判文书中使用“绿色原则”或者“环保原则”、“环境保护原则”“生态环境原则”或者直接引用《民法总则》《民法典》第 9 条的物权纠纷案件为分析对象,观察绿色原则在物权纠纷案件中适用的案件类型、适用情形、适用模式以及对判决结果的影响等。至少从字面上来看,对物的占有、使用、收益和处分当属于绿色原则所涵盖的“民事活动”。《民法总则》颁布后,司法实践中逐渐出现了引用绿色原则进行说理或者裁判的物权纠纷;近年来《民法典》第 9 条以及物权编新增的绿色条款在司法裁判中都有运用。同时也要看到,绿色原则在物权纠纷中的贯彻依然面临困难〔8〕,目前已经生效的涉绿色原则的物权纠纷裁判相对数量较少已经说明了这一点。那么,绿色原则是否仅具有宣示或者倡导功能〔9〕,通过对已经生效的司法裁判进行观察可得出基本结论。当然,更进一步来看,绿色原则在物权纠纷中直接适用所产生的具体争议内容和类型、绿色原则发挥作用的模式和效果都是本文关注的重点。

---

〔6〕 参见巩固:《〈民法典〉“绿色原则”司法适用的类型与功能——基于相关判决的分析》,载《南京工业大学学报(社会科学版)》2021 年第 6 期。

〔7〕 参见刘长兴:《合同案件适用绿色原则的模式与效果分析》,载《法治社会》2022 年第 6 期。

〔8〕 参见郑少华、王慧:《绿色原则在物权限制中的司法适用》,载《清华法学》2020 年第 4 期。

〔9〕 参见龙卫球:《我国民法基本原则的内容嬗变与体系化意义——关于〈民法总则〉第一章第 3 - 9 条的重点解读》,载《法治现代化研究》2017 年第 2 期;张新宝:《〈中华人民共和国民法总则〉释义》,中国人民大学出版社 2017 年版,第 17 页。

二、物权纠纷案件适用绿色原则的基本情况

物权纠纷是常见的和主要的民事纠纷类型，其在案件数量上虽不及合同纠纷案件、婚姻家庭及继承纠纷案件、侵权责任纠纷案件多，但绝对数量仍很庞大；北大法宝已经收录接近300万件物权纠纷案件，本文所分析案例即包括在内。物权的绝对权属性已经随着社会经济发展而具有不同于传统的内容，在《民法总则》和《民法典》规定了绿色原则后，引用绿色原则的物权纠纷案件日益增多，适用情形丰富多样，显示了绿色原则对于物权纠纷解决的影响日益增强，进而可能影响物权的制度内容和构造。

（一）样本案例的选择与概况

本文所选取的样本案例来源于北大法宝的司法案例数据库。检索方式之一是先定位至法律法规数据库中的《民法总则》第9条、《民法典》第9条，再查看该条所附"法宝联想"所关联的司法案例数据库中的"物权纠纷"案例。检索方式之二是直接在司法案例数据库中分别以"绿色原则""环保原则""环境保护原则""生态环境原则"为全文检索词，查看"物权纠纷"案例。截至2023年2月20日，通过以上两种检索方式检索到的案例共计469件，去除一审、二审重复等案件，以及仅当事人主张适用绿色原则但法院未回应的案件，共获得样本案例207件。通过两种检索方式已经尽可能覆盖所有引用绿色原则的物权纠纷案例，而且绿色原则的适用基本可以覆盖适用绿色条款的案件，但仅引用《民法典》物权编绿色条款的物权纠纷案例难以识别，故本文不再特别关注这一类案件。同时，由于物权纠纷案件界定存在理论争议和实践困难，可能存在名义上为物权纠纷，实质上是合同争议的案件，〔10〕以及2017年《民法总则》出台之前论及"环保原则"的案件。这些案件并非对法律规定的绿色原则的适用，故都不纳入本文讨论范围。

2017年《民法总则》颁布后，适用绿色原则的物权纠纷案件数量呈现逐年上升的趋势，其中2021年的审结案件数量最多，这可能与《民法典》开始实施、绿色原则引起高度关注有关。从具体的物权纠纷案件类型来看，207件引用绿色原则的案件中，物权保护纠纷案件151件，占比达72.95%；所有权纠纷案件44

---

〔10〕 例如张某亮与马某明等人相邻关系纠纷案，山东省青州市人民法院(2018)鲁0781民初3401号民事判决书。该案中，相邻双方当事人对少量靠边界土地由对方使用有合同约定，法院依据双方约定和资源节约使用、合理使用的原则判决该土地的现使用方有权继续使用，基本依据是合同约定而非相邻关系。

件,其中相邻关系纠纷有 30 件,占比超过案件总数的 14.49% ;用益物权纠纷案件 11 件,占有保护纠纷案件仅 1 件。另有“担保物权纠纷”案件 1 件〔11〕,但其实质上是集体经济组织成员权益纠纷,已纳入前述所有权纠纷类型。未检索到引用绿色原则的不动产登记纠纷案件。北大法宝案例数据库中的“其他物权纠纷”案件,按照实质争议内容可以划分为上述类型,已分别纳入上述案例类型一并讨论。

(二)适用绿色原则的主要案件类型及概况

根据最高人民法院 2020 年修改后的《民事案件案由规定》,物权纠纷分为不动产登记纠纷、物权保护纠纷、所有权纠纷、用益物权纠纷、担保物权纠纷和占有保护纠纷。引用绿色原则的物权纠纷案件类型高度集中,3/4 为物权保护纠纷案件,另外所有权纠纷案件占比超过二成,用益物权纠纷约占 5% 。

1. 物权保护纠纷案件情况分析

《民事案件案由规定》中,物权保护纠纷又划分为物权确认纠纷,返还原物纠纷,排除妨害纠纷,消除危险纠纷,修理、重作、更换纠纷,恢复原状纠纷和财产损害赔偿纠纷。在 151 件物权保护纠纷案件中,有物权确认纠纷案件 5 件、返还原物纠纷案件 15 件、排除妨害纠纷案件 75 件、恢复原状纠纷案件 30 件、财产损害赔偿纠纷案件 26 件。(见图 6 – 1)

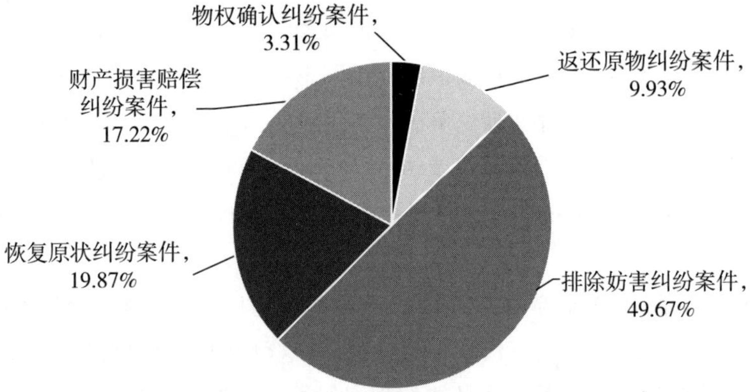

图 6 – 1　适用绿色原则的物权保护纠纷案件百分比

物权确认纠纷案件有 5 件,主要涉及业主安装配套充电桩设施的权属、安装

〔11〕 参见李某宽与大柳塔镇郝家壕召圪台村民小组纠纷案,陕西省神木市人民法院(2019)陕 0881 民初 4970 号民事判决书。

在巷道内的排水管的拆除、自愿植树造林是否应当获得青苗补偿款、宅基地及房屋的权属等问题;在物权的合法性以及权利主体认定中,法院引用绿色原则作为依据。

返还原物纠纷案件共计 15 件,其中:返还土地纠纷案件 9 件,涉及土地承包经营、转让等纠纷中,对于是否应当返还土地包括林地、耕地等问题,法院结合绿色原则进行衡量。返还房产纠纷案件 4 件,涉及房屋买卖、借住、车库占用等争议,法院对于是否应当返还房产的判断引用了绿色原则。返还动产纠纷案件 2 件,其一涉及违法控制他人车辆问题,法院判令原告“遵循诚实信用及节约资源的原则”返还车辆以减少停运损失;其二涉及变压器等设备转让过程中的争议,法院判决被告返还变压器等设备时引用了绿色原则作为依据。

排除妨害纠纷案件的数量最多,达到 75 件,而且类型较为复杂。一是排除污染妨害纠纷 4 件,涉及排除噪声污染、清除垃圾等具体问题。二是排除排水、通行妨害纠纷 14 件,涉及改变土地利用状况妨害排水、安装铁门妨碍通行等具体情形,法院多支持原告方提出的合理的排水、通行主张,判令被告排除妨害;也有理由不足驳回诉讼请求的案件。三是排除设施妨害纠纷 4 件,涉及设施建设的合理性、设施拆除后的回收利用等,法院对此引用绿色原则进行衡量。四是排除房产使用妨害案件 10 件,涉及房屋渗水、房屋外墙建设、房屋上方架设电线、地下室使用、房屋使用争议等具体问题,法院在衡量房产使用权利、设施是否应当拆除时,引用绿色原则作为考量因素。五是排除土地利用妨害纠纷案件 42 件,主要涉及土地上房屋拆除、建设的道路拆除、坟地迁移、管线经过土地等具体问题的争议。法院在衡量土地利用的合理性时引用绿色原则,以判定土地使用是否符合节约资源的要求。另外涉及物业服务公司是否有权阻止建设充电桩的案件 1 件,法院判令物业服务公司协助办理建设充电桩的手续。

恢复原状纠纷案件 30 件,其中关于房产及相关设施的恢复原状纠纷案件 11 件,涉及房屋本身恢复原状、排水设施恢复原状、空调等附属设施恢复原状等争议。法院在衡量恢复原状的合理性时引用绿色原则,考虑房屋的使用价值等;恢复原状若是无意义的,以不符合节约资源要求为由不支持恢复原状的请求。关于土地的恢复原状纠纷案件 15 件,涉及土地上建设房屋或者围墙拆除、林地和耕地恢复原状、水田内的用水设施恢复原状、小区土地上的假山恢复、土地的通行小路恢复等问题,法院在决定是否支持恢复原状的请求时引用了绿色原则。关于其他物权的恢复原状纠纷案件 4 件,涉及已经建成的桥梁、改造他人强电管道、改造共用水管等设施、建设充电桩等问题,法院考虑节约资源的要求判定被告是否承担恢复原状责任。

财产损害赔偿纠纷案件 26 件,具体类型较为复杂。一是普通财产损害赔偿纠纷案件 6 件,其中涉及车灯损坏、入户门损坏、自动闸杆损坏的赔偿问题,法院认为损坏轻微的,基于绿色原则的要求,不支持车灯更换、入户门维修、闸杆赔新等请求,特别是认定小区自动闸杆“损坏赔新”的规则与绿色原则相悖〔12〕,不予支持。二是房屋及其附属设施损害赔偿纠纷案件 7 件,涉及越界设施拆除损害、下水道堵塞导致房产损害、房产损害的修复责任等的认定,法院引用绿色原则对当事人之间的责任分担进行衡量。其中 2 个案件涉及房产争议中的装修问题,法院依据绿色原则不支持拆除已经完成的装修。三是土地权利损害赔偿纠纷案件 7 件,涉及耕地上青苗损害、地表覆盖导致水土流失损害、林地返还时的果树损失、土地相邻处建设护坡是否导致损害、坟地建设等问题,法院在损害认定或者确定损失分担时引用了绿色原则。其中坟地相关损害赔偿纠纷案件 3 件,与土地节约利用直接相关。四是林木权益损害赔偿纠纷案件 4 件,涉及电力设施保护修剪或者影响林木、火灾导致林木受损、林木被故意损毁等问题,法院在损害认定中引用了绿色原则。五是经营权损害赔偿争议案件 1 件,涉及开山取石经营利益受到公路建设拆迁影响而主张损害赔偿,法院以经营行为未取得营业执照及许可证,未进行环境影响评价为由不予支持,同时引用了绿色原则作为依据。〔13〕 另外有 1 件房屋损害赔偿纠纷案件,法院以“通过鉴定方式确定原告的损失不符合民事法律中的绿色原则”为由,酌定房屋装修损失数额。〔14〕

2. 所有权纠纷案件情况分析

引用绿色原则的所有权纠纷案件有 44 件,其中主要是相邻关系纠纷案件,有 30 件;其他案件涉及建筑物区分所有权纠纷、集体经济组织成员权益纠纷等,合计 14 件。(见图 6 – 2)

〔12〕 参见柳城县鑫鸿苑业主委员会、王某宣财产损害赔偿纠纷案,广西壮族自治区柳城县人民法院(2021)桂 0222 民初 991 号民事判决书。

〔13〕 参见隆化县佩国砂石料购销处与河北省高速公路承赤管理处、河北承德承赤公路管理处财产损害赔偿纠纷案,河北省隆化县人民法院(2018)冀 0825 民初 1399 号民事判决书。

〔14〕 参见刘某礼与何某玲财产损害赔偿纠纷案,黑龙江省哈尔滨市松北区人民法院(2020)黑 0109 民初 2724 号民事判决书。

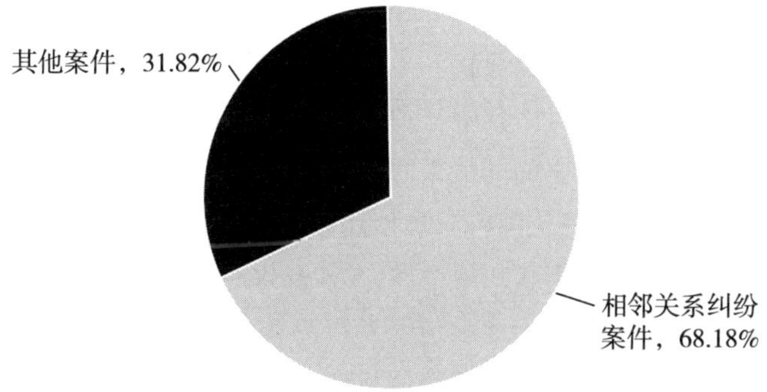

图 6-2　适用绿色原则的所有权纠纷案件百分比

建筑物区分所有权纠纷 3 件，涉及物业服务公司是否应当允许并协助安装充电桩的争议，法院均依据绿色原则认定物业服务公司的协助义务。共有纠纷案件 1 件，是关于宅基地庭院的共同使用权分割争议，法院以庭院面积小、分割后不利于共有人生产、生活为由，引用绿色原则判令不得分割共有财产。[15] 集体经济组织成员权益纠纷 7 件，涉及集体分红款分配、土地补偿款分配、污染补偿款分配等问题，法院在确认集体经济组织成员权益时引用绿色原则。业主知情权、撤销权纠纷 3 件，涉及业主对小区财务等事项的知情权以及撤销业主大会不允许安装充电桩的决议两类争议，法院在裁判时引用了绿色原则。

相邻关系纠纷案件共计 30 件，其中：相邻污染纠纷案件 4 件，涉及噪声、恶臭、油烟等污染的控制义务与容忍义务等方面的争议，法院从相邻关系主体间利益平衡的角度结合绿色原则等对争议进行认定和裁判。相邻通行纠纷案件 7 件，主要争议是关于通行道路的宽窄、必要性等问题，法院从资源节约利用角度对当事人之间的利益平衡进行了考虑和调整。相邻排水纠纷案件 6 件（另有前述相邻通行纠纷案件 1 件涉及排水争议），主要是排水沟建设或者恢复的必要性、合理性问题，法院对排水沟的尺寸、拆除或者恢复重建的必要性等进行裁量时，考虑了节约资源的要求。相邻关系中设施建设和使用纠纷 8 件，主要涉及公用烟道恢复、楼梯改建、排水等管道维修或装修改变等问题，法院在平衡当事人利益的过程中考虑了节约资源的要求。相邻采光纠纷 5 件，主要涉及建筑物或者树木影响相邻方的采光等问题，法院在对清除树木的必要性和限度，以及建筑

〔15〕 参见黄某 2、刘某与黄某 1 等共有物分割纠纷案，甘肃省岷县人民法院（2020）甘 1126 民初 2055 号民事判决书。

物合法性的判断中考虑了节约资源等绿色原则的要求。

3. 用益物权纠纷案件情况分析

用益物权纠纷案件 11 件,其中:宅基地使用权纠纷 1 件,法院在确认宅基地使用权期限与房屋所有权之间的关系时考虑了绿色原则的要求。国有土地使用权纠纷案件 1 件,法院在确认国有土地使用权上的房屋处置方案时考虑了绿色原则的要求。土地承包经营权纠纷 7 件,在涉及耕地效用发挥、承包经营土地的返还期限、林地属性的确认、土地承包经营权流转及主体确认等问题时,法院引用绿色原则作出认定和裁判。海域使用权纠纷 2 件,对填海造地后是否应当恢复原状、海域使用权主体的确认等问题,法院引用了绿色原则进行认定。(见图 6 - 3)

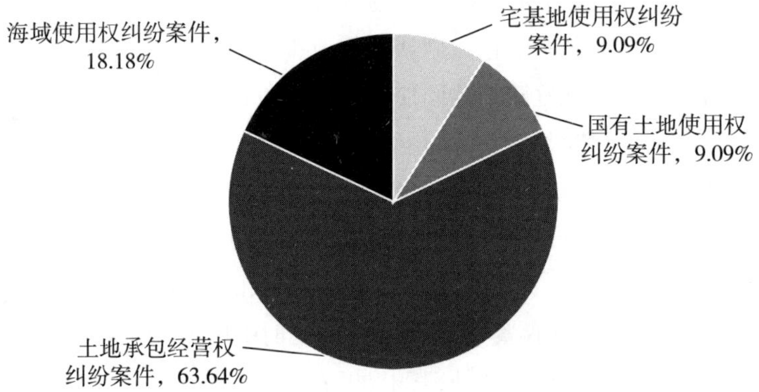

图 6 - 3 适用绿色原则的用益物权纠纷案件百分比

4. 其他物权纠纷案件情况分析

不动产登记纠纷和担保物权纠纷没有真正适用绿色原则的案例,占有保护纠纷中检索到 1 件引用绿色原则的案件,为非法占用河道管理范围内土地案件,法院判令被告拆除瓦棚屋等设施并清理,恢复护堤地原状。[16]

三、物权纠纷案件适用绿色原则的特征分析

物权是最重要的民事权利类型之一,解决"有体物及物质上法律上俱能支配之自然力"[17]之归属问题。无论是自然物质实体还是自然力,都与环境问题存在直接或者间接的关系,因此物权经常与环境保护直接相关,民法绿色原则的

---

〔16〕 参见高邮市三阳河管理处与徐某强占有排除妨害纠纷案,江苏省高邮市人民法院(2017)苏 1084 民初 6452 号民事判决书。

〔17〕 史尚宽:《民法总论》,中国政法大学出版社 2000 年版,第 249 页。

适用领域首先是物权制度领域,故其难免会对物权构成限制。[18] 物权纠纷案件适用绿色原则的状况基本反映了这一点。具体来说,从样本案例还可以发现物权纠纷案件适用绿色原则的基本特征。

(一)纠纷类型主要集中于物权保护纠纷和相邻关系纠纷

从样本案例的类型看,绿色原则适用的物权纠纷类型高度集中于物权保护纠纷,207 个样本案例中物权保护纠纷案例有 151 件,占比达 73%;其次为所有权纠纷中的相邻关系纠纷,有 30 件,占比超过 14%;二者合计占比接近九成。其他类型的案件相对比较零散,主要有集体经济组织成员权益纠纷(7 件),土地承包经营权纠纷(7 件),业主知情权、撤销权纠纷(3 件)等。(见图 6-4)

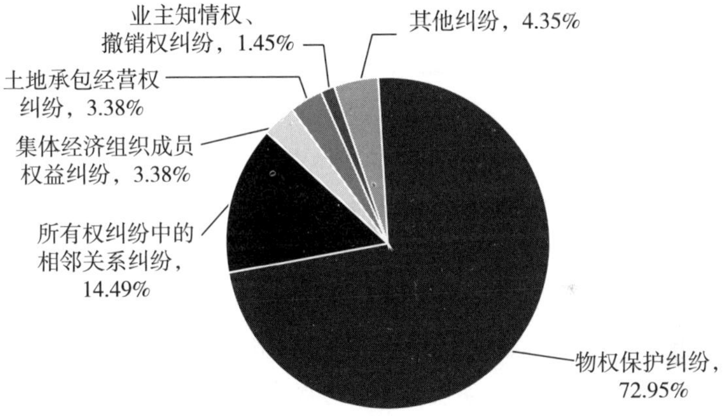

图 6-4 适用绿色原则的物权纠纷类型占比

物权保护纠纷的内容基本是原告认为物权受侵犯时请求确认物权或者确定物权受保护的边界,而物权的边界决定着物的利用模式和程度,因此经常与是否"节约资源"有关,并且可能与环境污染相关。因此,物权保护纠纷中需要确定物权的内容和边界时,引用绿色原则可以将物权与物的合理利用联系起来,从而为物权保护提供更加充分的理由。样本案例中物权保护纠纷,又以排除妨害纠纷(75 件)、恢复原状纠纷(30 件)、财产损害赔偿纠纷(26 件)为主,直接反映了绿色原则在物权保护之边界确定中的意义;而物权确认纠纷、返还原物纠纷案例较少,反映了绿色原则对于整体上确认或者否定物权的意义不大。

相邻关系纠纷的本质也是不动产相邻方权利的边界确定问题[19]。样本案

[18] 参见郑少华、王慧:《绿色原则在物权限制中的司法适用》,载《清华法学》2020 年第 4 期。

[19] 参见刘长兴:《我国相邻权规范的绿色解释——以相邻采光为例》,载《政治与法律》2020 年第 10 期。

例中有 30 个是相邻关系纠纷。相邻关系中,不动产的充分、合理利用需要对不动产权利的边界进行适当调整,容忍相邻方适当利用或者谨慎使用对方的不动产。在此类权利冲突与再平衡的过程中,绿色原则特别是其中节约资源的要求是重要的考量因素,因此绿色原则有相对较大的适用空间。同时,相邻关系中的采光、污染排除等诉求与绿色原则之保护生态环境的要求相契合,因此也存在基于生态环境考虑适用绿色原则的空间。样本案例中有 4 件涉及相邻污染纠纷、5 件涉及相邻采光纠纷。

物的使用过程中要厉行节约正在成为社会共识,但是用益物权纠纷等领域的案件中仍较少引用绿色原则,说明绿色原则对于物的使用本身的限制作用并未充分体现出来。其原因可能在于,物权仍强调对于物的自由使用,物的使用权更多只是物权主体的个人事务,较少涉及与其他主体之间的关系特别是利益冲突,施加节约资源等绿色要求需要更充分的理由。

(二)突出反映了绿色原则对物权的限制

在现代社会,物权的绝对性已经不再受到特别推崇,物权负有社会义务的理念逐步成为社会共识。绿色原则在物权纠纷案件中的适用体现了对物权进行限制的思路,从而在两个层次上调整或者说重新界定了物权保护的边界:一是从公共环境利益出发,考虑个人利益与环境利益的平衡〔20〕,以环境利益特别是公共环境利益限制个人财产利益,实现对物权边界或者保护限度的调整。在占用河道管理范围内土地的清理义务认定、自愿植树造林是否可以获得青苗补偿费等问题上,法院引用绿色原则作为衡量个人利益与环境利益之间关系的因素。二是在私人利益的平衡中将绿色原则的要求考虑进来,根据节约资源、保护生态环境的要求来调整甚至重新配置当事人的权益,从而改变物权保护的边界或者限度。例如,对于车灯、入户门等的轻微损坏,法院未支持更换、修理等请求,其理由是避免资源浪费;对于承包经营土地的经营期限、返还期限等问题,法院的判决考虑了绿色原则的要求,改变了权利期限或者义务履行期限,实质上调整了物权的保护边界和内容。总之,从引用绿色原则的物权纠纷案例中可以看到,无论是直接基于环境利益的保护需求来限制个人利益,还是将绿色原则要求融入对当事人之间关系的处理,都体现了绿色原则对于物权特别是使用权利和利益的限制。

---

〔20〕 参见郑少华、王慧:《绿色原则在物权限制中的司法适用》,载《清华法学》2020 年第 4 期。

同时,对比多个类型的物权纠纷所处理的争议可以发现,不同纠纷类型案件中存在基本相同的物权限制思路。尽管物权纠纷可能出现在不同的社会关系中,表现为不同的法律关系争议,但是物权的本质是界定权利人对于物的权利的边界和内容。不管与之产生冲突和争议的对方主体是谁、相互关系呈现何种样态,都不能改变物权的社会分配功能和正义要求〔21〕,因此最终体现在物权内容上具有一致性。绿色原则反映了生态文明时代物权分配正义的要求,其对物权的限制在不同类型的纠纷中也有基本相同的思路。例如,对于业主安装充电桩的诉求,可能体现在撤销业主大会不许安装充电桩的决议纠纷、针对已建成充电桩的恢复原状纠纷、针对物业服务公司阻止充电桩建设的排除妨害纠纷之中,但其实质上都是业主在车位上建设充电桩的权利是否成立的争议。样本案例中法院对不同类型纠纷的解决都引用了绿色原则,结论都是支持充电桩的建设。而且,充电桩建设纠纷在合同纠纷中也有体现,法院也是支持充电桩建设。〔22〕

(三)对绿色原则的泛化解释和不必要引用较多

相对于合同纠纷案件中法院更多地在裁判说理部分援引绿色原则,在判决的法条依据中较少引用《民法总则》或者《民法典》第9条,物权纠纷案件判决的一个明显特征是法院在裁判说理部分援引绿色原则的比例并不是非常高。但样本案例中多数案件在判决依据部分直接引用了《民法总则》或者《民法典》第9条,这就呈现不少判决未用绿色原则进行说理但依据绿色原则进行判决的特殊现象,裁判说理与判决依据之间有一定程度的背离。

出现这种现象的原因,一方面是物权纠纷或多或少总与物质资源的利用有关,因此其几乎必然与“节约资源”的要求相关。即使案件争议本身与绿色原则关系不大,但是将《民法总则》或者《民法典》第9条作为法律依据也不存在根本错误。但是,这种思路导致不少案件中对绿色原则的引用并不必要,即绿色原则与案件争议并无直接关联。例如,在某相邻关系纠纷中,对于楼梯通道的使用问题,法院酌定一方当事人有权继续使用,同时支付相应的使用费,主要依据是相邻关系处理的不动产便利使用规则(《民法典》第291条),以及“方便生活”“公平合理”原则(《民法典》第288条)。该案中法院引用了《民法典》第9条作为判

---

〔21〕 参见龙卫球:《物权法定原则之辨:一种兼顾财产正义的自由论视角》,载《比较法研究》2010年第6期。

〔22〕 参见刘长兴:《合同案件适用绿色原则的模式与效果分析》,载《法治社会》2022年第6期。

决依据〔23〕,可以理解为适用了其中有利于"节约资源"的要求;但其适用比较间接或者说比较勉强,属于不必要引用。对于建筑施工合同争议导致的建筑设备损害赔偿争议,以及热气管道的损害赔偿争议,法院在认定赔偿责任时引用了绿色原则〔24〕,也无必要。样本案例中大约有 1/4 ~ 1/3 的案件属于类似情况。

另一方面是出于对绿色原则的无限扩大理解或者说误读。在理论上将绿色原则解释为法律经济分析方法〔25〕,在实践中将出于成本效益考量的情形都归于适用绿色原则,事实上无限扩大了绿色原则的"节约资源"要求,偏离了其环境保护的目标价值,并不利于绿色原则的妥当适用。前述房屋损害赔偿纠纷案件中,法院即认为通过鉴定方式确定损失不符合节约诉讼成本的要求,无法实现效益最大化,因此不应通过鉴定而是应以酌定方式确定房屋装修损失数额;但是法院却援引了绿色原则。如果将绿色原则作如此的扩大解释,那么就需要在法律程序制度价值分析框架之下展开分析,而程序工具主义并不足以为法律程序提供足够的辩护〔26〕,扩大绿色原则的解释并无益处。

总之,物权纠纷案件中引用绿色原则的情况,一方面反映了物权案件本身的特征,对物的节约利用是物权制度构造应当考虑的重要因素,司法案例的思路可以为今后的实践提供一些指引;另一方面反映了司法实践中对绿色原则的适用思路不清、范围不明,对这一新民法基本原则进行灵活解释可能取得好的效果,而过于随意和扩大解释可能导致制度适用的问题,应当引起我们足够的重视。

四、物权纠纷案件中适用绿色原则的基本模式

法院判决中特别是裁判说理或者判决依据中引用绿色原则,理论上会对判决结果产生影响,其中可能的影响是直接改变判决结果。从样本案例看,绿色原则对于判决结果的影响并不一定非常直接,在相当一部分案件中,绿色原则只是方向性或者理念上的指导,因此从中可以发现绿色原则对物权纠纷解决的不同作用。

(一)将绿色原则作为一般价值导向

即使绿色原则的民法基本原则地位仍存在争议,但其价值宣示功能不可被

〔23〕 参见钟某达、商某开等物权保护纠纷案,广东省广州市从化区人民法院(2022)粤 0117 民初 1658 号民事判决书。

〔24〕 参见夏某平与季某、张某珠财产损害赔偿纠纷案,江苏省东台市人民法院(2019)苏 0981 民初 5194 号民事判决书。

〔25〕 参见贺剑:《绿色原则与法经济学》,载《中国法学》2019 年第 2 期。

〔26〕 参见雷磊:《法律程序为什么重要?反思现代社会中程序与法治的关系》,载《中外法学》2014 年第 2 期。

否认,物权纠纷案件中引用绿色原则至少是将其作为一般价值导向的,即承认物权关系中对物的使用等应当符合“节约资源、保护生态环境”的要求。节约资源是民事主体的基本义务、普遍义务〔27〕,降低资源消耗也是物权行使的基本要求,因此在物权纠纷中考虑绿色原则的要求具有天然的正当性,这是样本案例中引用绿色原则的最低限度理由。即使不必要引用绿色原则的案例,其引用也很难归结为错误引用。

虽然作为一般价值导向的基本原则对于法律的实施具有指引作用,但是民法基本原则的适用需要避免在宣示的意义上和向一般条款逃逸的意义上适用。〔28〕将民法基本原则具体化为规则适用于纠纷解决才能真正发挥基本原则的裁判准则功能。物权制度中具有遵循绿色原则的要求进行制度细化的空间,推进绿色原则的物权规则化才能构筑对自然环境危机的物权制度回应,因而要避免将绿色原则定位成“口号式”的倡导性规定。〔29〕样本案例中对绿色原则的引用非常明显地体现了绿色原则的倡导性定位,是值得警惕的现象。当然,不能否认作为一般价值导向的绿色原则仍可能对物权关系带来影响,而且部分样本案例中对绿色原则的引用不限于一般价值导向层次,确定价值导向只是适用绿色原则的开始。

(二)将绿色原则作为确定物权之内容和边界的衡量因素

民事权利的界定在理论上已经有比较明确的指引,民事法律中也已有体系化的规定,但是实践中的情形千差万别,具体案例中的权利内容和边界的确定并非易事。相当多的物权纠纷涉及物权之内容和边界的争议,除了基于法律的明确规定、当事人的明确约定之外,法院对物权之内容和边界的认定还需要考虑多种因素。从样本案例来看,绿色原则已经成为法院认定物权之内容和边界的重要考量因素,即在法律规定的前提下将绿色原则的要求作为配置当事人之间权利和利益,划分当事人行为边界,确认损害赔偿责任的重要因素,并据以确定、调整当事人的权利边界。例如,在样本案例的排除妨害纠纷中,关于土地上种植、耕地使用等纠纷有 15 件,涉及耕地返还时间要求、弃土破坏植被、种植特殊作物等问题时,法院引用绿色原则对耕地使用权利的合理性和正当性,以及特殊作物

---

〔27〕 参见宁清同:《论〈民法典〉之节约资源义务》,载《中国政法大学学报》2022 年第 3 期。

〔28〕 参见徐国栋:《我国司法适用诚信原则情况考察》,载《法学》2012 年第 4 期。

〔29〕 参见单平基:《“绿色原则”对〈民法典〉“物权编”的辐射效应》,载《苏州大学学报(哲学社会科学版)》2018 年第 6 期。

是否可以种植进行判定。关于种植椿树可能生虫等是否构成土地使用妨碍的个案争议中,法院引用绿色原则认为椿树不属于有害植物,砍伐或者移植不利于生态环境保护,因此不支持排除妨碍。〔30〕关于坟地迁移的纠纷案件有 5 件,涉及在公路边、责任田内建坟争议,法院从节约土地资源的角度引用绿色原则,认定坟地建设范围等的合理性和合法性,并综合考虑多重因素决定支持或者不支持迁坟的请求。

"节约资源、保护生态环境"的要求往往可以构成对物权的直接限制,因此绿色原则可以发挥确定物权之内容和边界的作用,以排除或者制止不合理的物的利用行为,并支持对物的合理、有效利用。在此方向上,从绿色原则到具体的物权规则的转化还需要更多的努力,样本案例中体现的思路值得肯定。以绿色原则保障物权的合理配置和适当行使、妥当保护,对物权的设立和行使作出符合绿色原则的限制;在《民法典》物权编规则绿色化不足的领域,在司法实践中运用绿色原则推进所有权制度、用益物权制度和担保物权制度的绿色化。〔31〕

(三)绿色原则与公序良俗原则配合适用

绿色原则与公序良俗原则有密切联系,甚至被认为是公序良俗或者公共利益的明文类型,是对自愿原则的必要限制。〔32〕物权纠纷案件中也经常将绿色原则与公序良俗原则一并引用,或者将绿色原则与公共利益联系起来〔33〕,共同影响裁判结果。例如样本案例中涉及老人赡养与居住问题的案件中〔34〕,法院的主要考量是子女赡养义务和公序良俗原则,并在判决依据中引用了绿色原则。又如对于坟地建设的争议,判决中也考虑了坟地建设与风俗习惯相符,同时考虑节约土地资源符合绿色原则〔35〕,对坟地占地的合理性等进行认定。

将绿色原则与公序良序原则结合适用强化了裁判的说理和论证,体现了这两项原则在限制私人意思自治方面的一致性;将环境公共利益的考量引入民事

〔30〕 参见沈某松与沈某朋排除妨害纠纷案,徐州市铜山区人民法院(2017)苏 0312 民初 7022 号民事判决书。

〔31〕 参见赵惊涛、赵绵:《民法典物权编"绿色化"困境与实现思路》,载《学习与探索》2020 年第 6 期。

〔32〕 参见樊勇:《私人自治的绿色边界——〈民法总则〉第 9 条的理解与落实》,载《华东政法大学学报》2019 年第 2 期。

〔33〕 对于公共利益与公序良俗的关系存在不同理解,本文对二者不作严格区分。参见张钦昱:《〈民法典〉中的公共利益——兼论与公序良俗的界分》,载《暨南学报(哲学社会科学版)》2021 年第 7 期。

〔34〕 参见尤某军与尤某排除妨害纠纷案,北京市顺义区人民法院(2014)顺民初字第 13393 号民事判决书。

〔35〕 参见韦某坚与韦某亮财产损害赔偿纠纷案,广西壮族自治区东兰县人民法院(2019)桂 1224 民初 831 号民事判决书。

纠纷的解决,为推动民事活动符合环境保护的要求确立了法律途径。但是如果仅仅将绿色原则作为公序良序原则的明文类型,虽然更加明确了环境保护目标对民事活动的限制意义,但仍不能体现绿色原则作为民法基本原则的独立价值。物权纠纷案件中将绿色原则与公序良序原则结合适用有利于强化裁判说理,促使当事人从环境保护角度重新衡量相关行为的合理性,在一定程度上显示了绿色原则的独立价值。

(四)绿色原则作为法律解释的理由或者强化因素

环境保护的公益性质决定其目标实现主要通过法律上的强制,但是强制性法律规定的解释存在一定的空间,绿色原则在法律解释过程中发挥着一定的作用。前述经营权损害赔偿纠纷案件中,公路建设拆迁客观上损害了原告的开山取石经营利益,但该利益受法律保护的前提是经营行为合法,法院以经营行为违法为由不支持原告的损害赔偿请求,同时引用了绿色原则作为依据强化论证。另一个案件中,对于安装在邻居墙上的用电设施,法院判令被告予以拆除引用了绿色原则。〔36〕

绿色原则的节约资源、保护生态环境目标可能与法律规定的目标一致,因此可以作为法律解释的参考因素,影响解释的结果;但是在目标一致的范围内,直接适用法律规定即可,引用绿色原则似无必要。如果对法律的解释还存在不同的方向,引用绿色原则可以将环境保护要求纳入对法律的理解,从而具有促进法律制度绿色化的作用。

五、物权纠纷案件中适用绿色原则的效果分析

综合来看,绿色原则在物权纠纷案件中的适用在一定程度上改变了物权的内容和边界,特别体现在对物之合理利用的考量有助于物之效用的发挥,对于物权制度的发展方向有一定的影响。另外,在法律技术层次,绿色原则的裁判准则功能并未充分体现出来,多数案件中绿色原则对于当事人权利义务的影响还比较间接,如何在司法实践中充分发挥绿色原则的作用,引导物权制度的绿色化发展,还有待进一步观察,也需要理论上更加明确的引导。

(一)绿色原则促进了对物的节约和有效利用

绿色原则在物权纠纷案件中的适用具有明显的社会效果,即促进对物的合理利用。传统民法的所有权绝对原则在现代社会受到广泛质疑,物权的绝对性

---

〔36〕 参见张某奇与李某敏排除妨害纠纷案,河南省濮阳县人民法院(2020)豫0928民初6786号民事判决书。

已经从多个方面被突破,通过物权利用承担义务实现了物权社会化。绿色原则对物权也具有外在的限制作用,其中"节约资源"体现了对物之利用效率的要求,"保护生态环境"体现了对物之利用的污染后果的考量和约束,整体方向是促进对物的节约利用、有效利用,包括对于利用之副作用的限制。物权纠纷案件中适用绿色原则也在不同层次上体现了对物权的限制:一是通过对物权的直接限制促进了资源节约和环境保护。例如,对轻微的物权损害,法院根据绿色原则不支持更换等浪费资源的请求,事实上限制了物权的权能,具有直接的节约资源效果。二是通过价值宣示彰显了节约资源和保护生态环境的正当性,间接影响了对物的利用行为。多数样本案例中对绿色原则的引用都是对环境保护的价值宣示,不改变物权规则和实践但可能影响物权的长期效果。例如关于集体经济组织成员权的案例中,对成员权的确认与绿色原则并无直接关系,但绿色原则可能对集体物权的长期发展产生影响。从这个角度看,前述不少案例中对绿色原则的"不必要"引用并非全无意义。

(二)绿色原则改变了部分物权的内容和边界

从法律效果来看,绿色原则在物权纠纷中的适用对于物权制度产生了重要影响,在实质上改变了物权的内容和边界。这主要体现在制度层次上,即在物权法定的基础上,绿色原则通过物权规则所允许的利益衡量,对物权的内容进行了增加、限制或者扩展。在车位安装充电桩纠纷案件中,法院引用绿色原则支持安装充电桩的诉求,实质上增加了车位权利人的权利内容,即安装和使用附属充电设施的权利,这本来是不包括在车位所有权或者使用权之中的。在多个相邻关系纠纷中,法院引用绿色原则来认定通行权、污染排除权等,事实上改变了相邻关系中当事人的不动产权利的边界,也调整了采光等权利内容。在部分物权损害赔偿纠纷中,法院根据绿色原则对财产返还期限等问题的认定改变了侵权责任的承担方式、履行期限,涉及对物权保护范围和方式的实质调整,也意味着法律上保护的物权内容和边界的改变。

需要强调的是,根据绿色原则对物权内容和边界的调整是在物权制度框架之内的调整,不能也不应当改变物权的基本结构和法律地位。其目的在于对物的节约利用以及对其利用中产生的污染等副作用的限制,主要表现为对物权的限制,少数情形表现为对物权的扩展。对功利和效率的考虑永远不能重要到足以推翻财产权的程度〔37〕,绿色原则对物权的调整也并非对物权制度的否定,而只是推进对物的更合理利用,推动物权制度更适应环境保护的社会目标。

(三)绿色原则的裁判准则功能并未充分体现

在法律技术层次上,物权纠纷案件中绿色原则的裁判准则功能并未充分体现。一方面,相当多的样本案例中仅将绿色原则作为宣示性原则引用,并未将其作为裁判准则,因此未产生直接的法律效果。另一方面,相对直接依据绿色原则进行的裁判中,还存在将绿色原则附属于法律解释、其他民法基本原则的情形,并未彰显绿色原则对于裁判结果的独立、直接影响;而且绿色原则对于类似案件的裁判结果还存在较高的不确定性,支持原告和被告诉求的案例都有,表明绿色原则的司法适用还存在一定程度的混乱。而且,相对于物权纠纷案件的总量,引用绿色原则的物权纠纷案件数量仍然只占极小一部分,除了大部分案件客观上无须引用绿色原则外,有些案件是由于裁判者对绿色原则的认识不足而未予考虑。总之,虽然部分样本案例中引用绿色原则直接改变了裁判结果,发挥了绿色原则的裁判准则功能,但总体上司法实践对于绿色原则的适用还存在一定的顾虑、回避乃至混乱和滥用,其裁判准则功能的充分发挥还需要更多的理论努力和实践探索。

六、结语

绿色原则作为我国民法的原创性原则,产生时间不长,理论研究不够,实践探索有限,民法上基于对传统的尊重和维护而产生的反对声音依然强烈;但是从目前还比较有限的司法案例看,物权纠纷案件有适用绿色原则的较大空间,不仅是价值宣示意义上的,更主要的是在裁判准则意义上对物权保护有较大的影响。《民法典》物权编也需要转变思维模式以应对新兴的法律问题〔38〕,充分重视绿色原则对于物权制度的影响,在维护物权基本结构的前提下引导物权制度向有利于生态环境保护的方向发展,这是生态文明背景下民法绿色原则研究的重要方向。

从有限的样本案例中,可以发现物权纠纷案件中适用绿色原则的成效和问题。在现行民法物权制度框架下,可以适用绿色原则促进物的利用符合环境保护的要求,以保证民事法律的适度开放〔39〕,实现对物权的更周全保护和物权制

〔37〕 参见[美]斯蒂芬·芒泽:《财产理论》,彭诚信译,北京大学出版社2006年版,第226页。
〔38〕 参见彭诚信:《〈民法典〉物权编的进步、局限与未来》,载《法制与社会发展》2020年第4期。
〔39〕 参见林珊珊:《通过私法的国家治理——兼论民法典的政治内涵》,载《江汉论坛》2021年第5期。

度的发展完善。同时,可以从已有案例中发现物权纠纷案件适用绿色原则的规律性,包括对相邻关系的调整、对物权保护范围的界定等都有规律可循,从而逐步形成利益平衡基础上的物权配置和保护规则;对这些规律的总结有助于推动绿色原则的充分和妥当适用。当然,整体上,绿色原则对物权纠纷案件解决的影响还比较有限,特别是其裁判准则功能还未充分发挥。物权制度是与自然资源的社会分配和使用、收益最直接相关的法律制度,相比于其他民法制度其应当更多地考虑生态文明时代的环境保护需求,故绿色原则应当在物权纠纷案件解决中发挥更大的作用。

能源诉讼的实证检视与趋势研判：以能源诉讼绿色化转型为中心*

冀鹏飞　欧　恒　曾雨婷

2022年是我国推进经济社会绿色低碳发展取得显著成效的关键一年。《新时代的中国绿色发展》白皮书介绍了中国坚定不移走绿色发展道路的理念遵循，分享了推进绿色发展实践中形成和积累的宝贵经验。能源治理是推进绿色低碳发展的重要抓手和关键领域。客观地看，部分能源案件的绿色化转型既是能源结构改革中的法治需求，也是环境司法专门化改革深入推进的重要成果。

党的二十大报告明确提出：推进生态优先、节约集约、绿色低碳发展；推动形成绿色低碳的生产方式和生活方式；深入推进能源革命；加快规划建设新型能源体系；积极参与应对气候变化全球治理。当下我国能源治理正处在绿色低碳转型的初期，绿色低碳能源对居民生产生活方式、生态系统功能、经济社会发展等均有正外部性作用。人类在对能源的资源功能进行获取性用益的同时，还需遵循环境法对基于它们的生态功能而产生的消耗性用益的调整。[1] 强调能源的经济效能的同时，也应逐步关注其生态效能。

能源诉讼虽分散于传统民事诉讼、行政诉讼、刑事诉讼体系中，但随着绿色低碳发展理念的深入，部分能源案件开始关注到生态环境需求，与环境诉讼、公益诉讼等的关联逐渐增强；因此，能源诉讼整体上呈现由一般诉讼类型向与环境诉讼、公益诉讼交叉的发展趋势。气候变化司法应对国际研讨会于2022年7月在京召开，中国法院减缓气候变化的应对举措得到了国际社会的一致认可。我国法院充分发挥审判职能，推动完善气候变化应对规则体系；丰富裁判方法，运用多样化气候变化应对司法措施；创新体制机制，构建专业化气候变化司法治理

---

* 感谢中南财经政法大学法学院硕士研究生何双琪、王宇、周宛央，法与经济学院硕士研究生邹嘉祥、李竺阳等同学参与资料收集整理工作。

〔1〕 参见邓海峰：《环境法与自然资源法关系新探》，载《清华法学》2018年第5期。

体系。[2] 但作为新兴的治理领域,涉碳法律体系建设尚有欠缺,吕忠梅教授认为,目前中国没有保障碳达峰目标和碳中和愿景实现的专门立法,若在碳达峰和碳中和目标实现过程中出现纠纷,则缺乏相应的解决机制和法律依据。同时,从维护生态安全、保障公共利益的角度出发,可以将相关纠纷纳入司法的解决路径。[3] 为此,于 2023 年发布的《最高人民法院关于完整准确全面贯彻新发展理念　为积极稳妥推进碳达峰碳中和提供司法服务的意见》指出,能源要素始终贯穿于经济社会发展全面绿色转型、产业结构深度调整、构建清洁低碳安全高效能源体系等实现碳达峰碳中和的不同方面,提出了法院在审理煤炭、油气资源开发等传统能源利用案件,电源结构调整案件和可再生能源案件的不同侧重方面。[4]

综上所述,面对“双碳”目标建设、气候变化应对等全球治理难题,能源治理成为关键突破口。聚焦在法治层面上,我国环境司法专门化改革的有益经验,为气候诉讼、涉碳诉讼、能源诉讼等提供了借鉴;其中能源诉讼案件逐渐关注生态环境需求,进入绿色化转型的初级阶段,有望成为“双碳”目标、气候变化应对、能源结构转型的关键助力,为破解涉碳诉讼、气候诉讼等司法难题提供可能的解决方案,为绿色低碳发展提供有效司法保障。因此,现阶段对能源诉讼进行特别观察,紧贴环境司法改革的前沿需求,具有一定的理论和实践意义。

一、能源诉讼案件的样本筛选与总体概述

(一)能源诉讼的整体分析框架与案件样本选取

1. 能源诉讼的实证观察及其分析框架

本研究采用整体观察视角与重点聚焦探微相结合的方式,遵循“发现问题—分析问题—解决问题”的解析思路。在写作方法上,以大数据案例的定量研究为基础,结合指导性案例或典型案例的定性研究,构造大样本可视化分析和小样本文本分析的“双轨道”量性与质性研究:量性研究客观反映诉讼发展趋势,提炼一般规律;质性研究的切入点较为微观,深挖典型案例并详细解析案例

---

〔2〕 参见《气候变化司法应对国际研讨会在京召开 杨临萍致辞并作专题发言》,载中华人民共和国最高人民法院网,https://www.court.gov.cn/hudong－xiangqing－364781.html。

〔3〕 参见肖隆平:《专访全国政协常委吕忠梅:用法律保障实现碳达峰碳中和》,载百度网 2021 年 3 月 8 日,https://baijiahao.baidu.com/s?id=1693657014257455374&wfr=spider&for=pc。

〔4〕 参见《最高法发布〈最高人民法院关于完整准确全面贯彻新发展理念　为积极稳妥推进碳达峰碳中和提供司法服务的意见〉(附全文)》,载百度网 2023 年 2 月 18 日,https://baijiahao.baidu.com/s?id=1758124588174010544&wfr=spider&for=pc。

的重点、难点、争点、疑点。在实务与理论结合方面,本研究在客观呈现能源诉讼现状、发展和改革趋势的同时适度结合学术界的研究成果作为理论指引与理论基石,并尝试解释当前能源诉讼的现象。

能源纠纷逐步呈现专业性、绿色化的变化趋势,但司法实务中并未给予足够的关注。传统理论认为,能源资源特指自然事物中具有直接经济价值的部分,由此形成的“自然资源法”实为“经济资源法”。[5] 其法益保护也侧重于经济法益而非生态法益,由此产生的纠纷解决路径也被划归进普通的民事、行政、刑事审判之中。近年来,由于能源诉讼的生态属性得以显现,专业化趋向明显,能源诉讼的关注度得到提升,但实践中并未形成对能源诉讼系统性的自觉关注,还存在诸多问题。通过对每年度能源诉讼案件和《中国环境资源审判》以及最高人民法院发布的“人民法院环境资源审判典型案例”分析可以得出,能源诉讼因其标的与客体的特殊性脱胎并超越了“传统”的环境诉讼,呈现生态环境领域的新型诉讼样态与类型。以能源本身为切入点,能源凸显多元属性:附着在能源上的权利义务,既有经济商品属性,又有生态向度等属性;既有对个人私权利的保护,又有对公共利益的平衡和国家公权力的运行。以能源诉讼过程为观察对象,能源诉讼的原告组成在结构上涵盖国有企业、私营企业、消费民众等多元主体层次;能源诉讼涉及利益群体众多,利益关系纠缠纷繁,专业性背景较强,对审判专业化、精细化要求程度高。从能源审判依据上看,能源法律依据的补足与更新落后于能源诉讼实践,难以适应能源诉讼变革的要求,导致救济空间有所欠缺。因此,在理性对待诉讼专门化的背景下,实务界和学术界对于能源诉讼专门化的关注度相对不足,缺乏系统性、整体性、协同性,能源诉讼碎片化、分散化、欠专业化问题凸显。

本年度报告首次将能源诉讼作为环境司法报告的特别观察部分,以能源民事诉讼、能源行政诉讼、能源刑事诉讼和能源公益诉讼的基本现象入手,整理能源诉讼的基本现况,聚焦能源诉讼的前沿实践,以期引起实务界与理论界对能源诉讼绿色化转型的共同关注。

2. 能源诉讼案件的样本选取

本研究案例数据选自最高人民法院公布的典型案例、中国司法大数据研究院、中国裁判文书网、北大法宝、威科先行法律信息库等。需要说明的是,由于案

---

〔5〕 参见吕忠梅:《环境法典编纂论纲》,载《中国法学》2023年第2期。

件的公开时间具有滞后性,数据的检索渠道具有有限性,能源诉讼实际案件数量与公开案件数量可能存在合理偏差。本研究的数据来源于上述平台,数据平台的选取既注重权威性、全面性又注重多样性、合理性。

本研究基于能源民事诉讼、能源行政诉讼、能源刑事诉讼和能源公益诉讼的不同特点对案由或罪名、地域、法院级别、诉讼主体、审理程序、文书类型、审理结果等指标进行了类型化检索。(见表 7－1)

表 7－1　能源诉讼观察报告的数据纳入标准与具体指标

<table>
<tr><th>能源诉讼类型</th><th>数据纳入标准</th><th>具体指标</th></tr>
<tr><td rowspan="4">能源民事诉讼</td><td>案由</td><td>探矿权纠纷、采矿权纠纷、探矿权抵押权纠纷、采矿权抵押权纠纷、探矿权转让合同纠纷、采矿权转让合同纠纷、供用电合同纠纷、供用气合同纠纷、供用热力合同纠纷、用能权交易纠纷、中外合作勘探开发纠纷、自然资源合同纠纷、环境污染责任纠纷</td></tr>
<tr><td>地域</td><td>各省级行政单位以及东北、东部、中部、西部地区划分</td></tr>
<tr><td>审理程序</td><td>撤诉(包含撤回上诉)、一审程序、二审程序、再审程序等</td></tr>
<tr><td>裁判结果</td><td>维持原判、发回重审、再审改判、调解结案等</td></tr>
<tr><td rowspan="4">能源行政诉讼</td><td>案由</td><td>行政复议、行政处罚、行政处理、行政赔偿</td></tr>
<tr><td>法院级别</td><td>基层人民法院、中级人民法院、专门法院</td></tr>
<tr><td>主体类型</td><td>原告(自然人、企业法人)、被告(包括被上诉人)[人民政府、住房和城乡建设委员会、市规划和自然资源委员会(局)、证券监督管理委员会(局),以及城市管理委员会、生态环境局和市场监督管理局]</td></tr>
<tr><td>裁判结果</td><td>原告败诉率</td></tr>
<tr><td>能源刑事诉讼</td><td>罪名</td><td>非法采矿罪;破坏性采矿罪;非法制造、买卖、运输、储存危险物质罪;污染环境罪;非法处置进口的固体废物罪;擅自进口固体废物罪;走私废物罪等</td></tr>
<tr><td rowspan="2">能源公益诉讼</td><td>主体类型</td><td>原告(检察院、社会组织)、被告(自然人、法人、自然人＋法人)</td></tr>
<tr><td>案由</td><td>能源民事公益诉讼案件案由(环境污染、生态环境损害赔偿)、能源刑事附带民事公益诉讼案件案由(污染环境罪、非法采矿罪)、能源行政公益诉讼案件案由(行政确认)</td></tr>
</table>

(二)能源诉讼的基本范畴与类型划分

1.能源诉讼的基本范畴

(1)能源诉讼的定义与内容

能源诉讼的标的即能源法律关系,其产生、变更与消灭均围绕能源活动展开。以能源为立足点,能源诉讼可以被理解为"因能源的开发和利用等过程而产生的各种纠纷所致的各种诉讼的集合体"〔6〕。按照能源的革命更迭划分,可以分为一次能源诉讼、二次能源诉讼和传统能源诉讼、新能源诉讼。按照能源的具体形态划分,可以分为石油诉讼、煤炭诉讼、天然气诉讼、电力诉讼等。按照能源利用的主体不同,可以分为能源供给诉讼、能源消费诉讼和能源保障诉讼。按照能源利用方式的不同,可以分为城乡能源诉讼和农村能源诉讼。按照能源的流程划分,可以分为能源开发诉讼、能源加工诉讼、能源储运诉讼、能源利用诉讼、能源贸易诉讼、能源管理与服务诉讼等。

以诉讼类别为立足点,能源诉讼是与其他能源争议解决方式相区分的终端纠纷解决机制。以诉讼所保障的法益划分,可以将能源诉讼划分为能源民事诉讼、能源行政诉讼和能源刑事诉讼。按照地域划分,能源诉讼可以分为国内能源诉讼、涉外能源诉讼和国际能源诉讼。按照诉讼范围和主体划分,能源诉讼可以划分为能源公益诉讼和能源私益诉讼。下文将对具体的能源诉讼予以展开说明。

(2)能源诉讼与关联诉讼的交叉关系

从能源的法律定义中可以得知,能源作为环境整体的部分,以及资源要素的特定种类,有其作为燃料、资源和商品的独特价值。附着在能源上的利益有经济利益、生态利益、社会利益等,起到了保障生存需求、稳定经济市场、保护生态环境、维护国家安全等多重功用。因此,能源不同于具备完整权能的财产性商品,也不同于纯粹意义上的提供生态服务功能的自然要素,而是资源(自然属性)、产品(经济属性)、环境(生态属性)的三重衍生物。

能源品类的特殊属性决定了能源诉讼不同于其他诉讼,同时能源兼具商品、资源和环境要素的三重属性为能源诉讼与其他诉讼的沟通渠道提供了可行空间。因此,能源诉讼与其他类别诉讼既有差异性,又有共通性,其中能源诉讼与环境诉讼、自然资源诉讼、涉碳诉讼和气候变化诉讼的关系最为典型。

---

〔6〕 张忠民:《我国能源诉讼专门化问题之探究》,载《环球法律评论》2014 年第 6 期。

首先,能源诉讼与环境诉讼的关系。在诉讼标的上,能源作为一种重要的环境要素,承载着一定的生态利益与生态价值。此外,能源的公共属性与环境的公益属性相契合,因而环境诉讼与能源诉讼均应将生态利益与公共利益纳入裁判考量范围之内。在诉讼功能上,能源诉讼与环境诉讼共同促进形成“生态优先、绿色发展”的司法理念。最高人民法院明确指出,审理可再生能源案件,要妥善处理好沙漠、戈壁、荒漠等生态环境保护和大型风电、光伏发电基地等建设用地需求之间的关系,推动能源高效、清洁利用。〔7〕从诉讼专业化的历史脉络看,能源诉讼与环境诉讼皆因其独特的保护法益、特殊的裁判规则、专业的审判制度、相当的体量规模而与传统民事、刑事、行政诉讼相分离,成为较为独立的诉讼类型。但能源诉讼不同于环境诉讼,能源诉讼仍然具备经济法益与经济价值,在一定程度上仍无法与传统的民事、行政、刑事案件完全分离。因此,能源诉讼与环境诉讼既有交叉之处,也有不同之处。

其次,能源诉讼与自然资源诉讼的关系。在诉讼标的上,自然资源与能源同附着在环境要素之中,能源与自然资源的关系相比于能源与环境的关系更为紧密,能源更贴合自然资源作为生产资料动力与物质基础的特质。〔8〕与环境的生态属性相比,自然资源作为商品的属性更为突出,其经济利用价值更为显著,因此自然资源诉讼与能源诉讼的标的多为财产性标的。在诉讼功能上,能源权利与自然资源权利兼具民事物权属性和行政许可特性的双重属性,法院在审理过程中不能直接以民事审判之司法权干涉能源主管部门和自然资源主管部门行使行政职能。此外,能源和自然资源的不可再生性和稀缺性要求法院在裁判过程中考虑资源的循环利用、科学保护、合理开发。同时,某些品类的自然资源与能源也承担着保障能源、自然资源稳定供应和能源、自然资源自主,维护国家能源资源安全等重要任务,在审判过程中还应考虑其所承载的国家安全等重要战略意义。

再次,能源诉讼与涉碳诉讼的关系。在诉讼范围上,能源诉讼聚焦于调适能源权利义务关系,而涉碳诉讼聚焦于碳排放配额与温室气体排放报告的相关司法纠纷。在实现方式上,能源产业结构升级与转型是实现“双碳”目标的重要途

---

〔7〕参见《最高法发布〈最高人民法院关于完整准确全面贯彻新发展理念　为积极稳妥推进碳达峰碳中和提供司法服务的意见〉(附全文)》,载百度网 2023 年 2 月 18 日,https://baijiahao.baidu.com/s?id=1758124588174010544&wfr=spider&for=pc。

〔8〕在最高人民法院出台的《环境资源案件类型与统计规范(试行)》中,就将以矿产为主要载体的能源纳入资源开发利用类案件中,体现了能源诉讼脱胎于自然资源诉讼。

径与主要渠道。自我国签订《巴黎协定》以来,全国各级人民法院一审审结涉碳案件近112万件。其中,涉能源结构调整案件数量较多,占比最大,为80.4%。[9] 因此,能源诉讼与涉碳诉讼联结点较多,能源诉讼的推进也为涉碳诉讼的顺利进行提供了保障。在诉讼难点上,涉碳诉讼与能源诉讼同属于新型诉讼,二者在实践中同样面临起步较晚但案件类型多样化,司法经验积累有限但利益多元化,案件法律关系复杂但法律制度和专门司法规则供给不足的现实问题。[10] 在诉讼功能上,能源诉讼有助于积极稳妥推进碳达峰碳中和,推动实现经济社会绿色转型,回应协同推进降碳、减污、扩绿、增长的要求。

最后,能源诉讼与气候变化诉讼的关系。在诉讼的定义上,能源诉讼与气候变化诉讼领域同属于内涵外延相对不甚明朗、核心案件与边缘案件素材较为特殊的新兴诉讼。在二者关联上,我国司法实践中业已出现碳排放权交易和碳汇交易诉讼、能源诉讼等气候变化应对的关联诉讼。[11] 在诉讼功能上,能源诉讼与气候变化诉讼皆是我国生态司法的重要组成部分,加快规划建设新型能源体系是积极参与应对气候变化全球治理的前提,积极应对全球气候变化是新型能源体系的治理目标。最高人民法院出台的《环境资源案件类型与统计规范(试行)》将发展可再生能源、提升能源效率等减少或避免温室气体排放的过程中产生的案件纳入气候变化减缓类案件,且将碳排放重点行业领域产业结构调整及新能源开发利用、节能服务等节能减排案件归于气候变化案件。因此,我国司法在应对能源诉讼与气候变化诉讼时并不只是回应社会变革,更是努力在国家政策的指导下推动能源与气候变化相关的变革。[12]

2. 能源诉讼的类型划分

通过对能源诉讼司法实践进行宏观检视可以发现,近年来能源诉讼逐渐涉及能源本身的环境属性和安全属性,而不再囿于能源经济利益纠纷,其保护的法益范畴逐渐拓展。例如,能源开发利用行为的负外部性逐渐凸显,因能源法律行为对生态环境构成不利影响而产生的纠纷开始出现;基于能源在生态、安全层面

---

〔9〕 参见郭若梅、宋承翰、刘嫚:《专访最高法副院长杨临萍:将加大对碳排放权等新类型生态资源权益法律属性研究》,载《南方都市报》2023年3月11日,第GA13版。

〔10〕 参见吕忠梅:《为应对气候变化实现“双碳”目标提供有力司法保障》,载《人民法院报》2023年2月22日,第2版。

〔11〕 参见张忠民:《气候变化诉讼的中国范式——兼谈与生态环境损害赔偿制度的关系》,载《政治与法律》2022年第7期。

〔12〕 参见朱明哲:《司法如何参与气候治理——比较法视角下的观察》,载《政治与法律》2022年第7期。

固有的价值向度,能源行政管理主体需在能源开发利用领域承担严格的监管责任,故因其监管职责不当损害公共利益而产生的能源诉讼也开始显现。

基于此,结合现有能源诉讼实践,对能源诉讼的样态进行抽象归纳与类型划分具有如下重大意义:其一,对能源诉讼类型进行划分,需对能源纠纷内部所涉法律关系进行抽象提炼,这是厘清能源争议实质、提升能源纠纷审判效能的必要前提,也有利于凸显能源案件的专业性和特殊性,进而为能源司法专门化的推进奠定基础。其二,基于能源诉讼绿色化转型这一现实基础,能源案件与环境案件的重叠成为可能,因而对能源案件进行细分有助于在环境司法内部检视、完善相关案由规定,进而为环境司法保障能源安全、维护能源管理秩序提供指引。其三,探析能源诉讼内部新样态,尤其是探寻关涉生态利益、公共利益的能源案件的救济路径,此为能源结构转型升级等背景下回应环境保护新需求的关键所在。一方面,在能源司法内部规制能源开发利用行为中的涉碳纠纷,如高耗能、高碳排放企业生态环境侵权纠纷,有利于进一步回应司法实践中"涉碳"案件多样化与涉碳利益多元化提出的新问题、新挑战,推动产业结构深度调整,构建清洁低碳安全高效能源体系,进而为推动实施"双碳"战略构筑司法保障。另一方面,通过检视能源诉讼中能源权利(力)义务与生态利益的关联,有助于压实能源诉讼中的环境法律责任,协调生态保护与能源开发利用之间的关系,提升能源主体保护生态环境及其他公共利益的责任意识,实现环境效益、经济效益与社会效益的共赢。这不仅是贯彻新发展理念、推动高质量发展的内在要求,也有利于在能源诉讼内部探索协同推进降碳减污扩绿增长的新路径。

整体而言,现有能源纠纷相关案由规定对能源诉讼司法实践的回应不足,导致以案由为基础对能源诉讼进行类型化的传统划分方法失灵。此外,基于能源的开放性这一基本属性,以能源资源要素类型为标准对能源诉讼进行划分易造成能源诉讼案件无法穷尽的窘境。因此,出于对能源诉讼的初阶段观察分析,应当综合考虑当前能源诉讼实践与相关案由规定,围绕能源法律关系及能源司法救济具体路径两大实质性区隔要件对能源诉讼进行类型划分。

(1)宏观层面的类型划分

如上所述,在能源法调节领域扩张、模式机制转变的背景下,尽管能源活动服从和受限于能源法律的规范框架,但能源主体之间不仅会就能源的归属、开发、利用和保护等问题发生诸多内部联结,还会因能源活动直接或间接地影响能源活动的参与主体权益和环境公共利益等,进而诱生繁复的社会关系和法律问题。因此,在能源诉讼类型的划分上,可基于能源活动中各种法律关系的相互碰撞,即根据能源主体之间的公权(力)、私权(利)以及义务的牵连与摩擦,以纠纷的司法救济路径为基础对能源诉讼类型进行宏观层面的划分。具体可分为能源民事诉讼、能源行政诉讼、能源刑事诉讼、能源公益诉讼四大类。

能源诉讼场域内的权利义务碰撞可归总为两种形式。第一类冲突发生在能源主体内部之间,系因权利行使、义务履行产生的纠纷,主要可划分为以下两种情形。

第一,能源私权的行使与其他能源权利(力)的行使、能源义务的履行之间存在冲突。其一,能源私主体之间因能源私权的行使产生矛盾,此种情形下当事人可通过民事诉讼途径维护合法权益。其二,能源私主体与能源公主体之间因能源私权和能源公权的行使产生冲突,此种情形下可通过行政诉讼、公益诉讼等途径进行利益衡量。其三,能源私主体不履行或不当履行法律规定或约定的义务致使他人能源权利行使受阻时,民事诉讼可成为权利救济的主要路径。其四,能源公权主体义务缺位或不当履行致使能源私主体权益受损或无法正当行使能源权利时,相关主体可通过行政诉讼、刑事诉讼、公益诉讼等途径对能源公主体的授权、管理等行政行为进行纠偏,以落实其法定职责和义务。

第二,能源公权的行使与能源义务的履行之间存在冲突。其一,能源私主体未履行法律规定的义务导致国家能源公权受损时,可通过刑事诉讼、公益诉讼等救济方式追究相关主体的法律责任。其二,能源公主体不履行或不当履行法定职责和义务致使国家能源公权受损时,可通过刑事诉讼、公益诉讼等路径对其进行规制。

此外,基于能源的生态属性和能源活动的公共性,第二类冲突的主体不再受限于能源法律关系的主体边界,其因能源活动的外部关联和影响而产生,主要表现为以下两种形态。其一,能源主体的能源权利行使、义务履行与能源法律关系外部主体的权利行使之间存在冲突。当能源私主体的权利行使与能源法律关系外部主体的权利行使之间存在矛盾时,相关权利主体可通过民事诉讼途径救济其合法权益;当能源私主体法定义务履行缺位,不当导致能源法律关系外部主体合法权利受损时,可通过民事诉讼、公益诉讼等途径对其进行规制。其二,能源主体不履行或不当履行法定义务造成环境公益损害。具体而言,一是能源私主体在能源开发利用过程中义务履行不到位导致环境公益受损,此种情形下可通过公益诉讼对其进行规范和约束。二是能源公主体履行义务不当或管制责任缺位对环境公益构成不利影响时,可通过刑事诉讼、公益诉讼等路径督促其落实监

管责任、追究其应负的法律责任。(见表 7－2)

表 7－2　能源纠纷的法律关系碰撞形式

碰撞形式			主要救济路径	典型案例
能源主体内部冲突	能源私权	能源私权	民事诉讼	山西省唐城肉牛场桦林圪台联办煤矿诉山西省古县圪堆煤矿采矿权纠纷案[(2002)临民初字第 104 号]
		能源公权	行政诉讼、公益诉讼	重庆市綦江区成远煤业有限公司与重庆市綦江区人民政府关闭采矿权案[(2020)渝行终 421 号]
		能源私主体义务	民事诉讼	特变电工新疆新能源股份有限公司与辽宁中核新能源科技有限公司服务合同纠纷案[(2021)辽 01 民初 14547 号]
		能源公主体义务	行政诉讼、刑事诉讼、公益诉讼	乌鲁木齐市鸿嘉商贸有限公司东山区金山煤矿要求新疆煤炭工业局履行颁发煤炭生产许可证法定职责案[(2001)沙行初字第 2 号]
	能源公权	能源私主体义务	刑事诉讼、公益诉讼	张某斌非法采矿案[(2003)临刑终字第 268 号]
		能源公主体义务	刑事诉讼、公益诉讼	许某远玩忽职守罪、受贿罪案[(2018)新 40 刑终 71 号]
能源主体外部冲突	能源关系外部主体权利	能源私权	民事诉讼	丰宁长阁矿业有限公司与北京铁路局物权保护纠纷案[(2017)最高法民终 724 号]
		能源私主体义务	民事诉讼、公益诉讼	双鸭山德强科技开发有限公司与黑龙江龙煤双鸭山矿业有限责任公司固体废物污染责任纠纷案[(2022)黑 05 民终 306 号]
	环境公益	能源私主体义务	公益诉讼	北京市朝阳区自然之友环境研究所与国网甘肃省电力公司环境民事公益诉讼案[(2018)甘民终 679 号]
		能源公主体义务	刑事诉讼、公益诉讼	最高人民检察院督促整治万峰湖流域生态环境受损公益诉讼案[最高检发布第四十一批指导案例(检例第 166 号)]

综上,从类型划分的基础及结果看,能源诉讼内部虽仍以传统类案件为主,但现已呈现绿色化的新特征,即不再受限于普通平等民事主体之间的能源纠纷,逐渐因涉及环境利益、国家安全及其他公共利益而产生新的诉讼样态。从宏观层面上讲,能源开发利用和管理活动过程中因能源权利、义务引发的纠纷主要可以归入民事诉讼、行政诉讼、刑事诉讼、公益诉讼四种救济路径。将能源诉讼整体划分为上述四大类型,并不意味着必须对其内部进行严格区隔和分野,这也并不与能源诉讼专门化的核心特质和要求相悖。相反,在不同的救济视域下结合所涉能源利益和义务对能源纠纷进行个性化、准确化的识别与考量,实际上是能源诉讼专门化发展的必要基础和前提。

(2)微观层面的内容甄别

根据权利义务的具体冲突形式,结合现有案由规定,可将能源民事诉讼划分为能源合同类诉讼、能源物权类诉讼和能源侵权类诉讼三种(见表7-3)。其中,能源主体污染环境、破坏生态导致环境私益受损的环境侵权类案件在能源侵权类案件中占一定比重,且在司法实践中风力发电、油气开采等造成土壤污染、放射性污染、水污染等责任的纠纷中,被告多为大型能源企业。以普通公民为主的原告诉讼能力相对较弱,往往难以承担污染损害鉴定费等高额诉讼费用,此种情形下相关主体可在环境侵权规则体系下利用环境诉讼的特殊诉讼程序和证据规则维护其合法权利。

表7-3 能源民事诉讼的类型划分

诉讼类型		典型案例
能源合同类	能源开发合同类	延安兰天油田服务有限公司、新疆能源(集团)石油天然气有限责任公司合同纠纷案[(2022)新民终7号]
	能源加工合同类	庆阳鸿霖油田工程技术服务有限公司与中国石油天然气股份有限公司长庆油田分公司超低渗透油藏第二项目部承揽合同纠纷案[(2014)庆中民初字第41号]
	能源储运合同类	山东海旺达现代物流有限公司与江苏恒发航运有限公司等水路货物运输合同纠纷案[(2018)鲁72民初1412号]
	能源供应合同类	东营恒岳石油新技术有限公司与东营海峰化工有限责任公司供用气合同纠纷案[(2006)东民二初字第6号]
	能源贸易合同类	中化国际(新加坡)有限公司与蒂森克虏伯冶金产品有限责任公司国际货物买卖合同纠纷案[(2013)民四终字第35号]

续表

诉讼类型		典型案例
能源物权类	采矿权相关	云南省华坪县河东玖捌能源有限责任公司与华坪县德茂天才煤矿等采矿权纠纷案[(2022)最高法民再 325 号]
	探矿权相关	广元市茂成商贸有限责任公司与兰渝铁路有限责任公司探矿权纠纷案[(2018)川民初字第 33 号]
能源侵权类	直接性能源侵权	陈某羡、深能(湛江)新能源有限公司物权保护纠纷案[(2022)粤 08 民初 4280 号]
	间接性能源侵权	国华(齐齐哈尔)风电有限公司、杜某芹等放射性污染责任纠纷案[(2022)黑 02 民初 1058 号]

根据现有法律规定对具体行政行为作出的划分,结合司法实践中能源私主体对于能源公主体行政行为及裁判结果的具体诉讼请求指向,可将能源行政诉讼整体划分为撤销之诉、变更之诉、确认之诉、赔偿之诉、履行之诉五种类型(见表 7 –4)。[13] 在过往的司法实践中,能源行政执法主要围绕能源管理中的违法违规行为展开,行政相对人多因不服行政行为,认为能源行政管理中的行政强制、行政处罚等行政行为损害其合法权利而向法院提起行政诉讼,因而能源行政诉讼主要用于直接或间接救济行政相对人的能源私权。然而从现有裁判审理实践可以看出,在能源生态、安全价值凸显的背景下,行政机关在能源监管中的行政不作为,因行使能源管理职权不当致环境利益、国家安全受损而被提起能源行政诉讼的案件开始出现,规范政府监管职责尤其是环境监管职责履行成为能源行政诉讼的重要制度功能。

表 7 –4 能源行政诉讼的类型划分

诉讼类型	典型案例
撤销之诉	上海百农农业科技发展股份有限公司与上海市崇明区生态环境局行政处罚案[(2021)沪 0151 行初 4 号]
变更之诉	济宁市任城区工商行政管理局诉济宁市任城区农机局中油加油站工商行政管理案[(2015)鲁行终字第 432 号]

〔13〕 通过对能源行政诉讼案件的初步观察和分析,可将能源行政诉讼原告诉讼请求进行类型化,整体划分为撤销之诉、变更之诉、确认之诉、赔偿之诉、履行之诉五种。

续表

诉讼类型	典型案例
确认之诉	杨某周诉重庆市綦江区关坝镇人民政府行政确认案[(2017)渝0110行初150号]
赔偿之诉	郭某霏与北京市通州区潞城镇人民政府不服行政侵权赔偿决定案[(2022)京03行赔终55号]
履行之诉	郑某福等60人诉温州市经济和信息化委员会不履行电力查处法定职责案[(2019)浙03行终698号]

结合现有刑事法律规定,以能源刑事犯罪主体的身份特征为划分因素,可将能源刑事诉讼整体划分为针对能源公主体管理行为的诉讼和针对能源私主体开发利用行为的诉讼(见表7-5)。在现有能源司法实践中,无论是能源管理行为之诉,还是能源开发利用行为之诉,均可以规制危害或威胁环境利益或国家安全等公共利益的违法犯罪行为,如在非法采矿案件中,可通过制止、惩戒相关主体的行为保护能源资源本身及其衍生的生态环境权益;在与能源管理相关联的玩忽职守案件中,可通过纠正并督促行政机关履行环境监管职责,防范不当能源开发利用行为导致的能源资源受损、生态环境破坏。

表7-5 能源刑事诉讼的类型划分

诉讼类型	典型案例
能源管理行为之诉	湖南省湘潭县人民检察院诉胡某某玩忽职守案[(2017)湘0304刑再3号]
能源开发利用行为之诉	山西某能源投资集团有限公司、陈某志等人非法采煤案(人民法院依法惩处盗采矿产资源犯罪典型案例之二)

根据所涉不法行为主体类型,结合现有公益诉讼制度体系,可将能源公益诉讼划分为能源民事公益诉讼、能源刑事附带民事公益诉讼和能源行政公益诉讼(见表7-6)。前两类主要针对能源私主体侵害公共利益的能源开发利用行为,后一类则主要规制能源公主体影响公共利益的能源管理行为。从现有典型能源公益诉讼案件中可以看出,能源公益诉讼开始关注水电、风电等清洁能源项目对野生动植物、水土保持构成的生态影响,且已从事后的损害型公益诉讼逐步扩展至事前的预防性公益诉讼。

表 7－6　能源公益诉讼的类型划分

诉讼类型	典型案例
能源民事公益诉讼	山西省运城市人民检察院诉张某鹏、张某平生态破坏民事公益诉讼案[(2020)晋 08 民初 342 号]
能源刑事附带民事公益诉讼	何某虎、骆某等非法采矿案[(2022)黔 0281 刑初 56 号]
能源行政公益诉讼	安阳市殷都区自然资源局、安阳县洪河屯乡人民政府资源行政管理案[(2020)豫 0522 行初 13 号]

综上,通过对司法实践中的能源诉讼类型及其特征进行微观探析,可以发现,各能源诉讼类型已不再停留于传统样态,其内部绿色转型已逐步显现:能源民事诉讼不再局限于用能权、能源相关用益物权的普通民事案件,相关环境侵权案件数量逐年攀升;能源刑事诉讼规范侵害社会公共财产性利益的能源开发利用行为的同时,因威胁环境利益、公共安全而构成的犯罪行为也得到有效规制;能源行政诉讼案由得以拓展,能源行政机关因监管职责履行不当、缺位致环境公益受损等而被提起能源行政诉讼;因污染环境、破坏生态而提起的能源公益诉讼无论在案件数量还是内部形式上都已得到初步发展。

(三)能源诉讼的实践运行与学理审视

本部分将聚焦于 2022 年度能源诉讼案例,从宏观角度描绘 2022 年度能源诉讼的实践与发展现状。

1. 能源诉讼的整体概观

2022 年全国法院共计审理能源诉讼案件 20157 件〔14〕,课题组拟从案件地域、案件类型、案件审级、案件审理法院级别等方面对能源诉讼的司法状况进行梳理与分析。

(1)能源诉讼的案件地域

从地域分布看,能源诉讼案件分布广但不均衡。其中,7 个省的能源诉讼案件数量均在 1000 件以上,约占全国能源诉讼案件总量的86.91%,主要分布在能源资源较为丰富的地区。10 个省级行政区的能源诉讼案件数在 20 件以下,案件总量仅为 101 件,约占全国能源诉讼案件总量的 0.5%(见表 7－7)。基于初步数据分析,能源诉讼的地域性特征与能源资源禀赋分布、能源消费等生产生活

〔14〕 此部分案例样本数据来源于中国司法大数据研究院、中国裁判文书网、北大法宝等数据库,以案由为主线、以审判时间为节点进行筛选,并经过数据库比对、人工汇总得出,可能存在统计值的合理误差。

需求及经济发展水平条件等具有一定的关联性，能源开发利用往往产生资源过度消耗和生态破坏等环境问题。因此，能源诉讼的绿色化转型既是环境司法改革进入深水区的新挑战，也是司法保障能源绿色低碳转型的新要求。

表 7-7 2022 年 31 个省(自治区、直辖市)能源诉讼案件量地域分布

单位：件

省区市	民事诉讼	行政诉讼	刑事诉讼	公益诉讼	总计	排名
黑龙江	5179	0	1	0	5180	1
北京	4633	6	2	0	4641	2
陕西	2024	0	0	0	2024	3
内蒙古	1822	0	0	0	1822	4
吉林	1765	0	0	0	1765	5
辽宁	1053	0	1	0	1054	6
甘肃	1033	0	0	0	1033	7
新疆	777	0	0	0	777	8
宁夏	536	0	0	0	536	9
河北	282	0	0	0	282	10
山东	222	0	0	0	222	11
天津	212	0	1	0	213	12
广东	128	0	0	0	128	13
河南	80	0	0	0	80	14
山西	76	0	0	0	76	15
青海	56	0	1	0	57	16
江苏	45	0	1	0	46	17
上海	31	1	5	0	37	18
湖南	34	1	1	0	36	19
福建	26	0	0	0	26	20
云南	21	0	0	0	21	21
贵州	16	0	1	1	18	22
广西	16	0	0	0	16	23
浙江	13	0	0	0	13	24
安徽	13	0	0	0	13	25
重庆	11	0	0	0	11	26

续表

省区市	民事诉讼	行政诉讼	刑事诉讼	公益诉讼	总计	排名
江西	11	0	0	0	11	27
湖北	10	0	0	0	10	28
四川	8	0	0	0	8	29
海南	1	0	0	0	1	30
西藏	0	0	0	0	0	31

(2)能源诉讼的案件类型

如前文所述,可将能源诉讼划分为能源民事诉讼、能源行政诉讼、能源刑事诉讼、能源公益诉讼四大类。2022 年度能源诉讼案件共计 20157 件,其中案件数量最多的类型为能源民事诉讼类案件,达 20134 件,占比 99.89%;其次为能源刑事诉讼类案件,有 14 件,占比 0.07%;案件类型数量少的两种类型分别是能源行政诉讼类案件和能源公益诉讼类案件,数量分别为 8 件和 1 件(见图 7-1)。由此可见,现阶段能源诉讼案件集中发生于能源私主体因能源开发利用、供应消费等产生的民事纠纷中。尽管从案件占比看,能源民事案件仍占据主要地位,但除能源私主体之间的民事纠纷外,部分能源民事、行政、刑事和公益诉讼案件对环境利益、国家安全等公共利益的关注表明,这种能源诉讼内部结构的演变在深层次意义上说明能源诉讼目的和需求的转变,即能源诉讼的救济对象不再限于能源私权范畴,而是也关注生态环境等公共利益需求。

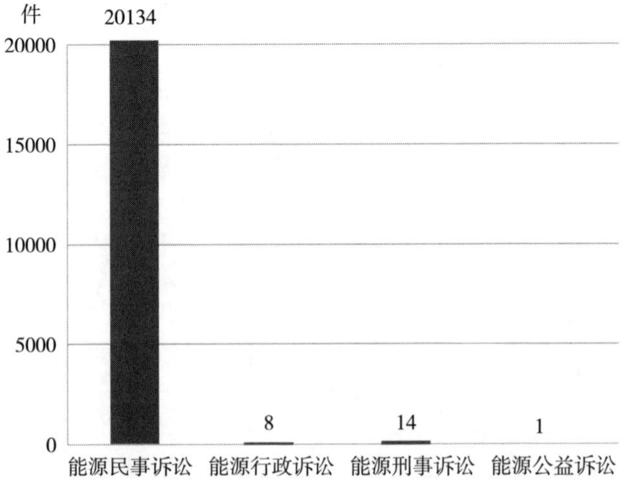

图 7-1　2022 年不同能源诉讼案件类型的数量分布

(3)能源诉讼的案件审级

本研究统计了2022年全国能源诉讼案件不同审级的案件数量。2022年法院共计审理能源诉讼案件20157件,其中一审案件共计19263件,占比95.57%;二审案件801件,占比3.97%;再审案件93件,占比0.46%(见图7-2)。结合前述案件类型分布特征可知,现阶段能源诉讼仍集中于简单、传统的能源民事案件。但从微观层面看,在涉及环境利益的能源诉讼中,如黄某志与阜新联合风力发电有限公司等环境污染责任纠纷案[(2022)辽01民终12837号]中,当事人往往基于二审、再审程序的补充或纠错属性,以及维护自身合法权益的实际需求,在二审程序中更为注重其诉请、抗辩的论证周延性。这就要求法院对环境利益给予更充分的考量,更为严格地把握事实认定和法律适用的准确程度。

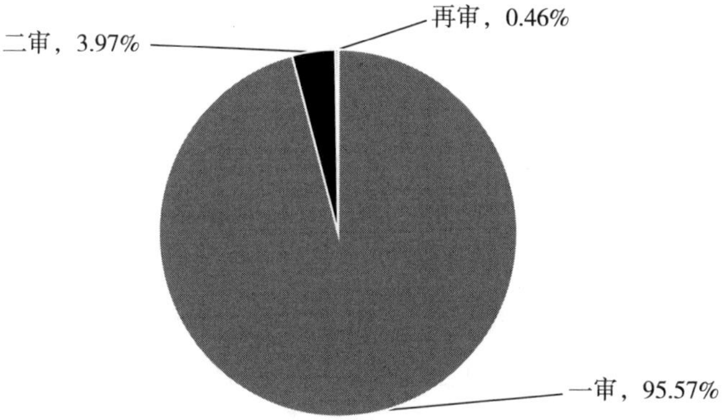

图7-2 2022年能源诉讼案件审级分布

(4)能源诉讼案件的审理法院级别

2022年全国法院共审理能源诉讼案件20157件,其中最高人民法院审理案件2件,占比0.01%;高级人民法院审理案件46件,占比0.23%;中级人民法院审理案件814件,占比4.04%;基层人民法院审理案件18645件,占比92.50%;专门法院审理案件650件,占比3.22%(见图7-3)。从案件审判现状来看,能源诉讼主要分散在传统诉讼类型中,虽有关涉环境利益的能源案例,但数量极少,其绿色化转型尚未在司法实践中被充分关注。

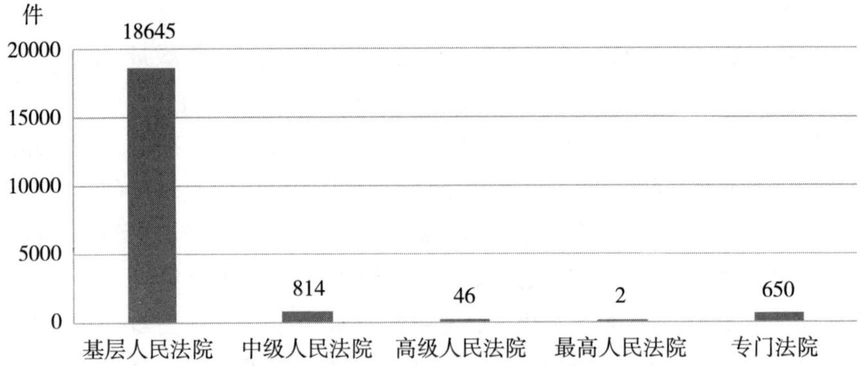

图 7－3　2022 年能源诉讼案件审理法院级别的数量分布

2. 能源诉讼的重点领域聚焦

(1)能源民事诉讼内部分布不均

从 2022 年能源民事诉讼的内部分布特征看,能源民事纠纷主要发生在能源的供应消费领域。在案件类型上,能源民事诉讼案件内部的数量占比分布具有较明显的不均衡性,供用电合同纠纷、供用气合同纠纷和供用热力合同纠纷等能源供用合同类案件数量居多,占能源民事诉讼案件总量的 99.87%。

整体上,我国能源诉讼案件主要以供用热力合同纠纷为主,部分案件对生态环境需求有所关注但数量有限。我国涉能源要素的民事诉讼主要以供用热力合同纠纷为主,次之是供用电合同与供用气合同;保护的法益主要指向能源产品本身的商品属性和经济价值,并未过多关注能源生产利用过程中产生的资源利益或生态利益问题。但值得关注的是,2022 年能源民事诉讼中有 17 个案例涉及环境污染责任纠纷,在一定程度上体现出能源民事诉讼不仅仅关注私权保障,也开始关注公共利益。

(2)能源行政诉讼借司法裁判助引能源绿色低碳转型

能源行政诉讼案件案由分布于行政复议、行政处罚、行政处理和行政赔偿四种行为类型中,其中行政复议案由占比最高,达 41.67%,可见能源行政机关在能源纠纷解决中具有关键作用(见图 7－4)。在具体司法案件中,法院也展现出对“能源费”“能源管道铺设”“能源污染处罚”等事项的特别关注,并积极通过司法裁判助引能源绿色低碳转型。

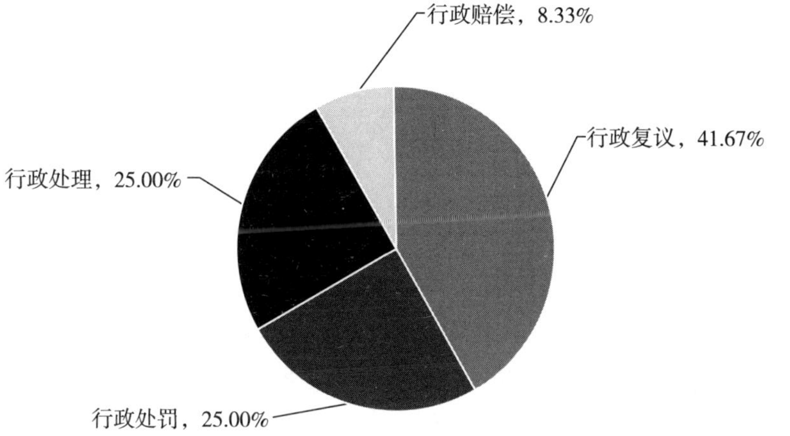

图7－4　2022年能源行政诉讼案件案由分布

(3)能源刑事诉讼法律依据欠缺

以罪名为基础对2022年能源刑事诉讼案件进行宏观检视可以发现,能源刑事诉讼不再受限于非法采矿等针对传统能源的刑事犯罪范围,盗窃电力等针对新能源转化利用的犯罪行为也已纳入能源刑事司法活动的规制范畴。然而,从微观司法实践来看,能源刑事司法囿于现有刑事立法中刑事罪名的设置空间,无法对能源开发利用全过程中的犯罪行为进行有效打击。如与非法采矿行为相关联的非法能源储存、销售行为在能源刑事司法实践中无从获得有针对性的规制,而只能强行转入非法采矿罪之中。此外,现有刑事法律直接关涉环境利益的罪名较少,这对能源刑事诉讼的绿色化变革构成了一定的阻碍。

(4)能源公益诉讼形式内涵创新

现有能源公益诉讼实践已在能源民事公益诉讼、能源行政公益诉讼领域进行初步探索,且相关公益诉讼多因能源私主体在能源加工环节的能源民事行为侵害环境公益而被提起。本课题组检索到的能源公益诉讼案件,只涉及环境污染、生态环境损害赔偿、污染环境罪、非法采矿罪、行政确认等案由。诚然,目前能源公益诉讼的司法实践仍处在初级阶段,但其在一定程度上反映了能源诉讼绿色化转型的发展趋势——能源诉讼整体上呈现由一般诉讼类型向与环境诉讼、公益诉讼交叉的趋势。此外,通过对案例进行微观探析,不难发现生态修复、赔礼道歉等多元责任形式已在能源公益诉讼中得以运用,由此可进一步证明环境公益诉讼机制在能源诉讼中的契合性、可行性和有效性。

3. 能源诉讼的研究进展

能源立法研究在理论界较受关注,产出了较为丰厚的研究成果;相较之下,能源诉讼的实践与理论研究较少受到关注。一方面,能源诉讼主要分散于一般诉讼类型中,其绿色化的功能转型尚处于初级阶段;另一方面,借助环境司法专门化的有益实践,能源诉讼虽开始关注权益纠纷中的环境需求,但总体来看,其不仅实践经验少且未形成学术共识。因此,能源诉讼研究的关注度较低,成果也较为单一:学术界较少关注作为整体的能源诉讼,多以具体案由研究之;对能源诉讼的理论研究较少,大多从现象提炼发现问题;能源诉讼的绿色化转型趋势初显,亟须引起关注。概言之,对能源诉讼的研究多具象、少抽象,较微观、欠宏观,集现象、缺理论。(见表7-8)

表7-8 能源诉讼研究现状

能源诉讼研究分类	研究主要聚点
能源民事诉讼	矿业权纠纷研究
	具体能源供给纠纷研究(供用电合同纠纷、供用气合同纠纷、供用热力合同纠纷)
	涉能源要素的环境污染问题研究
能源行政诉讼	行政行为与能源许可与特许经营研究
	自然资源确权与赋权研究
能源刑事诉讼	具体关涉能源要素的罪名研究(非法采矿罪,破坏性采矿罪,污染环境罪,非法制造、买卖、运输、储存危险物质罪)
能源公益诉讼	弃风、弃光公益诉讼研究
	纳入环境公益诉讼、生态环境损害赔偿诉讼之中研究
涉外能源诉讼	中国能源企业涉外环境合规[风险中国能源企业涉外环境责任、中国能源产业与欧盟碳边境调节机制(CBAM)法案等]
	国外能源诉讼对于我国的启示与借鉴研究

随着我国环境司法专门化、专业化的发展,以及绿色审判职权主义对于生态环境的全面保护,专门化环境诉讼在我国发展较为迅速,因此关于专门化环境诉讼的研究正倍道兼行。实践中业已出现能源诉讼专门化的趋向与态势,因此关于能源诉讼理论与整体的研究将会成为未来能源司法理论研究的重点与发展方向,会呈现一般性理论研究、具体性实务研究的并轨趋势。

二、能源民事诉讼的多维审视与发展趋势

(一)能源民事诉讼的样本概况与筛选路径

本研究的样本数据遵循下述筛选路径:样本来源以中国裁判文书网、北大法宝、威科先行法律信息库等数据库为主,并结合最高人民法院设立的中国司法大数据研究院案例数据库中的数据。筛选条件限定:裁判日期 2022 年 1 月 1 日至 2022 年 12 月 31 日;文书类型限定于判决书、裁定书和调解书;检索案由以 2020 年最高人民法院第二次修改的《民事案件案由规定》为基准。

基于与能源要素关联的紧密程度,能源民事诉讼至少包括下列案由:探矿权纠纷(第 56 项)、采矿权纠纷(第 57 项)、探矿权抵押权纠纷(第 67 项之五)、采矿权抵押权纠纷(第 67 项之六)、探矿权转让合同纠纷(第 88 项)、采矿权转让合同纠纷(第 89 项)、供用电合同纠纷(第 93 项)、供用气合同纠纷(第 95 项)、供用热力合同纠纷(第 96 项)、用能权交易纠纷(第 98 项)、中外合作勘探开发自然资源合同纠纷(第 130 项)、环境污染责任纠纷(第 377 项)等。

根据前述方法进行一次筛选后,初步收集民事诉讼案件共 20471 件。出于对矿产资源分为能源矿产和非能源矿产,以及环境污染源的多样性等因素的考量,为确保选取的案件对能源要素的实际关涉程度,再设定“煤”“石油”“天然气”“电”四个关键词对初筛样本进行二次筛选,最终得到 20134 件能源民事诉讼的实涉样本。(见表 7-9)

表 7-9　2022 年能源民事诉讼案件初筛样本和实涉样本数量情况

单位:件

案由	初筛样本数量	实涉样本数量
探矿权纠纷	5	0
采矿权纠纷	26	2
探矿权抵押权纠纷	0	0
采矿权抵押权纠纷	0	0
探矿权转让合同纠纷	18	2
采矿权转让合同纠纷	48	5
供用电合同纠纷	615	615
供用气合同纠纷	444	444
供用热力合同纠纷	19048	19048

续表

案由	初筛样本数量	实涉样本数量
用能权交易纠纷	1	1
中外合作勘探开发自然资源合同纠纷	0	0
环境污染责任纠纷	266	17
总计	20471	20134

(二)能源民事诉讼的多维审视和趋势观察

1. 能源民事诉讼案由结构的宏观审视

(1)案由分布的比例研判

通过梳理和比对样本数据可以发现,能源民事诉讼案由分布呈现以下显著特点:

第一,供用能源合同纠纷[15]案件数量占比最高,占能源民事诉讼案件总量的99.87%。其中,供用热力合同纠纷案件数量超过万件,也是能源民事诉讼案件中涉及最多的案由,占能源民事诉讼案件总量的94.61%,而其余11项案由的案件数量仅占5.39%。除供用热力合同纠纷外,供用电合同纠纷和供用气合同纠纷的案件数量均超过百件,分别位居能源民事诉讼案件数量的第二位和第三位,分别占能源民事诉讼案件总量的3.05%和2.21%。

第二,非供用能源合同纠纷案件数量较少,总共27件,占能源民事诉讼案件总量的0.13%,其中:环境污染责任纠纷17件、采矿权转让合同纠纷5件、探矿权转让合同纠纷2件、采矿权纠纷2件、用能权交易纠纷1件。此外,能源民事诉讼案由中有4项在2022年度的案件数量为0,分别为探矿权纠纷、探矿权抵押权纠纷、采矿权抵押权纠纷和中外合作勘探开发自然资源合同纠纷。(见图7-5)

综上所述,能源民事诉讼在司法实践中呈现分布不均的现象。从民事诉讼视角观其原因:涉能源的供给端主要适用行政法律规范,而销售环节涉及的平等主体间在交易过程中产生的民事法律纠纷较多,主要适用民法进行调整;并且销售环节与消费端联系相对紧密,其潜在的消费对象众多,相应地也会衍生出更加多元的价值和法益,其中推动能源绿色发展以及对生态环境保护的需求亦日益凸显。

[15] 本部分所提及的供用能源合同纠纷是指供用电合同纠纷、供用气合同纠纷和供用热力合同纠纷。

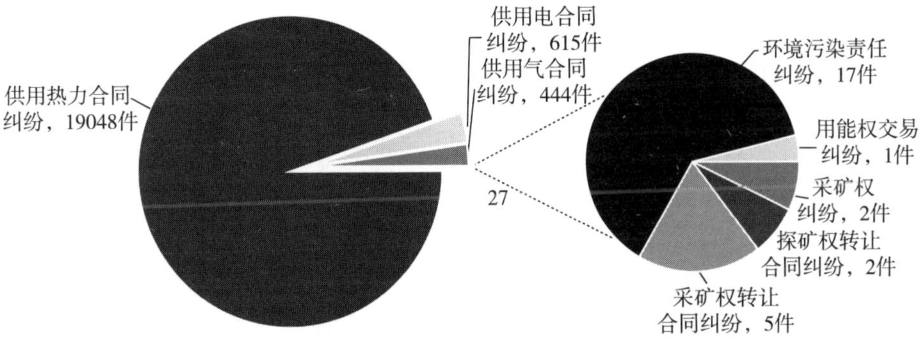

图7－5　2022 年能源民事诉讼案由分布情况

(2)案由分布的地域差别

本小节梳理 2022 年能源民事诉讼不同地域的案件分布及数量差异(见表 7－10)。经对比,发现 2022 年能源民事诉讼的地域分布存在以下特征:

第一,从南北分布看,我国北方地区的能源民事诉讼案件数量远远多于南方地区的能源民事诉讼案件数量。[16]其中,北方地区占据全国能源民事诉讼案件数量排名的第 1～12 位和第 14～16 位(广东省位居第 13 位),而南方地区(除广东省外)占据全国能源民事诉讼案件数量排名的后 14 位。另外,黑龙江省位居北方地区能源民事诉讼案件数量之首,广东省位居南方地区能源民事诉讼案件数量之首;而青海省位居北方地区能源民事诉讼案件数量的末位,西藏自治区位居南方地区能源民事诉讼案件数量的末位。

第二,从东西分布看,东部沿海地区案件数量较少,西部地区案件数量较多。其中,山东省、广东省、江苏省、上海市、福建省和浙江省等东部沿海地区均未进入排名前 10 位,而陕西省、内蒙古自治区、甘肃省、新疆维吾尔自治区和宁夏回族自治区等西北部地区均排名前 10 位。另外,黑龙江省、吉林省和辽宁省作为东部非沿海地区的代表,其案件数量分布仍较多,而云南省、贵州省、广西壮族自治区、四川省等西南部地区的案件数量分布也相对较少。

总体而言,能源民事诉讼案件的分布在地域上呈现"北部多、南部少""西部多、东部少"的特点。

---

〔16〕 此处南北方划分以秦岭淮河为基本界线,北方地区包括表 7－10 中的黑龙江省、北京市、陕西省、内蒙古自治区、吉林省、辽宁省、甘肃省、新疆维吾尔自治区、宁夏回族自治区、河北省、山东省、天津市、河南省、山西省和青海省等地区,表中其他地区统计为南方地区。——编者注。

表 7 – 10　2022 年能源民事诉讼案件地域分布情况

单位:件

省区市	供用能源合同纠纷	与探矿权、采矿权相关的纠纷	环境污染责任纠纷	用能权交易纠纷	总计	排名
黑龙江	5175	1	2	1	5179	1
北京	4633	0	0	0	4633	2
陕西	2023	0	1	0	2024	3
内蒙古	1822	0	0	0	1822	4
吉林	1765	0	0	0	1765	5
辽宁	1047	0	6	0	1053	6
甘肃	1033	0	0	0	1033	7
新疆	776	1	0	0	777	8
宁夏	536	0	0	0	536	9
河北	282	0	0	0	282	10
山东	216	1	5	0	222	11
天津	212	0	0	0	212	12
广东	128	0	0	0	128	13
河南	80	0	0	0	80	14
山西	74	2	0	0	76	15
青海	56	0	0	0	56	16
江苏	44	0	1	0	45	17
湖南	32	1	1	0	34	18
上海	31	0	0	0	31	19
福建	26	0	0	0	26	20
云南	19	2	0	0	21	21
广西	16	0	0	0	16	22
贵州	16	0	0	0	16	22
浙江	13	0	0	0	13	24
安徽	13	0	0	0	13	24

续表

省区市	供用能源合同纠纷	与探矿权、采矿权相关的纠纷	环境污染责任纠纷	用能权交易纠纷	总计	排名
江西	11	0	0	0	11	26
重庆	10	1	0	0	11	26
湖北	10	0	1	0	11	26
四川	7	0	0	0	7	29
海南	1	0	0	0	1	30
西藏	0	0	0	0	0	31
总计	20107	9	17	1	20134	

(3)不同案由的裁判结果分布

通过梳理2022年的能源民事诉讼案件的裁判结果(见表7-11),得出以下结论:

第一,能源民事诉讼撤诉率较高。据统计,2022年共有13758件能源民事诉讼案件撤回起诉和撤回上诉,占能源民事诉讼案件总量的68.33%。其中,探矿权转让合同纠纷2件,占总探矿权转让合同纠纷案件的100%;用能权交易纠纷1件,占总用能权交易纠纷案件的100%;环境污染责任纠纷1件,占总环境污染责任纠纷案件的6.67%;供用能源合同纠纷13754件,占总供用能源合同纠纷案件的68.40%。

第二,相较于一审程序来说,能源民事诉讼案件进入二审和再审审判程序的案件较少。据统计,适用一审程序的能源民事诉讼案件数量为3561件,适用二审程序的能源民事诉讼案件数量为662件,适用再审程序的能源民事诉讼案件数量为71件,三者的比例约为83:15:2。

第三,一审程序原告诉讼请求得到支持的比例高,二审和再审程序中改判的案件数量较少。一审程序中,“全部或部分支持原告诉讼请求”的案件数量多于“驳回原告全部诉讼请求”和“驳回起诉”的案件总量,前后两者比例约为4:1;二审程序中,“驳回上诉,维持原判”的案件数量多于二审改判的案件数量,两者比例约为8:1;再审程序中,“再审维持原判”的案件数量远大于“再审改判”的案件数量,两者比例约为23:1。

综上所述,能源民事诉讼案件适用的诉讼程序涵盖面较广,但纠纷的解决依然聚焦在一审程序上;二审和再审程序虽有启用,但案件数量并不多,并且其裁判结果均以“维持原判”为主,故一般的能源民事诉讼案件都能够在一审法院得到解决。但是,能源民事诉讼案件的撤诉率很高,接近案件总量的 70% ,再加上案件样本大部分来源于供用能源合同纠纷,因此可以合理推测此类案件的诉前调解率较高,事实认定和法律关系相对简单,非诉讼纠纷解决机制适用的比例较大。

表 7-11　2022 年能源民事诉讼案件裁判结果情况

单位:件

裁判结果	供用能源合同纠纷	采矿权纠纷	采矿权转让合同纠纷	探矿权转让合同纠纷	用能权交易纠纷	环境污染责任纠纷	总计	各级审判程序总计
撤诉	13754	0	0	2	1	1	13758	/
一审全部/部分支持诉讼请求	2791	0	1	0	0	4	2796	3561
一审驳回起诉	591	0	0	0	0	0	591	
一审驳回原告全部诉讼请求	170	0	2	0	0	2	174	
二审维持原判	579	1	0	0	0	7	587	662
二审改判	73	0	1	0	0	1	75	
再审维持原判	68	0	0	0	0	0	68	71
再审改判	3	0	0	0	0	0	3	

2. 能源民事诉讼案由结构的微观观察

上述内容基于案由的宏观角度,观察当前能源民事诉讼的整体案件情况;本节则从微观角度出发,从单个案由的细化分析与不同案由间的差异比较入手,尝试深层挖掘能源民事诉讼的现象逻辑。

(1) 与探矿权、采矿权相关的纠纷

本小节讨论的案由主要包括:探矿权纠纷、采矿权纠纷、探矿权抵押权纠纷、采矿权抵押权纠纷、探矿权转让合同纠纷和采矿权转让合同纠纷。

①探矿权纠纷与采矿权纠纷

根据《民事案件案由规定》可知,探矿权纠纷与采矿权纠纷是用益物权纠纷下的子案由。通过上述初筛样本和实涉样本的统计可知,2022 年我国探矿权纠纷案件数量为 0,采矿权纠纷案件数量为 26;其中,采矿权纠纷案件中符合能源民事诉讼案件的数量为 2。(见图 7－6、图 7－7)

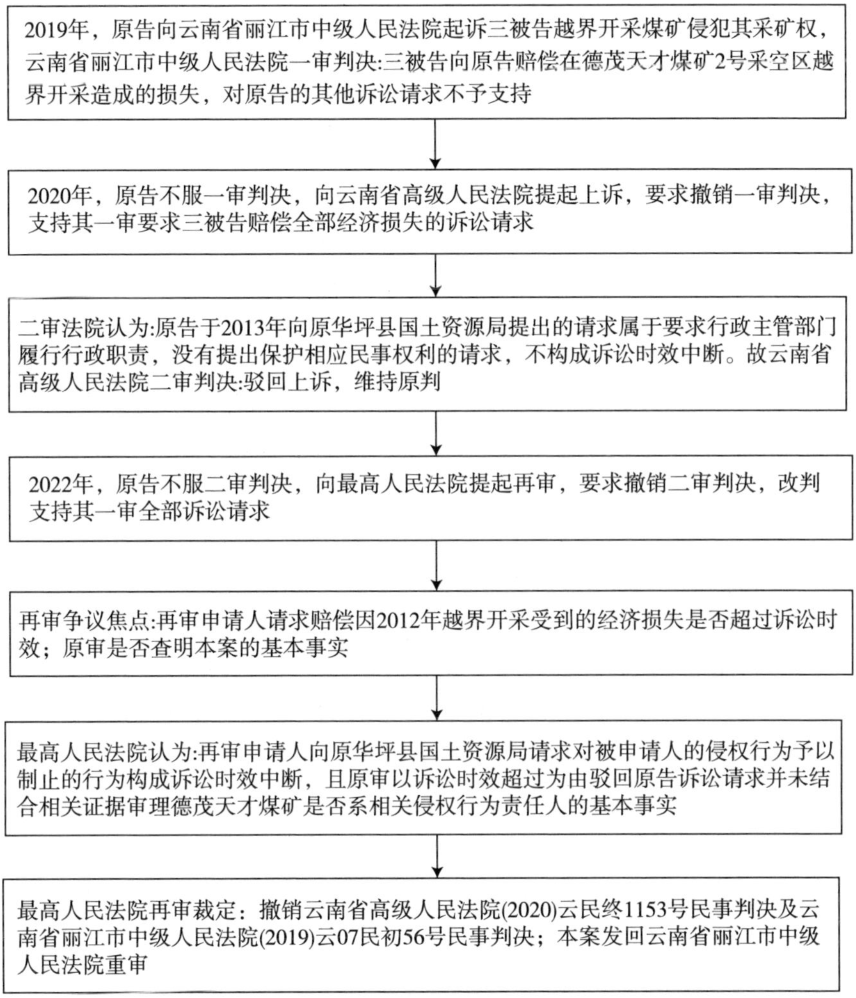

图 7－6　云南省华坪县河东玖捌能源有限责任公司与华坪县德茂天才煤矿等采矿权纠纷案审理流程

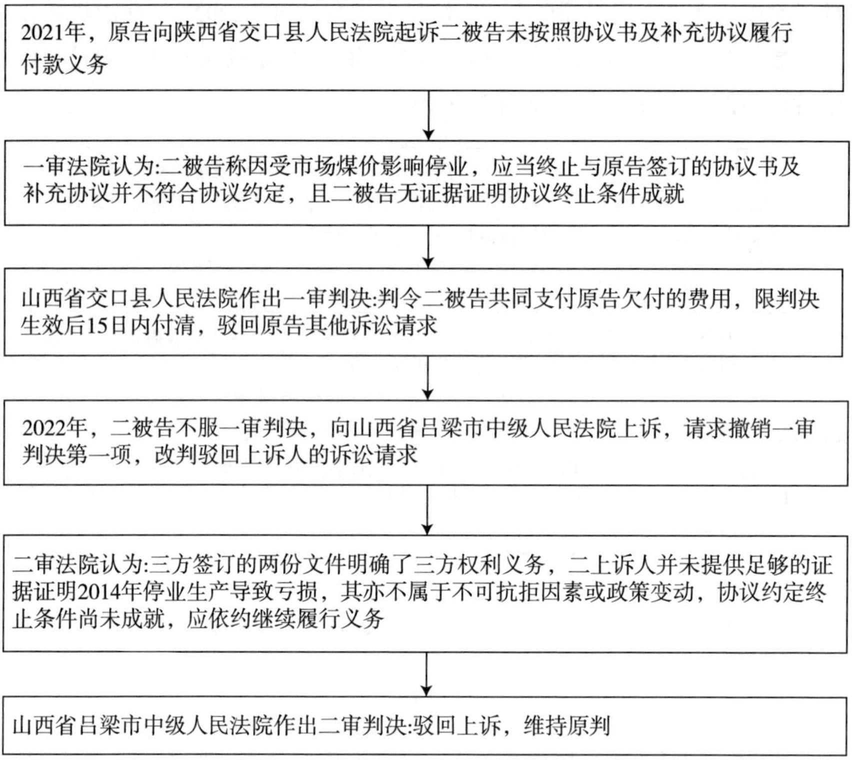

图 7－7　山西华润联盛能源投资有限公司、山西交口华润联盛蔡家沟煤业有限公司与交口县双池镇蔡家沟村民委员会采矿权纠纷案审理流程

②探矿权转让合同纠纷和采矿权转让合同纠纷

根据《民事案件案由规定》可知,探矿权转让合同纠纷和采矿权转让合同纠纷是合同纠纷下的子案由。通过上述初筛样本和实涉样本的统计可知,2022 年我国探矿权转让合同纠纷案件和采矿权转让合同纠纷案件中符合能源民事诉讼案件分别为 2 件和 5 件。

涉能源的探矿权转让合同纠纷和采矿权转让合同纠纷案件数量较少。虽然 2022 年前述两类合同纠纷案件仅有 66 件,但涉能源的案件仅有 7 件,其余的都是非能源矿产资源如铁矿、金矿等的纠纷。

在能源民事诉讼实涉样本中,采矿权转让合同纠纷案件数量多于探矿权转让合同纠纷案件数量。基于采矿权具有直接性收益转化的高度可能性、市场流通度高、交易便利的显著特征,其案件数量相应占比较多;而探矿权属于采矿权的前置性环节,其利益实现具有较强的或然性与间接性,属于预期性利益,因此其案件数量相对较少。

探矿权转让合同纠纷案件均以撤诉结案,采矿权转让合同纠纷案件的裁判结果各异(见表7-12)。采矿权转让合同纠纷案件的争议焦点(见表7-13)主要包含合同签订主体、合同内容、合同效力、诉讼时效和管辖权归属等问题。

表7-12 探矿权转让合同纠纷和采矿权转让合同纠纷案件裁判结果

单位:件

案由	裁判结果	数量
探矿权转让合同纠纷	撤诉	2
采矿权转让合同纠纷	驳回原告诉讼请求	2
	部分支持原告诉讼请求	1
	二审改判	1
	移送管辖	1

表7-13 采矿权转让合同纠纷案件争议焦点

案由	争议焦点
采矿权转让合同纠纷	是否具有采矿权交易主体资格
	是否超过诉讼时效,是否存在诉讼时效中止、中断情形
	涉案协议是否终止,当事人是否需要继续履行义务
	案件是否属于本院管辖
	涉案转让价款是否履行完毕,合同不能履行是否需要继续支付价款及违约责任的承担方式

③探矿权抵押权纠纷和采矿权抵押权纠纷

根据《民事案件案由规定》可知,探矿权抵押权纠纷和采矿权抵押权纠纷是抵押权纠纷下的子案由。通过上述初筛样本和实涉样本的统计可知,2022年我国探矿权抵押权纠纷和采矿权抵押权纠纷的案件数量均为0。通过分析可以得出以下结论:抵押权是债权人为保证债务能够完全履行,普遍要求债务人提供的一种物权担保;而探矿权和采矿权本身具有业务领域的专业性门槛,其权利实现需要具备一定的条件,如办理相应的资质手续等。同时上述权利相较于其他财产性权利而言,市场交易性和流通性较弱,非相关业务领域的抵押权人难以通过探矿权和采矿权直接取得利益,故将其转化为债务并进行清偿相对困难。因此,此类案件在司法实践领域数量较少。

(2)环境污染责任纠纷

根据《民事案件案由规定》可知,环境污染责任纠纷是侵权责任纠纷下的子案由。通过上述初筛样本和实涉样本的统计可知,2022 年我国环境污染责任纠纷案件为 266 件;其中,符合能源民事诉讼案件为 17 件。本小节将针对这 17 件案件的文书类型、裁判理由及裁判结果予以进一步的梳理和分析。(见表 7 – 14)

表 7 – 14　环境污染责任纠纷案件文书类型、裁判理由及裁判结果情况

序号	文书类型	裁判理由	裁判结果
1	一审判决	热力站设施运行存在噪音,影响业主生活	判令三被告对热力设备进行整改,分别赔偿三原告损失共计 22000.00 元
2		油库成品油泄漏导致地下水出现油污染,影响人畜和灌溉用水	判令被告承担侵权责任,赔偿二十五原告误工费,总计 57292.00 元
3		没有证据证明风力发电场风机造成侵害,且涉案风机已停运无法在现有状态下进行鉴定	驳回原告全部诉讼请求
4		油库成品油泄漏导致地下水出现油污染,影响人畜和灌溉用水	判令被告承担侵权责任,赔偿原告误工费,总计 5073.65 元
5		油库成品油泄漏导致地下水出现油污染,影响人畜和灌溉用水	判令被告承担侵权责任,赔偿原告误工费,总计 3298.43 元
6		种植的苗木与供电公司在涉案土地上架设的高压线路产生的电磁辐射之间不具有因果关联性	驳回原告全部诉讼请求
7	二审判决	采油厂泄漏污染水源导致土壤污染,认定采油厂应承担赔偿责任并无不当	驳回上诉,维持原判
8		上诉人没有相应的处理废油许可资质而处置危险废物,且一审不存在程序违法情形	驳回上诉,维持原判

续表

序号	文书类型	裁判理由	裁判结果
9	二审判决	上诉人没有相应的处理废油许可资质而处置危险废物,且一审不存在程序违法情形	驳回上诉,维持原判
10		上诉人没有相应的处理废油许可资质而处置危险废物,且一审不存在程序违法情形	驳回上诉,维持原判
11		上诉人没有相应的处理废油许可资质而处置危险废物,且一审不存在程序违法情形	驳回上诉,维持原判
12		上诉人未举证证明具体损害的事实,故原审法院未支持诉讼请求并无不当	驳回上诉,维持原判
13		煤矸石堆场的安全环保和污染防治义务不当然因停产、转让和执行免除,且没有证据证明煤矸石堆场的污染防治责任另有约定	撤销原判,改判被上诉人赔偿上诉人经济损失共计636423.00元
14		风电公司的输电设备存在持续性的放射性污染行为,应当对电力设备周边群众的人身、财产安全负责	驳回上诉,维持原判
15	一审裁定	原告提出撤诉申请	准许撤回起诉
16	二审裁定	因损害行为实施地法院已对民事公益诉讼部分审理并作出裁判,故本案由同一审判组织管辖为宜	撤销原裁定,移送管辖
17		原审法院应当追加本案被告,必须参加诉讼的当事人在第一审程序中未参加诉讼	撤销原判决,发回重审

通过数据对比,可以发现以下规律:

第一,2022 年能源民事诉讼中环境污染责任纠纷进入二审程序的案件多于一审程序案件,且判决多于裁定。但通过具体案件的分析看,二审程序的案件数量多于一审程序案件数量的主要原因是存在同一上诉人分别上诉的情况,如序号 8 到序号 11 的案件中均存在相同的上诉人,而一审程序的案件中不存在此类情况。另外,判决书作为司法审判文书的主要类型,呈现运用次数最多的情形并无异常;而裁定更侧重对案件程序性问题作出决定,如上述提到的撤诉、移送管辖等。

第二,一审判决中有 4 件案件判决"支持原告诉讼请求",占能源民事诉讼中环境污染责任纠纷一审判决案件数量的 66.67%;"驳回原告全部诉讼请求"的较少,只有 2 件,占能源民事诉讼中环境污染责任纠纷一审案件判决数量的 33.33%。二审判决的案件多为"驳回上诉,维持原判",共有 7 件,占能源民事诉讼中环境污染责任纠纷二审案件数量的 87.5%;而二审改判的案件数量较少,仅有 1 件,占能源民事诉讼中环境污染责任纠纷二审案件数量的 12.5%。

(3)供用能源合同纠纷

供用能源合同纠纷包含供用电合同纠纷、供用气合同纠纷和供用热力合同纠纷三类。根据《民事案件案由规定》可得,三类供用能源合同纠纷均属于合同纠纷下的子案由。

通过梳理研究样本可以发现,供用能源合同纠纷是能源民事诉讼案件的主要组成部分,究其原因可知,此类合同纠纷的争讼标的都围绕能源[17]展开,而涉能源要素恰恰是能源民事诉讼的核心要件,并且供用电、供用气和供用热力都是与日常生活关联极为紧密的能源利用途径。因此,供用能源合同的案件数量多于其他能源民事诉讼案件,是符合当下时代背景的。

从地域上看,不同类型的供用能源合同纠纷的地域分布差异较大。供用电合同纠纷案件主要分布在北京市、山东省、广东省、天津市和辽宁省;供用气合同纠纷案件主要分布在河北省、广东省、河南省、北京市和山东省;供用热力合同纠纷案件主要分布在黑龙江省、北京市、陕西省、内蒙古自治区和吉林省。(见表 7-15)

表 7-15　供用能源合同纠纷省域分布情况概览

单位:件

省区市	供用热力合同纠纷	供用电合同纠纷	供用气合同纠纷	总计	排名
黑龙江	5139	13	23	5175	1
北京	4496	95	42	4633	2
陕西	2004	13	6	2023	3
内蒙古	1817	3	2	1822	4
吉林	1748	10	7	1765	5
辽宁	974	50	23	1047	6

〔17〕 此处的能源特指煤炭、石油、天然气和电能;供用电合同涉及能源中的电能要素,供用热力合同主要涉及能源中的煤炭要素,供用气合同涉及能源中的天然气要素。

续表

省区市	供用热力合同纠纷	供用电合同纠纷	供用气合同纠纷	总计	排名
甘肃	1024	8	1	1033	7
新疆	759	12	5	776	8
宁夏	534	1	1	536	9
河北	164	0	118	282	10
山东	98	77	41	216	11
天津	143	69	0	212	12
广东	1	74	53	128	13
河南	7	24	49	80	14
山西	71	1	2	74	15
青海	52	3	1	56	16
江苏	4	29	11	44	17
湖南	0	27	5	32	18
上海	0	10	21	31	19
福建	4	14	8	26	20
云南	0	15	4	19	21
广西	0	11	5	16	22
贵州	0	14	2	16	22
浙江	5	4	4	13	24
安徽	4	8	1	13	24
江西	0	9	2	11	26
重庆	0	9	1	10	27
湖北	0	5	5	10	27
四川	0	7	0	7	29
海南	0	0	1	1	30
西藏	0	0	0	0	31
总计	19048	615	425	20097	

这三类供用能源合同纠纷案件数量前五名的案件总和在每类案由案件总数量下的占比均超过 59%，这表明供用能源合同纠纷存在特定地域频发的特点。其中，供用电合同纠纷主要发生在经济发达的地区（北京市、天津市、广东省）和人口数量较多的地区（山东省）；供用气合同纠纷主要分布在人口数量较多的地区（河北省、广东省、河南省、山东省）的特点更为明显；供用热力合同纠纷主要分布在北方城市，基于气候因素，全国供用热力合同纠纷案件数量前五名的省级行政区已经接近全国供用热力合同纠纷案件总量的 80%，且这五个行政区域均为北方城市。

从裁判结果上看，供用能源合同纠纷案件与能源民事诉讼纠纷案件的特点基本相同；从撤案率上看，供用热力合同纠纷案件的撤诉率最高，为 70.42%；从一审结果上看，“一审全部或部分支持原告诉讼请求”的案件均多于其他诉讼结果；从二审结果上看，二审维持原判的案件较多，二审改判的案件较少；从再审程序和发回重审上看，三类纠纷案件数量均较少。（见图 7－8、图 7－9、图 7－10）

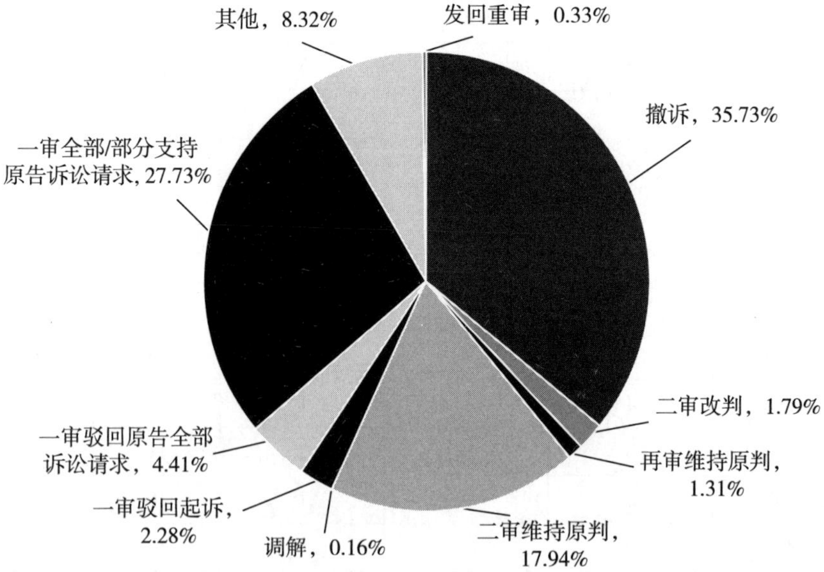

图 7－8 供用电合同纠纷案件裁判结果情况

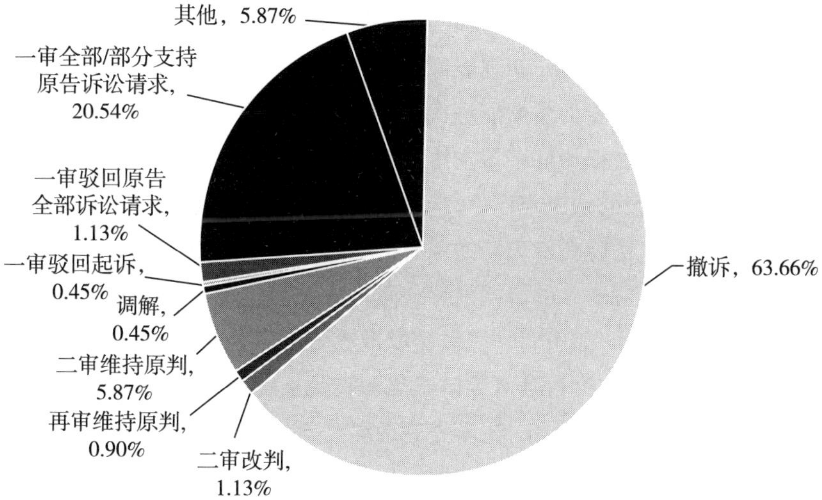

图7－9　供用气合同纠纷案件裁判结果情况

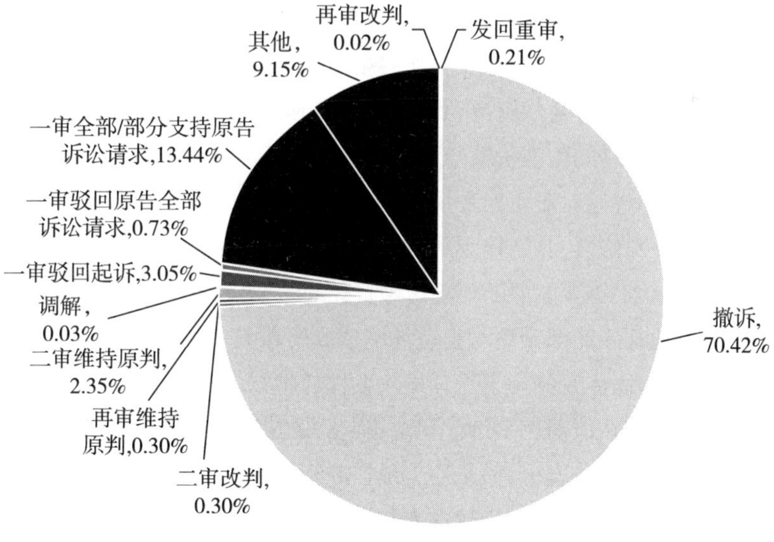

图7－10　供用热力合同纠纷案件裁判结果情况

3. 能源民事诉讼的趋势观察与研判

根据上述样本数据的整理与展示可得，当前能源民事诉讼大部分都集中在平等主体间的合同纠纷，如供用能源合同纠纷，探矿权、采矿权转让合同纠纷等。该部分着重关注能源作为资源和产品本身所蕴含的自然价值和经济价值，更多聚焦于民事法律关系主体间财产权利的争议解决和利益保护。

鉴于我国能源资源富饶,实现能源自主和能源安全是我国能源革命的重要目标,以合同纠纷为主要类型的能源民事诉讼也应当响应国家号召。针对涉能源的民事诉讼案件,在保护好平等主体间人身利益和财产利益的同时,应当强调对能源资源安全价值的认定与评价,重点探寻能源安全领域存在的隐患,预防可规避之风险。并且,法院在审理涉能源的民事纠纷案件时,应当依照能源资源整合的政策,结合涉能源要素的合同内容与履行情况,依法保护涉能源要素的民事主体各方的合法权益。如山西华润联盛能源投资有限公司、山西交口华润联盛蔡家沟煤业有限公司与交口县双池镇蔡家沟村民委员会采矿权纠纷案中,二审法院认为被告应当坚守契约精神,不存在政策变动或者不可抗力等解除合约的条件不得解约,即可反映当前司法实践已然意识到能源安全的重要性。因此,要进一步推动能源企业低碳公正转型,贯彻落实能源安全的具体要求,为保障国家能源独立、尽快实现我国能源革命作出贡献。此外,除以合同纠纷为主要类型的能源民事诉讼外,环境污染责任纠纷也是能源民事诉讼的重要组成部分,此类案件亦更容易关注到司法审判中能源民事案件所忽略的对生态环境保护的需求。

能源资源作为一种自然资源,其开采和利用都与生态环境息息相关,这也决定了能源资源所隐含的生态价值与环境价值。民事主体间进行涉能源的法律行为时,应当预防和规避对于生态环境产生的恶性影响,造成生态环境污染与破坏时应当进行弥补和修复,真正体现绿色精神,顺应绿色低碳发展,促进人与自然和谐共生。以 2022 年涉能源的环境污染责任纠纷案件观之,法院审理此类案件时开始有意识地加入能源利用对生态环境造成的影响,其中包括噪声污染、水污染、放射性污染和固体废物污染等。虽然案件样本数量不多,但从一定程度上可以体现出绿色原则在能源民事诉讼司法审判中的应用。生态利益和环境利益也不再仅仅停留于法律条文中,而是切实地实践于能源民事诉讼领域,作为一种不可或缺的法益被评估和保护,为建设人与自然和谐共生发出司法之声。

三、能源刑事诉讼的特征归纳与重点剖析

清洁能源利用、新能源储能、固废综合利用及生态固碳增汇等新领域的接连涌现,释放了绿色低碳转型的鲜明信号。因此,思考能源高质量发展的核心命题是适时之需,回应能源安全风险的时代关切是应有之义。本部分以 2022 年能源刑事诉讼案件为观察基点,整体梳理能源刑事诉讼关涉罪名并进行数据统计;微观层面以非法采矿罪及盗窃罪中的窃电情形为案由切口,通过类型化梳理筛选

出典型案例进行个案素描,力求为能源刑事诉讼案件分类提供可资借鉴之样本,把握能源刑事诉讼“绿色化”的必要性与特殊性之所在。

(一)能源刑事诉讼的案件特征与类型区分

目前能源刑事诉讼的概念尚不明晰,案件定性较为模糊,范畴边界不清,传统刑事罪名所涉及的法益保护范畴难以对能源绿色化转型的时代需求进行法治回应。因此结合关联程度较高的案由进行案件初步梳理,并根据司法实况反向归纳能源刑事诉讼可能具有的典型特征是可行的研究路径。就案由确定方面,以现代能源产供储销体系〔18〕为参照,能源刑事诉讼可能涉及(包括但不限于)下述罪名:非法采矿罪;破坏性采矿罪;非法制造、买卖、运输、储存危险物质罪;污染环境罪;非法处置进口的固体废物罪;擅自进口固体废物罪;走私废物罪。就能源类型划分方面,目前通说将能源整体划分为在自然界中能以现成形式提供的一次能源和需要依靠其他能源能量间接制取的二次能源。基于能源刑事诉讼案件类型特征、关联紧密程度、观察案件数量以及本报告其他章节观察侧重等因素的考虑,本部分以非法采矿罪与盗窃罪为重点案由检索案件样本,以煤、石油、天然气等为一次能源代表类型,以电能等为二次能源代表类型再次进行针对性筛选,进而确定实涉能源刑事诉讼的案件样本并开展观察研究。

1. 非法采矿罪

非法采矿罪位处《刑法》分则“破坏环境资源保护罪”之下。《刑法》第 343 条第 1 款规定:“违反矿产资源法的规定,未取得采矿许可证擅自采矿,擅自进入国家规划矿区、对国民经济具有重要价值的矿区和他人矿区范围采矿,或者擅自开采国家规定实行保护性开采的特定矿种,情节严重的,处三年以下有期徒刑、拘役或者管制,并处或者单处罚金,情节特别严重的,处三年以上七年以下有期徒刑,并处罚金。”《最高人民法院、最高人民检察院关于办理盗窃油气、破坏油气设备等刑事案件具体应用法律若干问题的解释》第 6 条规定:“违反矿产资源法的规定,非法开采或者破坏性开采石油、天然气资源的,依照刑法第三百四十三条以及《最高人民法院关于审理非法采矿、破坏性采矿刑事案件具体应用法律若干问题的解释》的规定追究刑事责任。”

非法采矿罪所侵犯的法益广泛,整体而言,可拆解为“开采”所对应的政府开采矿产资源管制权力和“矿产”所对应的国有财产权利。除此之外,还应注意

---

〔18〕 参见国家发展改革委、国家能源局《“十四五”现代能源体系规划》第三章。

非法采矿罪的保护法益不单单局限于传统法益,随着能源革命从政策情景向现实的逐渐演化,以自然资源为载体的能源价值法益化迫在眉睫,不能仅仅将保护重点聚焦于对非法采矿行为的前端治理,也应着重关注基于保护自然资源自身与整体生态环境的衍生权益〔19〕与风险预防。

2. 盗窃罪(窃电特殊情形)

盗窃罪位处《刑法》分则“侵犯财产罪”之下,窃电属于盗窃罪中的特殊情形。《刑法》第 264 条规定“盗窃公私财物,数额较大的,或者多次盗窃、入户盗窃、携带凶器盗窃、扒窃的,处三年以下有期徒刑、拘役或者管制,并处或者单处罚金;数额巨大或者有其他严重情节的,处三年以上十年以下有期徒刑,并处罚金;数额特别巨大或者有其他特别严重情节的,处十年以上有期徒刑或者无期徒刑,并处罚金或者没收财产”。其中盗窃的公私财物包括电力、煤气、天然气等。选取盗窃罪中窃电的特殊情形予以重点关注主要基于下述原因:能源刑事诉讼多数案由所涉能源类型均为一次能源(煤、石油、天然气等),因此能源刑事诉讼中有必要对涉及二次能源类型(电能等)的案由予以特别关注。与此同时,以清洁低碳、安全高效为方向发展的能源革命前所未有地拓展了电能的使用范围,其作为可再生能源的发展前景与应用情景广阔。电能的广泛利用与能源的产供储销各环节必然产生紧密关联,故需从能源刑事诉讼“绿色化”的角度予以应对考虑。

(二)能源刑事诉讼案件的样本来源与筛选路径

本部分以 2022 年能源刑事诉讼裁判文书为观察基点,以最高人民法院设立的中国司法大数据研究院案例数据库为案件检索的主要数据来源,辅以威科先行法律数据库、中国裁判文书网、中国法律应用数字网络服务平台、北大法宝等检索平台为补充,进而实现案件样本的全面收集。

就案由确定方面,本部分统计罪名分别包括直接关涉能源要素的相关罪名(非法采矿罪、破坏性采矿罪、污染环境罪、非法制造、买卖、运输、储存危险物质罪)与间接关涉能源要素的罪名,即在司法实况中有所体现的相关罪名(非法处置进口的固体废物罪、擅自进口固体废物罪、走私废物罪、盗窃罪)。就能源类型确定方面,本部分结合上述案由,分别确定一次能源代表类型关键词“煤”“石油”“天然气”与二次能源代表类型关键词“电”“电能”,同时并列全文检索关键词“水力”“水能”“风力”“风能”“核能”“太阳能”“光伏”“氢能”“潮汐能”“地

---

〔19〕《最高人民法院、最高人民检察院关于办理非法采矿、破坏性采矿刑事案件适用法律若干问题的解释》将“造成生态环境严重损害”规定为犯罪成立条件“情节严重”的情形之一。

热能”“波动能”“生物质能”“新能源”(关键词之间为“或者”的逻辑关系)。就案件检索时段与文书类型而言,将结案时段限定为“2022年1月1日~2022年12月31日”,案件文书类型限定于判决书。囿于2022年度非法采矿罪中实际涉及能源的刑事诉讼案例数量趋零,因此选取2020~2022年作为研究时间阶段进行对比分析。结合涉及能源类型的不同,本部分首先宏观梳理能源刑事诉讼可能涉及的刑事罪名与司法现状,随后重点关注非法采矿罪与盗窃罪两项罪名,将非法采矿罪的检索口径设定为全文中出现一次能源关键词“煤”“石油”“天然气”(关键词之间为“或者”的逻辑关系)并予以单列;其次结合盗窃罪中“窃电”的特殊类型,将盗窃罪的检索口径设定为全文出现二次能源关键词“窃电”“电力”(关键词之间为“或者”的逻辑关系)并予以单列。据此得到初步数据后再进行人工筛查与分析,从审理过程、裁判依据、裁判理由三维度有针对性地选取实涉能源刑事诉讼的案件,并以此为基础开展典型个案分析,以期在一定程度上反映能源刑事诉讼司法实践的整体样貌。

表7-16　2022年度能源刑事诉讼案件研究样本来源与筛选情况

单位:件

样本类型	关键词搜索件数	涉煤类	涉石油类	涉天然气类	涉电类	其他类[①]	实际涉能源样本数
非法采矿罪	193	8/1[②]	0	1/0	—	0	1
破坏性采矿罪	0	0	0	0	—	0	0
非法制造、买卖、运输、储存危险物质罪	0	0	0	0	—	0	0
非法处置进口的固体废物罪	0	0	0	0	—	0	0
擅自进口固体废物罪	0	0	0	0	—	0	0
走私废物罪	0	0	0	0	—	0	0
盗窃罪(窃电情形)	424	—	—	—	40/13	0	13

注:①本表中的其他类为以“水力”“水能”“风力”“风能”“核能”“太阳能”“光伏”“氢能”“潮汐能”“地热能”“波动能”“生物质能”“新能源”为检索关键词得到的案件数,为突出前述代表能源类型,此处予以统筹计算。

②本表中的“8/1”“1/0”“40/13”意为:前者代表直接以能源类关键词检索得到的案件数量,后者代表在审理过程、裁判依据、裁判结果中实质性出现的涉能源案件数量,下文同。

表 7－17　2020～2022 年能源刑事诉讼案件中非法采矿罪样本概况

单位:件

样本类型	关键词搜索件数	涉煤类	涉石油类	涉天然气类	实际涉能源样本数	观察样本年度
非法采矿罪	193	8/1	0	1/0	1	2022
	1157	12/7	2/0	0	7	2021
	3262	6/4	7/1	1/0	5	2020

(三)能源刑事诉讼的双重检视与重点剖析

1. 基于 2022 年能源刑事诉讼案件样本的宏微观梳理

当前能源刑事诉讼案由并非集中于《刑法》分则“破坏环境资源保护罪”一章,而是散布于危害公共安全罪、破坏社会主义市场经济秩序罪、侵犯财产罪等各章节;由此观之,能源刑事诉讼涉及保护法益广泛、保护价值多元,有必要予以系统梳理及专门观察。本部分首先采用司法大数据的宏观展现形式,以整体性视角观察能源刑事诉讼司法实况中存在的共性问题,通过数据比对直观凸显能源刑事诉讼在整体刑事诉讼与环境刑事诉讼中的占比情况。其次针对非法采矿罪与盗窃罪(窃电情形)两项重点罪名进行个案素描,通过分析不同能源类型的代表性案例归纳核心问题。最后综合宏微观数据梳理,考量能源刑事诉讼为能源产供储销体系“保驾护航”之历程中有无缺位与滞后的环节,进而对能源刑事诉讼的阶段性特征与发展样态作整体观瞻。

由于我国刑法尚未规定单独的能源犯罪,而是分散在其他罪名中,因此对能源刑事诉讼的分析仍需回归各个独立罪名。将《刑法》分则中关涉能源要素的直接罪名与间接罪名整体列明,并将实涉能源刑事诉讼案件数量同涉罪案件整体数量、环境资源类案件总体数量分别加以比对。据中国司法大数据研究院案例数据库及威科先行法律数据库案例整合可知,2022 年度“破坏性采矿罪”“非法处置进口的固体废物罪”“擅自进口固体废物罪”“非法制造、买卖、运输、储存危险物质罪”“走私废物罪”五项案由检索所得的实涉能源刑事诉讼案件的判决书数量均为 0,其中除“走私废物罪”存在 1 例涉罪案件外,其他四项案由均不存在涉罪案件基数。以“环境资源类犯罪”为案由进行整体检索,2022 年度环境资源类犯罪案件总数为 1749 例,以“非法采矿罪”为案由进行检索,涉该罪案件总数为 193 例,其中实涉能源刑事诉讼案件数为 1 例,分别占涉该罪案件总数的 0.52% 与环境资源类犯罪案件总数的 0.06%;以“污染环境罪”为案由进行检索,涉该罪案件总数为78例,其中实涉能源刑事诉讼案件为11例,分别占涉该罪案件总数的14.10%与环境资源类犯罪案件总数的0.63%;以“盗窃罪”为案由进行检索,涉该罪案件总数为11668例,其中实涉能源刑事诉讼案件为13例,占涉该罪案件总数的0.11%。总体而言,统计范围内2022年度实涉能源刑事诉讼案件总数(25例)占涉罪案件总数(11940例)的0.21%;环境资源类犯罪案件中,实涉能源刑事诉讼案件数量(12例)占总体数量(1749例)的0.69%。(见表7-19)

表7-18　能源刑事诉讼案由在《刑法》分则中的分布体现

《刑法》分则章节	能源刑事诉讼案由
危害公共安全罪	非法制造、买卖、运输、储存危险物质罪
破坏环境资源保护罪	破坏性采矿罪
	非法采矿罪
	非法处置进口的固体废物罪
	擅自进口固体废物罪
	污染环境罪
破坏社会主义市场经济秩序罪	走私废物罪
侵犯财产罪	盗窃罪

表7-19　2022年能源“产供储销”体系下刑事案由在《刑法》分则中的分布

单位:件

关涉能源案由	实涉能源刑事诉讼案件数量	涉罪案件数量	能源刑事诉讼案件比重	环境资源类犯罪案件总体数量	能源刑事诉讼案件比重
非法采矿罪	1	193	0.52%	1749	0.06%
破坏性采矿罪	0	0	0	1749	0
污染环境罪	11	78	14.10%	1749	0.63%
非法处置进口的固体废物罪	0	0	0	1749	0

续表

关涉能源案由	实涉能源刑事诉讼案件数量	涉罪案件数量	能源刑事诉讼案件比重	环境资源类犯罪案件总体数量	能源刑事诉讼案件比重
擅自进口固体废物罪	0	0	0	1749	0
非法制造、买卖、运输、储存危险物质罪	0	0	0	—	—
走私废物罪	0	1	0	—	—
盗窃罪(窃电情形)	13	11668	0.11%	—	—
总计	25	11940	0.21%	1749	0.69%

注:本表统计的实涉能源案件数量中的能源种类,限定于本部分所讨论的一次能源(煤、石油、天然气)与二次能源(电)的特定类型,因此存在一定的数据误差,特予以说明。本表所列明的能源刑事诉讼案件数量比对主要通过两个对比维度予以呈现,前者聚集微观,为该关涉案由涉罪案件总数中实涉能源刑事诉讼案件数量的占比情况;后者着眼宏观,为环境资源类犯罪案件总数中该关涉案由实涉能源刑事诉讼案件数量的占比情况。以非法采矿罪为例,据检察数据统计,2022 年度非法采矿罪累计发生 193 例,其中实涉能源刑事诉讼案件数量为 1 例,据此可得 2022 年度能源刑事诉讼案件在非法采矿罪案件总数中的占比为 0.52%;2022 年度环境资源类犯罪案件总数为 1749 件,其中实涉能源刑事诉讼案件数量为 1 例,据此可得 2022 年度能源刑事诉讼案件在环境资源类犯罪案件总数中的占比为 0.0575。

从能源刑事诉讼案件数量内部比例观之,2022 年度盗窃罪(窃电情形)占比最多,达到能源刑事诉讼统计案件总数的 52%,而污染环境罪与非法采矿罪分别占比 44%与 4%。(见图 7 - 11)

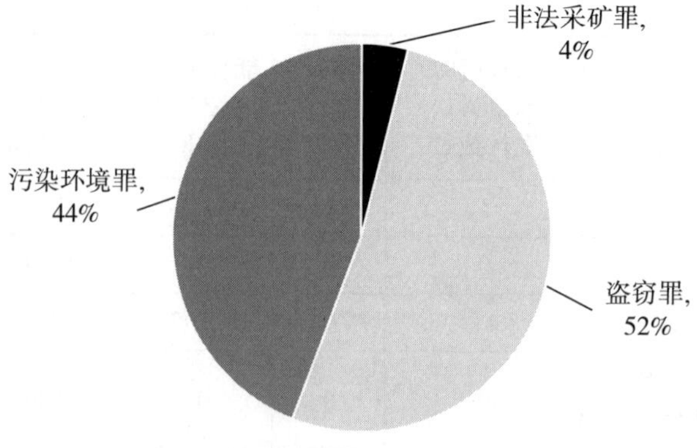

图 7 - 11　2022 年能源刑事诉讼中各案由案件量分布比例

重点聚焦2022年度能源刑事诉讼具有代表性的微观案例。本部分以盗窃罪与非法采矿罪两项重点罪名为案由基础,共计检索出14例案例,结合罪名自身特殊性,充分考量所涉能源类型的不同、所涉能源体系环节的不同等因素综合选取典型案例6例(见表7-20)。案例1至案例4聚焦盗窃罪中窃取电能的不同典型情形,分别有擅自接线窃电、改装电能表窃电、私接电网生产矿币以及修改电表计量方式等。尤其是为解决比特币挖矿巨大耗电量而实行的窃取电力行为,以及自然人为犯罪主体,但实质上是为单位窃取电力等问题均具有较强的前瞻性意义,值得重点关注。案例5和案例6则分别选取了两个涉煤与石油不同类型能源的非法采矿罪案例,并发现非法采矿罪存在开采环节以外下游环节法益的保护断层。该罪名对于储存、销售能源等环节无法予以法律评价,司法实务中只能将其"打包"认定为非法采矿罪,进而难以与能源的产供储销体系相适配。

表7-20　能源刑事诉讼代表性重点案例梳理

序号	案由	案件名称及案号	基本案情及审理情况	涉及能源类型
1	盗窃罪	于某盗窃刑事一审刑事判决书[(2021)辽0303刑初398号]	该案被告人于某以非法占有为目的,擅自接线盗窃用电,数额巨大,其行为已构成盗窃罪,应依法予以惩处。公诉机关的指控成立。被告人于某认罪认罚,已全部退赃并缴纳用电违约金,并取得谅解,对其可以从轻处罚。适用缓刑对所居住社区没有重大不良影响,可以适用缓刑	电能(擅自接线窃电)
2	盗窃罪	张某某等涉盗窃罪刑事一审案件刑事判决书[(2021)沪0116刑初858号]	该案被告人尹某某、岳某某、艾某、张某某以非法占有为目的,通过改装电能表的方式秘密窃取国家电力,涉案金额分别为47362.93元、18179.50元、7415.31元、7175.60元,均系数额较大,其行为分别构成盗窃罪	电能(改装电能表窃电)
3	盗窃罪	李某某刑事一审刑事判决书[(2022)黑0606刑初16号]	该案被告人李某某购买比特币生产矿机44台,将其中的27台矿机安装在大同区某村民赵某家猪圈内,将17台安装在同村村民李某的空房内,私接该村农用电力网盗窃电力生产矿币。被告李某某以非法占有为目的盗窃电力,价值3212.74元,其行为构成盗窃罪	电能(私接电网生产矿币)

续表

序号	案由	案件名称及案号	基本案情及审理情况	涉及能源类型
4	盗窃罪	张某等盗窃一审刑事判决书［(2021)京 0113 刑初 980 号］	2015～2019 年,被告人何某某在北京市顺义区、朝阳区、门头沟区、丰台区,伙同他人通过修改电表使电表少计量的方式,盗窃国家电力资源,获取非法利益或其他好处,共 10 起。7 名被告人以非法占有为目的盗窃电力资源,其行为均已构成盗窃罪,且系共同犯罪	电能(修改电表计量方式窃电)
5	非法采矿罪	何某虎、骆某等非法采矿罪刑事一审刑事判决书［(2022)黔 0281 刑初 56 号］	该案被告人何某虎、骆某、吴某超、吴某财违反矿产资源法的规定,在未取得采矿许可证的情况下,非法盗采煤矿资源 3975.52 吨,经销售非法获利人民币 1018187.58 元,其行为已构成非法采矿罪。本案系共同犯罪,犯意提起者为同案陈某富,陈某富与被告人何某虎组织开采并联系销售,在犯罪过程中起主要作用,系主犯;骆某、吴某超、吴某财在共同犯罪过程中起次要作用,系从犯	煤
6	非法采矿罪	陈某某、范某某、王某某等非法采矿罪一审刑事判决书［(2020)陕 0825 刑初 285 号］	该案被告人陈某某事先就联系好将坊 34 排 25 井抽出的原油卖给被告人王某某,被告人王某某雇用被告人范某某驾驶油罐车到坊 34 排 25 井将原油拉上后准备运输至宁夏盐池县贩卖,行驶至定边县红柳沟镇沙涧路口附近被定边采油厂保卫科查获。该案中被告人吴某某、陈某某违反矿产资源法的规定,在禁采期内非法开采石油,情节严重,其行为已构成非法采矿罪	石油

综合上述 2022 年度能源刑事诉讼司法大数据分析及代表性案例类型归类,可进行如下简要梳理。宏观层面,根据能源刑事诉讼与传统刑事诉讼、环境刑事诉讼的数量对比之反差可知,能源刑事诉讼在普通刑事诉讼与环境刑事诉讼中整体占比较低,能源刑事诉讼进入刑事司法主流观察视域仍存在诸多阻力;微观代表性案例分析方面,以非法采矿罪与盗窃罪两项核心罪名为分析基础,聚焦能

源刑事诉讼在实务中可能面临的典型与疑难问题。至此,虽然本部分讨论的司法大数据较为粗放,代表性案件选取的数量也较为有限,但在能源刑事诉讼所处的起步研究阶段仍具有较强的参考价值。因此,如何从宏观的司法大数据与微观的典型个案中抽象出共性与重点问题,如何根据现有数据分析展望能源刑事诉讼的“绿色化”发展态势,发掘能源刑事诉讼与传统刑事诉讼、环境刑事诉讼的交叉地带与衔接渠道,是需要重点关注的问题。

2. 能源刑事诉讼的重点聚焦与趋势展望

结合前述部分,整体检视我国关于能源安全的罪名保护体系,因时代转向出现的争议性问题与适用困境亟待回应,传统法益保护范畴的周延性与合理性有待进一步检讨,对传统刑事诉讼与具有“绿色化”特征的能源刑事诉讼之有序衔接也提出了挑战。本小节将针对非法采矿罪与盗窃罪(窃电情形)在能源刑事诉讼开展中面临的重点问题加以分析,以期实现由小及大之目的,展望能源刑事诉讼“绿色化”的未来发展走向。

非法采矿是对矿产资源的经济价值、自然价值、生态价值和安全价值的整体性破坏行为。“非法采矿”涉及行为环节诸多,涉及价值广泛,但现行立法却完全通过单一的“非法”构罪标准予以整体统领,显然存在罪名设置失当的情形。与之相应,目前我国能源体系建设整体包括生产、供给、储存、销售四环节,但“非法采矿罪”作为能源刑事诉讼关联程度十分紧密的罪名,却仅在生产环节之开采阶段予以刑法规制,下游环节出现了明显的法益保护空白地带,进而造成法律适用过程中出现罪责刑不相适应之情形。〔20〕 如黄某元、黄某秋、韦某勇等非法采矿;掩饰、隐瞒犯罪所得、犯罪所得收益案〔21〕中,该院认定被告人黄某元、黄某秋违反矿产资源法的规定,在未取得采矿许可证的情况下,与他人合谋擅自开采煤矿,提供场所存放及销售,构成非法采矿罪,而“储存”“销售”之环节显然已无法安置于“非法采矿罪”之“开采”的辐射范围。此外,相关下游环节的共同犯罪亦有因适用罪名困难而不予认定之可能。在“双碳”目标、能源绿色低碳转型的时代背景下,能源产供储销体系建设日趋完善,上下游环节结合日趋紧密,这种必要的分工与合作应该构成必要的共同犯罪。但是,当前立法却将相关犯罪行为全然排除于刑事惩戒范围之外。上述司法实践的“异化”情形尤为值得

---

〔20〕 参见康纪田、严旭:《非法采矿罪的反思与重构》,载《中国地质大学学报(社会科学版)》2022 年第 2 期。

〔21〕 广西壮族自治区百色市田阳区人民法院刑事判决书,(2020)桂 1021 刑初 32 号。

关注,这并非基于司法实践经验偶然的伴生现象而强行扩展法益空间,其问题的根由在于忽视了能源本身的独立价值,能源安全难以得到充分、周延的保护,忽视了时代背景下的法益延伸。因此,理应以能源诉讼“绿色化”为转型契机,探索“非法行为”向“入罪”转化的统一渠道,与能源产供储销体系相互呼应,弥补处罚漏洞,正确处理非法采矿罪设置失当的问题。

窃电属于盗窃罪中的特殊情形。《电力法》第 71 条明确规定:“盗窃电能的,由电力管理部门责令停止违法行为,追缴电费并处应交电费五倍以下的罚款;构成犯罪的,依照刑法有关规定追究刑事责任。”首先,以清洁低碳为方向发展的能源革命前所未有地拓展了电能的使用范围,电能的广泛利用与能源的产供储销各环节也必然产生紧密联系,故需从能源刑事诉讼角度予以应对和考虑。其次,以 2022 年为观察基点的能源刑事诉讼案由统计过程中,以盗窃罪(窃电情形)为案由的能源刑事诉讼案件相较于其他几类案由所关联的能源刑事诉讼案件数量占比明显较多,占本部分 2022 年度统计能源刑事诉讼案件总数的 52%。再次,据 2022 年度所统计的 13 例案件的微观分析,目前的犯罪主体均为自然人,且窃电多以改装电表等传统方式为主。随着电能在能源革命中核心地位的日趋凸显,公司、厂矿等单位基于逐利目的窃电的隐患不容忽视,但迄今为止,我国《刑法》分则中并无关于单位盗窃罪的规定。不能对单位盗窃电能以单位犯罪定罪,有别于非法采矿罪中运用较为广泛的“双罚制”,目前盗窃罪尚未实现单位与责任人分离的二元责任承担模式。《电力法》中也并未指明单位可以作为适格主体构成单位盗窃电能罪,因此对单位窃电予以惩罚存在法律适用上的模糊与困难。最后,还应关注采取新兴技术等手段窃电的巨大风险。新兴案件样态的出现及伴生的能源风险,为法益保护范畴的变化提供了“示警”信号,将盗窃罪孤立理解为对财产法益的侵害已然滞后和狭隘。案例 3 中为满足虚拟货币“挖矿”需求而巨量窃电已成为部分地区的多发性案件,其耗电量之巨大也极为影响节能减排政策下区域的供电安全与供电平衡,对公共利益产生潜在影响。因此,亟须从典型的“突变”现象入手,兼顾法益的直接侵害与间接侵害,综合刑法规制与能源保护的双重立场考虑应对之策。

能源衍生废物的处理,是非法处置进口的固体废物罪、擅自进口固体废物罪、走私废物罪三项罪名所面临的共性问题。目前我国能源产供储销体系虽已初步成型,但现有能源技术水平距离达到绿色清洁无公害的程度仍有差距。因此,如何界定、处理能源衍生废物的关键,在于厘清下述问题:如若仍遵循传统环境法的调整范畴，在处理与能源产供储销体系紧密关联的能源衍生废物时显然力有不逮；如若尝试将其放置于新兴能源法的框架下加以解决，那么现存能源产供储销体系四环节在一定程度上又不够周延全面，其链条难以延伸至对能源衍生废物的定位与处理。综上，以现有能源刑事诉讼的绿色化倾向为窗口，以司法实践中涌现的特别现象反观能源诉讼的功能演变与保护法益范畴的动态变化，并以能源革命的时代转向及绿色低碳的社会需求为指引，将能源法与环境法研究交叉地带的系列问题作为新兴能源法与既有环境法的衔接点。

四、能源行政诉讼案件的案由分析与趋势研判

（一）能源行政诉讼案件的样本来源

1. 行政案由改革影响述明

我国行政案件案由自 2021 年 1 月 1 日改革后（《最高人民法院关于行政案件案由的暂行规定》施行），由先前的“作为类案件”“不作为类案件”“行政赔偿类案件”的横向三分结构转变为以“行政行为”为一级案由，再进行二、三级案由纵向细分的模式。在新案件案由划分规定下，涉及能源类行政案件的三级案由，分别有“矿产资源许可”“矿业权登记”“土地、矿藏、水流、荒地或者滩涂权属确权”，再结合当前较为权威的司法案例平台的数据建设，只有威科先行平台行政案件的三级案由设定与新案由规定有契合性，中国裁判文书网和北大法宝均没有进行相应更新。但遗憾的是，尽管威科先行有上述三个三级案由的规定，但分别进行检索，其收纳的案件数量均为 0。因此，按照 2021 年改革后的案由规定难以有效完成能源行政诉讼案件的检索，这也在一定程度上反映出当前我国行政案件案由规定和司法案例数据平台的建设对能源类行政诉讼案件的滞后回应。为此，关于能源行政诉讼案件的检索需要扩至新案由规定的二级甚至一级案由的同时，仍然需要关注传统行政案件案由规定以及司法案例数据平台案由的现有设定；再结合能源关键词检索等方式，以得出较为全面的能源行政案件的检索数据，但这一过程也不可避免地存在一定的误差。

2. 样本检索与筛选路径

目前，中国裁判文书网、北大法宝、威科先行等裁判文书检索平台，在行政案件案由的规定上主要采用“行政管理范围（行政主体）+行政行为”的模式。根据行政案件总数和上述两个案由各自对应的案件数量分布，可知上述两个案由对应的案件总体上呈并列关系，仅有少部分案件存在交叉现象。本部分在案件

检索路径的选择上首先选取了“行政管理范围”之“资源行政管理”之“能源行政管理”和“地质矿产行政管理”,以及选取“行政行为”案由。(“能源行政管理”“地质矿产行政管理”“行政行为”案由之间为“或者”的逻辑关系),同时并列全文检索关键词“煤”“石油”“天然气”“电”“水力”“水能”“风力”“风能”“核能”“太阳能”“光伏”“氢能”“潮汐能”“地热能”“波动能”“生物质能”“新能源”(关键词之间为“或者”的逻辑关系),再并列检索结案时间为“2022 年 1 月 1 日~2022 年 12 月 31 日”,最终共检索出 60 个案件(截至 2023 年 4 月 25 日)。剔除仅在原被告名称中出现能源字眼而案件实质争议与能源无关的案件,最终筛选得出 8 个可用案件。(见表 7-21)

表 7-21　2022 年能源行政诉讼案件统计

序号	案件名称及案号	案由	基本案情	裁判结果
1	高某等与北京市城市管理委员会不予受理行政复议申请决定案[(2021)京 02 行终 1991 号]	行政复议	北京市城市管理委员会作出京管复字(2021)2 号《不予受理行政复议申请决定书》,内容为原告提出的行政复议申请实质是反映通州区城市管理委员会在实施某小区市政管线天然气置换工程时在规划、立项、设计、招标、施工中存在的问题,不属于《行政复议法》规定的申请复议范围,故决定不予受理。原告因此提起行政诉讼,一审法院判决驳回其诉讼请求,后原告提起上诉	驳回上诉,维持一审判决
2	上海百农农业科技发展股份有限公司与上海市崇明区生态环境局行政处罚案[(2021)沪 0151 行初 4 号]	行政处罚	被告上海市崇明区生态环境局作出沪 0151 环罚(2021)20 号《行政处罚决定书》,认定原告单位厂房内烘干炉使用废板材作为燃料,存在未在规定时限内改用天然气、液化石油气、电或者其他清洁能源的违法事实,决定对原告罚款人民币 86600 元。原告以被告听证程序违法和罚款过重为由提起行政诉讼,请求判决撤销被诉处罚决定	驳回原告的诉讼请求

续表

序号	案件名称及案号	案由	基本案情	裁判结果
3	郭某霏与北京市通州区潞城镇政府不服行政侵权赔偿决定案[(2021)京0112行赔初40号]	行政赔偿	2021年5月,郭某霏在原有混凝土框架外及顶部加装钢结构和铁皮,用于防雨和安装太阳能光伏发电系统。5月21日,北京市通州区潞城镇政府强制拆除涉案建筑。郭某霏不服,提起诉讼。北京市朝阳区人民法院作出(2021)京0112行初453号行政判决,查明涉案建筑属于在施违法建筑,但潞城镇政府在强制拆除时未全程录音录像,故判决确认违法。郭某霏不服,提起上诉。北京市第三中级人民法院作出(2021)京03行终1246号行政判决,判决驳回上诉,维持一审判决,后郭某霏提起本案行政赔偿诉讼	被告赔偿郭某霏物品损失人民币1000元,驳回其他行政赔偿请求
4	颜某晓与中国证券监督管理委员会等行政处罚案[(2022)京74行终1号]	行政处罚、行政复议	颜某晓作为某电力有限公司的实际控制人与某股份有限公司进行股权交易,中国证券监督管理委员会江西监管局对颜某晓以内幕交易为由进行行政处罚。颜某晓不服,向中国证券监督管理委员会申请行政复议未果,提起行政诉讼请求撤销被诉处罚决定和被诉复议决定。一审法院未予支持,后颜某晓提起上诉	驳回上诉,维持一审判决
5	慈利县众发燃气有限责任公司与慈利县市场监督管理局行政监察、行政处罚案[(2022)湘08行终20号]	行政处罚	慈利县众发燃气有限责任公司液化石油气瓶充装前检查、充装操作、充装后复检记录表只登记到2021年6月22日,2021年6月23日未登记。检查发现的10只液化石油气钢瓶没有充装记录,违反《特种设备安全法》。后慈利县市场监督管理局作出慈市监处字(2021)179号行政处罚决定。慈利县众发燃气有限责任公司因此提起行政诉讼,被驳回一审诉讼请求后提起上诉	驳回上诉,维持原判

续表

序号	案件名称及案号	案由	基本案情	裁判结果
6	马某慧与北京市规划和自然资源委员会大兴分局等其他行政管理案[(2021)京0112行初1081号]	行政处理、行政复议	原告于北京市东城区购房一套,房屋西侧卧室室外10米处地面比室内地面高接近80公分,与开发商规划书不符。(室外依次为:散水、天然气管道、消防道路和草坪。)原告向被告投诉未果,向被告复议未得到支持,现提起行政诉讼	驳回原告的诉讼请求(原告诉请的规划审核事项不属于北京市规划和自然资源委员会大兴分局监管和查处范围)
7	张某宇与北京市人民政府行政复议案[(2021)京0112行初1180号]	行政处理、行政复议	某房地产开发公司与某物业公司签订合同,先行约定物业费收费标准,后补充约定将能源费纳入物业费并提高了收费标准。2020年,张某宇向北京市人民政府投诉,请政府履行监管北京市住房和城乡建设委员会、北京市市场监督管理局多年来放任监管,导致千余业主被违法开发商和物业欺诈,12年来超过四倍缴纳物业费损失财产几千万元的现象。张某宇投诉未得到支持后申请行政复议,行政复议未得到支持后提起行政诉讼	驳回起诉
8	张某宇与北京市人民政府行政复议案[(2022)京03行终393号]	行政处理、行政复议	案情同上,一审未得到支持,张某宇提起上诉	驳回上诉,维持一审判决

(二)能源行政诉讼案件的多维检视

本部分将对上述8个案件从法院类型、原被告身份、案由分类角度进行多维检视,以更好地发现与观察能源行政诉讼案件的特征表露和发展态势。

1. 法院类型

2022年行政诉讼案件的审理法院,主要分布在基层人民法院,占比达到50%(见图7-12),但也有一定占比的案件由中级人民法院进行审理,同时也不可忽视专门法院对此类诉讼案件的管辖与审理。

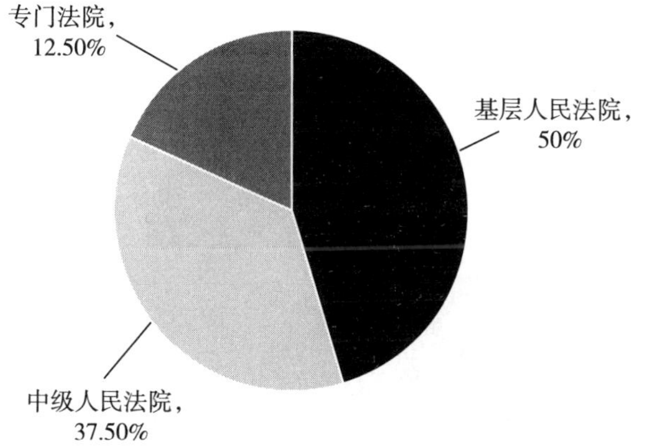

图 7－12　2022 年能源行政诉讼案件审理法院的类型占比

2. 原被告类型

2022 年能源行政诉讼案件中原告（包括二审上诉人）主要是自然人。在统计的 8 个案件中，有 6 个案件的原告为自然人，占比达 75%；有 2 个案件的原告为企业法人，占比达 25%。（见图 7－13）

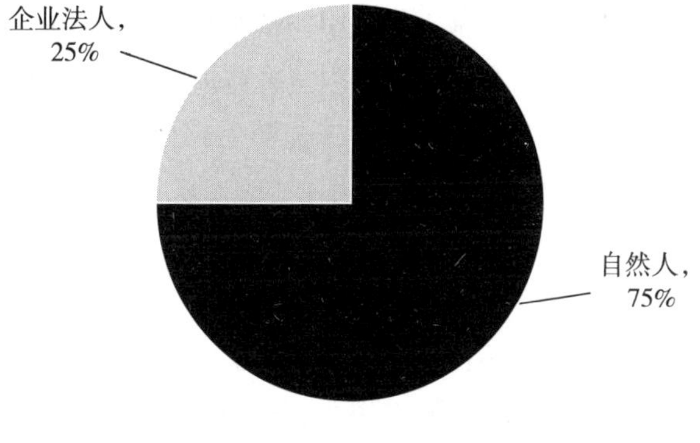

图 7－13　2022 年能源行政诉讼案件中原告类型分布

被告（包括被上诉人）的类型组成较为多元，8 个案件共有 12 个被告，具体类型有人民政府、住房和城乡建设委员会、规划和自然资源委员会（局）、证券监督管理委员会（局），以及城市管理委员会、生态环境局和市场监督管理局，其中人民政府成为被告的概率最高，占比 25%（见图 7－14）。

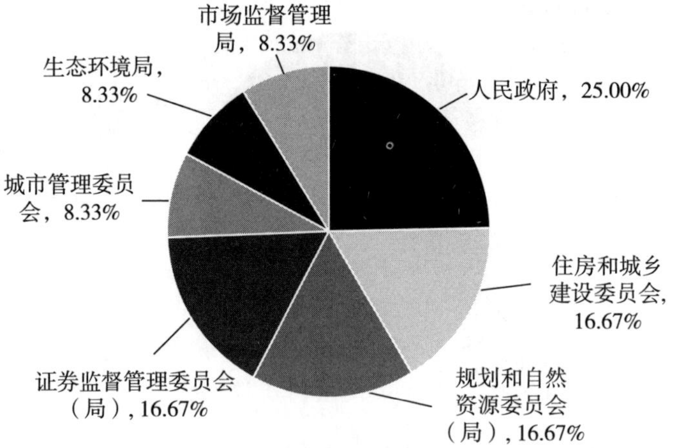

图 7－14　2022 年能源行政诉讼案件中被告类型分布

3. 能源行政诉讼案件的案由类型

2022 年能源行政诉讼案件案由类型体现为行政复议、行政处罚、行政处理和行政赔偿,分别有 5 个、3 个、3 个和 1 个(其中有 1 个案件涉及 2 个案由的现象),占比分别为 41.67%、25%、25% 和 8.33%。根据《行政复议法》(2017 年修正)第 30 条的规定,公民、法人或者其他组织认为行政机关的具体行政行为侵犯其已经依法取得的矿藏等自然资源所有权或者使用权的,应当先行申请复议,对复议决定不服才可以提起行政诉讼。由于能源大部分包含在资源之下,因此此条规定可以作为能源行政诉讼案件案由中“行政复议”占比最重的可能解释之一。

(三)能源行政诉讼案件的重点观察与展望

1. 能源行政诉讼在其他不同行政诉讼案件量中的占比演化

当前能源行政诉讼并非一个独立案由,在专门化研究过程中需要在宏大的行政诉讼案件中进行搜查与筛选。在威科先行平台行政案件类型下以“行政”案由检索,得出 2022 年共有 18966 份裁判文书,“行政”案由之下共设“行政管理范围”和“行政行为”两个案由。按照“行政管理范围”之“资源行政管理”之“能源行政管理”的案由检索,裁判文书数量为 0;按照“行政管理范围”之“资源行政管理”之“地质矿产行政管理”案由检索,裁判文书数量为 0;按照“行政行为”案由进行检索,共得到 5706 份裁判文书,涵括了上述 8 个能源行政诉讼案件;按照“行政行为”之“行政赔偿”案由进行检索,得到 662 份裁判文书,涵括了上述 8 个中的 1 个能源行政诉讼案件;按照“行政行为”之“行政复议”案由检索,得到

2328 份裁判文书,涵括了上述 8 个中的 5 个能源行政诉讼案件;按照"行政行为"之"行政处罚"案由检索,得到 910 份裁判文书,涵括了上述 8 个中的 3 个能源行政诉讼案件;按照"行政行为"之"行政处理"案由检索,得到 448 份裁判文书,涵括了上述 8 个中的 3 个能源行政诉讼案件(以上数据截至 2023 年 4 月 28 日)。就此分析,2022 年能源行政诉讼案件在全部行政诉讼案件中所占比例较小,约为 0.04%,在能源管理类行政诉讼案件中占比为 0,在地质矿产资源类行政诉讼案件中占比为 0,在行政行为类行政诉讼案件中占比约为 0.14%,在行政赔偿类行政诉讼案件中占比为 0.15%,在行政复议类行政诉讼案件中占比约为 0.21%,在行政惩罚类行政诉讼案件中占比约为 0.33%,在行政处理类行政诉讼案件中占比约为 0.67%(见表 7-22)。随着行政案由的细化和领域的聚焦,能源行政诉讼在其他不同行政诉讼案件量中的占比大致呈现渐扩趋势。

表 7-22　2022 年能源行政诉讼在其他不同行政诉讼案件量中的占比

单位:件

诉讼案由	案件数量	涵括能源行政诉讼案件数量	占比
行政	18966	8	0.04%
能源行政管理	0	0	0
地质矿产行政管理	0	0	0
行政行为	5706	8	0.14%
行政赔偿	662	1	0.15%
行政复议	2328	5	0.21%
行政处罚	910	3	0.33%
行政处理	448	3	0.67%

在能源行政诉讼专门化研究的视角下,既需要在宏观的行政范畴下进行整体性观察,也需要从具体的行政行为视域下进行单独检视,以此在能源行政诉讼的基本定位下,更为细致地窥探能源领域公权与私权的相互"交往"。[22] 整体而言,能源行政诉讼案件在整个行政诉讼领域所占比重不大,但所涉案件均与生产生活密切相关,在诉争内容上也显现了由传统能源向新型能源绿色化转型的态势(以案件 2 为代表)。在行政处理、处罚和复议具体案由之下的能源行政诉讼案件,也在一

〔22〕 参见张忠民:《我国能源诉讼专门化问题之探究》,载《环球法律评论》2014 年第 6 期。

定程度上体现了国家在能源所有和使用上进行特别限制的法治烙印。

2. 能源行政诉讼案件原告败诉率居高的可能归因及趋向研究

2022 年能源行政诉讼的 8 个案件中有 6 个案件经过了实体审理，另外 2 个案件(7 号、8 号案件)因不符合受案范围被直接驳回起诉或上诉。因此，该部分在案件原告败诉的分析上，仅以经过实体审理的 6 个案件为样本。从整体上看，6 个案件中 5 个案件的原告败诉，败诉率高达 83.33%；从审级上看，3 个二审案件均被驳回上诉，3 个一审案件中 2 个案件被驳回诉讼请求，剩余 1 个案件诉讼请求的其中一项得到了法院支持；从案由上看，3 个涉行政复议案由的案件诉求被全部驳回，3 个涉行政处罚案由的案件诉求被驳回，1 个涉行政处理案由的案件诉求被全部驳回，1 个行政赔偿案由的案件诉求得到了部分支持。(见表 7－23)

表 7－23　2022 年能源行政诉讼败诉案件数量及比率表

单位：件

案件类别	案件数量	原告败诉案件数量	败诉率
全部案件	6	5	83.33%
一审案件	3	2	66.67%
二审案件	3	3	100%
行政复议类案件	3	3	100%
行政处罚类案件	3	3	100%
行政处理类案件	1	1	100%
行政赔偿类案件	1	0	0

行政机关在能源的开采、转化、传输、供应等诸多环节中进行严格的管理与控制，从而引发了能源行政主体与行政相对人纠纷与诉争的可能，但此种公私主体之间的纠葛与争点多落于国家进行能源分配的逻辑链条之上，蕴含着对公民的生存、生产和生活进行基本保障的理路。从此种意义上看，能源行政诉讼中的案件争议是国家整体能源战略与个人诉请能源利益的一次碰撞，行政机关作为能源利益的分配代表与二度调适的中间方势必会保持严格谨慎的态度。其作出能源行政复议、处罚、处理等具体行为的合法性与合理性将会有更大提升，因此后续能源行政相对人就此提出行政诉讼而多以败诉告终也就更容易理解了。

随着能源革命的持续推进，更多的新型能源将会被开发与应用，在全球“双碳”愿景的共识与努力之下，清洁能源的使用占比也将会逐步扩大。在传统能源向新型能源以及排污能源向清洁能源的绿色转型中,能源行政主体仍然需要发挥关键作用。在能源行政主体职能履行状况的考察上,能源行政诉讼案件中原被告的胜败诉率不乏为一个可供选择的考察视角。

五、能源公益诉讼案件的前沿实践与典型聚焦

(一)能源公益诉讼案件的样本检索与筛选路径

目前,由于司法实践中尚不存在对于能源诉讼的专门化分类,能源诉讼散落在诸多的民事案由、行政案由和刑事案由中。目前能源诉讼大多以环境污染等纠纷的样态存在,而对于能源公益诉讼则需要在能源诉讼的基础上进一步甄别。中国裁判文书网、北大法宝、威科先行等裁判文书检索平台上,检索标题包含"公益诉讼"的裁判文书,列全文检索关键词"煤""石油""天然气""电""水力""水能""风力""风能""核能""太阳能""光伏""氢能""潮汐能""地热能""波动能""生物质能""新能源",并按照民事、刑事、行政进行逐一检索和筛选,重点关注案情是否涉及能源的勘探与开发、加工与转换、仓储与运输、供应与服务、贸易与合作、规制与管理等领域。[23] 同时,限定检索结案时间为"2020 年 1 月 1 日 ~2022 年 12 月 31 日"。最终检索出 9 个有效的能源公益诉讼案件,其中 2020 年有 6 件,2021 年有 2 件,2022 年有 1 件(见表 7 – 24)。另外,本部分选取了极具典型性的案例"北京市朝阳区自然之友环境研究所与国网甘肃省电力公司环境民事公益诉讼案"(以下简称"弃光弃风"案)[(2018)甘民终 679 号]在重点聚焦中作个案分析。

表 7 – 24　2020 ~ 2022 年能源公益诉讼案件统计

序号	案件名称	裁判结果
1	何某虎、骆某等非法采矿案[(2022)黔 0281 刑初 56 号]	(1)被告人何某虎犯非法采矿罪,判处有期徒刑 2 年,缓刑 2 年 6 个月,并处罚金人民币 40000 元;被告人骆某犯非法采矿罪,判处有期徒刑 1 年 6 个月,缓刑 2 年,并处罚金人民币 20000 元;被告人吴某财犯非法采矿罪,判处有期徒刑 1 年 4 个月,缓刑 2 年,并处罚金人民币 20000 元;被告人吴某超犯非法采矿罪,判处有期徒刑 1 年 4 个月,并处罚金人民币 20000 元; (2)责令被告人何某虎、骆某、吴某超、吴某财与已判决的陈某富共同退赔违法所得人民币 1018187. 58 元,退赔款项予以没收,上缴国库;

〔23〕 参见张忠民:《我国能源诉讼专门化问题之探究》,载《环球法律评论》2014 年第 6 期。

续表

序号	案件名称	裁判结果
		(3)责令附带民事公益诉讼被告何某虎、骆某、吴某超、吴某财、陈某富于本判决生效之日起 10 日内缴纳生态修复费人民币 37400 元; (4)附带民事公益诉讼被告何某虎、骆某、吴某超、吴某财、陈某富于本判决生效之日起 10 日内在省级媒体上公开赔礼道歉
2	张某鹏、张某平生态破坏民事公益诉讼案[(2020)晋 08 民初 342 号]	(1)被告张某鹏、张某平于本判决生效后 30 日内赔偿生态破坏损失费 1651144.76 元,上缴国库; (2)被告张某鹏、张某平于本判决生效后 30 日内在《山西日报》上刊发道歉声明向社会公众赔礼道歉
3	安阳市殷都区自然资源局、安阳县洪河屯乡人民政府资源行政管理案[(2020)豫 0522 行初 13 号]	确认被告安阳市殷都区自然资源局、被告安阳县洪河屯乡人民政府怠于履行对安阳县洪河屯乡生态农业大棚棚顶 20MWp 分布式光伏发电项目违法使用土地监督管理职责的行为违法
4	高某军非法采矿案[(2020)晋 0729 刑初 10 号]	(1)被告人高某军犯非法采矿罪,判处有期徒刑 2 年,缓刑 3 年,并处罚金人民币 5 万元; (2)被告人高某军与刑事附带民事判决书判处的被告人李某明共同赔偿国家经济损失 816.18 万元
5	王某、韦某、赵某非法采矿案[(2020)内 0627 刑初 187 号]	被告人王某犯非法采矿罪,判处有期徒刑 1 年 6 个月,缓刑 2 年,并处罚金人民币 20000 元;被告人韦某犯非法采矿罪,判处有期徒刑 1 年 3 个月,缓刑 1 年 6 个月,并处罚金人民币 15000 元;被告人赵某犯非法采矿罪,判处有期徒刑 8 个月,缓刑 1 年,并处罚金人民币 8000 元
6	广东省环境保护基金会与深圳市前海穗冠石油化工贸易有限公司、广州市莲港船舶清油有限公司环境污染责任纠纷案[(2019)粤 01 民初 755 号]	裁定案件由广州市南沙区人民法院审理

续表

序号	案件名称	裁判结果
7	南京市玄武区人民检察院与张某虎、解某龙环境污染责任纠纷案[(2020)苏0102民初9409号]	(1)被告张某虎、解某龙于本判决生效之日起15日内依法妥善清理南京市江宁区加油点遗留的储油罐、抽油泵、过滤器等设备,消除生态环境安全风险; (2)被告张某虎、解某龙于本判决生效之日起2个月内治理修复南京市江宁区加油点受污染区域的土壤,将其恢复至污染前的状态和功能; (3)被告张某虎、解某龙于本判决生效之日起10日内连带赔偿专家咨询费8000元
8	王某伟、王某生污染环境案[(2020)黔0321刑初30号]	(1)被告人王某生犯污染环境罪,判处有期徒刑1年,缓刑2年,并判处罚金30000元; (2)被告人王某伟犯污染环境罪,判处有期徒刑10个月,缓刑1年6个月,并判处罚金20000元; (3)自判决生效之日起3年内,禁止被告人王某生、王某伟从事与危险废物运输处置相关的职业; (4)由附带民事公益诉讼被告遵义市万润工贸有限公司、王某生、王某伟、王某祥向遵义市生态环境局播州分局支付鉴定费9000元,向遵义市播州区人民检察院支付公告费1000元。限判决生效后10日内付清; (5)由附带民事公益诉讼起诉人遵义市播州区人民检察院监督附带民事公益诉讼被告遵义市万润工贸有限公司将存放于其厂内的废油水6.436吨、废油泥2.108吨交由具有资质的机构处罚,处置费用由遵义市万润工贸有限公司负担; (6)由附带民事公益诉讼被告遵义市万润工贸有限公司、王某生、王某伟、王某祥在市级影视媒体上向遵义市公众公开赔礼道歉
9	余某星污染环境案[(2020)赣1129刑初44号]	(1)被告人余某星犯污染环境罪,判处有期徒刑1年2个月,并处罚金人民币2万元; (2)被告人余某星于本判决生效后1个月内支付环境损害修复费86330元及危险废物处置费37000元,合计人民币123330元

(二)能源公益诉讼的现状检视

本部分将对上述9个案件从原被告身份、案由分类、被告抗辩是否得到法院支持的角度进行多维检视,以更好地发现能源公益诉讼案件的特点和发展趋势。

1.能源公益诉讼原被告主体类型分布情况

《检察机关提起公益诉讼改革试点方案》对于公益诉讼中检察机关的职责、

程序、提交材料等问题作了规定。上述规定明确了检察机关作为公益诉讼原告的顺位:对于环境污染等损害社会公共利益的行为,适格主体可以首先提起诉讼;否则,检察机关可督促有权机关提起相关诉讼〔24〕。在此处分析的9个能源公益诉讼案例当中,8个都是由检察院提起的,仅有1个能源公益诉讼的原告是社会组织(见表7-25)。检察机关由人大产生,对人大负责;从法理上讲,由检察机关代表公共利益显然名正言顺。

表7-25 能源公益诉讼案件原告主体类型分布

单位:件

能源公益诉讼原告类型	案件数量
检察院	8
社会组织	1

在样本所选取的9个能源公益诉讼中,被告人为自然人的有6件,被告人是法人的有2件。以自然人和法人为共同被告的案件有1个(见表7-26);此时,被告的行为之间具有牵连性和不可分性。

表7-26 能源公益诉讼案件被告主体类型分布

单位:件

能源公益诉讼被告类型	案件数量
自然人	6
法人	2
自然人+法人	1

2.能源公益诉讼案由类型分布

就目前检索到的案件而言,只在环境污染、生态环境损害赔偿、污染环境罪、非法采矿罪、行政确认领域涉及能源公益诉讼(见表7-27)。在总数不大的案件样本中可以看出,非法采矿领域对能源公益诉讼的运用频率更高。

〔24〕 参见李琳:《论环境民事公益诉讼之原告主体资格及顺位再调整》,载《政法论坛》2020年第1期。

表 7－27　2020～2022 年能源公益诉讼案件案由分布

单位:件

案由类型		案件数量
能源民事公益诉讼案件案由	环境污染	2
	生态环境损害赔偿	1
能源刑事附带民事公益诉讼案件案由	污染环境罪	2
	非法采矿罪	3
能源行政公益诉讼案件案由	行政确认	1

3. 能源公益诉讼被告抗辩是否得到法院支持

认罪认罚的司法运作机制将各方因并非罪不可赦之行为所遭受的损害降至最低限度,从而有效节约司法资源,最终实现社会整体运行成本的大幅优化。[25] 选取的 9 个案例中,有 5 个案例被告都自愿认罪认罚,有自首情节,从而获得了法院的从轻处罚(见表 7－28)。由此可以看出,检察机关对于能源公共利益保护的积极态度和良好的促进作用。

表 7－28　2020～2022 年能源公益诉讼案件被告抗辩或认罚情形

序号	被告的抗辩事由/是否有认罚情节	是否得到法院支持
1	自愿认罪认罚	从轻处罚
2	损害结果的范围超过被告人的实际违法行为后果	不支持,无证据证明
3	收到检察建议书后依法履行职责	同意变更诉讼请求,由行政处罚变为行政确认
4	自愿认罪认罚,有自首情节	从轻处罚
5	自愿认罪认罚,有自首情节	从轻处罚
6	愿意调解	主持双方当事人调解
7	无	无
8	有自首情节,有坦白情节	从轻处罚
9	有坦白情节	从轻处罚

〔25〕 参见张辉:《论生态环境损害赔偿义务人“认赔”的刑事法律效用》,载《现代法学》2021 年第 6 期。

(三)能源公益诉讼重点聚焦

1. 能源公益诉讼绿色化之趋势分析

诚然,就目前能源公益诉讼案件数量少、引发的关注度不足、法院法律适用牵强等现实情况而言,实现专门化的契机尚不成熟;但不可否认的是,能源公益诉讼已经呈现绿色化之趋势。

关注到能源公益诉讼的绿色化趋势也是回应国家对碳达峰碳中和之号召。《最高人民法院关于完整准确全面贯彻新发展理念　为积极稳妥推进碳达峰碳中和提供司法服务的意见》中指出:"坚持以习近平生态文明思想和习近平法治思想为指导。坚持以人民为中心,服务国家发展大局,推进美丽中国建设。坚持绿水青山就是金山银山,生态优先、节约集约、绿色低碳发展。坚持系统保护,推进山水林田湖草沙一体化保护和系统治理,为实现碳达峰碳中和各项决策部署落地见效提供司法服务,推动实现人与自然和谐共生的中国式现代化。"

目前,国家正试图对能源公益诉讼的绿色化提供规范依据。气候诉讼与能源诉讼从内涵与外延上是高度关联的,而对于能源的不当利用是气候诉讼的主要成因。最高人民法院出台的《环境资源案件类型与统计规范(试行)》单独提出了"气候变化应对类案件",其是指在应对因排放温室气体、臭氧层损耗物质等直接或间接影响气候变化过程中产生的刑事、民事、行政以及公益案件。

2. 典型案例剖析:评"弃光弃风"案

(1)原告能源公益诉讼主体适格性分析

原告北京市朝阳区自然之友环境研究所,专门从事环境保护公益活动 20 余年。原告为维护环境公共利益,依照《环境保护法》第 58 条等规定特提起环境民事公益诉讼,依法要求被告国网甘肃省电力公司全额收购其电网覆盖范围内光能、风能并网发电项目上网电量,并承担已造成的生态环境损失费用等。

一审法院认为,环境民事公益诉讼是指对已经损害社会公共利益的后果或者具有损害社会公共利益重大风险潜在后果的污染环境、破坏生态的行为提起的诉讼。其中,"已经损害社会公共利益或者具有损害社会公共利益重大风险"是诉讼前提,"污染环境、破坏生态的行为"是受案范围限制,此二者共同构成环境民事公益诉讼起诉条件的审查基础。国网甘肃省电力公司作为电力购销和调配电力供应的电网企业,并非发电企业,其本身并不能具体实施本案所指向的污染环境、破坏生态的行为。故认定北京市朝阳区自然之友环境研究所的起诉不符合环境民事公益诉讼起诉的条件,予以驳回。

但是以主体从事的业务类型直接否定原告具备实施污染环境、破坏生态之可能性的做法并不恰当。二审法院对一审法院的错误认定予以纠偏,认为原告应当根据《可再生能源法》的规定全额收购其电网覆盖范围内可再生能源并网发电项目上网电量。其未履行法定义务对省内的风电和光伏发电进行全额收购,致使未能被收购的风电和光伏发电量被燃煤发电所替代,继而产生二氧化硫、氮氧化物和大量烟尘等空气污染物,污染环境、破坏生态,损害社会公共利益;其未履行法定义务,主观过错明显,应当承担相应的法律责任。

(2)能源公益诉讼亟待进一步绿色化

目前能源公益诉讼绿色化的力度还有待进一步深化。申言之,虽然法官在一些案件审判过程中对能源的自然特性和经济价值有一定的认识,但是法官缺乏对能源类专业技术的认识,加之能源公益诉讼案件具有损害后果复合性、因果关系间接性的特点,因而法官对于能源整体和系统的关切自然会付诸阙如。[26]在本案中,无论是一审还是二审法院,在审理认定被告是否应当承担责任时,都是从被告弃用风能、光能而采用燃煤发电,继而产生二氧化硫、氮氧化物和大量烟尘等对环境造成损害的角度加以分析的。采取能源替代措施,即用新型清洁能源代替以往以化石资源为主的能源,是我国实现碳达峰的重要举措。[27] 虽然能源的自然、经济、安全和生态等多维价值不应该被割裂开来,但是由于缺乏直接的法律条文作为支撑,检察机关在具体办理该案的过程中也不得不将能源纠纷直接视作生态环境损害问题。当然,并非所有涉能源要素的诉讼都应该且值得绿色化,仅有关切环境利益的案件才有绿色化之必要。

(四)对能源公益诉讼的思考与展望

"弃光弃风"案的出现,证明能源公益诉讼绿色化初露端倪;但是能源公益诉讼绿色化之完全落实实则道阻且长,还有许多问题有待进一步思考。例如,上述案件中北京市朝阳区自然之友环境研究所诉请:判令国网甘肃省电力公司停止对环境的侵害,全额收购其电网覆盖范围内风能和太阳能光伏并网发电项目上网电量;判令国网甘肃省电力公司支付使用燃煤发电替代未全额收购的风能、太阳能光伏发电对环境造成的损害17.18亿元。但是完全以金钱衡量能源纠纷中被告主体对公共利益造成的损害这一做法是否得当?是否存在针对能源纠纷更为恰当的责任承担形式?只要有人的活动就会存在温室气体的排放,那么是

---

〔26〕 参见张忠民:《我国能源诉讼专门化问题之探究》,载《环球法律评论》2014年第6期。

〔27〕 参见高桂林、陈炜贤:《碳达峰法制化的路径》,载《广西社会科学》2021年第9期。

否所有温室气体排放行为都需要被纳入法律的规制?[28]能源公益诉讼由于具有内容专业性,诉讼涉及利益多元性,未来是否有必要在绿色化的基础上进一步实现专门化?这些问题都需要在今后的实践中予以进一步的研究讨论。

六、结语

《中共中央关于党的百年奋斗重大成就和历史经验的决议》中明确指出了"保障粮食安全、能源资源安全、产业链供应链安全"的重要意义,《中华人民共和国国民经济和社会发展第十四个五年规划和2035年远景目标纲要》亦围绕"构建现代能源体系""实施能源资源安全战略"作出系列重要部署。要推动新时代能源高质量发展,"能源的饭碗必须端在自己手里"[29]。能源诉讼作为环境司法专门化的新兴领域之一,为能源结构转型、"双碳"目标建设、气候变化应对等重大改革提供了法治保障。能源既有商品属性,又兼具资源属性和生态属性,仅依靠私法调整难以应对当下能源转型、资源危机和气候变化等挑战。随着环境司法专门化改革的深入推进,能源诉讼逐步朝向绿色化方向发展,由重点关注资源产权、能源私权纠纷,拓展到关注生态利益、国家公共利益保障,且涉及民事、刑事、行政、公益诉讼等多个领域。因此,在当下能源转型的关键时期,对能源诉讼进行专门观察具有理论和实践意义。

对能源诉讼进行观察,可以总结出以下特点:(1)能源民事、行政、刑事诉讼案件分布极不均衡,且在内部案件类型上也分布不均。能源诉讼集中于能源民事领域,其在能源行政领域与刑事领域占比较小。在能源民事诉讼案件内部,供用电合同纠纷、供用气合同纠纷和供用热力合同纠纷等能源供用合同类案件占能源民事诉讼案件总量的99.87%;在能源行政诉讼的司法实践中,能源行政案件多围绕行政复议展开;在能源刑事诉讼案件中,盗窃罪(窃电情形)和非法采矿罪占比最大。因此在法律适用上,能源诉讼多适用民法法律规范;能源案件裁判执行方式上,多以民事责任承担。(2)能源诉讼地域差异较大。北方地区能源诉讼的发生数量较多;究其原因,北方地区能源储备较好,且冬季存在集中供暖,因此能源纠纷发生量较多。北方地区能源诉讼集中协作的司法机制需求更为迫切,对于审判人员的专业化程度要求也更高。(3)能源诉讼案由散见于民

[28] 参见陈微:《气候变化诉讼比较研究——基于两起"弃风弃光"环境公益诉讼案展开的分析》,载《法律适用》2020年第8期。

[29] 《大河奔涌,奏响新时代澎湃乐章——习近平总书记考察黄河入海口并主持召开深入推动黄河流域生态保护和高质量发展座谈会纪实》,载《人民日报》2021年10月24日,第1版。

事、行政、刑事案由之中,缺乏独立案由以及法律依据,难以实现对受损能源法律关系的修复。能源民事案由全部归于《民事案件案由规定》;能源行政诉讼案由也全部归于行政诉讼案由规定之中;能源刑事司法囿于现有刑事立法中刑事罪名的设置空间,无法对能源开发利用全过程中的犯罪行为进行有效打击。

在对能源诉讼司法实践现状进行观察与分析后得出,司法是维护人民健康、守护能源公平正义、支持经济社会运行的"最后一道防线"。以能源诉讼为观察视角是衡量能源与环境法治建设水平的标志所在,是能源与环境法治体系运转的关键环节,也是能源法治和现代环境治理体系的重要一隅。能源诉讼的绿色化对司法机制的协作性、组织机构的独立性、司法方式的创新性、司法理论的前沿性等方面都提出了新挑战。因此在能源诉讼绿色化转型进程中,法院应当聚焦能源诉讼的重点法律适用问题,创新能源案件裁判执行方式,完善能源诉讼裁判规则体系,借助环境司法专门化改革的成功经验,逐步实现部分能源案件的绿色化、专门化转型,从而为"双碳"目标建设、绿色低碳能源转型、气候变化应对等提供司法保障。

附录*

附录一：环境立法、司法解释、生态文明体制改革政策目录**（2022）

（一）中央环境立法、司法解释、生态文明改革政策文件

1. 法律

序号	发布时间	名称	发布部门	发布号	效力级别	类别
1	2022年6月24日	黑土地保护法	全国人大常委会	中华人民共和国主席令第115号	法律	土地复垦与耕地保护
2	2022年10月30日	黄河保护法	全国人大常委会	中华人民共和国主席令第123号	法律	自然保护
3	2022年12月30日	野生动物保护法（2022年修订）	全国人大常委会	中华人民共和国主席令第126号	法律	野生动植物资源、森林和野生动植物保护区

2. 党内法规

序号	发布时间	名称	发布部门	发布号	效力级别	类别
1	2022年3月17日	中共中央办公厅、国务院办公厅印发《全民所有自然资源资产所有权委托代理机制试点方案》	中共中央办公厅、国务院办公厅	无	党内法规制度	自然资源管理

* 感谢中南财经政法大学法学院硕士研究生游慧熠、师伟、包爱妮等参与资料整理工作。

** 时间限定为2022年1月1日～2022年12月31日，将收集到的法律法规、部门规章、规范性文件等（省级及以上）汇总整理，并按照法律、党内法规、行政法规、地方性法规、部门规章、司法解释、规范性文件进行归类。

3. 行政法规

序号	发布时间	名称	发布部门	发布号	效力级别	类别
1	2022 年 1 月 12 日	国务院办公厅转发国家发展改革委等部门关于加快推进城镇环境基础设施建设指导意见的通知	国务院办公厅	国办函〔2022〕7 号	国务院规范性文件	城市规划与开发建设
2	2022 年 1 月 29 日	国务院办公厅关于加强入河入海排污口监督管理工作的实施意见	国务院办公厅	国办函〔2022〕17 号	国务院规范性文件	污染防治
3	2022 年 4 月 18 日	国务院关于 2021 年度环境状况和环境保护目标完成情况的报告	国务院	无	国务院规范性文件	环境保护综合规定
4	2022 年 4 月 18 日	国务院关于支持宁夏建设黄河流域生态保护和高质量发展先行区实施方案的批复	国务院	国函〔2022〕32 号	国务院规范性文件	环保综合规定
5	2022 年 5 月 4 日	国务院办公厅关于印发新污染物治理行动方案的通知	国务院办公厅	国办发〔2022〕15 号	国务院规范性文件	污染防治
6	2022 年 5 月 30 日	国务院关于同意在广东省广州市设立华南国家植物园的批复	国务院	国函〔2022〕50 号	国务院规范性文件	森林和野生动植物保护区
7	2022 年 6 月 21 日	国务院关于研究处理全国人大常委会固体废物污染环境防治法执法检查报告及审议意见情况的报告	国务院	无	国务院规范性文件	污染防治
8	2022 年 8 月 25 日	国务院关于支持山东深化新旧动能转换推动绿色低碳高质量发展的意见	国务院	国发〔2022〕18 号	国务院规范性文件	环保综合规定
9	2022 年 9 月 9 日	国务院办公厅转发财政部、国家林草局(国家公园局)关于推进国家公园建设若干财政政策意见的通知	国务院办公厅	国办函〔2022〕93 号	国务院规范性文件	财政综合规定
10	2022 年 9 月 17 日	国务院关于国家公园空间布局方案的批复	国务院	国函〔2022〕101 号	国务院规范性文件	自然保护

4. 司法解释及最高人民法院、最高人民检察院工作文件

序号	发布时间	名称	发布部门	发布号	效力级别	类别
1	2022 年 1 月 25 日	最高人民检察院发布 12 起检察机关服务保障黄河流域生态保护和高质量发展典型案例	最高人民检察院	无	司法解释性质文件	自然保护、检察综合规定
2	2022 年 3 月 1 日	最高人民法院发布十起人民法院依法审理固体废物污染环境典型案例	最高人民法院	无	司法解释性质文件	污染防治
3	2022 年 3 月 3 日	最高人民检察院发布 8 起检察公益诉讼“回头看”跟进监督典型案例	最高人民检察院	无	司法解释性质文件	检察综合规定
4	2022 年 5 月 20 日	最高人民检察院关于印发“检察机关依法保护黑土地”典型案例的通知	最高人民检察院	无	司法解释性质文件	土地综合自然保护
5	2022 年 6 月 5 日	最高人民法院发布 2021 年度人民法院环境资源审判典型案例	环保综合规定	无	司法解释性质文件	环境综合规定
6	2022 年 6 月 7 日	最高人民法院发布 2021 年全国海事审判典型案例	最高人民法院	无	司法解释性质文件	海事诉讼、犯罪和刑事责任
7	2022 年 6 月 9 日	最高人民检察院、水利部联合发布十起涉水领域检察公益诉讼典型案例	最高人民检察院、水利部	无	司法解释性质文件	水利综合规定、检察综合规定
8	2022 年 6 月 14 日	最高人民法院发布十起森林资源民事纠纷典型案例	最高人民法院	无	司法解释性质文件	森林资源
9	2022 年 7 月 1 日	最高人民法院关于充分发挥环境资源审判职能作用依法惩处盗采矿产资源犯罪的意见	最高人民法院	法发〔2022〕19 号	司法解释性质文件	矿产资源开采
10	2022 年 7 月 8 日	最高人民法院发布 10 件人民法院依法惩处盗采矿产资源犯罪典型案例	最高人民法院	无	司法解释性质文件	矿产资源开采、犯罪和刑事责任

续表

序号	发布时间	名称	发布部门	发布号	效力级别	类别
11	2022年7月19日	最高人民检察院发布12件检察机关服务保障长江经济带发展典型案例(第四批)	最高人民检察院	无	司法解释性质文件	长江经济带发展
12	2022年9月14日	最高人民检察院发布8件检察机关督促整治非法采矿公益诉讼典型案例	最高人民检察院	无	司法解释性质文件	环保综合规定、矿区与矿山企业
13	2022年9月19日	最高人民检察院关于印发最高人民检察院第四十批指导性案例的通知	最高人民检察院	无	司法解释性质文件	检察机关
14	2022年9月20日	最高人民检察院关于印发最高人民检察院第四十一批指导性案例的通知	最高人民检察院	无	司法解释性质文件	检察机关
15	2022年10月11日	最高人民法院发布人民陪审员参审十大典型案例	最高人民法院	无	司法解释性质文件	审判组织
16	2022年10月31日	最高人民检察院关于印发检察机关依法惩治盗采矿产资源犯罪典型案例的通知	最高人民检察院	无	司法解释性质文件	检察综合规定、矿产资源
17	2022年11月1日	最高人民检察院发布“检察为民办实事”——行政检察与民同行系列典型案例(第九批)	最高人民检察院	无	司法解释性质文件	检察综合规定
18	2022年11月5日	最高人民检察院发布12个湿地保护公益诉讼典型案例	最高人民检察院	无	司法解释性质文件	环保综合规定
19	2022年12月5日	最高人民法院发布15个生物多样性司法保护专题典型案例	最高人民法院	无	司法解释性质文件	自然保护
20	2022年12月9日	最高人民检察院发布“检察为民办实事”——行政检察与民同行系列典型案例(第十批)	最高人民检察院	无	司法解释性质文件	检察综合规定

续表

序号	发布时间	名称	发布部门	发布号	效力级别	类别
21	2022 年 12 月 20 日	最高人民检察院发布 6 件人民监督员参与和监督检察公益诉讼办案活动典型案例	最高人民检察院	无	司法解释性质文件	检察综合规定
22	2022 年 12 月 30 日	最高人民法院关于发布第 37 批指导性案例的通知	最高人民法院	法〔2022〕277 号	司法解释性质文件	犯罪和刑事责任
23	2022 年 1 月 12 日	最高人民法院关于审理生态环境侵权纠纷案件适用惩罚性赔偿的解释	最高人民法院	法释〔2022〕1 号	司法解释	自然保护
24	2022 年 4 月 6 日	最高人民法院、最高人民检察院关于办理破坏野生动物资源刑事案件适用法律若干问题的解释	最高人民法院、最高人民检察院	法释〔2022〕12 号	司法解释	野生动植物资源
25	2022 年 5 月 10 日	最高人民法院、最高人民检察院关于办理海洋自然资源与生态环境公益诉讼案件若干问题的规定	最高人民法院、最高人民检察院	法释〔2022〕15 号	司法解释	海洋资源、环境保护
26	2022 年 6 月 13 日	最高人民法院关于审理森林资源民事纠纷案件适用法律若干问题的解释	最高人民法院	法释〔2022〕16 号	司法解释	检察综合规定
27	2022 年 5 月 17 日	最高人民检察院、水利部关于印发《关于建立健全水行政执法与检察公益诉讼协作机制的意见》的通知	最高人民检察院、水利部	高检发办字〔2022〕69 号	最高人民法院、最高人民检察院工作文件	检察综合规定
28	2022 年 7 月 15 日	最高人民法院办公厅关于 2022 年全国法院环境资源刑事审判优秀业务成果评选活动情况的通报	最高人民法院	法办〔2022〕379 号	最高人民法院、最高人民检察院工作文件	环保综合规定
29	2022 年 12 月 5 日	最高人民法院发布《中国生物多样性司法保护》	最高人民法院	无	最高人民法院、最高人民检察院工作文件	自然保护

5. 部门规章、部门规范性文件

序号	发布时间	名称	发布部门	发布号	效力级别	类别
1	2022 年 1 月 5 日	生态环境部办公厅、商务部办公厅关于印发《对外投资合作建设项目生态环境保护指南》的通知	生态环境部、商务部	环办环评〔2022〕2 号	部门工作文件	环保综合规定
2	2022 年 1 月 5 日	生态环境部、农业农村部关于加强海水养殖生态环境监管的意见	生态环境部、农业农村部	环海洋〔2022〕3 号	部门规范性文件	水产养殖
3	2022 年 1 月 7 日	生态环境部、国家发展和改革委员会、自然资源部、交通运输部、农业农村部、中国海警局关于印发《"十四五"海洋生态环境保护规划》的通知	生态环境部、国家发展和改革委员会（含原国家发展计划委员会、原国家计划委员会）、自然资源部、交通运输部、农业农村部、中国海警局	环海洋〔2022〕4 号	部门工作文件	海洋资源
4	2022 年 1 月 13 日	工业和信息化部、科学技术部、生态环境部关于印发环保装备制造业高质量发展行动计划（2022—2025 年）的通知	工业和信息化部、科学技术部、生态环境部	工信部联节〔2021〕237 号	部门工作文件	环保综合规定
5	2022 年 1 月 15 日	生态环境部关于发布国家生态环境标准《环境影响评价技术导则 生态影响》的公告	生态环境部	生态环境部公告 2022 年第 1 号	部门工作文件	环境标准

续表

序号	发布时间	名称	发布部门	发布号	效力级别	类别
6	2022 年 1 月 17 日	国家发展和改革委员会、生态环境部、水利部关于推动建立太湖流域生态保护补偿机制的指导意见	国家发展和改革委员会(含原国家发展计划委员会、原国家计划委员会)、生态环境部、水利部	发改振兴〔2022〕101 号	部门规范性文件	环保综合规定
7	2022 年 1 月 19 日	生态环境部、农业农村部、住房和城乡建设部、水利部、国家乡村振兴局关于印发《农业农村污染治理攻坚战行动方案(2021—2025 年)》的通知	生态环境部、农业农村部、住房和城乡建设部、水利部、国家乡村振兴局	环土壤〔2022〕8 号	部门工作文件	污染防治
8	2022 年 1 月 29 日	生态环境部办公厅关于印发首批美丽河湖、美丽海湾优秀(提名)案例名单的通知	生态环境部	环办水体函〔2022〕42 号	部门工作文件	机关工作综合规定
9	2022 年 1 月 29 日	生态环境部、国家发展和改革委员会、自然资源部、住房和城乡建设部、交通运输部、农业农村部、中国海警局关于印发《重点海域综合治理攻坚战行动方案》的通知	生态环境部、国家发展和改革委员会(含原国家发展计划委员会、原国家计划委员会)、自然资源部、住房和城乡建设部、交通运输部、农业农村部、中国海警局	环海洋〔2022〕11 号	部门工作文件	环保综合规定

续表

序号	发布时间	名称	发布部门	发布号	效力级别	类别
10	2022年2月3日	国家发展改革委、工业和信息化部、生态环境部、国家能源局关于发布《高耗能行业重点领域节能降碳改造升级实施指南(2022年版)》的通知	国家发展和改革委员会(含原国家发展计划委员会、原国家计划委员会)、工业和信息化部、生态环境部、国家能源局	发改产业〔2022〕200号	部门工作文件	节能管理
11	2022年2月10日	生态环境部、国家发展和改革委员会、重庆市人民政府、四川省人民政府关于印发《成渝地区双城经济圈生态环境保护规划》的通知	生态环境部、国家发展和改革委员会(含原国家发展计划委员会、原国家计划委员会)	环综合〔2022〕12号	部门工作文件	环保综合规定
12	2022年2月15日	生态环境部办公厅关于做好全国碳市场第一个履约周期后续相关工作的通知	生态环境部	环办便函〔2022〕58号	部门工作文件	环保综合规定
13	2022年2月19日	生态环境部办公厅关于开展小微企业危险废物收集试点的通知	生态环境部	环办固体函〔2022〕66号	部门工作文件	环保综合规定
14	2022年2月19日	生态环境部关于宣传贯彻《中华人民共和国噪声污染防治法》的通知	生态环境部	环法规〔2022〕13号	部门工作文件	环保综合规定
15	2022年2月24日	财政部办公厅、生态环境部办公厅关于开展2022年农村黑臭水体治理试点工作的通知	财政部、生态环境部	财办资环〔2022〕5号	部门工作文件	污染防治

续表

序号	发布时间	名称	发布部门	发布号	效力级别	类别
16	2022 年 3 月 1 日	生态环境部关于印发《"十四五"生态保护监管规划》的通知	生态环境部	环生态〔2022〕15 号	部门工作文件	环保综合规定
17	2022 年 3 月 3 日	生态环境部关于进一步加强重金属污染防控的意见	生态环境部	环固体〔2022〕17 号	部门规范性文件	污染防治
18	2022 年 3 月 8 日	生态环境部办公厅关于印发《生态环保金融支持项目储备库入库指南(试行)》的通知	生态环境部	环办科财〔2022〕6 号	部门工作文件	环保综合规定
19	2022 年 3 月 9 日	生态环境部关于发布国家生态环境标准《生态环境档案著录细则》的公告	生态环境部	生态环境部公告 2022 年第 3 号	部门工作文件	环境标准
20	2022 年 3 月 10 日	生态环境部办公厅关于做好 2022 年企业温室气体排放报告管理相关重点工作的通知	生态环境部	环办气候函〔2022〕111 号	部门工作文件	环保综合规定
21	2022 年 3 月 10 日	生态环境部关于发布国家生态环境标准《淡水生物水质基准推导技术指南》的公告	生态环境部	生态环境部公告 2022 年第 4 号	部门工作文件	环境标准
22	2022 年 3 月 13 日	生态环境部办公厅关于推荐先进水污染防治技术的通知	生态环境部	环办科财函〔2022〕151 号	部门工作文件	污染防治

续表

序号	发布时间	名称	发布部门	发布号	效力级别	类别
23	2022 年 3 月 16 日	国家发展改革委等部门关于推进共建“一带一路”绿色发展的意见	国家发展和改革委员会（含原国家发展计划委员会、原国家计划委员会）、外交部、生态环境部、商务部	发改开放〔2022〕408 号	部门规范性文件	环保综合规定
24	2022 年 3 月 27 日	生态环境部关于开展长江生态环境保护修复“一市一策”驻点跟踪研究（二期）工作的通知	生态环境部	环科财函〔2022〕16 号	部门工作文件	环保综合规定
25	2022 年 3 月 27 日	生态环境部关于发布国家生态环境标准《锰渣污染控制技术规范》的公告	生态环境部	生态环境部公告 2022 年第 5 号	部门工作文件	环境标准
26	2022 年 3 月 28 日	自然资源部关于加强自然资源法治建设的通知	自然资源部	自然资发〔2022〕62 号	部门工作文件	法制工作综合规定
27	2022 年 3 月 28 日	住房和城乡建设部、生态环境部、国家发展改革委、水利部关于印发深入打好城市黑臭水体治理攻坚战实施方案的通知	住房和城乡建设部、生态环境部、国家发展和改革委员会（含原国家发展计划委员会、原国家计划委员会）、水利部	建城〔2022〕29 号	部门工作文件	污染防治、城市规划与开发建设
28	2022 年 3 月 28 日	自然资源部、生态环境部、公安部、应急管理部、国家市场监督管理总局、国家能源局、国家矿山安全监察局关于印发打击“洗洞”盗采金矿专项整治行动工作方案的通知	自然资源部、生态环境部、公安部、应急管理部、国家市场监督管理总局、国家能源局、国家矿山安全监察局	自然资发〔2022〕61 号	部门工作文件	地质矿产综合规定

续表

序号	发布时间	名称	发布部门	发布号	效力级别	类别
29	2022 年 3 月 28 日	生态环境部关于印发《关于加强排污许可执法监管的指导意见》的通知	生态环境部	环执法〔2022〕23 号	部门规范性文件	环保综合规定
30	2022 年 3 月 29 日	生态环境部办公厅、发展改革委办公厅、工业和信息化部办公厅关于推荐清洁生产先进技术的通知	生态环境部、国家发展和改革委员会(含原国家发展计划委员会、原国家计划委员会)、工业和信息化部	环办科财函〔2022〕137 号	部门工作文件	环保综合规定
31	2022 年 4 月 1 日	生态环境部关于印发《"十四五"环境影响评价与排污许可工作实施方案》的通知	生态环境部	环环评〔2022〕26 号	部门工作文件	环保综合规定
32	2022 年 4 月 6 日	尾矿污染环境防治管理办法	生态环境部	中华人民共和国生态环境部令第 26 号	部门规章	环保综合规定
33	2022 年 4 月 9 日	国家发展改革委等部门关于发布《煤炭清洁高效利用重点领域标杆水平和基准水平(2022 年版)》的通知	国家发展和改革委员会(含原国家发展计划委员会、原国家计划委员会)、工业和信息化部、生态环境部、住房和城乡建设部、国家市场监督管理总局、国家能源局	发改运行〔2022〕559 号	部门工作文件	煤炭工业管理

续表

序号	发布时间	名称	发布部门	发布号	效力级别	类别
34	2022年4月11日	财政部、生态环境部关于印发《土壤污染防治资金管理办法》的通知(2022年修订)	财政部、生态环境部	财资环〔2022〕28号	部门规范性文件	污染防治
35	2022年4月15日	生态环境部关于发布《水质6种邻苯二甲酸酯类化合物的测定液相色谱-三重四极杆质谱法》等三项国家生态环境标准的公告	生态环境部	生态环境部公告2022年第6号	部门工作文件	环境标准
36	2022年4月22日	国家发展改革委、国家统计局、生态环境部印发《关于加快建立统一规范的碳排放统计核算体系实施方案》的通知	国家发展和改革委员会(含原国家发展计划委员会、原国家计划委员会)、国家统计局、生态环境部	发改环资〔2022〕622号	部门工作文件	环保综合规定
37	2022年4月24日	生态环境部办公厅关于发布“十四五”时期“无废城市”建设名单的通知	生态环境部	环办固体函〔2022〕164号	部门工作文件	环保综合规定
38	2022年4月26日	生态环境部、最高人民法院、最高人民检察院、科学技术部、公安部、司法部、财政部、自然资源部、住房和城乡建设部、水利部、农业农村部、国家卫生健康委员会、国家市场监督管理总局、国家林业和草原局关于印发《生态环境损害赔偿管理规定》的通知	生态环境部、最高人民法院、最高人民检察院、科学技术部、公安部、司法部、财政部、自然资源部、住房和城乡建设部、水利部、农业农村部、国家卫生健康委员会、国家市场监督管理总局、国家林业和草原局	环法规〔2022〕31号	部门规范性文件	环保综合规定

续表

序号	发布时间	名称	发布部门	发布号	效力级别	类别
39	2022 年 4 月 26 日	生态环境部办公厅、发展改革委办公厅、国家开发银行办公室关于同意开展第二批生态环境导向的开发(EOD)模式试点的通知	生态环境部、国家发展和改革委员会(含原国家发展计划委员会、原国家计划委员会)、国家开发银行	环办科财函〔2022〕172 号	部门工作文件	环保综合规定
40	2022 年 4 月 27 日	生态环境部关于发布《排污单位自行监测技术指南 稀有稀土金属冶炼》等 13 项国家生态环境标准的公告	生态环境部	生态环境部公告 2022 年第 7 号	部门工作文件	环境标准
41	2022 年 4 月 29 日	生态环境部办公厅、发展改革委办公厅关于推荐清洁生产审核创新试点项目的通知	生态环境部、国家发展和改革委员会(含原国家发展计划委员会、原国家计划委员会)	环办科财函〔2022〕178 号	部门工作文件	环保综合规定
42	2022 年 5 月 10 日	生态环境部、国家发展和改革委员会、科学技术部等关于印发《国家适应气候变化战略 2035》的通知	生态环境部、国家发展和改革委员会(含原国家发展计划委员会、原国家计划委员会)、科学技术部、财政部、自然资源部、住房和城乡建设部、交通运输部、水利部、农业农村部、文化和旅游部、国家卫生健康委员会、应急管理部、中国人民银行、中国科学院、中国气象局、国家能源局、国家林业和草原局	环气候〔2022〕41 号	部门工作文件	气象综合规定

续表

序号	发布时间	名称	发布部门	发布号	效力级别	类别
43	2022 年 5 月 10 日	生态环境部关于发布国家生态环境标准《土壤环境 词汇》的公告	生态环境部	生态环境部公告 2022 年第 8 号	部门工作文件	环境标准
44	2022 年 5 月 20 日	住房城乡建设部、农业农村部、发展改革委、生态环境部、乡村振兴局、供销合作总社关于进一步加强农村生活垃圾收运处置体系建设管理的通知	住房和城乡建设部、农业农村部、国家发展和改革委员会(含原国家发展计划委员会、原国家计划委员会)、生态环境部、国家乡村振兴局、全国供销合作总社	建村〔2022〕44 号	部门工作文件	公共场所与环境卫生
45	2022 年 5 月 20 日	生态环境部关于发布《尾矿库污染隐患排查治理工作指南(试行)》的公告	生态环境部	生态环境部公告 2022 年第 10 号	部门工作文件	污染防治
46	2022 年 5 月 24 日	生态环境部办公厅关于印发《地下水污染可渗透反应格栅技术指南(试行)》等 4 项技术文件的通知	生态环境部	环办土壤〔2022〕16 号	部门工作文件	环保综合规定
47	2022 年 5 月 31 日	生态环境部关于发布国家生态环境标准《废塑料污染控制技术规范》的公告	生态环境部	生态环境部公告 2022 年第 12 号	部门工作文件	环境标准

续表

序号	发布时间	名称	发布部门	发布号	效力级别	类别
48	2022 年 5 月 31 日	外来入侵物种管理办法	农业农村部、自然资源部、生态环境部、海关总署	中华人民共和国农业农村部、中华人民共和国自然资源部、中华人民共和国生态环境部、中华人民共和国海关总署令 2022 年第 4 号	部门规章	进出口商品检验、进出口商品监督与管理
49	2022 年 6 月 6 日	生态环境部关于发布国家生态环境标准《化学物质环境管理化学物质测试术语》的公告	生态环境部	生态环境部公告 2022 年第 13 号	部门工作文件	环境标准
50	2022 年 6 月 7 日	生态环境部办公厅关于进一步推进危险废物环境管理信息化有关工作的通知	生态环境部	环办固体函〔2022〕230 号	部门工作文件	环保综合规定
51	2022 年 6 月 7 日	生态环境部办公厅关于高效统筹疫情防控和经济社会发展调整 2022 年企业温室气体排放报告管理相关重点工作任务的通知	生态环境部	环办气候函〔2022〕229 号	部门工作文件	环保综合规定
52	2022 年 6 月 9 日	生态环境部办公厅关于印发《重特大突发环境事件空气应急监测工作规程》的通知	生态环境部	环办监测函〔2022〕231 号	部门规范性文件	环境监测

续表

序号	发布时间	名称	发布部门	发布号	效力级别	类别
53	2022 年 6 月 10 日	生态环境部、国家发展和改革委员会、工业和信息化部、住房和城乡建设部、交通运输部、农业农村部、国家能源局关于印发《减污降碳协同增效实施方案》的通知	生态环境部、国家发展和改革委员会（含原国家发展计划委员会、原国家计划委员会）、工业和信息化部、住房和城乡建设部、交通运输部、农业农村部、国家能源局	环综合〔2022〕42 号	部门工作文件	环保综合规定
54	2022 年 6 月 11 日	生态环境部、国家发展和改革委员会、自然资源部、水利部关于印发《黄河流域生态环境保护规划》的通知	生态环境部、国家发展和改革委员会（含原国家发展计划委员会、原国家计划委员会）、自然资源部、水利部	无	部门工作文件	环保综合规定
55	2022 年 6 月 24 日	科技部等九部门关于印发《科技支撑碳达峰碳中和实施方案（2022—2030 年）》的通知	科学技术部、国家发展和改革委员会（含原国家发展计划委员会、原国家计划委员会）、工业和信息化部、生态环境部、住房和城乡建设部、交通运输部、中国科学院、中国工程院、国家能源局	国科发社〔2022〕157 号	部门工作文件	科技综合规定与体改

续表

序号	发布时间	名称	发布部门	发布号	效力级别	类别
56	2022 年 6 月 28 日	中国清洁发展机制基金管理办法(2022年)	财政部、生态环境部、国家发展和改革委员会(含原国家发展计划委员会、原国家计划委员会)、外交部、科学技术部、农业农村部、中国气象局	中华人民共和国财政部、中华人民共和国生态环境部、中华人民共和国国家发展和改革委员会、中华人民共和国外交部、中华人民共和国科学技术部、中华人民共和国农业农村部、中国气象局令第111号	部门规章	基金
57	2022 年 7 月 7 日	工业和信息化部、发展改革委、生态环境部关于印发工业领域碳达峰实施方案的通知	工业和信息化部、国家发展和改革委员会(含原国家发展计划委员会、原国家计划委员会)、生态环境部	工信部联节〔2022〕88 号	部门工作文件	环保综合规定
58	2022 年 7 月 7 日	生态环境部关于发布国家生态环境标准《报废机动车拆解企业污染控制技术规范》的公告	生态环境部	生态环境部公告 2022 年第 16 号	部门工作文件	环境标准

续表

序号	发布时间	名称	发布部门	发布号	效力级别	类别
59	2022 年 7 月 7 日	生态环境部关于发布《建设用地土壤污染状况初步调查监督检查工作指南（试行）》《建设用地土壤污染状况调查质量控制技术规定（试行）》的公告	生态环境部	生态环境部公告 2022 年第 17 号	部门工作文件	环保综合规定
60	2022 年 7 月 11 日	水利部办公厅关于做好 2022 年度重点河湖生态流量管理工作的通知	水利部	办资管〔2022〕210 号	部门工作文件	水资源
61	2022 年 7 月 18 日	生态环境部关于发布国家生态环境标准《海洋生物水质基准推导技术指南（试行）》的公告	生态环境部	生态环境部公告 2022 年第 19 号	部门工作文件	环保综合规定
62	2022 年 7 月 19 日	生态环境部关于深入优化生态环境保护执法方式助力稳住经济大盘有关情况的通报	生态环境部	环办执法函〔2022〕292 号	部门工作文件	环保综合规定
63	2022 年 7 月 19 日	生态环境部关于发布《污染物排放自动监测设备标记规则》的公告	生态环境部	生态环境部公告 2022 年第 21 号	部门规范性文件	污染防治
64	2022 年 7 月 25 日	生态环境部、林草局关于印发《生态环境损害鉴定评估技术指南　森林（试行）》的通知	生态环境部、国家林业和草原局	环法规〔2022〕48 号	部门工作文件	环保综合规定

续表

序号	发布时间	名称	发布部门	发布号	效力级别	类别
65	2022 年 7 月 27 日	交通运输部、国家发展改革委、自然资源部、生态环境部、国家林业和草原局关于加强沿海和内河港口航道规划建设进一步规范和强化资源要素保障的通知	交通运输部、国家发展和改革委员会(含原国家发展计划委员会、原国家计划委员会)、自然资源部、生态环境部、国家林业和草原局	交规划发〔2022〕79 号	部门工作文件	港口港务
66	2022 年 7 月 27 日	生态环境部办公厅关于印发《“十四五”环境健康工作规划》的通知	生态环境部	环办法规〔2022〕17 号	部门工作文件	环保综合规定
67	2022 年 7 月 28 日	自然资源部办公厅关于进一步加强黑土耕地保护的通知	自然资源部	自然资办函〔2022〕1531 号	部门工作文件	土地综合规定
68	2022 年 8 月 5 日	生态环境部、最高人民法院、最高人民检察院、国家发展和改革委员会、工业和信息化部、公安部、自然资源部、住房和城乡建设部、水利部、农业农村部、中国气象局、国家林业和草原局关于印发《黄河生态保护治理攻坚战行动方案》的通知	生态环境部、最高人民法院、最高人民检察院、国家发展和改革委员会(含原国家发展计划委员会、原国家计划委员会)、工业和信息化部、公安部、自然资源部、住房和城乡建设部、水利部、农业农村部、中国气象局、国家林业和草原局	环综合〔2022〕51 号	部门工作文件	自然保护

续表

序号	发布时间	名称	发布部门	发布号	效力级别	类别
69	2022年8月10日	农业农村部、国家发展改革委、科技部、财政部、自然资源部、生态环境部、水利部、国家林草局关于公布第三批国家农业绿色发展先行区创建名单的通知	农业农村部、国家发展和改革委员会（含原国家发展计划委员会、原国家计划委员会）、科学技术部、财政部、自然资源部、生态环境部、水利部、国家林业和草原局	农规发〔2022〕22号	部门工作文件	农业管理
70	2022年8月16日	自然资源部、生态环境部、国家林业和草原局关于加强生态保护红线管理的通知（试行）	自然资源部、生态环境部、国家林业和草原局	自然资发〔2022〕142号	部门规范性文件	森林资源、自然保护
71	2022年8月19日	国家机关事务管理局、住房和城乡建设部、国家发展和改革委员会、生态环境部关于深入推进公共机构生活垃圾分类和资源循环利用示范工作的通知	国家机关事务管理局（原国务院机关事务管理局）、住房和城乡建设部、国家发展和改革委员会（含原国家发展计划委员会、原国家计划委员会）、生态环境部	国管节能〔2022〕249号	部门工作文件	环保综合规定、资源综合利用

续表

序号	发布时间	名称	发布部门	发布号	效力级别	类别
72	2022 年 8 月 19 日	中国人民银行、发展改革委、财政部、生态环境部、银保监会、证监会关于印发《重庆市建设绿色金融改革创新试验区总体方案》的通知	中国人民银行、国家发展和改革委员会(含原国家发展计划委员会、原国家计划委员会)、财政部、生态环境部、中国银行保险监督管理委员会(已撤销)、中国证券监督管理委员会	银发〔2022〕180 号	部门工作文件	银行类金融机构
73	2022 年 8 月 21 日	生态环境部关于发布《生态环境档案分类表》等两项国家生态环境标准的公告	生态环境部	生态环境部公告 2022 年第 22 号	部门工作文件	环保综合规定
74	2022 年 8 月 22 日	工业和信息化部等七部门关于印发信息通信行业绿色低碳发展行动计划(2022—2025 年)的通知	工业和信息化部、国家发展和改革委员会(含原国家发展计划委员会、原国家计划委员会)、财政部、生态环境部、住房和城乡建设部、国务院国有资产监督管理委员会、国家能源局	工信部联通信〔2022〕103 号	部门工作文件	通信
75	2022 年 8 月 24 日	生态环境部关于 2022 年上半年全国水环境情况通报的函	生态环境部	环办水体函〔2022〕338 号	部门工作文件	环保综合规定

续表

序号	发布时间	名称	发布部门	发布号	效力级别	类别
76	2022年8月30日	自然资源部关于《矿产资源节约和综合利用先进适用技术目录(2022年版)》的公告	自然资源部	自然资源部公告2022年第68号	部门工作文件	矿产资源开采
77	2022年8月31日	生态环境部、国家发展和改革委员会、最高人民法院、最高人民检察院、科学技术部、工业和信息化部、公安部、财政部、人力资源和社会保障部、自然资源部、住房和城乡建设部、交通运输部、水利部、农业农村部、应急管理部、国家林业和草原局、国家矿山安全监察局关于印发《深入打好长江保护修复攻坚战行动方案》的通知	生态环境部、国家发展和改革委员会(含原国家发展计划委员会、原国家计划委员会)、最高人民法院、最高人民检察院、科学技术部、工业和信息化部、公安部、财政部、人力资源和社会保障部、自然资源部、住房和城乡建设部、交通运输部、水利部、农业农村部、应急管理部、国家林业和草原局、国家矿山安全监察局	环水体〔2022〕55号	部门工作文件	环保综合规定
78	2022年9月1日	财政部办公厅、自然资源部办公厅关于组织申报2023年海洋生态保护修复工程项目的通知	财政部、自然资源部	财办资环〔2022〕39号	部门工作文件	财政综合规定

续表

序号	发布时间	名称	发布部门	发布号	效力级别	类别
79	2022 年 9 月 6 日	生态环境部办公厅关于印发《环境空气中消耗臭氧层物质和含氟温室气体手工监测技术规范》和《背景大气中受控卤代化合物低温预浓缩/气相色谱—质谱法连续自动监测技术规范(试行)》的通知	生态环境部	环办监测〔2022〕20 号	部门工作文件	环境监测
80	2022 年 9 月 15 日	生态环境部办公厅关于做好生态环境保护综合行政执法岗位培训工作的通知	生态环境部	环办执法〔2022〕21 号	部门工作文件	环保综合规定
81	2022 年 9 月 19 日	科技部、生态环境部、住房和城乡建设部、气象局、林草局关于印发《"十四五"生态环境领域科技创新专项规划》的通知	科学技术部、生态环境部、住房和城乡建设部、中国气象局、国家林业和草原局	国科发社〔2022〕238 号	部门工作文件	环保综合规定
82	2022 年 9 月 22 日	农业农村部办公厅、国家发展改革委办公厅、生态环境部办公厅、中国人民银行办公厅、中华全国供销合作总社办公厅关于印发《建设国家农业绿色发展先行区 促进农业现代化示范区全面绿色转型实施方案》的通知	农业农村部、国家发展和改革委员会(含原国家发展计划委员会、原国家计划委员会)、生态环境部、中国人民银行、全国供销合作总社	农办规〔2022〕15 号	部门工作文件	农业管理

续表

序号	发布时间	名称	发布部门	发布号	效力级别	类别
83	2022年9月22日	国家发展改革委、住房城乡建设部、生态环境部关于印发《污泥无害化处理和资源化利用实施方案》的通知	国家发展和改革委员会(含原国家发展计划委员会、原国家计划委员会)、住房和城乡建设部、生态环境部	发改环资〔2022〕1453号	部门工作文件	资源综合利用
84	2022年9月24日	生态环境部办公厅关于印发《全国农业面源污染监测评估实施方案(2022—2025年)》的通知	生态环境部	环办监测〔2022〕23号	部门工作文件	环境监测
85	2022年9月27日	工业和信息化部、发展改革委、财政部、生态环境部、交通运输部关于加快内河船舶绿色智能发展的实施意见	工业和信息化部、国家发展和改革委员会(含原国家发展计划委员会、原国家计划委员会)、财政部、生态环境部、交通运输部	工信部联重装〔2022〕131号	部门规范性文件	交通运输综合规定、船舶
86	2022年10月10日	自然资源部关于《耕地保护法(草案)》(征求意见稿)公开征求意见情况的公告	自然资源部	无	部门工作文件	机关工作综合规定
87	2022年10月13日	国家林业和草原局、自然资源部关于印发《全国湿地保护规划(2022—2030年)》的通知	国家林业和草原局、自然资源局	林规发〔2022〕99号	部门工作文件	环保综合规定

续表

序号	发布时间	名称	发布部门	发布号	效力级别	类别
88	2022 年 10 月 18 日	市场监管总局、国家发展改革委、工业和信息化部、自然资源部、生态环境部、住房城乡建设部、交通运输部、中国气象局、国家林草局关于印发建立健全碳达峰碳中和标准计量体系实施方案的通知	国家市场监督管理总局、国家发展和改革委员会(含原国家发展计划委员会、原国家计划委员会)、工业和信息化部、自然资源部、生态环境部、住房和城乡建设部、交通运输部、中国气象局、国家林业和草原局	国市监计量发〔2022〕92 号	部门工作文件	环保综合规定
89	2022 年 10 月 22 日	生态环境部关于发布《印刷工业大气污染物排放标准》等四项国家大气污染物排放标准的公告	生态环境部	生态环境部公告 2022 年第 24 号	部门工作文件	环境标准
90	2022 年 10 月 27 日	生态环境部、国家发展和改革委员会、工业和信息化部、公安部、司法部、财政部、自然资源部、住房和城乡建设部、交通运输部、水利部、农业农村部、商务部、审计署、国家市场监督管理总局、国家能源局、国家林业和草原局、最高人民法院、最高人民检察院关于印发《关于推动职能部门做好生态环境保护工作的意见》的通知	生态环境部、国家发展和改革委员会(含原国家发展计划委员会、原国家计划委员会)、工业和信息化部、公安部、司法部、财政部、自然资源部、住房和城乡建设部、交通运输部、水利部、农业农村部、商务部、审计署、国家市场监督管理总局、国家能源局、国家林业和草原局、最高人民法院、最高人民检察院	环督察〔2022〕58 号	部门规范性文件	环保综合规定

续表

序号	发布时间	名称	发布部门	发布号	效力级别	类别
91	2022年11月2日	工业和信息化部、国家发展和改革委员会、生态环境部、住房和城乡建设部关于印发建材行业碳达峰实施方案的通知	工业和信息化部、国家发展和改革委员会(含原国家发展计划委员会、原国家计划委员会)、生态环境部、住房和城乡建设部	工信部联原〔2022〕149号	部门工作文件	建材产品
92	2022年11月7日	生态环境部办公厅关于印发《美丽河湖保护与建设参考指标(试行)》的通知	生态环境部	环办水体函〔2022〕416号	部门工作文件	环保综合规定
93	2022年11月10日	工业和信息化部、国家发展和改革委员会、生态环境部关于印发有色金属行业碳达峰实施方案的通知	工业和信息化部、国家发展和改革委员会(含原国家发展计划委员会、原国家计划委员会)、生态环境部	工信部联原〔2022〕153号	部门工作文件	环保综合规定
94	2022年11月10日	生态环境部、国家发展和改革委员会、科学技术部、工业和信息化部、公安部、财政部、住房和城乡建设部、交通运输部、农业农村部、商务部、海关总署、国家市场监督管理总局、中国气象局、国家能源局、中国民用航空局关于印发《深入打好重污染天气消除、臭氧污染防治和柴油货车污染治理攻坚战行动方案》的通知	生态环境部、国家发展和改革委员会(含原国家发展计划委员会、原国家计划委员会)、科学技术部、工业和信息化部、公安部、财政部、住房和城乡建设部、交通运输部、农业农村部、商务部、海关总署、国家市场监督管理总局、中国气象局、国家能源局、中国民用航空局	环大气〔2022〕68号	部门工作文件	环保综合规定

续表

序号	发布时间	名称	发布部门	发布号	效力级别	类别
95	2022 年 11 月 14 日	国家发展改革委等部门关于加强县级地区生活垃圾焚烧处理设施建设的指导意见	国家发展和改革委员会(含原国家发展计划委员会、原国家计划委员会)、住房和城乡建设部、生态环境部、财政部、中国人民银行	发改环资〔2022〕1746 号	部门规范性文件	环保综合规定
96	2022 年 11 月 18 日	生态环境部关于命名第六批生态文明建设示范区的公告	生态环境部	生态环境部公告 2022 年第 26 号	部门工作文件	环保综合规定
97	2022 年 11 月 18 日	生态环境部关于命名第六批“绿水青山就是金山银山”实践创新基地的公告	生态环境部	生态环境部公告 2022 年第 27 号	部门工作文件	环保综合规定
98	2022 年 11 月 18 日	生态环境部关于表彰“2020—2021 绿色中国年度人物”的公告	生态环境部	生态环境部公告 2022 年第 29 号	部门工作文件	机关工作综合规定
99	2022 年 11 月 25 日	生态环境部、商务部、科技部关于同意张家港经济技术开发区等 8 家园区命名为生态文明建设示范区(生态工业园区)的通知	生态环境部、商务部、科学技术部	环科财〔2022〕72 号	部门工作文件	环保综合规定
100	2022 年 11 月 25 日	生态环境部关于发布国家生态环境标准《快递包装废物污染控制技术指南》和《生物质废物堆肥污染控制技术规范》的公告	生态环境部	生态环境部公告 2022 年第 30 号	部门工作文件	环境标准

续表

序号	发布时间	名称	发布部门	发布号	效力级别	类别
101	2022年11月28日	生态环境部办公厅关于印发《炼焦化学工业企业土壤污染隐患排查技术指南》的通知	生态环境部	环办土壤函〔2022〕455号	部门工作文件	化学工业管理
102	2022年11月28日	环境监管重点单位名录管理办法	生态环境部	中华人民共和国生态环境部令第27号	部门规章	环境监测
103	2022年12月1日	生态环境部关于发布国家生态环境标准《生态环境统计技术规范 排放源统计》的公告	生态环境部	生态环境部公告2022年第31号	部门工作文件	环保综合规定
104	2022年12月2日	国家林业和草原局、自然资源部、生态环境部、住房和城乡建设部、水利部、农业农村部关于印发《重要湿地修复方案编制指南》的通知	国家林业和草原局、自然资源部、生态环境部、住房和城乡建设部、水利部、农业农村部	林湿发〔2022〕125号	部门工作文件	自然保护
105	2022年12月12日	工业和信息化部、国家发展改革委、住房城乡建设部、水利部关于深入推进黄河流域工业绿色发展的指导意见	工业和信息化部、国家发展和改革委员会（含原国家发展计划委员会、原国家计划委员会）、住房和城乡建设部、水利部	工信部联节〔2022〕169号	部门规范性文件	水资源、环保综合规定

续表

序号	发布时间	名称	发布部门	发布号	效力级别	类别
106	2022 年 12 月 16 日	生态环境部办公厅、水利部办公厅关于贯彻落实《国务院办公厅关于加强入河入海排污口监督管理工作的实施意见》的通知	生态环境部、水利部	环办水体〔2022〕34 号	部门工作文件	污染防治
107	2022 年 12 月 19 日	生态环境部办公厅关于印发《国家重点推广的低碳技术目录(第四批)》的通知	生态环境部	环办气候函〔2022〕484 号	部门工作文件	环保综合规定
108	2022 年 12 月 19 日	生态环境部办公厅关于印发《企业温室气体排放核算与报告指南　发电设施》《企业温室气体排放核查技术指南　发电设施》的通知	生态环境部	环办气候函〔2022〕485 号	部门工作文件	环保综合规定
109	2022 年 12 月 21 日	生态环境部办公厅关于印发《建设用地土壤污染修复目标值制定指南(试行)》的通知	生态环境部	环办土壤函〔2022〕488 号	部门工作文件	污染防治
110	2022 年 12 月 22 日	生态环境部办公厅关于核发 2023 年度消耗臭氧层物质生产和使用配额的通知	生态环境部	环办大气〔2022〕33 号	部门工作文件	污染防治

续表

序号	发布时间	名称	发布部门	发布号	效力级别	类别
111	2022年12月20日	农业农村部、自然资源部、生态环境部、住房和城乡建设部、海关总署、国家林草局公告（第567号）《重点管理外来入侵物种名录》	农业农村部、自然资源部、生态环境部、住房和城乡建设部、海关总署、国家林业和草原局	农业农村部、自然资源部、生态环境部、住房和城乡建设部、海关总署、国家林草局公告第567号	部门规范性文件	农业管理
112	2022年12月24日	生态环境部关于发布国家生态环境标准《失活脱硝催化剂再生污染控制技术规范》和《含铬皮革废料污染控制技术规范》的公告	生态环境部	生态环境部公告2022年第35号	部门工作文件	环境标准
113	2022年12月24日	生态环境部关于发布国家生态环境标准《自然保护地人类活动遥感解译审核与质量控制技术规程》的公告	生态环境部	生态环境部公告2022年第36号	部门工作文件	环境标准
114	2022年12月24日	生态环境部关于发布国家生态环境标准《生态保护修复成效评估技术指南（试行）》的公告	生态环境部	生态环境部公告2022年第37号	部门工作文件	环境标准
115	2022年12月27日	生态环境部办公厅关于印发流域海域局入河排污口设置审批范围划分方案的通知	生态环境部	环办水体函〔2022〕493号	部门工作文件	环保综合规定

续表

序号	发布时间	名称	发布部门	发布号	效力级别	类别
116	2022 年 12 月 27 日	生态环境部关于印发《生态保护红线生态环境监督办法(试行)》的通知	生态环境部	国环规生态〔2022〕2 号	部门规范性文件	环保综合规定
117	2022 年 12 月 28 日	生态环境部、交通运输部关于推进原油成品油码头和油船挥发性有机物治理工作的通知	生态环境部、交通运输部	环大气〔2022〕76 号	部门工作文件	石油工业管理、污染防治
118	2022 年 12 月 29 日	重点管控新污染物清单(2023 年版)	生态环境部、工业和信息化部、农业农村部、商务部、海关总署、国家市场监督管理总局	中华人民共和国生态环境部、中华人民共和国工业和信息化部、中华人民共和国农业农村部、中华人民共和国商务部、中华人民共和国海关总署、国家市场监督管理总局令第 28 号	部门规章	污染防治
119	2022 年 12 月 29 日	生态环境部办公厅关于印发 2022 年《国家先进污染防治技术目录(水污染防治领域)》的通知	生态环境部	环办科财函〔2022〕500 号	部门工作文件	环保综合规定

续表

序号	发布时间	名称	发布部门	发布号	效力级别	类别
120	2022年12月30日	生态环境部关于发布国家生态环境标准《危险废物识别标志设置技术规范》的公告	生态环境部	生态环境部公告2022年第38号	部门工作文件	环境标准
121	2022年12月30日	国家发展改革委、住房城乡建设部、生态环境部印发《关于推进建制镇生活污水垃圾处理设施建设和管理的实施方案》的通知	国家发展和改革委员会(含原国家发展计划委员会、原国家计划委员会)、住房和城乡建设部、生态环境部	发改环资〔2022〕1932号	部门工作文件	环保综合规定

(二)地方性环境立法

序号	发布时间	名称	发布部门	发布号	效力级别	类别
1	2022年1月8日	河南省南水北调饮用水水源保护条例	河南省人民代表大会	河南省人民代表大会公告第4号	地方性法规	水资源
2	2022年1月10日	北京市种子条例	北京市人民代表大会	北京市人民代表大会公告第5号	地方性法规	种子
3	2022年1月13日	青海省可可西里自然遗产地保护条例(2022年修正)	青海省人民代表大会常务委员会	青海省人民代表大会常务委员会公告第56号	地方性法规	自然保护
4	2022年1月13日	青海湖流域生态环境保护条例(2022年修正)	青海省人民代表大会常务委员会	青海省人民代表大会常务委员会公告第56号	地方性法规	自然保护
5	2022年1月19日	湖南省实施《中华人民共和国土地管理法》办法(2022年)	湖南省人民代表大会	湖南省第十三届人民代表大会第五次会议公告第5号	地方性法规	土地综合规定

续表

序号	发布时间	名称	发布部门	发布号	效力级别	类别
6	2022 年 1 月 23 日	宁夏回族自治区建设黄河流域生态保护和高质量发展先行区促进条例	宁夏回族自治区人民代表大会	宁夏回族自治区第十二届人民代表大会公告第 1 号	地方性法规	自然保护
7	2022 年 1 月 23 日	山西省汾河保护条例	山西省人民代表大会	山西省第十三届人民代表大会第六次会议公告第 4 号	地方性法规	环保综合规定
8	2022 年 1 月 23 日	云南省土壤污染防治条例	云南省人民代表大会	云南省第十三届人民代表大会第五次会议公告第 2 号	地方性法规	污染防治
9	2022 年 3 月 25 日	安徽省实施《中华人民共和国渔业法》办法(2022 年修正)	安徽省人民代表大会常务委员会	安徽省人民代表大会常务委员会公告第 64 号	地方性法规	渔业管理
10	2022 年 3 月 25 日	安徽省湖泊管理保护条例(2022 年修正)	安徽省人民代表大会常务委员会	安徽省人民代表大会常务委员会公告第 64 号	地方性法规	水资源
11	2022 年 3 月 25 日	安徽省实施《中华人民共和国水法》办法(2022 年修正)	安徽省人民代表大会常务委员会	安徽省人民代表大会常务委员会公告第 64 号	地方性法规	水资源
12	2022 年 3 月 25 日	安徽省实施《中华人民共和国防洪法》办法(2022 年修正)	安徽省人民代表大会常务委员会	安徽省人民代表大会常务委员会公告第 64 号	地方性法规	防汛抗旱

续表

序号	发布时间	名称	发布部门	发布号	效力级别	类别
13	2022年3月25日	安徽省水工程管理和保护条例(2022年修正)	安徽省人民代表大会常务委员会	安徽省人民代表大会常务委员会公告第64号	地方性法规	水利工程
14	2022年3月25日	安徽省林木种子条例(2022年修正)	安徽省人民代表大会常务委员会	安徽省人民代表大会常务委员会公告第64号	地方性法规	种子
15	2022年3月25日	安徽省节约用水条例(2022年修正)	安徽省人民代表大会常务委员会	安徽省人民代表大会常务委员会公告第64号	地方性法规	水资源
16	2022年3月29日	青海省生态环境保护条例	青海省人民代表大会常务委员会	青海省人民代表大会常务委员会公告第58号	地方性法规	环保综合规定
17	2022年3月29日	江西省实施《中华人民共和国土地管理法》办法(2022年修订)	江西省人民代表大会常务委员会	江西省第十三届人民代表大会常务委员会公告129号	地方性法规	土地综合规定
18	2022年3月30日	天津市绿化条例(2022年修正)	天津市人民代表大会常务委员会	天津市人民代表大会常务委员会公告第98号	地方性法规	植树造林与绿化
19	2022年3月30日	河北省大运河文化遗产保护利用条例	河北省人民代表大会常务委员会	河北省第十三届人民代表大会常务委员会公告第115号	地方性法规	水利综合规定
20	2022年3月30日	河北省土地管理条例(2022年修订)	河北省人民代表大会常务委员会	河北省第十三届人民代表大会常务委员会公告第116号	地方性法规	土地综合规定
21	2022年3月30日	福建省生态环境保护条例	福建省人民代表大会常务委员会	福建省人民代表大会常务委员会公告〔13届〕第69号	地方性法规	环保综合规定

续表

序号	发布时间	名称	发布部门	发布号	效力级别	类别
22	2022 年 3 月 30 日	山东省机动车排气污染防治条例(2022 年修正)	山东省人民代表大会常务委员会	山东省人民代表大会常务委员会公告第 204 号	地方性法规	污染防治
23	2022 年 3 月 31 日	甘肃省草原条例(2022 年修订)	甘肃省人民代表大会常务委员会	甘肃省人民代表大会常务委员会公告第 98 号	地方性法规	草原管理
24	2022 年 3 月 31 日	湖北省林地管理条例(2022 年修正)	湖北省人民代表大会常务委员会	湖北省人民代表大会常务委员会公告第 309 号	地方性法规	林业资源保护
25	2022 年 3 月 31 日	湖北省水污染防治条例(2022 年修正)	湖北省人民代表大会常务委员会	湖北省人民代表大会常务委员会公告第 309 号	地方性法规	污染防治
26	2022 年 4 月 1 日	四川省水资源条例	四川省人民代表大会常务委员会	四川省第十三届人民代表大会常务委员会公告第 110 号	地方性法规	水资源
27	2022 年 4 月 21 日	辽宁省大气污染防治条例(2022 年修正)	辽宁省人民代表大会常务委员会	辽宁省人民代表大会常务委员会公告〔13 届〕第 92 号	地方性法规	污染防治
28	2022 年 4 月 21 日	辽宁省水污染防治条例(2022 年修正)	辽宁省人民代表大会常务委员会	辽宁省人民代表大会常务委员会公告〔13 届〕第 92 号	地方性法规	污染防治
29	2022 年 4 月 21 日	辽宁省环境保护条例(2022 年修正)	辽宁省人民代表大会常务委员会	辽宁省人民代表大会常务委员会公告〔13 届〕第 92 号	地方性法规	环保综合规定
30	2022 年 5 月 13 日	广西壮族自治区固体废物污染环境防治条例	广西壮族自治区人民代表大会常务委员会	广西壮族自治区人大常委会公告 13 届第 69 号	地方性法规	污染防治

续表

序号	发布时间	名称	发布部门	发布号	效力级别	类别
31	2022 年 5 月 25 日	北京中轴线文化遗产保护条例	北京市人民代表大会常务委员会	北京市人民代表大会常务委员会公告〔15 届〕第 75 号	地方性法规	文物与古迹保护
32	2022 年 5 月 26 日	内蒙古自治区人工影响天气管理条例	内蒙古自治区人民代表大会常务委员会	内蒙古自治区第十三届人民代表大会常务委员会公告第 79 号	地方性法规	气象综合规定
33	2022 年 5 月 26 日	湖南省饮用水水源保护条例(2022 年修正)	湖南省人民代表大会常务委员会	湖南省第十三届人民代表大会常务委员会公告第 91 号	地方性法规	水资源
34	2022 年 5 月 26 日	湖南省水能资源开发利用管理条例(2022 年修正)	湖南省人民代表大会常务委员会	湖南省第十三届人民代表大会常务委员会公告第 91 号	地方性法规	水资源
35	2022 年 5 月 26 日	湖南省实施《中华人民共和国水法》办法(2022 年修正)	湖南省人民代表大会常务委员会	湖南省第十三届人民代表大会常务委员会公告第 91 号	地方性法规	水利综合规定
36	2022 年 5 月 27 日	浙江省生态环境保护条例	浙江省人民代表大会常务委员会	浙江省第十三届人民代表大会常务委员会公告第 71 号	地方性法规	环保综合规定
37	2022 年 5 月 27 日	安徽省实施《中华人民共和国土地管理法》办法(2022 年修订)	安徽省人民代表大会常务委员会	安徽省人民代表大会常务委员会公告第 65 号	地方性法规	土地综合规定
38	2022 年 5 月 27 日	福建省水土保持条例(2022 年修正)	福建省人民代表大会常务委员会	福建省人民代表大会常务委员会公告〔13 届〕第 80 号	地方性法规	水土保持

续表

序号	发布时间	名称	发布部门	发布号	效力级别	类别
39	2022 年 5 月 27 日	福建省土壤污染防治条例	福建省人民代表大会常务委员会	福建省人民代表大会常务委员会公告〔13 届〕第 79 号	地方性法规	污染防治
40	2022 年 5 月 27 日	福建省土地管理条例	福建省人民代表大会常务委员会	福建省人民代表大会常务委员会公告〔13 届〕第 77 号	地方性法规	土地综合规定
41	2022 年 5 月 31 日	江西省林长制条例	江西省人民代表大会常务委员会	江西省第十三届人民代表大会常务委员会公告第 135 号	地方性法规	林业管理
42	2022 年 5 月 31 日	海南省生态保护红线管理规定(2022 年修正)	海南省人民代表大会常务委员会	海南省人民代表大会常务委员会公告第 119 号	地方性法规	自然保护
43	2022 年 5 月 31 日	海南省古树名木保护管理规定(2022 年修正)	海南省人民代表大会常务委员会	海南省人民代表大会常务委员会公告第 118 号	地方性法规	林业资源保护
44	2022 年 5 月 31 日	海南省森林保护管理条例(2022 年修正)	海南省人民代表大会常务委员会	海南省人民代表大会常务委员会公告第 118 号	地方性法规	林业管理、林业资源保护
45	2022 年 5 月 31 日	海南省沿海防护林建设与保护规定(2022 年修正)	海南省人民代表大会常务委员会	海南省人民代表大会常务委员会公告第 118 号	地方性法规	林业管理、林业资源保护
46	2022 年 5 月 31 日	海南省自然保护区条例(2022 年修正)	海南省人民代表大会常务委员会	海南省人民代表大会常务委员会公告第 118 号	地方性法规	自然保护
47	2022 年 6 月 1 日	广东省土地管理条例	广东省人民代表大会常务委员会	广东省第十三届人民代表大会常务委员会公告第 113 号	地方性法规	土地综合规定

续表

序号	发布时间	名称	发布部门	发布号	效力级别	类别
48	2022 年 6 月 1 日	广东省全民义务植树条例(2022 年修正)	广东省人民代表大会常务委员会	广东省第十三届人民代表大会常务委员会公告第 111 号	地方性法规	植树造林与绿化
49	2022 年 6 月 2 日	宁夏回族自治区节约用水条例(2022 年修正)	宁夏回族自治区人民代表大会常务委员会	宁夏回族自治区人民代表大会常务委员会公告第 63 号	地方性法规	水资源
50	2022 年 6 月 2 日	甘肃省农村能源条例(2022 年修订)	甘肃省人民代表大会常务委员会	甘肃省人民代表大会常务委员会公告第 107 号	地方性法规	能源综合规定
51	2022 年 6 月 2 日	甘肃省气象条例(2022 年修订)	甘肃省人民代表大会常务委员会	甘肃省人民代表大会常务委员会公告第 111 号	地方性法规	气象综合规定
52	2022 年 6 月 2 日	甘肃省气象灾害防御条例(2022 年修订)	甘肃省人民代表大会常务委员会	甘肃省人民代表大会常务委员会公告第 112 号	地方性法规	气象综合规定
53	2022 年 6 月 9 日	四川省固体废物污染环境防治条例(2022 年修订)	四川省人民代表大会常务委员会	四川省第十三届人民代表大会常务委员会公告第 115 号	地方性法规	污染防治
54	2022 年 6 月 22 日	上海市浦东新区绿色金融发展若干规定	上海市人民代表大会常务委员会	上海市人民代表大会常务委员会公告〔15 届〕第 115 号	地方性法规	区域经济开发
55	2022 年 7 月 21 日	上海市环境保护条例(2022 年修正)	上海市人民代表大会常务委员会	上海市人民代表大会常务委员会公告〔15 届〕第 119 号	地方性法规	环保综合规定
56	2022 年 7 月 22 日	重庆市城市供水节水条例	重庆市人民代表大会常务委员会	重庆市人民代表大会常务委员会公告〔5 届〕第 195 号	地方性法规	水资源

续表

序号	发布时间	名称	发布部门	发布号	效力级别	类别
57	2022 年 7 月 26 日	江西省渔业条例(2022 年修正)	江西省人民代表大会常务委员会	江西省第十三届人民代表大会常务委员会公告 142 号	地方性法规	渔业管理
58	2022 年 7 月 26 日	江西省实施河长制湖长制条例(2022 年修正)	江西省人民代表大会常务委员会	江西省第十三届人民代表大会常务委员会公告 142 号	地方性法规	水利综合规定
59	2022 年 7 月 26 日	江西省气候资源保护和利用条例(2022 年修正)	江西省人民代表大会常务委员会	江西省第十三届人民代表大会常务委员会公告 142 号	地方性法规	气象综合规定
60	2022 年 7 月 26 日	江西省矿山生态修复与利用条例	江西省人民代表大会常务委员会	江西省第十三届人民代表大会常务委员会公告 139 号	地方性法规	地质矿产综合规定
61	2022 年 7 月 27 日	辽宁省林业有害生物防治条例	辽宁省人民代表大会常务委员会	辽宁省人民代表大会常务委员会公告〔13 届〕第 101 号	地方性法规	林业管理
62	2022 年 7 月 28 日	河北省港口污染防治条例	河北省人民代表大会常务委员会	河北省第十三届人民代表大会常务委员会公告第 125 号	地方性法规	污染防治
63	2022 年 7 月 28 日	吉林省机动车和非道路移动机械排放污染防治条例	吉林省人民代表大会常务委员会	吉林省第十三届人民代表大会常务委员会公告第 85 号	地方性法规	污染防治
64	2022 年 7 月 28 日	吉林省大气污染防治条例(2022 年修订)	吉林省人民代表大会常务委员会	吉林省第十三届人民代表大会常务委员会公告第 86 号	地方性法规	污染防治
65	2022 年 7 月 29 日	甘肃省循环经济促进条例(2022 年修订)	甘肃省人民代表大会常务委员会	甘肃省人民代表大会常务委员会公告第 127 号	地方性法规	机关工作综合规定

续表

序号	发布时间	名称	发布部门	发布号	效力级别	类别
66	2022年8月5日	新疆维吾尔自治区实施《中华人民共和国土地管理法》办法(2022年修订)	新疆维吾尔自治区人民代表大会常务委员会	新疆维吾尔自治区第十三届人民代表大会常务委员会公告第69号	地方性法规	土地综合规定
67	2022年9月21日	辽宁省城市供热条例(2022年修订)	辽宁省人民代表大会常务委员会	辽宁省人民代表大会常务委员会公告〔13届〕第106号	地方性法规	能源供应
68	2022年9月21日	山东省固体废物污染环境防治条例	山东省人民代表大会常务委员会	山东省人民代表大会常务委员会公告第234号	地方性法规	污染防治
69	2022年9月22日	上海市市容环境卫生管理条例(2022年修订)	上海市人民代表大会常务委员会	上海市人民代表大会常务委员会公告〔15届〕第126号	地方性法规	公共场所与环境卫生
70	2022年9月23日	北京市土壤污染防治条例	北京市人民代表大会常务委员会	北京市人民代表大会常务委员会公告〔15届〕第83号	地方性法规	污染防治
71	2022年9月26日	湖南省茶产业发展促进条例	湖南省人民代表大会常务委员会	湖南省第十三届人民代表大会常务委员会公告第103号	地方性法规	农业管理
72	2022年9月26日	湖南省实施《中华人民共和国固体废物污染环境防治法》办法(2022年修正)	湖南省人民代表大会常务委员会	湖南省第十三届人民代表大会常务委员会公告第101号	地方性法规	污染防治
73	2022年9月26日	湖南省人民代表大会常务委员会关于修改《湖南省实施〈中华人民共和国固体废物污染环境防治法〉办法》的决定(2022年)	湖南省人民代表大会常务委员会	湖南省第十三届人民代表大会常务委员会公告第101号	地方性法规	污染防治

续表

序号	发布时间	名称	发布部门	发布号	效力级别	类别
74	2022 年 9 月 27 日	天津市生态文明教育促进条例	天津市人民代表大会常务委员会	天津市人民代表大会常务委员会公告第 108 号	地方性法规	环保综合规定
75	2022 年 9 月 28 日	重庆市环境保护条例（2022 年修正）	重庆市人民代表大会常务委员会	重庆市人民代表大会常务委员会公告〔5 届〕第 202 号	地方性法规	环保综合规定
76	2022 年 9 月 28 日	重庆市公园管理条例（2022 年修正）	重庆市人民代表大会常务委员会	重庆市人民代表大会常务委员会公告〔5 届〕第 202 号	地方性法规	市政公用与路桥
77	2022 年 9 月 28 日	重庆市河道管理条例（2022 年修正）	重庆市人民代表大会常务委员会	重庆市人民代表大会常务委员会公告〔5 届〕第 202 号	地方性法规	水利综合规定
78	2022 年 9 月 28 日	重庆市建筑节能条例（2022 年修正）	重庆市人民代表大会常务委员会	重庆市人民代表大会常务委员会公告〔5 届〕第 202 号	地方性法规	建设综合规定
79	2022 年 9 月 28 日	重庆市风景名胜区条例(2022 年修正)	重庆市人民代表大会常务委员会	重庆市人民代表大会常务委员会公告〔5 届〕第 202 号	地方性法规	旅游景点管理
80	2022 年 9 月 28 日	内蒙古自治区固体废物污染环境防治条例	内蒙古自治区人民代表大会常务委员会	内蒙古自治区第十三届人民代表大会常务委员会公告第 92 号	地方性法规	污染防治
81	2022 年 9 月 28 日	内蒙古自治区实施《中华人民共和国水法》办法（2022 年修正）	内蒙古自治区人民代表大会常务委员会	内蒙古自治区第十三届人民代表大会常务委员会公告第 95 号	地方性法规	水利综合规定
82	2022 年 9 月 28 日	河北省供热用热管理规定	河北省人民代表大会常务委员会	河北省第十三届人民代表大会常务委员会公告第 128 号	地方性法规	能源供应

续表

序号	发布时间	名称	发布部门	发布号	效力级别	类别
83	2022年9月28日	河北省固体废物污染环境防治条例（2022年）	河北省人民代表大会常务委员会	河北省第十三届人民代表大会常务委员会公告第129号	地方性法规	污染防治、环保综合规定
84	2022年9月28日	山西省泉域水资源保护条例（2022年修订）	山西省人民代表大会常务委员会	山西省人民代表大会常务委员会公告第121号	地方性法规	水资源
85	2022年9月28日	山西省绿色建筑发展条例	山西省人民代表大会常务委员会	山西省人民代表大会常务委员会公告第123号	地方性法规	建设综合规定、环保综合规定
86	2022年9月29日	浙江省固体废物污染环境防治条例（2022年修订）	浙江省人民代表大会常务委员会	浙江省第十三届人民代表大会常务委员会公告第80号	地方性法规	污染防治
87	2022年9月29日	江西省非道路移动机械排气污染防治条例	江西省人民代表大会常务委员会	江西省第十三届人民代表大会常务委员会公告第147号	地方性法规	污染防治
88	2022年9月29日	陕西省实施《中华人民共和国土地管理法》办法（2022年修订）	陕西省人民代表大会常务委员会	陕西省人民代表大会常务委员会公告〔13届〕第83号	地方性法规	土地综合规定
89	2022年9月29日	海南省绿色建筑发展条例	海南省人民代表大会常务委员会	海南省人民代表大会常务委员会公告第127号	地方性法规	建设综合规定、环保综合规定
90	2022年10月28日	上海市河道管理条例（2022年修正）	上海市人民代表大会常务委员会	上海市人民代表大会常务委员会公告〔15届〕第136号	地方性法规	水资源
91	2022年11月4日	宁夏回族自治区土地管理条例（2022年修订）	宁夏回族自治区人民代表大会常务委员会	宁夏回族自治区人民代表大会常务委员会公告第69号	地方性法规	土地综合规定

续表

序号	发布时间	名称	发布部门	发布号	效力级别	类别
92	2022 年 11 月 4 日	宁夏回族自治区污染物排放管理条例(2022 年修正)	宁夏回族自治区人民代表大会常务委员会	宁夏回族自治区人民代表大会常务委员会公告第 71 号	地方性法规	污染防治
93	2022 年 11 月 23 日	内蒙古自治区河湖保护和管理条例	内蒙古自治区人民代表大会常务委员会	内蒙古自治区第十三届人民代表大会常务委员会公告第 99 号	地方性法规	自然保护
94	2022 年 11 月 23 日	内蒙古自治区煤炭管理条例	内蒙古自治区人民代表大会常务委员会	内蒙古自治区第十三届人民代表大会常务委员会公告第 98 号	地方性法规	煤炭工业管理
95	2022 年 11 月 24 日	福建省湿地保护条例(2022 年修订)	福建省人民代表大会常务委员会	福建省人民代表大会常务委员会公告〔13 届〕第 87 号	地方性法规	自然保护
96	2022 年 11 月 25 日	北京市实施《中华人民共和国水法》办法(2022 年修正)	北京市人民代表大会常务委员会	北京市人民代表大会常务委员会公告〔15 届〕第 91 号	地方性法规	水资源
97	2022 年 11 月 25 日	北京市节水条例	北京市人民代表大会常务委员会	北京市人民代表大会常务委员会公告〔15 届〕第 90 号	地方性法规	水资源
98	2022 年 11 月 25 日	江苏省长江船舶污染防治条例	江苏省人民代表大会常务委员会	江苏省人大常委会公告第 98 号	地方性法规	污染防治
99	2022 年 11 月 25 日	湖北省清江流域水生态环境保护条例(2022 年修正)	湖北省人民代表大会常务委员会	湖北省人民代表大会常务委员会公告第 326 号	地方性法规	自然保护
100	2022 年 11 月 25 日	湖北省实施《中华人民共和国水法》办法(2022 年修正)	湖北省人民代表大会常务委员会	湖北省人民代表大会常务委员会公告第 326 号	地方性法规	水利综合规定

续表

序号	发布时间	名称	发布部门	发布号	效力级别	类别
101	2022年11月25日	湖北省河道采砂管理条例（2022年修正）	湖北省人民代表大会常务委员会	湖北省人民代表大会常务委员会公告第326号	地方性法规	水利综合规定
102	2022年11月25日	湖北省湖泊保护条例（2022年修正）	湖北省人民代表大会常务委员会	湖北省人民代表大会常务委员会公告第326号	地方性法规	环保综合规定
103	2022年11月25日	湖北省实施《中华人民共和国水土保持法》办法（2022年修正）	湖北省人民代表大会常务委员会	湖北省人民代表大会常务委员会公告第326号	地方性法规	水土保持
104	2022年11月29日	青海省气象条例（2022年修正）	青海省人民代表大会常务委员会	青海省人民代表大会常务委员会公告第68号	地方性法规	气象综合规定
105	2022年11月30日	宁夏回族自治区固体废物污染环境防治条例	宁夏回族自治区人民代表大会常务委员会	宁夏回族自治区人民代表大会常务委员会公告第73号	地方性法规	污染防治
106	2022年11月30日	吉林省黑土地保护条例(2022年修订)	吉林省人民代表大会常务委员会	吉林省第十三届人民代表大会常务委员会公告第92号	地方性法规	土地综合规定
107	2022年11月30日	吉林省土地管理条例（2022年修订）	吉林省人民代表大会常务委员会	吉林省第十三届人民代表大会常务委员会公告第93号	地方性法规	土地综合规定
108	2022年11月30日	广东省气候资源保护和开发利用条例	广东省人民代表大会常务委员会	广东省第十三届人民代表大会常务委员会公告第127号	地方性法规	气候综合规定
109	2022年11月30日	广东省建筑垃圾管理条例	广东省人民代表大会常务委员会	广东省第十三届人民代表大会常务委员会公告第126号	地方性法规	污染防治

续表

序号	发布时间	名称	发布部门	发布号	效力级别	类别
110	2022 年 11 月 30 日	广东省湿地保护条例(2022 年修正)	广东省人民代表大会常务委员会	广东省第十三届人民代表大会常务委员会公告第 124 号	地方性法规	自然保护
111	2022 年 11 月 30 日	广东省固体废物污染环境防治条例(2022 年修正)	广东省人民代表大会常务委员会	广东省第十三届人民代表大会常务委员会公告第 124 号	地方性法规	污染防治
112	2022 年 11 月 30 日	广东省环境保护条例(2022 年修正)	广东省人民代表大会常务委员会	广东省第十三届人民代表大会常务委员会公告第 124 号	地方性法规	环保综合规定
113	2022 年 11 月 30 日	广东省机动车排气污染防治条例(2022 年修正)	广东省人民代表大会常务委员会	广东省第十三届人民代表大会常务委员会公告第 124 号	地方性法规	污染防治
114	2022 年 11 月 30 日	广东省大气污染防治条例(2022 年修正)	广东省人民代表大会常务委员会	广东省第十三届人民代表大会常务委员会公告第 124 号	地方性法规	污染防治
115	2022 年 11 月 30 日	海南自由贸易港生态环境保护考核评价和责任追究规定	海南省人民代表大会常务委员会	海南省人民代表大会常务委员会公告第 133 号	地方性法规	环保综合规定
116	2022 年 11 月 30 日	云南省固体废物污染环境防治条例	云南省人民代表大会常务委员会	云南省人民代表大会常务委员会公告〔13 届〕第 78 号	地方性法规	环保综合规定
117	2022 年 11 月 30 日	云南省古茶树保护条例	云南省人民代表大会常务委员会	云南省人民代表大会常务委员会公告〔13 届〕第 77 号	地方性法规	林业资源保护
118	2022 年 12 月 1 日	贵州省赤水河流域酱香型白酒生产环境保护条例	贵州省人民代表大会常务委员会	贵州省人民代表大会常务委员会公告 2022 第 30 号	地方性法规	环保综合规定

续表

序号	发布时间	名称	发布部门	发布号	效力级别	类别
119	2022 年 12 月 1 日	贵州省乌江保护条例	贵州省人民代表大会常务委员会	贵州省人民代表大会常务委员会公告 2022 第 29 号	地方性法规	自然保护
120	2022 年 12 月 1 日	贵州省土地管理条例（2022 年修订）	贵州省人民代表大会常务委员会	贵州省人民代表大会常务委员会公告 2022 第 26 号	地方性法规	土地综合规定
121	2022 年 12 月 1 日	贵州省农作物种子条例(2022 年修订)	贵州省人民代表大会常务委员会	贵州省人民代表大会常务委员会公告 2022 第 25 号	地方性法规	种子
122	2022 年 12 月 1 日	陕西省渭河保护条例（2022 年修订）	陕西省人民代表大会常务委员会	陕西省人民代表大会常务委员会公告〔13 届〕第 88 号	地方性法规	水利综合规定
123	2022 年 12 月 2 日	四川省水文条例	四川省人民代表大会常务委员会	四川省第十三届人民代表大会常务委员会公告第 132 号	地方性法规	水利综合规定
124	2022 年 12 月 2 日	四川省《中华人民共和国土地管理法》实施办法（2022 年修订）	四川省人民代表大会常务委员会	四川省第十三届人民代表大会常务委员会公告第 125 号	地方性法规	土地综合规定
125	2022 年 12 月 9 日	山西省煤炭清洁高效利用促进条例	山西省人民代表大会常务委员会	山西省人民代表大会常务委员会公告第 127 号	地方性法规	能源综合规定
126	2022 年 12 月 9 日	山西省禁牧轮牧休牧条例	山西省人民代表大会常务委员会	山西省人民代表大会常务委员会公告第 128 号	地方性法规	牧业管理
127	2022 年 12 月 9 日	山西省整沟治理促进条例	山西省人民代表大会常务委员会	山西省人民代表大会常务委员会公告第 130 号	地方性法规	自然保护

续表

序号	发布时间	名称	发布部门	发布号	效力级别	类别
128	2022年12月21日	上海市船舶污染防治条例	上海市人民代表大会常务委员会	上海市人民代表大会常务委员会公告〔15届〕第143号	地方性法规	污染防治
129	2022年12月26日	黑龙江省土地管理条例(2022年)	黑龙江省人民代表大会常务委员会	黑龙江省第十三届人民代表大会常务委员会公告第58号	地方性法规	土地综合规定
130	2022年12月27日	内蒙古自治区实施《中华人民共和国土地管理法》办法(2022年修订)	内蒙古自治区人民代表大会常务委员会	内蒙古自治区第十三届人民代表大会常务委员会公告第105号	地方性法规	土地综合规定
131	2022年12月29日	重庆市大足石刻保护条例(2022年修正)	重庆市人民代表大会常务委员会	重庆市人民代表大会常务委员会公告〔5届〕第216号	地方性法规	文物与古迹保护
132	2022年1月9日	河北省城市园林绿化管理办法(2022年修正)	河北省人民政府	河北省人民政府令〔2022〕第1号	地方政府规章	环保综合规定
133	2022年1月9日	河北省再生资源回收管理规定(2022年修正)	河北省人民政府	河北省人民政府令〔2022〕第1号	地方政府规章	资源综合利用
134	2022年1月18日	宁夏回族自治区民用建筑节能办法(2022年修正)	宁夏回族自治区人民政府	宁夏回族自治区人民政府令第119号	地方政府规章	节能管理
135	2022年2月18日	湖北省医疗废物管理办法	湖北省人民政府	湖北省人民政府令第421号	地方政府规章	卫生综合规定
136	2022年2月22日	重庆市长江白鹤梁题刻保护管理办法(2022年修改)	重庆市人民政府	重庆市人民政府令第352号	地方政府规章	公共场所与环境卫生

续表

序号	发布时间	名称	发布部门	发布号	效力级别	类别
137	2022年3月23日	湖北省长江河道采砂管理实施办法（2022年修正）	湖北省人民政府	湖北省人民政府令第423号	地方政府规章	水利综合规定
138	2022年9月27日	宁夏回族自治区民用建筑节能办法（2022年第二次修正）	宁夏回族自治区人民政府	宁夏回族自治区人民政府令第120号	地方政府规章	节能管理
139	2022年9月27日	宁夏回族自治区气象设施和气象探测环境保护办法（2022年修正）	宁夏回族自治区人民政府	宁夏回族自治区人民政府令第120号	地方政府规章	气象综合规定
140	2022年9月27日	宁夏回族自治区气候资源开发利用和保护办法（2022年修正）	宁夏回族自治区人民政府	宁夏回族自治区人民政府令第120号	地方政府规章	资源综合利用
141	2022年10月8日	湖南省实施《城市供水条例》办法（2022年修改）	湖南省人民政府	湖南省人民政府令第310号	地方政府规章	水资源
142	2022年10月8日	湖南省实施《中华人民共和国河道管理条例》办法（2022年修改）	湖南省人民政府	湖南省人民政府令第310号	地方政府规章	交通运输综合规定
143	2022年10月8日	湖南省取水许可和水资源费征收管理办法（2022年修改）	湖南省人民政府	湖南省人民政府令第310号	地方政府规章	水资源
144	2022年11月24日	河南省地下水管理办法	河南省人民政府	河南省人民政府令第215号	地方政府规章	水资源
145	2022年11月25日	河南省公益林管理办法	河南省人民政府	河南省人民政府令第216号	地方政府规章	林业管理
146	2022年12月29日	上海市气象灾害防御办法（2022年）	上海市人民政府	上海市人民政府令第73号	地方政府规章	气象综合规定

(三)2022 年环境法律法规对比图

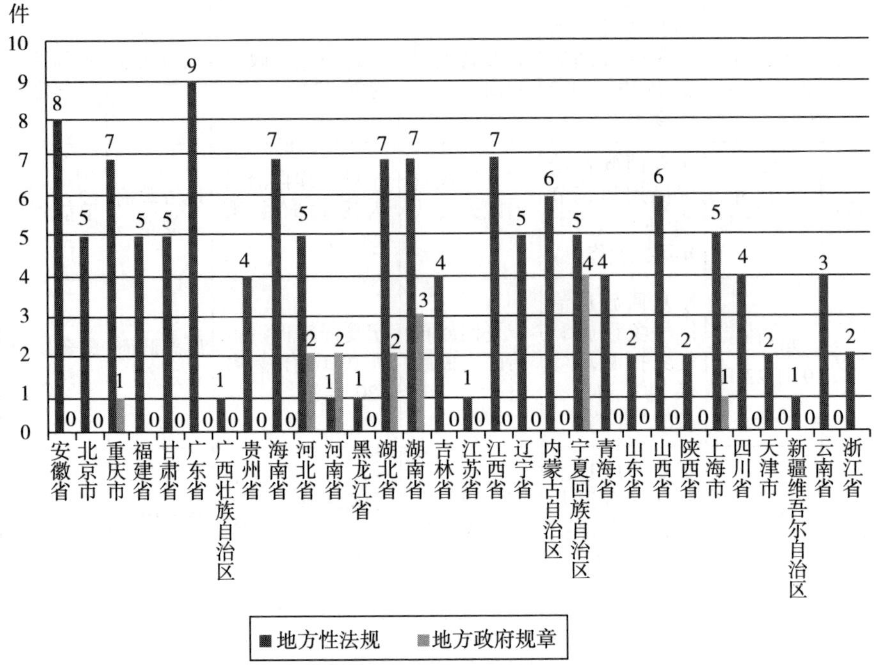

图 1　2022 年各省、自治区、直辖市环境立法状况图

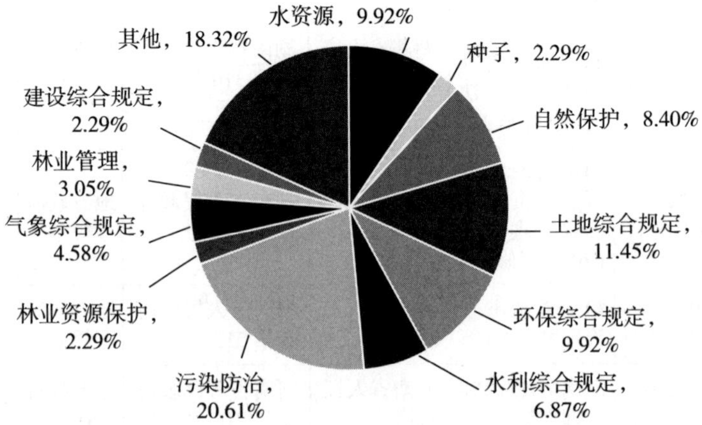

图 2　2022 年环境立法法规类别占比

附录二:2022 年度“中国十大环境司法案例”评选

2022 年度“中国十大环境司法案例”评选细则

为深入贯彻习近平法治思想,固化环境司法实践成果,挖掘环境司法案例价值,“中国环境司法发展研究”课题组特进行 2022 年“中国十大环境司法案例”评选活动。

一、案例库数据来源释明

参与本次评选的案例数据来源于最高人民法院、最高人民检察院于 2022 年发布的指导性、典型案例及各省(自治区、直辖市)高级人民法院、高级人民检察院于 2022 年发布的典型案例。以上机关发布的案例已经具备一定的典型性,便于数据聚焦;同时以官方发布的案例为基础有利于避免课题组在案例检索过程中的主观干扰。

特别声明:本次评选案例明确为 2022 年度发布,而非 2022 年结案。此设计一是持续回溯近邻年份典型环境司法案件内容,塑造本次评选活动的时间延续性;二是弥补地方法检两院典型案例报送的时间延迟,避免优秀案例在结案与发布上的客观时间差造成的案例数据遗漏。

二、2022 年“中国十大环境司法案例”评选流程

(一)环境司法案例初分类

课题组对案例先行分类,以供参评专家在类型化案件中进行对比选择。

1. 新点案例

此类案例应能解决司法新问题。如:可弥补立法盲点,重新解释法律概念,首次明确裁判规则等。

2. 难点案例

此类案例特征为案情复杂。如:多种法律关系交织,案件事实认定和法律适用难度较大,裁判尺度不好把握等。此类案例能在法律适用或事实认定中提供借鉴。

3. 热点案例

此类社会广泛关注的案例,主要是指案件影响重大、群众反映强烈、社会各界关切,涉及公共利益、公众权益与个人权益合理权衡和价值取舍的案例。

4. 争点案例

此类案例是指不同主体对案例的裁判理解不同、争议较大,具体表现一是理论界观点各异;二是实务界裁判不同。

表 1 “中国十大环境司法案例”分类

分类标准	案例汇总
新点案例	
难点案例	
热点案例	
争点案例	

(二)环境司法案例初评

1. 评选方法:德尔菲专家咨询法

不同类型主体基于各自立场对案例的关注点存在差异。故课题组将邀请检察官、法官、律师共三类专家,其中法官、检察官专家分别来自最高、省级及基层法、检两院,对于律师专家充分考虑从事司法实务专长及业务能力状况,同时兼顾参评专家所处地域差异等因素。

2. 计分说明

课题组采用单个案例总分 20 分制,各专家参考标准权重均等的评分方式,分值越高,表明单一或多个标准体现越强。汇总各类专家打分情况,确定总分排名前 30 的案件进入 2022 年“中国十大环境司法案例”复评阶段。

3. 评选标准类型化设计

(1)检察官专家评选标准

评选标准分为以下方面:

一为案件是否可提炼可供参照的适用规则。如事实认定规则、证据采信规则、法律适用规则、办案方法等。

二为案件处理方式是否具有现实普遍借鉴可行性。如回避主观诉讼发挥作用的领域、弥补行政执法活动对公共利益救济和补偿的不充分等。

三为案件文书是否注重案情陈述与语言修辞。如全面陈述案情,用语恰当,注重修辞等。

四为案件办理是否有司法外力量衔接与融入。如和行政机关、社会公益组织进行案件沟通与协调等。

表2　“中国十大环境司法案例”检察院打分

案例分类	序号	案例名称	提炼可供参照的适用规则	处理方式具有现实普遍借鉴可行性	注重案情陈述与语言修辞	司法外力量衔接与融入	总分

(2)法官专家评选标准

法官专家的评选标准可分为以下方面：

一是形成裁判规范。具体可以细分为解释法律规范概念、纠正法律规范的偏误、弥补法律规范空白、形成衔接规则四个方面。

二是强化法律适用。具体分为明确法律适用方法、消除法律适用分歧两部分。

三是完善程序建设。具体可分为在附带类诉讼方面和诉前程序两方面存在创新。

四是宣示司法理念。如对环境司法能动性理念、环境生态多元共治理念、预防性环境司法理念、恢复性环境司法理念等的宣扬。

五是影响力提升。具体为扩大法院案件审理的实际影响力和彰显司法保障生态文明建设。

表3　法院评选标准

<table>
<tr><td rowspan="4">形成裁判规范</td><td>解释法律规范概念</td></tr>
<tr><td>纠正法律规范的偏误</td></tr>
<tr><td>弥补法律规范空白</td></tr>
<tr><td>形成衔接规则</td></tr>
<tr><td rowspan="2">强化法律适用</td><td>明确法律适用方法</td></tr>
<tr><td>消除法律适用分歧</td></tr>
</table>

续表

完善程序建设	附带类诉讼创新
	诉前程序创新
宣示司法理念	环境司法能动性理念
	环境生态多元共治理念
	预防性环境司法理念
	恢复性环境司法理念
影响力提升	扩大法院案件审理的实际影响力
	彰显司法保障生态文明建设

表 4 “中国十大环境司法案例”法院打分

案例分类	序号	案例名称	法律规范与法律适用	程序建设	宣示司法政策与理念	影响力	总分

(3)律师专家评选标准

对律师专家而言,重点关注案例是否厘清法律争点,设计诉讼思路,论证诉讼主张,发现与增强诉讼理由,意图在于实现“以法院裁判推进法院裁判”的反制效果。

表 5 “中国十大环境司法案例”律师打分

案例分类	序号	案例名称	厘清法律争点	设计诉讼思路	论证诉讼主张	发现与增强诉讼理由	总分

(三)环境司法案例复评

1. 复评方法:问卷调查法

本次案例复评采用问卷调查法。通过网络问卷调查的方式,让广大公众参与评选,以此提高本次案例评选活动中的社会参与度,调动公众参与我国环境司法建设的积极性。

2. 问卷的具体设计方案

(1)问卷设计及发放方式

课题组通过"中国法学会环境资源法学研究会"公众号公布参与复评的案例,同时在问卷中根据公众是否具有法律学习、从业背景等进行分类,分类不影响参投各票权重。

(2)复评评选结果确定

本次复评结果按照案例得票数前10名确定,复评即为终评。

三、2022年"中国十大环境司法案例"结果展示和专家点评

课题组邀请多名高等院校教授组成十大案例点评专家组,对最终评选得出的案例进行理论点评,以裁判公正、效果良好、本质引领、范围普遍、形式规范等为参考,形成专家意见,体现2022年"中国十大环境司法案例"的理论贡献,实践结合理论,促进环境司法进一步发展。

2022年度"中国十大环境司法案例"及专家点评[1]

案例一:北京市丰台区源头爱好者环境研究所诉石柱土家族自治县某港经济开发有限公司等生态破坏民事公益诉讼案

案情简介

水磨溪湿地自然保护区于2009年建立,位于重庆市石柱县西沱镇长江干流岸边,属于内陆湿地县级自然保护区,主要保护湿地生态系统和以国家一级保护植物、三峡库区特有种荷叶铁线蕨为代表的野生动植物资源。自2011年6月起,石柱土家族自治县某港经济开发有限公司(以下简称某港开发公司)擅自占用该保护区兴建移民生态工业园基础设施,导致该保护区湿地生态系统遭到严重破坏。2013年,某港开发公司整体合并至石柱土家族自治县某盛经济发展有限公司(以下简称某盛开发公司),但该公司并未注销。自2018年5月起,石柱县人民政府启动水磨溪湿地自然保护区环境问题整改,并委托专业机构制订了生态修复方案。同年10月,北京市丰台区源头爱好者环境研究所提起公益诉讼,请求判令某港开发公司、某盛开发公司等停止侵权、恢复原状并赔偿生态服务功能损失。诉讼过程中,某港开发公司、某盛开发公司根据前述生态修复方案

---

〔1〕 本年度获评案例排名不分先后。

进行了整改,自然保护区内生态环境基本恢复。

重庆市第四中级人民法院一审认为,某港开发公司、某盛开发公司在水磨溪湿地自然保护区内修建工业园区,严重损害湿地生态环境,应当承担侵权责任。虽然两公司在诉讼过程中已按照生态修复方案对受损生态进行了基本修复,但生态环境受到损害至其恢复原状期间的服务功能损失客观存在,侵权人仍应予以赔偿。结合生态破坏的范围和程度、生态环境的稀缺性、生态环境恢复的难易程度等因素,判令某港开发公司、某盛开发公司赔偿生态服务功能损失 300 万元并支付合理诉讼费用。宣判后,当事人均未上诉,一审判决已发生法律效力。

专家点评

本案系由环保组织提起的环境民事公益诉讼案件。湿地生态系统物种丰富,生物多样性链条复杂,并具备巨大的环境调节功能和生态效益。这使保护湿地等重要自然生态系统,救济其所遭受的生态损害时,不应仅限于停止侵害和对既有生态破坏的修复,还需要考虑既有建筑物对生态系统的组分或功能是否存在持续性的负面影响,以及损害发生后至恢复原状期间服务功能的损失。本案中,面对长江上游干流区域中修建产业园区引发的生态破坏,人民法院支持了原告要求侵权人在停止侵权、修复生态的基础上,承担修复期间生态服务功能损失的赔偿责任,彰显了环境司法全面捍卫生态环境利益、保障生态系统服务功能的决心。在侵权人的识别上,也准确识别了直接侵权人和负有行政管理职责的行政机关间的差异,排除了工业园区管理委员会的赔偿责任,避免了环境民事责任的无限扩张。

本案体现了环保组织作为社会力量参与环境司法的成果,但同时也意味着环境民事公益诉讼和环境行政公益诉讼的衔接有待加强。此前,本案被告已由上级环境行政主管部门要求整改,重庆市检察机关也就工业园区建设造成的生态破坏发送了检察建议书,并就该地生态修复方案的制订与落实作出了结案决定。环境公共利益的维护有多种实现方式,而不同诉讼路径间当尽可能以配合而非重叠的方式发挥作用,以实现司法资源效用的最大化。行政机关已然认可的建设行为,如本案中环保组织诉请拆除水磨溪湿地自然保护区内的公路及四栋量劲厂房,其是否违背环境公共利益已由行政机关进行过判断,在环境民事公益诉讼中被列为诉讼请求后,法院也难以对其合理性进行审查和判断。如何划分环境民事公益诉讼和环境行政公益诉讼的审查事项仍有待明确。

生态破坏的法律责任不局限于停止侵害和恢复生态环境的原状,还需要考虑损害发生后至恢复原状期间生态系统服务功能的损失,这有其合理性。但尚有如下法律问题值得进一步探讨：损害发生后至恢复原状前生态系统服务功能的损失数额如何确定？侵权人对生态修复方案的履行态度与效果对此有无影响？已在行政公益诉讼或生态损害赔偿诉讼中就生态修复方案结案后，该部分费用如何认定？

（胡静　中国政法大学民商经济法学院教授）

案例二：三江源国家公园澜沧江源园区野生动物致害保险补偿行政公益诉讼案

案情简介

2022 年 5 月，玉树藏族自治州杂多县人民检察院在开展生态环境公益诉讼巡回检察时发现，近 3 年来，三江源国家公园澜沧江源园区内熊、狼等野生动物致害，造成牧民人身和财产损失的案件频繁发生，损害了社会公共利益。虽然当地牧民向保险公司申报补偿的野生动物致害造成人身和财产损失的保险理赔案件有 204 起，但各乡镇普遍存在牧民群众对野生动物肇事责任保险补偿制度不知晓、不了解的问题。

杂多县人民检察院针对野生动物致害后，多数牧民群众对保险补偿制度不知晓、不了解的问题，向全县 7 个乡镇政府和国家公园管理部门发出 8 份检察建议，建议依法履行对野生动物致害问题的监管职责，切实做好对野生动物肇事责任保险制度的落实工作，保障受害群众在出险后及时获得补偿。杂多县 7 个乡镇政府和国家公园管理部门收到检察建议后，高度重视、迅速落实，及时为全县 7 万多名牧民缴纳了野生动物肇事责任保险，组织各乡镇生态管护站在虫草采挖季开展防范野生动物致害法治宣传 45 次，发放宣传手册 3200 册，同时要求保险公司做好保险理赔工作，保障受害群众及时获得补偿。截至 2022 年年底，已落实到位保险补偿款 110 余万元；在野生动物频繁活动区域设立警示标牌 73 处；为国家公园园区内所有生态管护员统一发放巡护服装，每个乡镇管护站配备巡查车辆、摩托车等装备，不断强化巡护工作力度，取得了良好的效果。

专家点评

本案中，检察机关秉持人与自然和谐共生理念，通过行政公益诉讼诉前程序督促当地政府依法履行野生动物致害补偿和危险防御职责，依法推动野生动物致害赔偿保险，合理分摊生态环境保护成本，实现野生动物保护与保障当地牧民切身利益双赢，促进人与自然和谐共生。

一、案例的意义

第一,通过行政公益诉讼诉前程序督促当地政府依法履行野生动物致害补偿职责,实现野生动物保护与保障当地牧民切身利益双赢。受当地文化和藏传佛教影响,牧民认为雪豹是友好的野生动物,而狼和熊属于不友好的野生动物。如果当地政府不履行《野生动物保护法》规定的野生动物致害补偿职责,那么势必影响当地牧民的切身利益,加剧当地牧民和野生动物之间的人兽冲突,进而影响狼和熊等野生动物及其栖息地保护。

第二,通过行政公益诉讼诉前程序督促当地政府依法履行野生动物致人损害的危险防御职责,促进人与自然和谐共生。玉树藏族自治州杂多县 7 个乡镇政府和国家公园管理部门在收到检察建议后,在野生动物频繁活动区域设置安全警示标牌,通过发放巡护服装、配备巡查车辆装备强化巡护力度,预防野生动物可能造成的危害,保障人畜安全和农业、林业生产,促进人与自然和谐共生。

第三,通过行政公益诉讼诉前程序督促当地政府依法推动野生动物致害赔偿保险,合理分摊生态环境保护成本。当地政府在收到检察建议后,要求保险公司及时理赔,保障受害者及时获得补偿,并及时为全县 7 万多牧民缴纳了野生动物肇事责任保险。

二、案例的不足

本案涉及野生动物造成人员伤亡和财产损失。就野生动物危及不特定人的人身安全、生活秩序、生产秩序这种公共安全而言,本案可以理解为危险防御型行政公益诉讼案件。就野生动物导致人身损害和财产损失而言,本案并不涉及生态破坏、环境污染、资源破坏等社会公共利益和国家利益损害,并非严格意义上的生态环境行政公益诉讼案件。从缓解人兽冲突,预防伤害野生动物而言,本案可以理解为预防型野生动物保护类行政公益诉讼案件。

三、进一步研究的课题

就本案所体现出的野生动物保护类行政公益诉讼诉前程序的预防功能而言,需要明确危险防御和风险预防的差异。危险防御指向当前已知危险,旨在保护人的安全,恢复现存秩序。风险预防面向未来不确定风险,旨在降低环境风险,规划未来秩序。我们需要进一步思考环境行政公益诉讼(包括诉前程序在内)制度如何发挥包括危险防御和风险预防在内的预防功能。

(王小钢　天津大学法学院教授)

案例三:安徽省南陵县人民检察院督促整治国家级扬子鳄自然保护区长乐片区外来物种行政公益诉讼案

案情简介

2022年安徽省人民代表大会和人民政治协商会议期间,省政协委员提出关于加强安徽扬子鳄国家级自然保护区长乐片区发展的提案,由安徽省人民检察院逐级交办南陵县人民检察院(以下简称南陵县院)。该院初查后,于2022年8月24日立案,与安徽扬子鳄国家级自然保护区管理局南陵站联合走访相关职能部门和当地群众,听取意见,调取卫星遥感数据,利用无人机航拍等手段对“福寿螺”“一枝黄花”等外来物种规模及其危害程度开展系统调查;其中监管职能部门有农业农村、自然资源、生态环境分局及基层政府等。

2022年8月30日,南陵县院邀请人民监督员、政协委员、志愿者、律师代表等5名听证员及职能部门代表召开听证会,达成治理共识。8月31日,南陵县院依法对南陵县农业农村局、南陵县自然资源规划局等行政机关分别制发检察建议,建议由县农业局牵头,协同自然资源、生态环境等部门制订外来入侵物种防控治理方案,指导属地政府组织实施;配合自然保护区管理机构及时控制、消除外来物种危害。

收到检察建议后,南陵县农业农村局联合南陵县院,牵头召开专题会商会,制订南陵县外来入侵物种防控工作方案等;利用融媒体中心、种养殖大户微信群、外来物种手册等宣传外来入侵物种防控知识;召开集中铲除现场会,铲除外来物种约15万株。南陵县自然资源规划局召开林长制工作会议,研究扬子鳄保护区外来物种防治方案;邀请专家学者对“福寿螺”等问题实地考察指导,针对保护区特殊性提出科学防治建议。2022年12月2日,南陵县院对该案作出终结案件决定。

专家点评

这是一件典型的检察机关积极履职,依法保障国家生物安全、防范外来物种入侵的案例。

生物安全是指国家有效防范和应对危险生物因子及相关因素威胁,生物技术能够稳定健康发展,人民生命健康和生态系统相对处于没有危险和不受威胁的状态,生物领域具备维护国家安全和持续发展的能力。防范外来物种入侵是保障生物安全不可忽视的重要方面。外来物种,是指在我国境内无天然分布,经自然或人为途径传入的物种,包括该物种所有可能存活和繁殖的部分。外来入侵物种,是指传入定殖并对生态系统、生境、物种带来威胁或者危害,影响我国生态环境,损害农林牧渔业可持续发展和生物多样性的外来物种。我国是全球遭受生物入侵危害最严重的国家之一。据2020年5月26日生态环境部发布的《2020中国生态环境状况公报》显示,我国已发现660多种外来入侵物种,造成了巨大的经济、生态损害,并对人体健康构成威胁。

为了保障生物安全、防范外来物种入侵,《生物安全法》明确规定,国家加强对外来物种入侵的防范和应对,保护生物多样性;任何单位和个人未经批准,不得擅自引进、释放或者丢弃外来物种。我国还制定了《外来入侵物种管理办法》,规定了外来入侵物种普查制度、外来入侵物种监测制度、外来入侵物种信息发布制度、外来入侵物种名录等内容。有关部门在各自职权范围内发布了生物入侵防范的相关名录,国家林业和草原局、农业农村部、自然资源部、生态环境部、住房和城乡建设部、海关总署还于2022年发布了《重点管理外来入侵物种名录》。同时,《农业法》《畜牧法》《长江保护法》《黄河保护法》《野生动物保护法》《湿地保护法》《青藏高原生态保护法》等国家立法也就外来物种入侵的防范和应对作出了相应的规定。值得特别关注的是,《刑法修正案(十一)》新增了"非法引进、释放、丢弃外来入侵物种罪",明确规定:"违反国家规定,非法引进、释放或者丢弃外来入侵物种,情节严重的,处三年以下有期徒刑或者拘役,并处或者单处罚金。"

在此背景下,检察机关督促行政机关依法履职,推动相关部门联防联治,积极发挥监督职能,成为保障生物安全、维护国家安全的重要内容。在本案中,安徽省南陵县人民检察院督促整治外来物种入侵,可谓典型范例。

(于文轩　中国政法大学民商经济法学院教授)

案例四:山西省检察机关督促整治浑源矿企非法开采行政公益诉讼案

案情简介

山西浑源某煤业有限公司等32家矿企地处恒山风景名胜区及周边。上述矿企在开采和经营过程中,违反生态环境保护和自然资源管理法律法规,无证开采、越界开采,严重破坏生态环境和矿产、耕地及林草资源。

2017年12月,山西省人民检察院(以下简称山西省院)通过公益诉讼大数据信息平台收集到多条反映浑源县矿企破坏恒山风景名胜区及周边生态环境和自然资源的线索,报告最高人民检察院后,最高人民检察院挂牌督办。山西省院启动一体化办案机制,统筹推进省市县三级检察院开展立案调查。经初步查证后,2018 年 9 月,浑源县人民检察院决定将之作为公益诉讼案件立案办理,此后相关检察院也经指定管辖先后依法立案。

2019 年 1 月,山西省院先后向山西省自然资源厅发出行政公益诉讼诉前检察建议,向山西省市场监督管理局、山西省生态环境厅等行政机关发出社会治理检察建议,建议上述机关及时履行职责。鉴于案情重大复杂,山西省院在办案过程中及时就案件进展情况向最高人民检察院和山西省委请示汇报;对此最高人民检察院持续进行督办,山西省委常委会专题研究并成立专项工作领导小组,扎实推动相关整改工作。

相关行政机关收到检察建议后,均在法定期限内予以回复,通过采取注销采矿许可证、拆除、搬迁等措施,使涉案矿企违法违规开采及破坏环境资源违法行为得到全面遏制。

在该案办理过程中,检察机关就有关公职人员不依法履行监管职责等情况进行研判,向纪检监察机关移送公职人员违纪违法线索,向公安机关移送非法占用农用地等涉嫌犯罪线索,多人被追究责任。当地政府制订了恒山风景名胜区及周边生态修复整治方案,其余受损生态也在按修复整治方案因地因势治理中。

专家点评

第一,检察机关综合运用诉前检察建议和社会治理检察建议,与行政机关之间形成外部联动。《人民检察院检察建议工作规定》(2019 年)规定,检察建议主要包括公益诉讼检察建议、社会治理检察建议等五种类型。结合本案情形,一方面,山西省院通过公益诉讼大数据信息平台的线索,发现生态环境和资源保护等领域负有监管职责的行政机关虽然对涉案矿企的违法行为采取过诸多监管、处罚措施,但生态环境和自然资源受损状态并未改观,甚至日益加剧,由此判断相应行政机关并未依法行使职权,致使国家利益或社会公共利益受到损害,符合法律规定的公益诉讼条件。由此,山西省院、大同市人民检察院及大同市人民检察院确定的区检察院分别根据同级监督的原则,向负有监督管理职责的相应行政机关发出检察建议,督促其对涉案矿企违法行为依法全面履行监管职责。另一方面,山西省院在办理案件中发现山西省市场监督管理局、应急管理厅、生态环境厅、林业和草原局等行政机关未依法及时履行职责,致使公共利益受到损害或者存在损害危险,需要及时整改消除。因此,山西省院向上述单位和部门提出改进工作、完善治理的检察建议,上述山西省四机关分别针对矿企普遍存在的典型违法行为督促下级有关部门依法及时查处并实地督导。

本案中,省市县三级检察机关与省市县三级行政机关之间以解决问题为共同出发点和归宿点,在检察机关督促行政机关依法行政的外力推动下,行政机关上下联动,建立长效监管机制,并形成层级监督整改合力,促进受损公益尽快得到修复。二者之间有效的协调沟通和相互配合,使本案于正式进入行政公益诉讼程序之前结案,也节约了司法资源。

第二,检察机关内部工作机制协同作用。由于本案中不同违法主体的不同违法行为由不同层级的行政机关负责监管,涉及省级自然资源部门,市级林草部门、自然资源部门,县级自然资源、应急管理、生态环境、市场监管等多层级多个行政部门,根据同级监督原则,应当由不用层级的检察机关督促相应的行政机关依法履行职责,因此检察机关内部建立了一体化办案机制。由最高人民检察院挂牌督办,通过指定管辖等方式,省市县三级检察机关统筹办案资源,在一体化办案机制下共同发挥监督作用,不仅在立案调查环节全面查清了公益损害事实,而且有力、有效督促了同级行政机关依法全面履职,整治涉案矿企违法违规行为,使涉案矿企违法违规开采及破坏环境资源违法行为得到全面遏制,完成了受损公益的全面修复。

(张璐　华东政法大学经济法学院教授)

案例五:北京市朝阳区绿家园环境科学研究中心与江西某能源公司、丰城某焦化公司大气污染责任民事公益诉讼执行案

案情简介

原告北京市朝阳区绿家园环境科学研究中心对被告江西某能源公司、丰城某焦化公司超标排放二氧化硫等废气的行为分别向江西省宜春市中级人民法院提起大气污染责任民事公益诉讼。一审法院作出裁定后,原告不服,向江西省高级人民法院提出上诉。在当事人的请求下,二审法院组织双方进行调解并于2021 年 9 月达成协议,两被告承诺停止大气污染物排放,自行投入资金建设环保项目进行废气治理,并自愿各支付 40 万元替代性修复资金用于当地大气污染治理。调解协议公告期满后,二审法院出具了调解书,并在生效后移送一审法院执行。

一审法院执行立案后，鉴于两被告均停止了排放大气污染物的行为并自行投入资金完成了废气治理环保项目建设，就两被告共支付的 80 万元替代性修复资金的执行问题，引导两被告分别与江西思华生态环境保护基金会签订公益信托合同，约定两被告各将 40 万元汇入该基金会环保公益金专项账户，委托该基金会代为完成替代性修复事项，监察人为宜春市生态环境局。该基金会在宜春市生态环境局的支持协调下，与国有企业宜春城通城市产业运营管理有限公司签订合作共建协议，将受托的替代性修复资金用于该公司已经政府立项的宜春市北湖公园充电场站基地公益项目。基金会与合作公司约定：本案替代性修复资金不足以项目支出的差额约 150 万元由该合作公司补充。替代性修复执行过程中，除接受案件当事人和监察人的全程监督外，还邀请当地社区负责人、人大代表、政协委员进行全程监督。替代性修复项目完成后，该基金会将项目实施过程所涉材料及验收报告提交执行法院存档结案，修复资金使用和修复情况在该基金会官方网站上实时公布，接受社会监督。

专家点评

本案的典型意义在于创新了生态环境修复资金的使用管理方式，为解决环境民事公益诉讼制度的“最后一公里”难题提供了新的思路和方案。

自 2012 年《民事诉讼法》修订确立了环境民事公益诉讼制度以来，由于缺乏对生态环境修复资金管理的统一规范，司法实践中生态环境修复资金“谁来管理”“谁来使用”“怎么使用”“谁来监督”等一直是环境民事公益诉讼制度亟须解决的难题。近几年陆续颁布实施的《生态环境损害赔偿资金管理办法（试行）》《生态环境损害赔偿管理规定》也都延续了这一思路，要求将“生态环境损害赔偿资金作为政府非税收入，实行国库集中收缴，全额上缴本级国库，纳入一般公共预算管理”。由公权力机构管理生态环境修复资金是国家履行环保义务的表现，源于国家的环境保护公共服务职能，也使资金的安全性、公益性能够得到有效保障。但是，仅依靠公权力机构使生态环境修复资金的管理使用缺乏灵活性与效率。

本案中，法院聚焦法律制度的空白点，大胆创新，以公益信托方式，委托公益性基金会监管和使用生态环境修复资金，使修复资金真正用于受损害的生态环境，对破解修复资金的监管和使用难题进行了有益探索。从实践效果看，本案受托执行的社会环保公益性组织——江西思华生态环境保护基金会，依法公开选择了合作单位和施工方，并接受各方对替代修复项目中项目论证、工程施工、验收结算等环节的全程监督,确保了修复项目实施的科学性和透明度,取得了良好的法律效果和社会效果。本案的成功执行证明,民间力量主导的生态环境修复资金管理模式,能够有效提高资金管理与使用的灵活性与效率,保证生态环境修复资金被更好、更有效率地应用于生态环境的修复与改善,可以也应该成为生态环境修复资金管理的一种重要模式。

本案中值得进一步探究的问题是,公权力主导与民间力量主导的两种生态环境修复资金管理模式,其各自的适用范围应当如何区分。具体而言,需要基于对生态环境损害赔偿资金的类型区分,进一步讨论每一种生态环境损害赔偿资金适合哪一种资金管理模式。同时,基于公权力主导的实际状况,还需要进一步研究两种模式如何实现协同增效。在生态环境损害赔偿资金上缴国库纳入一般公共预算管理的前提下,如何引入民间力量提高资金管理与使用的灵活性与效率,保证生态环境损害赔偿金能够被更好地用于生态环境保护和改善工作,克服公权力主导的资金管理模式的政府失灵问题。

(王社坤　西北大学法学院教授)

案例六:吉林省德惠市人民检察院诉德惠市朝阳乡人民政府督促履行环境保护监管职责行政公益诉讼案

案情简介

2017 年 3 月,吉林省德惠市人民检察院(以下简称德惠市院)在开展专项活动中发现,德惠市朝阳乡境内存在擅自倾倒、堆放生活垃圾的情况;涉案两处垃圾堆放场位于松花江国堤内,污染了周边环境和水质,且对松花江汛期行洪产生影响,侵害了社会公共利益。

德惠市院对此决定立案并开展调查。德惠市院审查认为,德惠市朝阳乡人民政府作为一级人民政府对本行政区域环境保护负有监督管理职责,遂向其发送检察建议书,建议其依法履行统筹和监管职责,对涉案垃圾堆放场立即进行整治。德惠市朝阳乡人民政府向德惠市院书面回复,称已制订整治方案。但德惠市院四次跟进调查发现,截至检察建议整改期满,德惠市朝阳乡人民政府虽有部分整改行为,但对违法形成的垃圾堆放场未进行彻底整治,公益侵害仍在持续。

2017 年 6 月,德惠市院就该案向德惠市人民法院提起行政公益诉讼。德惠市人民法院一审认为,德惠市朝阳乡人民政府只对该事项负有管理职责,监管职责应由有关行政主管部门行使,德惠市朝阳乡人民政府不是本案适格的被告,故裁定驳回起诉。2018 年 1 月,德惠市院提起上诉。长春市中级人民法院认为《行政诉讼法》第 25 条规定的“监督管理职责”不包括行政机关对生态环境进行治理的管理职责,而应限定在行政机关对破坏生态环境的违法行为进行制裁和处罚的范围内,故裁定驳回上诉,维持原裁定。2018 年 6 月,吉林省人民检察院以审判监督程序就该案向吉林省高级人民法院提出抗诉。2019 年 12 月,吉林省高级人民法院作出再审行政裁定,认为检察机关抗诉理由成立。

2019 年 5 月,德惠市人民法院再次审理本案。审理认为,对于垃圾堆放等破坏辖区范围内环境卫生的行为,德惠市朝阳乡人民政府应当依法履行监督管理职责。德惠市朝阳乡人民政府未提出上诉,判决生效。

专家点评

针对损害或可能损害环境与生态资源等公共利益的行政行为,检察机关应当向行政机关提出检察建议,督促其依法履行职责。行政机关不依法履行职责的,检察机关有权提起环境行政公益诉讼,由法院依照法定程序审查行政行为的合法性并作出裁判。其中,对于行政行为违法但不具有可撤销内容的,人民法院判决确认违法,并且可以同时判决责令被告采取补救措施。

本案的争议焦点在于乡镇人民政府是否属于适格被告,即是否具有生态环境和资源保护领域的监管职责。虽然《环境保护法》《固体废物污染环境防治法》等法律规定没有明确规定乡人民政府的监督管理职责,本案一审、二审也不认可乡人民政府具有环境保护监管职责,但是再审提出应当从立法体系、立法本意等方面进行全面解读,进而得出乡人民政府对本行政区域环境保护负有监督管理职责的结论,由此跳出限缩或片面解读的局限。

就行政机关不作为对公共利益的损害而言,固体废物不仅直接污染环境,还将间接影响公众健康。此外,将固体废物堆放在江河滩地上,也不利于河道管理和防洪安全。本案再审对争议焦点的全面解读,体现我国环境保护坚持保护优先、预防为主、综合治理等原则。可见,在检察机关提起的环境行政公益诉讼中,既应当关注相关法律规范的文义理解,又应当重视体系解释和目的解释等法律解释方法的综合应用,从而维护环境与生态资源等公共利益。

(邓海峰　清华大学法学院副教授)

案例七:河南省人民检察院郑州铁路运输分院督促保护黄河湿地国家级自然保护区生态环境行政公益诉讼案

案情简介

2007 年至 2016 年,三门峡 J 矿业有限公司(以下简称 J 矿业公司)和陕县 A 矿业有限公司(以下简称 A 矿业公司)在三门峡市湖滨区、陕州区某铝土矿区开采过程中,大量侵占河南黄河湿地国家级自然保护区(以下简称黄河湿地保护区)。因其违规开采,黄河湿地保护区生态环境遭到严重破坏。2016 年,第一轮中央生态环境保护督察对两矿区存在的生态环境破坏情况予以通报。2018 年 10 月,中央环境保护督察"回头看"反馈意见再次指出该生态破坏问题。

2018 年 12 月,河南省人民检察院(以下简称河南省院)将该案件线索交由河南省人民检察院郑州铁路运输分院(以下简称郑州铁检分院)办理。2019 年 2 月,郑州铁检分院以行政公益诉讼立案调查。经进一步调查发现,三门峡市湖滨区、陕州区除涉案两个铝土矿区外,还有 18 个大型铝土矿区存在破坏生态问题,其中 9 个涉及湿地保护区。

为更好地统筹解决所涉黄河湿地保护区生态环境保护、水土保持修复及矿山治理等系列问题,2019 年 3 月,郑州铁检分院先后向三门峡市湖滨区、陕州区人民政府发出检察建议,并对辖区内的其他 18 处铝土矿开展核查。

检察建议发出后,郑州铁检分院持续跟进监督,主动向三门峡市委、市政府汇报,争取党委政府的重视和支持,同步将案件进展情况上报河南省院,由河南省院协调河南省生态环境厅、自然资源厅自上而下一体推进。郑州铁检分院还特别邀请黄河水利委员会生态修复专家对湿地生态环境治理中的难点问题提供专业知识支持,与三门峡市湖滨区、陕州区人民政府及 J 矿业公司、A 矿业公司反复协调沟通,最终就黄河湿地保护区内外受损环境的治理标准、进度等问题达成共识。2019 年 5 月,收到三门峡市湖滨区、陕州区人民政府对检察建议的书面回复后,郑州铁检分院先后两次对整改情况进行跟进调查,确保湿地生态环境修复取得良好效果。

专家点评

本案是湿地保护领域的典型案例,贯通法律问题、科学问题、治理问题等多个议题,具有该领域整体性治理、一体化保护的显著特征。湿地保护和修复事关生态、生物、水资源以及粮食安全,县级以上人民政府有对碎片化严重或功能退化的湿地进行综合整治和修复的职责。因违法占用、开采、开垦、填埋、排污等活动导致湿地破坏的主体,也应承担法定的修复责任。检察机关发挥生态检察公益诉讼职能优势,大大开拓了湿地司法保护新局面,实现了湿地生态保护实现机制的体系化。

本案中,承办检察机关在调查和督促履职全过程中主动创新工作方式,塑造了一体化、联动式、全链条的检察权运行模式。一是发挥铁路运输检察机关跨行政区划办案优势,以一案办理达到了治理一片的良好效果,完整发挥了检察机关在生态环境治理中的功能。二是检察建议发出后,积极作为,有力联动省级检察机关、省级负有湿地保护职责的机关、地方党委政府,实现府院协同发力的自上而下一体式督促履责,进一步延展了检察监督发挥作用的方式和功能范围。三是关注重点问题重点领域的顽疾,针对长期未能解决和未被发现的问题发挥作用,与中央生态环境保护督察有效衔接,回应生态环境系统治理的要求,大大提升了现代环境治理体系的效能。四是聚焦关键环节,针对生态环境公共利益持续受侵害的状态,统筹黄河湿地保护区生态环境保护、水土保持修复及矿山治理多项工作要求,既明确责任、督促履责和整改,又联动政府及其监管部门、责任主体、专家,形成科学方案,实现了法律效果和治理效果的统一。

本案的示范意义较强,构建了以检察监督为中心的跨区域生态环境协作机制,保证了生态环境检察权威高效畅通运行,强化了法律监督的协同协作效能,提升了生态系统的多样性、稳定性、持续性,最终书写了检察工作现代化服务生态环境高水平保护的新模式。本案值得进一步提炼经验,总结方法,全面推广。

（杜辉　重庆大学法学院教授）

案例八:山东省淄博市人民检察院对A发展基金会诉B石油化工有限公司、C化工有限公司民事公益诉讼检察监督案

案情简介

淄博市淄川区人民检察院在办理B石油化工有限公司(以下简称B石化公司)、C化工有限公司(以下简称C化工公司)等主体犯污染环境罪案件中发现以上企业污染环境的行为已严重损害社会公共利益,依法将该公益诉讼案件线索移送淄博市人民检察院(以下简称淄博市院)。

2018年3月,淄博市院依法立案并发布民事公益诉讼诉前公告。2018年4月,A发展基金会向淄博市中级人民法院提起民事公益诉讼,请求B石化公司、

C 化工公司承担环境侵权责任,但未请求其他侵权人承担环境侵权责任。

经评估,被污染场地的生态环境损害费用为 14474.18 万元。淄博市中级人民法院综合考量后判决 B 石化公司、C 化工公司承担生态环境修复费用和生态环境服务功能损失费,由 B 石化公司承担生态损害赔偿金 6000 万元,由 C 化工公司承担生态损害赔偿金 3000 万元。B 石化公司不服一审判决,上诉至山东省高级人民法院。二审期间,A 发展基金会、B 石化公司、C 化工公司三方主体达成和解协议:A 发展基金会同意 B 石化公司、C 化工公司在分别承担各自生态损害赔偿金范围内自行修复所损害的生态环境。如按照修复方案完成修复工作,A 发展基金会不再要求 B 石化公司、C 化工公司承担生态损害赔偿金等。三方当事人请求法院对和解协议效力予以确认。2020 年 10 月,山东省高级人民法院对该和解协议予以公告。

淄博市院认为该和解协议未达到有效修复受损生态环境的目的,如被法院司法确认,社会公共利益可能受到严重损害,遂向山东省人民检察院报告,得到"调查核实、提出异议、跟进监督"的工作指导意见。检察机关经调查取证及召开专家论证会,认为该和解协议不能确保受损生态环境得到有效修复,将损害社会公共利益。2020 年 11 月,淄博市院会同淄博市生态环境局向山东省高级人民法院提出书面异议。基于此,山东省高级人民法院经审查不予确认该协议,并于 2020 年 12 月 10 日依法作出民事判决:驳回上诉,维持一审判决。

专家点评

环境公益诉讼的起诉主体安排实质上是公共利益代表权安排,社会组织作为起诉主体,履行公共利益代表职责存在法律监督不足的问题,需要继续完善公益诉讼制度对其加以解决。本案中,检察机关对社会组织与侵权人达成的和解协议提出法律监督意见,阻止了和解协议的效力被法院确认,从检察监督角度确保环境公益诉讼的公益保护目标实现,对于公益诉讼制度的发展完善具有重要的示范意义。

公益诉讼属于检察机关开展诉讼监督的范围。检察机关和社会组织都有权提起公益诉讼,二者在起诉人身份方面相互排斥,从而导致"检察机关是否有权对公益诉讼开展诉讼监督"的疑问。检察机关作为法律监督机关,诉讼监督是其重要的履职方式,尽管公益诉讼有很大的特殊性,但其仍属于诉讼的类型,理应属于检察机关诉讼监督的范围。本案的示范意义首先在于明确了这一点。

社会组织的公益诉讼行为是检察监督的重点。社会组织提起公益诉讼的资格是基于其维护公共利益的职能定位,但是社会组织相对于其他公共利益代表者,受到的法律监督严重偏少,可能导致社会组织在公益诉讼中的行为偏离公告利益维护目标,实践中已经出现社会组织滥用公益诉讼诉权的现象。本案中,检察机关对社会组织与侵权人达成的和解协议及时介入监督,从维护公共利益的角度提出意见和建议,最终被法院接受,保证了公益诉讼的结果不偏离公益保护的目标,发挥了监督社会组织行为的作用,是值得被推广的经验。

强化对公益诉讼的检察监督势在必行。公益诉讼作为维护公共利益的特殊途径,发挥着重要的社会功能,有积极的法律效果,但是由于相关法律规定还不够完善,司法机关在探索过程中难免遇到各种困难和问题,社会组织等参与方也可能存在不同的利益诉求。为了确保公益诉讼的目标实现,基于检察机关的法律监督权,强化检察机关的监督,是重要且有效的途径。本案对此作出了有益的探索,可能还有更多的具体工作要做。

（刘长兴　华南理工大学法学院教授）

案例九:河北省蔚县人民检察院督促整治乡村生活垃圾行政公益诉讼案

案情简介

2022 年年初,蔚县人民检察院在履行公益诉讼职能过程中发现辖区不少乡村存在生活垃圾非法倾倒、随意填埋的普遍问题,未经无害化处理的垃圾危及土壤、水源和空气质量,影响农村人居环境及首都水源功能涵养区和生态环境支撑区建设。

为明晰监管职责,凝聚多方治理共识,促使多家行政机关同向发力,2022 年 1 月 28 日,蔚县人民检察院组织召开听证会,邀请县委、县人大、县政府领导,乡镇负责人,人大代表、政协委员、人民监督员等参加,经讨论后现场向蔚县城市管理综合行政执法局和 8 个乡镇政府公开送达诉前检察建议。城管局和乡镇政府收到检察建议后高度重视,积极整改,大量生活垃圾得到无害化处理。

2022 年 4 月 2 日,蔚县人民检察院跟进监督发现,暖泉镇北关堡村的一处垃圾填埋点清理不彻底,存在大量生活垃圾和建筑垃圾,且未恢复土地原貌,社会公共利益持续处于受侵害状态。2022 年 4 月 14 日,蔚县人民检察院依法向蔚县人民法院提起行政公益诉讼。在案件审理期间,暖泉镇人民政府组织对垃圾填埋点彻底清理和绿化,共清理生活垃圾 300 余方,建筑垃圾 500 余方,回填土方

600 余方,栽种苗木 8600 余株。鉴于暖泉镇人民政府在案件审理过程中已经依法履行职责,诉讼请求全部实现,蔚县人民检察院于 2022 年 6 月 23 日撤回起诉。

为进一步深化源头治理、综合治理,蔚县人民检察院认真梳理办案中发现的问题,向县人民政府进行专题汇报,推动县人民政府出台《蔚县村庄整治提升工作实施方案》,建立乡村生活垃圾分类管理工作的长效机制,人居环境进一步改善,同时助力企业发展和乡村振兴。

专家点评

河北省蔚县人民检察院督促整治乡村生活垃圾行政公益诉讼案完美诠释了检察环境公益诉讼助力乡村生态振兴的生动实践。近年来,检察环境公益诉讼的制度建设和实践发展都取得了明显的成效,在推进生态文明建设进程中发挥了不可替代的积极作用。然而,从适用领域看,大部分检察环境公益诉讼案件都是针对在全国或地方有重要影响的环境污染或生态破坏实践而提起的,鲜有检察环境公益诉讼案件针对乡村生活垃圾污染治理等较为微观的环境问题展开。正是在这一意义上,本案具有显著区别于传统检察环境公益诉讼的示范意义。

一方面,借由本案可反映出我国环境司法专门化的成效日益显现,即包括检察环境公益诉讼在内的专门环境诉讼的发展已促使我国环境司法专门化从对重大环境问题的关注走向对乡村生活垃圾污染等微观环境问题的普遍重视,体现了环境公益诉讼制度建设与实践应用的日益成熟。借助环境司法途径推进美丽中国建设已成为我国新时代生态文明建设的新常态。另一方面,本案关注的重心是乡村生活垃圾污染治理问题,相对于传统检察公益诉讼对重大生态环境问题的关注,本案彰显了新时代检察环境公益诉讼的关注重点已由城市转移到广大的乡村,环境司法专门化进程中的城市中心主义及其弊端逐步得到消解,包括广大农村在内的整体生态文明建设已成为当前和今后环境司法专门化关注的领域。

此外,本案全面贯彻了现代环境法的协调发展原则,即充分衡平了环境保护利益和经济发展利益。很显然,在检察环境公益诉讼介入蔚县各乡镇生活垃圾污染治理问题之前,生活垃圾引起的普遍生态破坏问题大量存在,以垃圾为原材料的环境能源热电厂的发展效益也极为低下。检察公益诉讼机制的引入,全面破解了生活垃圾污染难题,同时也从根本上解决了环境能源热电厂的清洁发展问题。因此,本案是对利益衡平原则等现代环境司法原则的有效贯彻,是以个案的形式呈现现代环境法中协调发展原则的典型范例，学理研究价值和实践指引意义兼具。

（郭武　甘肃政法大学环境法学院教授）

案例十：江西省浮梁县人民检察院诉A化工集团有限公司污染环境民事公益诉讼案

案情简介

2018年3月至7月，位于浙江的A化工集团有限公司（以下简称A化工公司）将硫酸钠废液交由无危险废物处置资质的吴某乙处理，该废液被违法倾倒在江西省浮梁县寿安镇八角井、湘湖镇洞口村两处，严重污染当地土壤和地表水、地下水，造成1000余名群众饮水、用水困难。

江西省浮梁县人民检察院（以下简称浮梁县院）在办理吴某甲等6人涉嫌污染环境罪刑事案件时，发现公益受损的线索。因本案的环境污染侵权行为发生地和损害结果地均在浮梁县，且涉及的刑事案件已由浮梁县院办理，从案件调查取证、生态环境恢复等便利性考虑，江西省人民检察院2020年6月22日将本案指定浮梁县院管辖，江西省高级人民法院将该案指定浮梁县人民法院审理。7月1日，浮梁县院对本案立案审查并开展调查核实。2020年7月，浮梁县院发布公告，公告期满后没有适格主体提起诉讼。

2020年11月17日，浮梁县院以A化工公司为被告提起民事公益诉讼。

浮梁县院经审查认为，虽然案涉污染环境、破坏生态的侵权行为发生在《民法典》施行前，依据《最高人民法院关于适用〈中华人民共和国民法典〉时间效力的若干规定》第2条的规定，为更加有力、有效地保护社会公共利益，按照《民法典》第1232条之规定，A化工公司除应承担环境污染损失和赔礼道歉的侵权责任外，还应承担惩罚性赔偿金。一审宣判后，被告未上诉。判决生效后，被告主动将赔偿款缴纳到位。为修复被污染的环境，2021年9月，浮梁县人民法院将被告缴纳的环境修复费用委托第三方依法公开招标确定修复工程施工主体，并邀请当地政府、环保部门和村民进行全程监督，目前被倾倒点生态环境修复治理已经完成。

专家点评

本案是《民法典》生效后首例适用民法典惩罚性赔偿条款的环境污染民事

公益诉讼案件。本案中,被告公司将生产废液交由无危险废物处置资质的个人处理,且跨省向自然环境排放,危害周边环境及饮用水安全,严重违反了《固体废物污染环境防治法》《水污染防治法》的相关规定。被告公司放任污染环境危害结果的发生,主观上存在故意,恶性较大,具有明显的社会危害性,行为违反了法律规定,损害了社会公共利益,造成严重后果。因此,在本案当事人构成污染环境罪,受到刑事制裁的情况下,人民检察院又提起环境民事公益诉讼,要求被告公司承担环境修复费用、环境功能性损失费用、应急处置费用、检测鉴定费用,并根据《民法典》第 1232 条要求被告以环境功能性损失费用的 3 倍为标准承担环境污染惩罚性赔偿。

本案的指导意义在于:其一,为生态环境公益诉讼能否适用惩罚性赔偿进行了积极探索。由于《民法典》第 1232 条首次针对环境污染、生态破坏行为规定了惩罚性赔偿,未明确规定其适用范围,且其位置在规定生态环境损害的第 1234、1235 条之前,从条文结构上更像是针对第 1229 条私益诉讼作出的特殊规定。因此,学术界关于生态环境公益诉讼能否适用惩罚性赔偿以及适用的标准有所争议。本案作为环境污染惩罚性赔偿首案,进行了积极的探索,取得了良好的社会效益,2022 年发布的《最高人民法院关于审理生态环境侵权纠纷案件适用惩罚性赔偿的解释》第 12 条,明确了国家规定的机关和法律规定的组织可以作为被侵权人代表请求惩罚性赔偿。其二,本案积极探索创新环境公益诉讼案件执行方式,将被告缴纳的生态环境修复费用委托公益性环保组织进行管理和监督使用,由环保组织依法公开招标选择施工方和监理方对环境污染区域进行修复。江西省高级人民法院也于 2021 年发布《关于涉生态环境修复案件审判执行规范指引(试行)》等文件,针对生态环境修复资金"谁来管理""谁来使用""怎么使用""谁来监管"的法律空白点进行了大胆创新。

本案也引发了学者们的一些深入思考,有学者认为,由于惩罚性赔偿注重民事惩罚功能,如果侵权人已经承担行政或者刑事法律责任,则惩罚性赔偿在生态环境损害赔偿中适用的空间便非常有限。虽然本案中侵权人存在非法处置危险废物、危害饮用水安全、跨省排污等严重恶性违法行为,适用惩罚性赔偿的社会效果良好,但惩罚性赔偿在生态环境公益诉讼中仍然应当被审慎对待,需要制定更为严格的适用标准。

(王秀卫　海南大学法学院教授)

附录三:2022年度“中国十大环境司法事件”

2022年度“中国十大环境司法事件”评选细则

为更加生动地呈现中国环境司法建设的丰硕成果,“中国环境司法发展研究”课题组特举办2022年“中国十大环境司法事件”评选活动。

一、中国十大环境司法事件评选意义

回首过去,客观反映2022年度我国环境司法发展状况,整体审视影响环境司法发展的客观因素及其关系。

关注当下,反映公众对环境司法事件发生的意见态度,为我国当下环境司法运行提供民主养料。

展望未来,借助社会公众的理性表达为环境司法开展提供经验,整体提升社会公众对环境司法的信心。

二、中国十大环境司法事件概述

(一)环境司法事件范围界定

传统意义的“环境司法事件”指在审判权行使过程中发生的客观事实,其以审判权行使为发生核心。在强调环境协同治理的背景下,此界定显得狭义和静态,无法展现环境司法运行全貌。故本评选对“环境司法事件”的界定范围予以拓展,确定其为影响审判权行使并在一定程度上塑造我国环境司法发展样态的事件。

拓展范围首先可使司法机关在环境治理中的角色更明晰,通过对比司法机关与其他主体的行为,助力司法机关了解自身功能;其次可以更加清晰地反映环境司法行为形成动态过程,发掘环境司法行为形成因素,将环境司法观察从静态引至动态;最后可更积极地照应当下环境多元治理现状,提升环境司法机关的应对能力。

(二)环境司法事件类型描述

环境司法事件可分为两大类,分别为客观环境变化及有关主体的作为行为。

客观环境变化如现实发生的重大的影响环境司法运作的环境污染等;而作为行为可以细分为五项,分别为发布法律、法规及政策性文件类,会议举办类,变革组织机构组成类,实施计划行动类,其他类型。上述各行为的实践形式会存在一定重合但本质不同,属于不同类型的行为,故作区分处理。

三、中国十大环境司法事件数据来源释明

本次参与评选的环境司法事件来源途径分为两种:其一为课题组自行查找确定;其二为组外其他专家、团体推荐。

课题组自行查找以不同行为主体类型切入,通过对党政机关、省级以上法检两院、社会环保组织在其网站上发布的影响环境司法发展的事件进行检索,并进行宽松化检索处理即与环境司法活动存在关联就将其纳入环境司法事件基础数据库中。

采取此检索标准主要基于两点原因:一是尽可能进行事件数据增量,避免遗漏;二是减少严格标准适用下课题组对事件查找的主观影响,将选择的主动权后移给专家和一般社会公众。

四、2022 年中国十大环境司法事件评选流程

(一)2022 年中国十大环境司法事件初评

1. 初评方法:德尔菲专家咨询法

德尔菲专家咨询法,即采用发邮件的方式将所需解决的问题单独发送至每位专家,通过专家与专家背对背打分的方式,获取专家意见,然后对专家的反馈进行汇总、分析、整理,并再次征集意见逐步取得比较一致的决策方法。通过多轮德尔菲专家函询,获取专家意见,确保事件初评的多领域、多角度、客观权威。

2. 参评专家的范围确定

课题组邀请各级法院法官、检察院检察官、从事环境司法研究的高校教师、律师等不同类型专家形成专家团。其中法官、检察官专家分别来自最高人民法院和最高人民检察院、省级法检两院及基层法检工作人员队伍;律师及高校教师人员的确定以深耕环境司法实务及理论研究为主要标准,兼顾我国地区差异的要求。

3. 初评评选标准及权重

(1)初评评选方式

通过采用专家咨询法,邀请评选专家就影响性、学术性、长效性和典型性标

准对事件分别打分,各标准采用 2.5 分量表法(0～2.5 分),单个环境司法事件总分不超过 10 分。分值越高,表明单一或多个标准体现越强。汇总专家打分情况,确定总分数前 15 名的事件为复评候选事件。

(2)初评评选标准

A. 影响性

入选事例应具有较为广泛的影响力,具有更高社会关注度,事件波及范围广泛并迅速引起社会的普遍关注。

B. 典型性

入选事例应当在同类型事件中具有代表性或典型性,入选事例应能充分反映 2022 年度中国环境司法发展历程,充分发挥示范效应。

C. 长效性

入选事例应对中国环境司法的持续发展产生长期性作用。对中国环境司法未来发展发挥预期引导作用,对提升环境司法专业能力具有长期性牵引作用。

D. 学术性

入选事例应涉及环境司法的基本理念,具有较强的环境司法理论研究价值。入选事件应当能引发环境司法发展变化,引发学术思考。

(二)2022 年度环境司法事件复评

1. 复评方法:问卷调查法

本次 2022 年“中国十大环境司法事件”评选活动的复评方式采取问卷调查法。通过网络问卷调查的方式,让广大公众参与司法事件的评选,保证本次事件评选活动社会参与的广泛性,调动社会公众参与我国环境司法建设事业的积极性。

2. 问卷的具体设计方案

(1)问卷设计及发放方式

课题组通过“中国法学会环境资源法学研究会”公众号进行问卷发放。将进入复评的事件以发生时间先后为序排列,同时将公众依据是否具有法律学习、从业背景等进行分类,分类不影响参投各票权重。

(2)复评评选结果确定

本次复评结果按照事件得票数前 10 名确定,复评即为终评。

五、2022 年度“中国十大环境司法事件”结果展示

事件一:2022 年 4 月 26 日,生态环境部联合最高人民法院、最高人民检察院、科学技术部、公安部等 13 个相关部门共 14 家单位印发了《生态环境损害赔偿管理规定》(环法规〔2022〕31 号)。

该规定从总则、任务分工、工作程序、保障机制、附则等五个方面提出要求,推动生态环境损害赔偿制度在法治轨道上的常态化、规范化、科学化运行。该规定明确了部门任务分工、地方党委和政府职责,对案件线索筛查、案件管辖、索赔启动、损害调查、鉴定评估、索赔磋商、司法确认、赔偿诉讼、修复效果评估等重点工作环节作出明确细化的规定等。该规定的印发是进一步巩固改革成果,优化制度建设,推动改革向纵深发展的重要举措。

事件二:2022 年 1 月 12 日,最高人民法院公布了《关于审理生态环境侵权纠纷案件适用惩罚性赔偿的解释》(法释〔2022〕1 号)。

该解释以准确适用民法典生态环境惩罚性赔偿制度,立足破解环境违法成本低突出问题,坚持统筹环境保护和经济发展等为起草思路,共制定 14 条,主要包括生态环境惩罚性赔偿的适用原则、适用范围、请求的时间和内容、要件认定、基数倍数、公益诉讼的参照适用等相关内容。目的在于贯彻落实用最严格的制度最严密的法治保护生态环境,找准环境司法审判统筹生态环境保护、经济社会发展和保障民生的平衡点。

事件三:2022 年 6 月 1 日,《中华人民共和国湿地保护法》(中华人民共和国主席令第 102 号)正式施行。

《湿地保护法》是我国首次专门针对湿地生态系统进行立法保护,有利于引领我国湿地保护工作全面进入法治化轨道。该法的制定目的在于加强湿地保护,维护湿地生态功能及生物多样性,保障生态安全。

事件四:2022 年 10 月 30 日,《中华人民共和国黄河保护法》(中华人民共和国主席令第 123 号)获得通过并被公布。

该法的制定目的在于加强黄河流域生态环境保护,保障黄河安澜,推进水资源节约集约利用,推动高质量发展,保护传承弘扬黄河文化,实现人与自然和谐共生、中华民族永续发展。黄河流域生态保护和高质量发展各类活动,适用该法。

事件五:2022 年 4 月 6 日,最高人民法院、最高人民检察院联合公布了《关于办理破坏野生动物资源刑事案件适用法律若干问题的解释》(法释〔2022〕12 号)。

该解释主要明确了破坏野生动物资源犯罪的定罪量刑标准、全链条惩治破

坏野生动物资源犯罪、人工繁育野生动物案件的处理规则等内容。该解释针对破坏野生动物资源犯罪的新情况和新问题，从司法环节发力，依法惩治破坏野生动物资源犯罪，为推进生态文明建设提供有力司法保障。

事件六：2022 年 5 月 10 日，最高人民法院、最高人民检察院联合公布了《关于办理海洋自然资源与生态环境公益诉讼案件若干问题的规定》（法释〔2022〕15 号）。

该司法解释共 6 条，规定有权提起海洋自然资源与生态环境民事公益诉讼的主体为行使海洋环境监督管理权的部门和人民检察院，明确了人民检察院督促、协同和兜底的职能作用，确定了海事法院是海洋环境民事公益诉讼的专门管辖法院。该解释进一步统一海洋环境公益诉讼案件裁判尺度，发挥海洋环境监督管理部门、人民检察院在海洋环境公益诉讼中的不同职能作用，推动构建较为完善、独立的具有中国特色的海洋环境公益诉讼制度。

事件七：2022 年 6 月 24 日，《中华人民共和国黑土地保护法》（中华人民共和国主席令第 115 号）获得通过并被公布，其自 2022 年 8 月 1 日起正式施行。

该法的制定目的是保护黑土地资源，稳步恢复提升黑土地基础地力，促进资源可持续利用，维护生态平衡，保障国家粮食安全。从事黑土地保护、利用和相关治理、修复等活动，适用该法。该法为司法机关审理黑土地保护类型案件提供了依据。

事件八：2022 年 5 月 10 日，生态环境部、国家发展和改革委员等 17 部门联合印发了《国家适应气候变化战略 2035》（环气候〔2022〕41 号）。

该文件在深入评估气候变化影响风险和适应气候变化工作基础及挑战机遇的基础上，提出新阶段下我国适应气候变化工作的指导思想、基本原则和主要目标，进一步明确我国适应气候变化工作的重点领域、区域格局和保障措施。其中强调要建立完善适应气候变化的相关法律法规和制度体系，强化统筹指导与协调配合，健全适应气候变化的协调工作机制，形成适应气候变化的政策与行动合力。这会对气候相关司法产生一定影响。

事件九：2022 年 6 月 13 日，最高人民法院公布了《关于审理森林资源民事纠纷案件适用法律若干问题的解释》（法释〔2022〕16 号）。

该司法解释共 23 个条文，内容分为一般规定、林地承包经营、新类型案件、森林生态环境保护等四个部分。目的在于积极回应环境资源审判实践中对丰富完善相关法律适用规则和保护修复措施的关切，就森林资源民事案件受理、林地林木交易、森林生态环境损害修复和赔偿等问题予以规范。

事件十:2022 年 3 月 17 日,中共中央办公厅、国务院办公厅印发了《全民所有自然资源资产所有权委托代理机制试点方案》。

为统筹推进自然资源资产产权制度改革,落实统一行使全民所有自然资源资产所有者职责,探索建立全民所有自然资源资产所有权委托代理机制,在各省(自治区、直辖市)和新疆生产建设兵团同步试点。该方案明确,针对全民所有的土地、矿产、海洋、森林、草原、湿地、水、国家公园等 8 类自然资源资产(含自然生态空间)开展所有权委托代理试点:一是明确所有权行使模式;二是编制自然资源清单并明确委托人和代理人权责。该方案为促进自然资源资产高效配置和保值增值、推进生态文明建设提供有力支撑。